郴州历史文化丛书

山水乡 仙佛窟

——郴州仙佛文化大观

肖落落 王洪波 编著

湖南大学出版社·长沙

内 容 简 介

本书系统介绍、研究了郴州历史文化中的一个重要方面——"仙佛文化"。郴州地处湘粤赣三省边陲，自古是中原文化与南越文化、汉文化与少数民族文化的交汇地，民间文化丰富多彩。其中一系列神话传说在全国产生了深远影响，如中医典故"橘井泉香"、民俗节日"七夕乞巧"，还有郴民盛传的"柳毅传书"，都已演化为中国经典的民间故事。郴州自古享有"天下第十八福地"之誉，又以"九仙二佛"传名天下，直到清末仍是世人心目中的"山水乡，仙佛窟"。本书探讨的就是这一奇特的民俗现象。

图书在版编目（CIP）数据

山水乡 仙佛窟：郴州仙佛文化大观/肖落落，王洪波编著. —
长沙：湖南大学出版社，2020.12
　　ISBN 978-7-5667-2072-6

Ⅰ.①山… Ⅱ.①肖… ②王… Ⅲ.①佛教—宗教文化—研究—
郴州 Ⅳ.①G949.2

中国版本图书馆 CIP 数据核字（2020）第 240990 号

山水乡 仙佛窟——郴州仙佛文化大观
SHANSHUI XIANG XIANFO KU——CHENZHOU XIANFO WENHUA DAGUAN

编　　著： 肖落落　王洪波
责任编辑： 李　婷　仝　健
印　　装： 长沙鸿和印务有限公司
开　　本： 710 mm×1000 mm　1/16　**印张：** 16.25　**字数：** 325 千
版　　次： 2020 年 12 月第 1 版　**印次：** 2020 年 12 月第 1 次印刷
书　　号： ISBN 978-7-5667-2072-6
定　　价： 66.00 元

出 版 人： 李文邦
出版发行： 湖南大学出版社
社　　址： 湖南·长沙·岳麓山　　**邮　编：** 410082
电　　话： 0731-88822559(营销部),88821594(编辑室),88821006(出版部)
传　　真： 0731-88822264(总编室)
网　　址： http://www.hnupress.com
电子邮箱： wanguia@126.com

编 委 会

主　任：潘执坤

副主任：刘艳红　曹世香　李波勇

委　员：肖落落　王洪波　姚丰华　李　峰

　　　　杨智武　曹纳雄　侯琳波

编　著：肖落落　王洪波

序

　　郴州地处湘粤赣三省边陲，自古是中原文化与南越文化、汉文化与少数民族文化的交汇地，民间文化丰富多彩。其中一系列神话传说在全国产生了深远影响：郴州是神农炎帝传说的集中地，相传神农在安仁尝百草，在嘉禾植禾，在汝城耒山作耒；汉代神仙苏耽、成武丁被写入葛洪《神仙传》之后，以中医典故"橘井泉香"、民俗节日"七夕乞巧"名垂千古；唐代高僧宗慧号称"无量寿佛"，在东南亚一带有深刻影响；同时代郴民盛传的"柳毅传书"，已演化为中国经典民间故事……如今，这些神话传说成为我们珍视的非物质文化遗产，许多项目受到国家《非物质文化遗产法》保护。其中"苏仙传说"被列为国家级非物质文化遗产，"寿佛传说""柳毅龙女传说"、黄师浩祭祀习俗"昭公出巡"被列为郴州市非物质文化遗产。

　　对于这样一份珍贵的非物质文化遗产，我们应该如何传承保护、合理利用？

　　《山水乡　仙佛窟——郴州仙佛文化大观》是一项对民俗文化认识深刻、考据翔实的研究成果。它解析史料，还原历史真相，尝试揭开仙佛传说之谜，这无疑是科学求实的学术态度；它搜罗了当地政府按照"法施于民则祀之，以死勤事则祀之，以劳定国则祀之，能御大灾则祀之，能捍大患则祀之"五项原则禁止"淫祀"以及对仙佛信俗加以引导的事例，这于当今仍有借鉴作用；它辑录了许多因为仙佛而留存至今的文物古迹、诗词歌赋以及大量堪称经典的传奇故事，这对当地的旅游文化产业形成了有力的支撑；它引领研究，深入剖析儒、释、道在郴州融合形成的"三教合一"理念，这有利于社会和谐、时代进步，是应该继续传承和阐释的重要内容。

当然，长江后浪推前浪，文化研究工作永远没有止境。我们期待以一家之言，唤来百家争鸣，引出更多更好的研究成果。

郴州市政协副主席、九三学社郴州市委主委

目　次

第一章　仙佛概说

第一节　说　仙

一、仙：郴州奇特的地名

郴州以神仙命名的山岭，最著名的是苏仙岭。除此之外，还有王仙岭、刘仙岭、骡仙岭……与神仙故事相关的山岭，还有仙台山、仙居山、后仙岭、会仙岭……据不完全统计，郴州与仙相关的山岭有一百多座。一座座仙山，让本来虚无的神仙变得真实；一个个神仙，又让现实中的山岭变得缥缈起来。

这还不算奇，奇的是郴州有些地方呼"山"为"仙"。如瑶岗仙、九女仙、猴潭仙、南木仙、金子仙、九妹仙、金紫仙、太湖仙……其实都是山名。郴州的"仙"山为何如此之多？要解答这个问题，首先应从中国的神仙文化说起。

《说文解字》中"示部"释"神"字曰："神，天神，引出万物者也。"也就是说，神是世界万物的主宰。在中国传统观念中，每一项自然事物都有神灵主宰，如风神、雨神、雷神、山神、河神等。久远而模糊不清的历史人物或某项事业的开创者，也被赋予"神"的形象：盘古——开天地之神；女娲——补天地之神、造人之神；神农炎帝——农业之神、医药之神；黄帝——天文、历法、音乐之神；仓颉——造字之神。随着社会发展，受人敬重的历史人物越来越多，"神"的形象也就越来越多，如门神秦叔宝、尉迟恭，义神、财神关羽，等等。

无论是成"佛"还是成"仙"，以"亻"旁释意，即人可为也。

早期"仙"字写作"仚"。《说文解字》第八卷"人部"说："仚在山上貌，从人山。"又写作"仙"："仙，长生去，从人。"段玉裁注云："仙去，疑当为去。……高升也。"刘熙的《释名·释长幼》云："老而不死曰仙。仙，迁也，迁入山也。故其制字，人旁作山也。"有人据此而论，"仙"，起源于山神崇拜。随后，就不仅仅是对山神的崇拜了，而是发展成为一个被众多修道者长篇累牍探讨的技术问题——通过什么样的途径才可以获得神一般的超自然能力，特别是跨越寿命极限。

道教谓"道生万物，道寓于物"，认为道是永恒的，故人人皆含道性，"我命在我不在天"，人人皆可修道成仙。《太上老君内观经》称："道不可见，因生以明之。"《老子想尔注》称："生，道之别体也。"所以"学生"守道，就可以像"道"那样永恒。《抱朴子内篇·至理》说："夫人在气中，气在人中，自天

1

地至于万物，无不顺气以生者也。"因此只要服"气"守一，返璞归真，就可长生成仙。由此，形成了一套完整的仙学理论和修仙方术。

民俗中的"仙"与"神"一样，均被各式传说包裹，两者难以区分，且往往不涉及仙学理论和修仙方术，因此被统称为"神仙"。

二、仙家概说

关于"仙"的历史渊源，笔者认为有如下三个发展阶段：一是上古至夏商周时期的巫者，二是春秋、战国至秦汉时期的方士、术士，三是晋至唐宋时期的道士。

巫者："神"崇拜产生以后，也就产生了能与"神"对话的巫者。在远古，巫者往往集大权于一身，既是"神"的替身，也是很有实权的氏族领袖。其后，王权与神权分离，但巫者的角色仍不容忽视，部落每逢重大事项（如征伐、祭祀），必须取决于巫。巫，并没有什么技术可言，全靠"卜"碰运气，或故作惊世骇俗之状、装神弄鬼之举，让人难以琢磨。

春秋战国，民智渐开，巫术受到质疑。如战国时魏国迷信巫术，其中邺县有"河伯娶妇"之俗，巫师每年都要将一名少女投入黄河为河神娶妇。邺县县令西门豹以"河伯妇"不美为由，下令将巫师投入黄河与河神"沟通"，随后又以巫师一去不返为由，将其弟子及"三老"再投入黄河与河神"沟通"。此后，便再无人敢言"河伯娶妇"一事，当地民风为之一变。

方士、术士：指持有方术的人。方术的核心思想是讲求长生，认为服食仙丹或通过修炼可以成为神仙。司马迁说他们"形皆（解）销化，依于鬼神之事"，班固则称他们为"神仙家"。据考，方士、术士起源于春秋战国时代。据汉代司马迁所著《史记》记载，在战国末年（齐威王、宣王时），便有人广收门徒，传授"方仙道"。方士、术士至秦汉时大盛，秦始皇时有被派去海外寻求仙药的徐福，汉文帝时有"望气取鼎"的新垣平，汉武帝时有主张祭灶的李少君，等等。

道士：道士也称道人、羽士、羽客、羽衣、羽人、黄冠等。据考，道士之称始于汉代，《汉书·五行志》中说："道士始去，兹为伤。"晋代以后，方士之称已不通行，而道士之称大著。

在汉代，由于窦太后和汉景帝的提倡，和"方仙道"同源异流的黄老之学也进入兴盛时期，但许多治黄老之学的学者、显宦都与方术划清了界限。黄宪著《四难》痛斥方士，说他们不是老庄流裔；王充是崇尚自然的老庄信徒，他在《论衡·道虚篇》中也痛斥方士和方术；扬雄著《太玄赋》痛斥方士们"甘饴含毒，难数藏兮"；张敞向汉成帝上书，规劝他不要接近方士。自此，方士们不得不匿迹江湖，"方仙道"从此不为人所称道了。

方术经历理论危机之后，随即进行自我完善，更靠近黄老学说。其一是将黄老学说掺入"方术"加以改造，其二是创造神仙谱系及传记。《列仙传》是中国第一部神仙传记，相传作者是西汉光禄大夫刘向。也有学者指出，这是东汉末年的方士假托刘向之名著书立说，以缓解方术理论危机。在《列仙传》中，道家学说创始人老子被神化。至于如何成"仙"，该书归纳起来有以下四类：其一服食养生。仙人多食用神果仙花、金丹妙药和神泉。其二服气养气。神仙以气为形之本，故服气吐纳是修养要法。其三行善积德。其四除自己修行外，还需仙人点化。《列仙传》认为，不论身份高低，只要经过修炼或有某种机缘，皆可脱胎换骨、超凡飞升。随后，晋代葛洪继承并改造了早期道教的神仙理论。在《抱朴子》中，他不仅全面总结了神仙理论，系统介绍了守一、行气、导引、房中术等神仙方术，而且还结合儒家纲常名教，强调欲求仙者，应当以忠孝、和顺、仁信为本，"若德行不修，而但务方术，皆不得长生也"，主张神仙养生为内，儒术应世为外。

三、郴州为何多仙

郴州地处五岭山脉之北，因山高林密、路遥道险，一直被视为"南蛮"之地，与中原缺乏交流。战国中期（前387—前381），楚悼王将征服的"郴"地命名为"菻"。自此，"菻"深受楚文化的影响。春秋战国时的楚国，巫风盛行。楚国上至国君重臣，下至黎民百姓，都信奉巫术，东汉历史学家班固总结为"楚人信巫鬼，重淫祀"。巫觋与神鬼，如影随形，楚国大夫屈原所著《楚辞》经常提到"云中君""湘夫人"等神仙人物。其《楚辞·远游》还提到"餐六气而饮沆瀣兮，漱正阳而含朝霞。保神明之清澄兮，精气入而粗秽除"等吐纳服气的神仙方术。

郴州地处古楚国之南疆，自然深受荆楚巫风影响。郴州临武大冲、北湖鲁塘等地流传的傩戏，就是荆楚巫风的"活化石"。傩戏源于原始社会图腾崇拜，表演者通常头戴柳木面具扮做鬼神歌舞，以祭祀、求神、驱邪等活动祈盼来年风调雨顺、灾害不生、五谷丰登、世道安宁。表演分"许愿"和"还愿"两部分，戏中人物有三娘、关公、二郎神、猴王等。傩戏表演还有许多讲究，一般是秋后许愿，入冬时面具上彩、开光，正月初一到十五还愿。其余时间道具封存供奉，不能随意启封。临武傩戏主要分布在大冲乡油湾村一带，直到今天，油湾村还有专门的傩戏班子。2014年11月，"临武傩戏"经国务院批准列入国家级非物质文化遗产名录。

除了保存完好的楚巫活化石"临武傩戏"之外，众多文献中亦不乏荆楚巫风的记载。

晋人曹毗的《杜兰香传》当属最早文献，其中"神女兰香降张硕，硕问，祷祀何如？香曰，消摩自可愈疾，淫祀无益""杜兰香戒张硕不宜露头上厕，夜行必烛，若脱误，当跪拜谢"等条目，依稀可见当时道教融入本地巫俗并加以引导的痕迹。

明代郴籍学者何孟春所著《余冬序录》记载了郴州一带降神巫术的趣事。何孟春的老师李东阳因事延请巫师，巫师到家之后，闭上眼，神情恍惚，张口便说："我是唐朝李翰林，蓬莱仙路已千层。君家有事如相问，浓淡须磨墨数升。"原来是诗仙李白下凡了，赶快准备笔墨纸砚吧。这位"诗仙"诗才极好，问家事、国事俱以诗作答。李东阳的一个远房亲戚以家庭琐事相问，"诗仙"良久不答，最后作诗一首离去："辽鹤归来语正呢，五云楼外鼓三推。穷阴易落阳初转，化日舒长夜半迟。灯火漫劳供凛冽，文章无怪不葳蕤。仙才岂是于尼鬼，不与庸人作筮龟。"看来，这位"诗仙"很有"骨气"，真有李白让朝廷宠臣高力士为之脱靴、磨墨之"风范"，如以琐事相问，"诗仙"可恼了，不理会人。

清代学者刘献廷所著《广阳杂记》中记载了康熙年间郴州有很多人信奉"王母教"这一民俗。"王母教"作法大致如下：巫者为人作法，取二丈高的竹竿，横缚十二把大刀。一巫着妇人装攀刀梯而上，至顶，另一巫则在下打鼓锣祈祷。一会儿，梯上巫扔出三个卦来，下巫则根据卦象判断吉凶。随后，上巫下得刀梯，与下巫且歌且舞。由于"王母教"巫术带有杂技色彩，故观者如潮，信者众多。清《（光绪）宜章石虎山武陵侯志》则记载了湖南宜章浆水村"巫"与"神"争夺信众的故事：

> 巫术之惑人最多，有挟神愚人者，有托神付其身以渔利者，其巫术师徒相传，用红绳系神之颈，以玫摖之，神之灵肯付乎巫，则神必为蚁所蚀，巫术由是而最灵者。神不见，始则多方诟辱，继且用桃枝鞭挞，必神首肯而后已。荒村僻壤，庙神遭其侮慢者不知凡几。道光戊申冬十月十二日，有南乡狂巫某七人欲精其术，创言地方疏于敬神，不久必遭天谴。诱集乡民三千余人，诣侯庙焚香，意欲借多人之威，以遂其侮神之术。同时来庙善士皆不知巫之隐衷。经浆水村过，有老巫四人，各乘四人轿，冠道冠，衣道服，左手执法械，右手持寿杖，其杖用红绫缠绕。喝道者数十人，放炮鸣锣击鼓者千余人，巫轴前后均有八音歌唱，观者莫不惊讶。申刻到庙，是夜三更时，巫命三千余人尽击鼓喧天，喊声震地。七巫以红绫裹其首，手舞法械由前厅疾上寝庙，甫临香案，而七巫尽由寝庙掷下前厅，约三丈有奇。众急视之，立毙者六巫矣。惟一巫未死，始以其侮神之情白诸众人，众惊骇，各相奔逃。其灵异如此。

祀之，以为传神者之戒云。①

地处湘南的郴州为何至今荆楚巫风不去？扬州大学副教授陈金刚、湖北省社会科学院文史所研究员李倩对此别有一番见解：

> 其一，从文化地理学的角度来比较，北方地域辽阔，坦荡，随着社会的进步和发展，文明程度高；南方是河泽、高山地理，深山大川本身就是对文化的一种阻隔，原始氏族传统仍顽固保留。因而北方礼乐制度与儒家势力难以波及，使南方受影响不大。当殷人极盛的巫风被周人逐渐抛弃，中原的理性精神逐渐突破巫术的束缚之时，而远在长江流域，尤其是沅湘之间及较僻远的山区，则仍然保存和发展着带有丰富神话色彩的巫风。再如楚国之西，崇山峻岭，幽壑深谷，地僻民贫，历来贮存着丰富的古代文化信息。事实上，北起大巴山，中经巫山，南过武陵山，止于五岭，是一条古代文化沉积带。在这条文化沉积带中，楚巫文化遗风至今犹存，这是研究楚巫文化背景和宝贵的文化参照系。从这个角度来说，楚国的巫风在很大程度上也受着自然地理的影响。
>
> 其二，从生产力的发展和人文环境的差异来看，先秦时期，中原的生产力发展水平较快，一般重人事疑鬼神，重实际而黜玄想，并且确立了实践理性、以人事为急务的思想，他们对神话、神鬼多采以存疑乃至否定的态度。楚地生产力发展水平较之中原相对落后，以至于人神杂糅之俗久存，巫觋祀神之风不衰。这样，形成了南方人与北方人不同的气质和精神。清刘师培《南北文学不同论》曾评价"大抵北方之地，土厚水深，民生其间，多尚实际；南方之地，水势浩洋，民生其际，多尚虚无。"因此，南北两地之人对巫的卜筮和祈祷并不完全相同。北方人直接从巫的行为中领略超人意愿，而南方人除信巫以外，还相信鬼神外巫的真实存在。这使南方人比北方人具有更多的幻思玄想。他们相信自己是神的意愿的体现者，足以获得神的庇佑。如楚灵王、楚怀王所为就是最好的例证。以理性洞照，这不免有滑稽之感。楚族地处江汉，物产丰富，山高林深，云烟多变。客观环境造就了楚人奔涌跌宕，神秘浪漫的心理结构。②

郴州因远离中原，罕见战事，且山高林密，成为"仙"家理想的避世之所。

---

① 黄楚珩修，黄名彦续修：《宜章石虎山武陵侯志》，清光绪元年刻本，1875 年。
② 陈金刚、李倩：《楚辞、汉赋中巫之称谓及巫风盛行原因》，《江汉论坛》2007 年 12 月。

加之郴民有信奉巫术的传统，"仙"便在民间传播开来，乃至融入民俗。史载郴地信道修仙者甚众，其中最出名的是"九仙"。崇山峻岭中的郴州在外地人眼中很有神秘感，他们对郴州当地流传的神仙传说信以为真，在众口一词的合力传播下，郴州成为全国神仙传说的发源地之一。其中苏耽治疗瘟疫的"橘井泉香"的故事，成为两大中医典故之一①，至今流芳于世界华人医林；成武丁一句妄言"七夕织女诣牛郎"，逐渐演变成民俗节日"七夕"，而今成为世界华人心目中的"情人节"；等等。郴州出名的神仙还有王仙、刘仙（兄弟三人）、廖仙、范仙、唐仙、萧仙、高仙、慧仙、南塔仙姑、龙泉仙姑、太和仙、五盖山大仙……

仙，以纯粹理想将世俗之人引入山水美景。"游仙诗"促进了山水诗的发展。晋魏人物，谈玄论道，最终落实到山水。历代文人为郴州山水勾勒出的一幅幅"仙境"，至今广为传诵。

仙，给予我们太多、太美的想象，那些虚无缥缈的印记，永远让人琢磨不透。

第二节　说　佛

一、佛：郴说"祖师西来"

汉代，随着丝绸之路的开通，中国与西域诸国文化贸易交流日益频繁，一支产生于古代印度的宗教借用了汉字——"佛"，从此家喻户晓。

佛，原本表示看不清楚，比如"仿佛"。东汉许慎《说文解字·人部》释曰："见不审也。从人，弗声。"弗，不，矫正。以象形文字而言，"弗"字中间两竖象征不直之物，若以绳索束缚，可使之平直。浮屠（梵文 Buddha 的音译），即西竺的"觉者、知者"，最后简化译音为"佛"字。南朝天台大师智颛《法华文句》："佛陀……觉者、知者，对迷名知，对愚名觉。"正如国学大师季羡林所说："'不知道'的对立面，就是'知道'。知道了，就是'大觉'，就是'佛'"② ——或许这就是"Buddha"选译为"佛"的理由。

释迦牟尼是佛教创始人，是当之无愧的佛祖。释迦牟尼创立的佛教理论可以简述为：人生即苦，只有修行才能解脱轮回之苦，达到涅槃境界。其基本教义有四圣谛、八正道、十二因缘。四圣谛即苦谛、集谛、灭谛、道谛，解释了苦的根源——因为人有各种欲望，要断灭苦因，苦修成佛。八正道包括正见（见解）、正思维（意志）、正语（言语）、正业（行为）、正命（生活）、正精进（苦修）、

---

① 另一传说为"董奉杏林"，两个传说都出自葛洪《神仙传》。
② 季羡林：《季羡林自选集：佛》，华艺出版社，2008 年。

正念（思想）、正定（精神通一），通常归结为"戒、定、慧"三字，是由凡入圣、由迷惘获得解脱的正确途径。十二因缘也叫十二缘起，因缘即关系和条件，大千世界可以归纳为十二个因果关系的环节，如前生是现在的因，后世是今生的果。中国佛教有八大宗派：三论宗、天台宗、华严宗、唯识宗、律宗、禅宗、净土宗、密宗，这八大宗派的特点可以用一偈概之："密富禅贫方便净，唯识耐烦嘉祥空。传统华严修身律，义理组织天台宗。"①

佛教传播至郴州，目前发现的最早古迹当属永兴县侍郎坦的南朝梁中大通七年（535）"刘乾祚造佛"（也是湖南省已知现存年代最早的佛教造像）摩崖石刻。②该佛像以阴线刻于便江边红砂岩崖壁上，像高68厘米，宽50厘米，头戴冠，披袈裟，长方脸，左手小臂上抬，手掌朝外，结跏趺坐于仰莲纹须弥座上，旁有款识"刘乾祚造佛"，末端有"中大通七年太岁乙卯二月甲寅……"，可证梁中大通七年（535）已有佛教传入。郴州佛教盛行于唐代，刘禹锡为智俨禅师作文称其为"曹氏子，世为柳之右姓。……生九年，乐为僧，父不能夺其志。抱经笥入峋嵝山，从名师执业……"③。另有清《（光绪）兴宁县志·仙释传》称该县梵安寺住持静觉为"冷淡佛"，乃六祖慧能高徒；《（民国）宜章县志·释道传》称该县开山寺住持释宏选得曹溪秘传，民间盛传"未有宜章，先有开山"；宋书《舆地纪胜》卷六十一"桂阳军"记载唐代僧人信业于桂阳坛山传道："唐中宗景龙二年，有旨于平阳县坛山开置戒坛，广度僧尼。至大中二年，有一僧曰'信业'，乘云飞锡，自阿育王山来，居此山至大中六年，内诏赐紫衣。不逾月，复还育王，而坛山香火不绝。"明代郴人袁子让以"西宗阿弥陀，东宗无量寿"形容这个时期出生于郴州的神僧宗慧——因为楚南④一带尊称宗慧为"无量寿佛"，他被视为"阿弥陀佛"的化身，与佛祖释迦牟尼齐名。然而，佛教西来，衍为"东宗"，这一说法并未得到当时全国佛教界的一致认可。

的确，"寿佛"宗慧被重重神话包裹，想要了解他的真实思想极为困难，其"东宗"地位自然难以得到普遍认同。郴州称"佛"的还有"朱佛"道广、"贺佛"贺献……，他们同样被种种传说包裹，难以窥见真容。将"佛"这一至高无上的称呼赋予世俗僧人，凸显了郴州地域文化特色，其他地区哪有这么多

---

① 即修习"密宗"要富有；修习"禅宗"要清贫淡泊；"净土宗"倡导简易的念佛法门，以方便著称；修习"唯识宗"要耐得烦；"三论宗"奉龙树菩萨的《中论》《十二门论》和提婆菩萨的《百论》为经典，主张"诸法性空"，也称"法性宗"，因其祖师吉藏住嘉祥寺，故曰"嘉祥空"；华严宗奉《华严经》为经典，为中国佛教的传统信仰，即"传统华严"；"修身律"即"律宗"，以研习及传持戒律而得名；在义理的组织方面，天台宗是最严密最有系统的，故称"义理组织天台宗"。

② 张辛欣：《湖南地区石窟摩崖造像调查与研究》，硕士学位论文，湖南大学，2011年，第51页。

③ 刘禹锡：《唐故衡岳律大师湘潭唐兴寺俨公碑》，《全唐文》第七部·卷六百一十。

④ 指湘南、广东、广西地区。

"佛"？

二、禅宗概说

"祖师西来意"，这是佛教禅宗参悟了两千多年的话头。什么是佛？佛教为什么能在东土传播？究竟要教化什么？这些基本问题没有标准答案。历代禅师契机而答，契机而教，以使闻者悟得一二，可谓"祖师西来无一句，全凭心意用功夫"。

沩山禅师答："与我将床子来。"

赵州禅师道："庭前柏树子。"

云门禅师说："山河大地。"

石霜禅师向问者咬齿示之，又曰："空中一片石。"

义玄禅师亦有此问，便遭黄檗祖师当头棒喝。义玄莫名其妙挨打，疑窦丛生，凡此三次方才彻悟，从此开派临济，成为一代宗师。原来，义玄参学黄檗以来，未发一问。受堂头和尚唆使，才出此问，并非真有疑情。所谓"大疑大悟、小疑小悟、不疑不悟"，黄檗祖师用这种方式引导义玄"大疑"。

禅宗又名佛心宗，因主张用禅定概括佛教的全部修习而得名，是佛教融合老庄思想，中国化的结果。修学禅宗，不需要富足的经济条件，无论山林、水边、茅屋，只要双腿一盘，就可参禅了，故称"贫禅"。近代高僧太虚大师说："中国佛教的特质在禅。"任何一宗，均可汇归禅的精神。禅宗渊源，可溯至南北朝时，菩提达摩由印度西来传教，曾面壁九年专修禅定，其宗门"直指人心，见性成佛"，世称禅宗初祖。由达摩到慧可、僧璨、道信，至第五世弘忍门下，分为北方神秀的"渐悟"说和南方慧能的"顿悟"说两宗。但后世唯有顿悟说盛行，主张不立文字，直指人心，顿悟成佛，人称"南禅"。慧能著名的弟子有南岳怀让、青原行思、菏泽神会、南阳慧忠、永嘉玄觉，形成禅宗主流，其中以南岳、青原两家弘传最盛。南岳下数传形成沩仰、临济两宗；青原下数传分为曹洞、云门、法眼三宗：世称"五家"。其中临济、曹洞两宗流传时间最长。临济宗在宋代形成黄龙、杨岐两派，合称"五家七宗"。自晚唐以下的中国佛教，禅宗特盛，继而禅净合一。禅宗之名始于唐代，郴州佛教禅宗人物自唐有载，可谓源远流长。延至清光绪年间，《（光绪）郴州直隶州乡土志》记郴州佛教只有"临济""云门""曹洞宗古爽派"三个派宗，考查历代《传灯录》郴籍名僧世系，同样不出此三宗派。

三、佛教的影响

称为"佛"的郴州高僧被种种传说包裹，很难解析禅宗思想，同样应归结为荆楚巫风的影响。如鲁迅在《中国小说史略》中所言："中国本信巫，秦汉以来，神仙之说盛行，汉末又大畅巫风，而鬼道愈炽；会小乘佛教亦入中土，渐见流传。凡此皆张皇鬼神，称道灵异，故自晋迄隋，特多鬼神志怪之书。"① 佛教与荆楚巫傩文化融合，最早见于南朝梁人宗懔所撰的《荆楚岁时记》："十二月八日为腊日。谚语：'腊鼓鸣，春草生。'村人并击细腰鼓，戴胡头，乃作金刚力士以逐疫。"胡头即祭祀时所戴的巫傩面具，金刚力士即佛教中的大力神，音译为那罗延（Nryana），这也是腊月初八日作为佛教节日的最早由来。可见，荆楚地区巫傩祭祀很早就受到了佛教影响，并吸收了一些佛教教义。

值得注意的是，佛教进入郴州之后，神仙巫术对佛教有所排斥，佛教亦对神仙巫术不认同。《全宋文》卷二千二百三十一"张商英四·仰山庙记"讲述了一则神话故事："唐武、宣间，释之徒有惠寂②者，隐于郴州王莽山③，以嗣沩山灵祐之道。宴坐之际，禅床陷地尺许，山神跪曰：'吾地薄，不足以栖大士。袁州南仰，师所居也。'"《景德传灯录》卷十一则称惠寂"领众住王莽山，化缘未契，迁止仰山"，即可理解为佛教活动在当地难以开展，从而衍生出山神请惠寂迁居的神话。张商英《仰山庙记》还编造了仰山二神给惠寂"施山逊庙"一事。谢建华论文《城外与城内——唐宋袁州仰山神信仰演变研究》④ 将此阐释为佛教与民间山神的信仰冲突，其实这种信仰冲突应早在惠寂住持郴州王莽山期间就已发生，故有"化缘未契"之说。

而明代旅行家徐霞客游郴时，虽然苏仙岭山顶的苏仙庵、山脚乳仙宫等道观已被佛教占据，但民间信仰未改变，徐霞客在游记中写道："余从小径上，带湿谒苏仙，僧俗谒仙者数十人，喧处于中……"可见当时郴州僧众除了信奉佛教菩萨，也接受本土神灵。

禅宗"直指人心，不立文字"的教诲，使得传世文献较少。"信巫好鬼"的郴民借此添油加醋，予以"巫化"，高僧们也乐享其成，听任自由。清《（康熙）湘山志》卷一"灵应"评曰"无量寿主人以神通故，为《传灯》所遗"，这里将寿佛宗慧"为《传灯》所遗"归因于民间传说的种种神通，是有一定道理的。

清末，受西学影响，佛教衰落，僧侣无心持戒参禅。清《（光绪）郴州直隶州乡土志》载："释教，专宗释迦牟尼，其派五，在郴者只三派。曰'临济'，

---

① 鲁迅：《中国小说史略》，上海古籍出版社，1998年，第24页。

② 惠寂（807—883），唐代著名僧人，亦有文献作"慧寂"，与其师沩山灵祐共同创立沩仰宗。

③ 王莽山即今莽山，又作黄莽山。宋书《舆地纪胜》卷五十七载："莽山，在宜章西南一十里，接英、韶界，延袤六十里。有九十九山，旧碑言山形如寒芦，在宿莽中，故名。长编：'庆历六年冬十一月，瑶贼遁入郴州黄莽山'，恐即此山。"

④ 谢建华：《城外与城内——唐宋袁州仰山神信仰演变研究》，硕士学位论文，江西师范大学，2001年。

曰'云门'，出家削发，茹荤不戒，为人建醮禳灾，亦名'应教'，谓其应人聘请也。咸同时，教盛人众，今已衰微，约一百余人。曰'古爽'，出家削发受戒，不茹荤，以寂灭虚无为宗旨。向无建醮禳灾等事，近日募化维艰，亦皆应人聘请矣。约七百余人。二派约共八百数十人，尼姑约二百人。"① 此时，大多数寺观转化为新式中小学，庙产用以资学，为社会转型作出了贡献。邓典谟撰《（民国）宜章县志》记载："自清末变法兴学，多提庵产为学款，僧徒星散，寺观多倾圮。或改作校舍，或仅有住持僧一二人。"这段时期，郴州城内城隍庙成为"湘南起义"指挥部，永兴太平寺成为湘南苏维埃政府的办公场所……这些寺庙虽然衰败，却具有重要的历史价值和深远的纪念意义。

第三节　说郴州仙佛

郴州神话传说最早可追溯到炎黄始祖时代，比如桂阳扶苍山有伏羲女娲传说，宋书《舆地纪胜》最早记载"伏羲庙，在郴县"；汝城有耒山，相传神农炎帝在此造"耒"，教民农耕。"安仁赶分社"（又称"药王节"）传习至今，已列入国家级非物质文化遗产，相传神农在此尝百草。神农庙、神农殿等遗迹遍布郴州各地，为神农传说密集区。由于本书着重讨论受道教佛教影响、可以追溯历史渊源的仙佛传说，故没有纳入上古神话，但这些传说的影响不容忽视。

郴州由汉至唐形成的"九仙二佛三神"传说是本书探讨的主要内容。应该说，这"九仙二佛三神"都是有原型的，而后被民间传说包裹，又经道教徒、小说家、当地乡贤乃至地方官员改编推广，大约在明代完全定型，并产生了一定的影响。

将本地仙、佛、神定数为九、二、三，除了有规范民间信仰之利，亦有地域文化推广之功。郴州自古受荆楚巫风影响，信鬼好巫，民间崇拜的神灵极多，且良莠不齐，有的甚至引导了不良习俗。地方官上任之初，禁止"淫祀"往往是首要任务。在此背景下，选择影响大、利国利民、引导善俗的"仙佛神人"，并限数为"九""二""三"，显然具有积极意义。同时，将"仙佛神人"定数，久而久之，逐渐形成了地域文化品牌，其功效超过遍布城乡的"八景"。

在历史的长河中，将神仙限数为"八"已取得一定的影响，如"八仙"铁拐李、汉钟离、张果老、吕洞宾、何仙姑、蓝采和、韩湘子、曹国舅无人不晓。最早的"八仙"源于西蜀道士张素卿所画的《蜀八仙图》（即李耳、容成、董仲舒、张道陵、严君平、李八百、范长生、葛永贵）。张素卿亦作《十二仙真图》，

---

① 郴州地方志编纂委员会：《（光绪）郴州直隶州乡土志》，1988 年 3 月重印油印本。

郴州仙人苏耽位列其中，不过限数为"十二"的"神仙团队"没有传开。唐、宋书籍之中，并没有发现"八仙"群体的相关记载。元人创作的杂剧始见合称的"八仙"，但人名有出入，各家不尽相同。直到明代吴元泰的演义小说《东游记》一书问世，"上洞八仙"才选定。本书将神仙限数为"九"，充分体现了郴州文化特色。"九仙"见于南朝梁武帝《登名山行》的"采药逢三岛，寻真遇九仙"，又见于唐太宗《望终南山》的"对此恬千虑，无劳访九仙"，但诗中"九仙"并非实指，而且"九"是极数，有"极多"的含义。

从文献记载来看，郴州"九仙"出现的年代早于"八仙"。南宋郴州知军赵汝鐩作《郴州鹿鸣宴》云："连科已占十名前，行听鸿胪第一传。我俟合符留劝驾，君能摛藻预兴贤。湘山点化名千佛，郴岭飞升效九仙。此去琼林天上宴，今朝先赋鹿鸣篇。"① 诗中"九仙"，并非虚指。赵汝鐩注云："郴人事湘山佛及有马岭苏仙上升处，号'九仙一佛'。"依此，至少在赵汝鐩任郴守时（1229—1231）② "九仙一佛"名号已定，苏耽为九仙之一，"一佛"即"湘山佛"宗慧无疑。早成书约两年的《舆地纪胜》③ 没有收录"九仙一佛"的说法，所记郴州"仙释"为：苏耽、成武丁、武就（郴县尉，唐相武元衡之父）、唐居士（唐道可）、廖师（韩愈赠序廖道士）、智俨（唐代僧人，郴州曹氏子，刘禹锡作碑铭）。《舆地纪胜》仅载"五仙一佛"，其中"一佛"又非"湘山佛"，差别如此之大，可见赵汝鐩所言"九仙一佛"并非以前事。结合赵汝鐩尤喜北宋画家宋迪的《潇湘八景图》，且曾作《八景歌》和之，其依照"八景"思路，亲自遴选郴州"九仙一佛"的可能性非常大。选定之后，赵汝鐩又在庆贺士子中举的"郴州鹿鸣宴"上吟诗推广。至宋末，郴州因"九仙一佛"被誉为"九仙城"，如萧立之④诗云："九仙拍手一佛笑，橘花多处开笄筶"，以及"远孙青春文字工，九仙城里鞭游龙"，可见宣传效果惊人。

明代，工部侍郎崔岩卸任还乡后，对"九仙一佛"进行系统整理，并撰著《九仙二佛传》，"九仙二佛"从此定型为苏仙（耽）、成仙（武丁）、廖仙（法正）、王仙（锡）、刘仙（曙、瞻、助三兄弟）、范仙（伯慈）、唐仙（道可）、寿佛（宗慧）、朱佛（道广）。《九仙二佛传》对民间传说进行了归纳整理并标明了发生地点，对文献来源及近似事例进行了考释，也有糅合不同人物加以编造的

---

① 黄仁生、罗建伦校点：《唐宋人寓湘诗文集》第 2 册，岳麓书社，2013 年，第 1707 页。

② 明《（万历）郴州志》卷二载：赵汝鐩于理宗绍定二年（1229）知郴州，四年（1231），为荆湖南路提点刑狱，改转运使。

③ 王象之编纂，成书于南宋嘉定、宝庆间，共二百卷。

④ 萧立之（也有文献作"萧立等"，张佩《宋末诗人萧立等一门生卒年及著述考论》一文将其生卒年定为 1203—1283 年），字冰崖，著有《萧冰崖诗集拾遗》。淳祐十年（1250）进士，知南城县，调南昌推官，移判辰州，宋亡后归隐。

成分。如廖仙原为受韩愈赠序之廖道士，以前史料均不见载名，亦无成仙事例，而在《九仙二佛传》中将其定名为"廖法正，苏仙岭景星观道士"，并糅入南北朝梁代道士廖冲收服公安二妖、在郴阳作丹等事；刘瞻事迹糅入原为刘晏所作的《三湘图》；寿佛宗慧事迹糅入万寿念禅师"赵州相唤喫茶来"等偈语。这些谬误检索史料即可轻易发现。至明代郴州知州胡汉纂修《郴州志》（明万历四年即1576年刻本），"仙释"已采用"九仙二佛"，其成员与崔岩撰著一致，不过事迹简略。明崇祯十年（1637），旅行家徐霞客游苏仙岭，并在其游记中记录"郴州为'九仙二佛'之地"，可见《九仙二佛传》及《（万历）郴州志》等书籍的推广效果极佳，就连初来乍到的外乡人都知道郴州有"九仙二佛"。也有不少学者怀疑《九仙二佛传》乃后人伪托，并非崔岩所著。但从该书未避康熙玄烨讳、书中谬误被明人袁子让引用[①]及清代方志完全采纳等事例来看，为明代著作无疑，而且目前尚未发现《九仙二佛传》并非崔岩著作的举证。崔岩是信奉儒学的官宦，怎么会编造荒诞不经的仙佛故事呢？其实，这一点也不奇怪。基于规范民间信仰、推广地域文化双重原因，早自宋令赵汝鐩就用"九仙"事迹激励士子，至明一代兵部尚书邝埜作《柳侯传》[②]，吏部侍郎何孟春、兵部郎中袁子让等显宦为仙传作评，崔岩著书推广亦在情理之中。又，明嘉靖中衡永郴兵备副使邓云霄曾作《郴阳署中》云："一片孤城罩紫烟，松阴桂影戟门前。散衙日永浑无事，静坐焚香候九仙。"[③]可见郴州"九仙"不仅是老百姓传出来的，而且是有官方背景和用意的。

至清代，"九仙二佛"已被地方史志完全采纳，并增添了"三神"："北湖龙王"曹代飞、"洞庭湖神"柳毅、"石虎神侯"黄师浩。"三神"当中，曹代飞、黄师浩已查明为始迁于唐代的氏族祖先，且传承谱系清楚，确有其人。柳毅传为宜章人，但尚未在郴州境内发现其家族后裔。至此，郴州"九仙二佛三神"的仙佛文化已经基本成熟，清康熙时郴州知州陈邦器云："昔人称为'仙佛窟，山水乡'，盖慕之也"[④]，即是最好例证。

郴州"九仙二佛三神"作为本土神灵，来源于社会各阶层，具有一定的代表性。其中有治病救人的草药医生苏耽、王锡，道士廖法正，隐居山林的修道者范伯慈、唐道可、刘瞻、刘助，勤政清廉的宰相刘瞻，能解鸟语的文学主簿成武

①　清《（嘉庆）郴州总志》卷三十八"仙释志·无量寿佛"载袁子让评语："及读上堂颂，'天地同根'数语，阐明无量寿之旨，西佛似不及也"，"'天地同根'数语"实为宋僧万寿念上堂颂，袁子让所读必定源于《九仙二佛传》之谬误，可见袁以前已有此书。

②　清《（嘉庆）郴州总志》卷三十"人物·文苑"记载清举人、名医、宜章人吴德汉"集邝忠肃公遗录《柳侯传》"，该书已佚。

③　邓云霄著，邓进滔整理：《邓云霄诗文集》下册，乐水园印行，2003年，第560页。

④　清《（康熙）郴州总志》卷十一"志余·仙释"载。

丁，修德养生获得高寿的寿佛宗慧，禅法平易与群丐为伍的朱佛道广，还有世居郴州的古老家族祖先"北湖龙王"曹代飞、"石虎神侯"黄师浩，以及成为全国经典传说人物、庇护郴民过洞庭的"洞庭湖神"柳毅。这种产生于郴州的独特文化现象，既联络乡谊，又敦行教化，值得深入研究。

第二章　仙佛丛论

仙佛文化作为中华民族传统文化的重要组成部分，显然有其存在的合理性和积极意义。道教、佛教以虚无空寂设教，以长生仙境或极乐世界吸引信众，影响极其深远。至今，人们还在津津有味地谈论着：烧炼仙丹的道家不知不觉发明了火药，成为某个时代科技进步的标志。也常听说略带遗憾的评论：如"烂柯棋局"① 之类"天上一日，人间一年"的仙界故事很早就在设想时空相对论，"穿墙术""分身术""隐形术"等"仙术"切合微观世界量子行为，可惜这些超前思维并未发展为科学理论。

然而，凡此种种议论均不是本书的讨论范围。本书探讨的"仙佛文化"是一种被民俗信仰、民间传说重重包裹的历史文化，"仙""佛"虽是本书的主人公，却难以找到佛教、道教的相关文献记载，故不可用佛教、道教思想概括其行状。为此，本章以重要事件或典型人物为例，分别对其历史事实、文化传承、民俗改良等方面进行评述。应该说明的是，郴州虽是这一历史文化的承载地之一，但由于代远年湮，相关民俗信仰已基本消失，许多民间传说已失去口述。加之仙佛事迹本来就虚无缥缈，只能根据有限史料作出合理推测。

第一节　虚幻中的真实

虽然仙佛故事虚无缥缈、如梦似幻，但分析不同时期的史料，对比众说纷纭的传说样本，可以追根溯源，大致推测故事发生的真实背景。举例分析如下：

一、苏耽仙迹——"橘井泉香"中的真实背景②

苏耽成仙的核心故事见于晋葛洪《神仙传》，故事梗概如下：苏耽，汉文帝时桂阳郡（今郴州）放牛娃，一日告别母亲说："我奉命成仙，明年我郡有大疫，庭中井水一升、橘叶一枚，可疗一人。"说罢，驾着祥云升天。来年，果然发生大瘟疫，母亲以井水、橘叶救人无数。

这个被后人称为"橘井泉香"的故事，自唐代开始扬名。唐开元二十九年，

---

① 南朝梁人任昉所著《述异记》记载的故事：晋时王质伐木遇仙，因观棋一局，斧柯烂尽。既归，无复时人。

② 本文引用文献详见本书第三章第一节，不一一出注。

郴州太守孙会奉旨为苏耽"严饰祠宅""皎洁遗像"①，这也是苏仙祠有史料记录的第一次官修。在皇家大修庙宇的推崇下，极具传奇色彩的"橘井"备受关注，如唐代诗人杜甫云："郴州颇凉冷，橘井尚凄清。"② 元结作《橘井》诗云："灵橘无根井有泉，世间如梦又千年。乡关不见重归鹤，姓字今为第几仙。"③ "橘井"随后被写入道教典籍、蒙学著作，又被中医药界奉为经典，甚至名扬异邦，如唐人街有"橘井药店""橘杏诊所"，日本办了《橘杏医药》杂志，柬埔寨王国以"桔井"命名省市，四百多年前意大利传教士利玛窦在《西国记法》说道："（中国）记医以橘井，以杏林。"④

"橘井"传说中，最富传奇色彩的就是苏耽预言瘟疫，提前做好了预防工作。其实，这是有中医理论基础的，汉以前已有"五运六气"预测流行疾病的说法。当时古人以甲、乙、丙、丁、戊、己、庚、辛、壬、癸十天干以定"运"；子、丑、寅、卯、辰、巳、午、未、申、酉、戌、亥十二地支以定"气"，两者结合五行生克理论就是今人所说的"运气"。古代医家从"天人合一"整体观念出发，认为气候变化对人体健康影响甚大，因此可从"五运六气"推断将要流行的瘟疫。此说见于先秦时成书的《黄帝内经》"天元纪大论""五运行大论""六微旨大论""气交变大论""五常政大论""六元正纪大论""至真要大论"等七篇，其他如"六节藏象论"，《素问遗篇》的"刺法论""本病论"等也有论述。中医界有一句话："不通五运六气，遍读方书何济？"当然，"五运六气"预测瘟疫的机制和效果还有待科学论证。

文献记载苏耽于汉文帝三年升仙前已预料到"郡有大疫"，而后"大疫"果然发生，故事背景大体真实。汉文帝时瘟疫频发，其中大将军周灶率部攻打南越，因"士卒大疫，兵不能逾岭"，受阻于郴州一带，应是大疫的真实写照。⑤

有人根据橘叶的主治病症和疗效，推测当年桂阳郡发生的大瘟疫即"肺痈"⑥。不过，历代医家从未见过一片橘叶、一勺井水治愈疾病的病例，对此多持怀疑态度。其实，检索史料，还可以发现一种被湮灭的说法，或许可以还原历

---

① 孙会：《苏仙碑铭》，载《全唐文》卷三百六十二。
② 杜甫：《奉送二十三舅录事之摄郴州》，载《全唐诗》卷二百十六，岳麓书社，1998 年，第 245 页。
③ 元结：《橘井》，载《全唐诗》卷二百四十一。
④ 利玛窦：《西国记法·立象篇第四》，载朱维铮主编《利玛窦中文著译集》，复旦大学出版社，2001 年，第 153 页。利玛窦（1552—1610），明代意大利传教士，当时中国医家以"橘井"为号十分流行，故有此记。
⑤ 详见本书第三章第一节"'郡有大疫'考辨"。
⑥ 胡沛斌：《橘井泉香的来由》，载《亚太传统医药》2006 年第 12 期，第 55 页。肺痈即肺脓肿，多种病因引起的肺组织化脓性病变。

史真相。[①]

　　唐高祖武德年间欧阳询主编的类书《艺文类聚》卷六十五"产业部·上"引《桂阳先贤传》（又名《桂阳先贤画赞》）云："苏统尝除门庭，有众宾来，统告母曰：人招统去，已种药著后园梅树下，可治百疾。一叶愈一人，卖此药过足供养。"有人说，那个"梅"字肯定是刻错了，不然怎么对得起"橘井泉香"？感慨的是，宋书《太平御览》卷九百八十四"药部一"记载了同样的说法，卷九百七十"果部·七"更明确，"有人谓苏统：'后园梅树下种药，可治百病'"——有人亲眼所见，苏统（耽）曾种药梅树下。《（元和）郡国志》[②]又载"耽启母曰：'……今年疾疫甚，饮家中井水即无恙。又种药于园梅树下，可治百病，卖此水及药，过于供养'"，沿袭了《桂阳先贤传》的说法，张英著《渊鉴类函·园圃二》引此作为记录药园起源的依据。唐开元二十九年，孙会作《苏仙碑铭》记曰："咒橘井愈疾，为取给之资；药苗蔬畦，为调膳之费。"可见当时苏耽养母尚有"橘井"与"种药"两种传说，后来"种药说"渐渐隐退，只留下了"橘井说"。

　　苏耽种药梅树下，确凿无疑，并不是孤证。那么，苏耽所种是何仙药？当年桂阳郡发生的大瘟疫究竟是什么病症？

　　由此，我们联想到一种常见的瘟疫——疟疾。疟疾，俗称"打摆子"，它因患者身体忽冷忽热而得名，是一种恶性传染病。"船到郴州止，马到郴州死，人到郴州打摆子"，这句不知源于何朝何代的口头禅说明郴州曾疟疾横行。2015年10月5日，诺贝尔生理学或医学奖揭晓，中国科学家屠呦呦因研发抗疟疾药物青蒿素而获奖。屠呦呦从青蒿中提取的青蒿素，抗疟率达100%，堪称特效。青蒿，古称"廪蒿"或"菻"，是江南一带很常见的草本植物，郴州漫山遍野多的是。更神奇的是，"菻"——这个专治"打摆子"的解药，竟是郴州先秦时期的城市名称。[③] 这难道只是巧合？

　　现代医学告诉我们，疟疾是人被蚊子叮咬之后感染疟原虫引发的一种虫媒传染病，而中国古代对传染病致病机理不清楚，统称受"瘴气"感染，将其病症归于"伤寒"。东汉人刘熙在其《释名·释疾病》中释"疟"时，称此病为"酷

---

　　① 此说详见肖落落《诺贝尔医学奖与郴州文明密码》，载于《郴州日报·周末》2015年10月11日第2版，下文因限于篇幅修改节选。

　　② 《太平御览》卷四十九"马岭山"条引，详见本书参考文献说明。

　　③ 菻：蒿类植物，读lǐn。《说文解字·艸部》："菻，蒿属。"已故安徽大学教授、古文字学家何琳仪根据1957年安徽省寿县出土的战国文物——"鄂君启错金铜舟节"认定"菻"即是"郴"。舟节，即楚王颁发给鄂君启的航运通行证和免税凭证。从其中规定的水路交通运输路线，可推断舟节中的"菻"即"郴"，这一观点已得到大多数学者认同，不做详论。另，"郴"（chēn）最早的读音是"lǐn"，与"菻"同音。见肖落落《"郴"州原来不读（chēn）》，《郴州日报·周末》2008年7月5日第6版。

虐也”，“凡疾或寒或热耳，而此疾先寒后热两疾，似酷虐者也。”[①] 先秦时，疟疾最早在中国南方地区流行，此后中国各地都有暴发。时人已大体摸清了疟疾的发病规律，此疫秋天多发，即《周礼》中所谓“秋时有疟寒疾”[②]。而发病原因，《礼记》认为，如果秋天气温偏高，即所谓秋“行夏令”，就会暴发疟疾，因传播疟疾的蚊虫繁衍密集。隋代巢元方在《巢氏诸病源候总论》中认为：“此病生于岭南，带山瘴之气。其症发寒热……皆由山溪岭瘴湿毒气故也。”[③] 北宋颁行的医书《圣济总录纂要》说：“瘴气，乃山川毒厉之气。又云，江山雾气多瘴，以其气郁蒸而然也。”[④] 总之，森林、高温、高湿，三者缺一不可。历代官兵征南，多因疟疾而遭遇挫折，从汉魏到民国，每次大规模军事行动，都有瘴气作祟。如《后汉书·马援传》载：“初，援在交趾，常饵薏苡实，用能轻身省欲，以胜瘴气。”“又出征交趾，土多瘴气。”[⑤] 旧时，郴州是“打摆子”的重灾区，俗话说：“人到郴州打摆子。”1950 年 7 月，湖南省防疫站邓一韪教授在郴州城区抽样调查发现：城区新华小学、城西区立小学、省三师附小共 647 人，查出疟原虫 405 人，占 62.6%。[⑥]

由于对瘴气致病机理不清楚，各家医书所记药方虽然极多，可有效者寥寥。1969 年，中国医学家屠呦呦为了研发抗疟疾药物，收集整理历代医籍、本草，终于从 2000 余种内服外用抗疟方药中找到一种植物药，它就是青蒿。1971 年，屠呦呦使用乙醚从青蒿中提取了青蒿素，抗疟率达 100%，堪称特效。传统中医处方使用青蒿都是熬汤，导致青蒿素分解失效。众多典籍中，只有晋代医学家葛洪所著《肘后备急方》给出了正确用法：“青蒿一握，以水二升渍，绞取汁，尽服之。”[⑦] 后来，李时珍《本草纲目》传承了这一说法：鲜用或阴干制粉。2011 年，屠呦呦因发现青蒿素截疟功效而获得世界临床医学奖——拉斯克奖；2015 年 10 月 5 日，屠呦呦获得诺贝尔生理学或医学奖，这是中国本土科学家首次获得此奖。

青蒿，让我们很快就联想到郴州。先秦时期，我们的城市叫“菻”，“菻”

① 刘熙撰：《释名》，商务印书馆，1939 年，第 129 页。

② 周公旦撰：《周礼·天官冢宰第一》，载郑玄注《周礼郑氏注》，中华书局，1985 年，第 28 页。

③ 巢元方撰：《巢氏诸病源候总论》卷十一“山瘴疟候”，收入《钦定四库全书·子部五》，人民卫生出版社，1955 年，第 68 页。

④ 赵佶敕编：《圣济总录纂要》卷五“疟疾门·瘴气”，收入《钦定四库全书·子部五》，安徽科学技术出版社，1987 年，第 159 页。

⑤ 范晔著：《后汉书》卷二十四“马援列传·第十四”，上海中华书局，1965 年，第 59 页。

⑥ 喻志炳：《邓一韪教授在郴县调查疟疾》，载中国人民政治协商会议湖南省郴县委员会文史资料研究委员会主编《郴县文史资料》第 2 辑，1988 年，第 127-129 页。

⑦ 葛洪撰：《肘后备急方》卷三“治寒热诸疟方·第十六”，载刘小斌、魏永明校注《〈肘后备急方〉全本校注与研究》，广东科技出版社，2018 年，第 67 页。

就是青蒿。人到郴州最容易得的病就是"打摆子"，古人以"打摆子"的特效药命名这座城市是否暗藏玄机？是否很早就有人知道了青蒿治疗疟疾的用法？

假设苏耽"种药梅树下"的事迹确切无疑，那么"青蒿"就是苏耽所种之药，至少符合以下事实：

其一，符合"一叶愈一人"的事实。苏耽所种之药只有一种，传言"一叶愈一人"。

其二，符合青蒿鲜食能治疟的事实。传说中，"一片叶、一勺水"鲜食便可治瘟疫，实际上青蒿煮食无效，葛洪说，"青蒿一握，以水二升渍，绞取汁，尽服之"，方才治疟疾。

其三，符合在"梅树下"栽培的事实。能在梅树下栽培的药物一定是草本植物，个不高，较耐阴。梅树最高 10 米左右，忌涝，喜疏松、肥沃、保水性好的砂壤土；青蒿最高 0.3～1.5 米，同样喜疏松、肥沃、保水性好的砂壤土。同时，梅树根系浅，又怕旱，必须种草保护地表根系。青蒿属一年生、短日照植物，有研究表明，温度越高、日照时间越长，青蒿所含青蒿素越少。可见，梅树与青蒿是一组绝佳搭档。

其四，青蒿与苏耽都与道教人物葛洪有关。"青蒿一握，以水二升渍，绞取汁，尽服之"能治疟疾首先由道教人物葛洪所发现，当然这个方子肯定来源于民间。同时，葛洪又是作《神仙传》将苏耽荐入"仙班"的第一人，苏耽在他笔下最终成了被世人称道的神仙。

如果苏耽真是发现"青蒿能治疟疾"的第一人，那么至少可以解开以下谜团：

一是发现青蒿的为什么是放牛娃？疟疾是一种人畜共染的传染病，发现青蒿能治疟疾并不需要很多医药知识，只要会看牛就行。苏耽发现牛鲜食青蒿之后不染疟疾，便自己亲尝，从而确定无误。

二是为什么要离家出走装神仙？苏耽装神仙的目的是推广药物。众所周知，苏耽是个放牛娃，不是医生。俗话说，"医不三世，不服其药"，放牛娃开的药方怎么能让人放心呢？于是，苏耽只好装神仙离家出走，剩下的推广工作就由他母亲来完成了。

三是苏耽为什么可以预测瘟疫？预测瘟疫也不奇怪。如果苏耽的出生日期是真的，那么在他 6 岁那年发生了重大战事：汉大将周灶率大军征伐南越国，因瘟疫不能翻越五岭，就驻扎在郴县一带。这种瘟疫可能是疟疾，苏耽见过。且大兵过后，必有大疫，苏耽不见自明。

四是苏耽成仙的幕后推手是谁？苏耽一家孤儿寡母，生活极为贫困。此时，又碰上了战争，苏耽母子眼看就要流落异乡，以乞讨为生。苏耽无意间发现了青蒿能治疟疾，这让母亲十分高兴，于是策划了少年神仙离家出走的故事。当然，用的是什么草药必须保密。于是，苏耽的母亲把青蒿拧成麻花，抖成汁。因此，苏耽用什么药一直是个谜，有人说是井水，有人说是橘叶，最终成了海内外闻名的医林典故"橘井泉香"。

二、武丁成仙——"七夕"传说中的真实背景①

成武丁，后汉时为桂阳郡小吏，传说他向两只变化为人形的仙鹤求得仙药，自此能解鸟语。又因施展仙术喷酒灭火，受到桂阳郡太守周昕的重视，授以文学主簿。最富传奇色彩的是，他在一个十分重要的纪念日仙逝，他在走之前还说："七月七日，牵牛诣织女，吾当还宫"。逝后不久，因友人亲见武丁骑骡远去，太守下令掘墓发棺，果然不见尸首（这种成仙方式称"尸解"）。成武丁临终前的一句妄言，使得"七夕"自此成俗。如今，"七夕"被誉为中国式"情人节"。

文献记载成武丁的现实身份是汉末无名小吏，无史可查。不过，分析旁证史料，还是有真实线索的。

（一）"七夕"映证武丁时代

《（万历）郴州志》卷十九"仙释传·成武丁"记载："……仙君就州西立宅二年，以所以受老人之约，时日将满，遂谢病归第。复饵前药一粒，谓弟曰：'七月七日牵牛诣织女，吾当还宫，不得久留'。言讫而卒，太守自殡之，尸形柔软，异香盈室，乃后汉光和二年甲申岁七月七日也。"《（同治）临武县志》亦传承此说。②以"光和二年（179）七夕"为线索，可以发现成武丁还有一名弟子唐珍，同为桂阳郡人，亦于同年仙逝。明代郭棐撰《粤大记》卷十九"献征类·唐珍"载："唐珍，字惠伯，桂阳人。幼闻读书即能记诵，人谓神童。及长，状貌瑰特，善事父母，天性恬漠寡欲，荆州刺史度尚甚称重之。及就辟召，累官太常。熹平二年秋，代杨赐为司空，尝奏请缘海立堰戍以防夷寇，天子不从。自言先世家本颍川，大父南徙，已居三世。时同族有中常侍衡与左悺等窃弄威福，衡常呼珍为弟，珍耻之，自是阳瘖不复出言。明年冬，遂以久病罢归，居公位仅逾期月。素师事郴人成武丁，得黄老养性之术。闭户呼吸玄牝，人罕接焉。光和二年卒。乡人屡见其出入山水间，遂立庙祀之，祈禳有应，号唐司空庙。其子孙至宋益盛，三世登进士第。自元始，其家谱以惠伯为珍字。《湟川

---

① 引用文献详见本书第三章第一节之"二、成仙武丁"，不一一作注。
② 陈佑启主修，陈礼恒等点校：《（同治）临武县志》卷三十七"仙释"，临武县史志办翻印，2012年，第334页。载："光和二年七月初七，武丁召家人：'昔日老人约牵牛去织女处，我当还宫。'说罢目瞑，满室异香。"

志》则止名惠伯，且以为仙……"① 文中度尚任桂阳太守的时间是延熹七年至八年，唐珍应是熹平三年（174）"以久病罢归"之后，才有可能师事郴人成武丁。《资治通鉴》卷五十七"孝灵皇帝上之下"："熹平二年……，秋，七月，司空杨赐免，以太常颍川唐珍为司空。珍，衡之弟也。"② 同书又载："熹平三年……十二月司空唐珍罢，以永乐少府许训为司空。"可见，唐珍是一个有史可查、且有族谱佐证的真实人物。

是年"七夕"，还引出一个关键人物，就是提拔重用成武丁的桂阳太守周昕。此日，他为成武丁择地归葬，两天之后却又掘墓发棺。周昕，也有文献称"周忻""周憬"，实为同一人，③《全后汉文》卷一百三十"桂阳太守周憬功勋铭"④ 记其任上于熹平三年十一月凿开武溪水道，临武至乐昌得以通航。东晋葛洪《神仙传》描述了周昕赏识成武丁的全过程："府君周昕，有知人之鉴，见先生，呼曰：'汝何姓名也？'对曰：'姓成名武丁，县司小吏。'府君异之，乃留在左右。久之，署为文学主簿。尝与众共坐，闻群雀鸣而笑之。众问其故，答曰：'市东车翻覆米，群雀相呼往食。'遣视之，信然也。时郡中寮吏豪族，皆怪不应引寒小之人，以乱职位。府君曰：'此非卿辈所知也。'……比及二年，先生告病，四宿而殒。府君自临殡之，经两日，犹未成服，先生友从临武来，于武昌冈上逢先生……府君遂令发棺视之，不复见尸，棺中惟一青竹杖，长七尺许，方知先生托形仙去。"⑤ 可见，周昕早就知道成武丁是神仙了，而且深信不疑，并极力验证——这个传奇人物更值得深入思考。

（二）周昕破解成仙之谜

成武丁、唐珍、周昕三人事迹高度契合于熹平三年至光和二年前后，这时期发生的重大事件就是桂阳太守周昕主持凿通武溪水道。此时，成武丁任桂阳郡文学主簿，唐珍由朝廷高官司空"退休"后拜成武丁为师，两人不可能没有亲历此事。

对此，笔者推测如下：

桂阳太守周昕有志于凿通武溪水道，但不知如何下手：这样浩大的工程不仅需要耗费巨大的人力、财力、物力，更需要郡民坚定的信念。他想到了成武丁，

---

① 郭棐撰，黄国声、邓贵忠点校：《粤大记·下》，广东人民出版社，2014年，第531页。

② 司马光撰：《资治通鉴》，载宋传银译注《资治通鉴全译》第4册，贵州人民出版社，1994年，第606页。

③ 详见本书第三章第一节"桂阳太守周昕、周憬考"。

④《桂阳太守周憬功勋铭》，载严可均校辑《全上古三代秦汉三国六朝文》第2册"后汉"，河北教育出版社，1997年，第960页。

⑤ 详见本书第三章第一节之"二、成仙武丁"。

于是精心策划了"嗅酒灭火""解鸟兽语"等事件（如果州官提前布置，是很容易办到的），让人相信成武丁真是神仙。成武丁"少言大度，不附人，人谓之痴"①，沉默寡言，有时疯言疯语（"七夕"妄言即是一例），没有知根知底的朋友，就是成为"神仙"的有利条件。又因为成武丁是临武人，熟悉当地风俗与地理环境，授予文学主簿可以一边协助施工，一边利用"神仙"身份筹资筹劳、安抚伤病。宋书《太平广记·成仙公》引《神仙传》曰："时郡中寮吏豪族，皆怪不应引寒小之人，以乱职位。府君曰：此非卿辈所知也"，说明周昕让一个来历不明的人担任"文学主簿"已遭受非议，消除非议的办法只有让他尽快成为神仙。唐珍，这位回归故里的朝廷大员（位列"司空"，相当于正部级）拜成武丁为师，增加了可信度（当然，也不排除成武丁精通黄老养生术，唐珍真心拜他为师）。于是，周昕在成武丁、唐珍的全力支持下，顺利凿通武溪水道，立下了世人交口称赞的大功德。

《太平广记》又载，成武丁任桂阳郡文学主簿两年之后告病辞官，"四宿而殒，府君自临殡之"，随后因友人见其骑骡"暂至迷溪"，太守周昕下令发棺，见棺中无尸（"尸解"成仙），才最终确定成武丁的神仙身份。笔者以为，掘墓发棺为历朝大忌，周昕不太可能单凭成武丁友人的一句话就下令发棺，只有坚信成武丁是"神仙"，已知墓中无尸的情况下才会发棺。既然说成武丁是"神仙"，神仙又怎么会死呢？为消除公众疑惑，周昕发棺也是必然之举。当然，武溪水道竣工后，周昕府上还留有"神仙"下属，显然是不合适的，有必要安排他"成仙"。当年"亲见"成武丁死后又骑骡去了迷溪的友人或许就是唐珍，以唐珍的身份和地位策划此事，足以令公众信服。《粤大记》载，唐珍逝后，"乡人屡见其出入山水间，遂立庙祀之"。师徒二人仙逝时间、情节相近，或许相邀游山玩水去了。

当然，神仙传记不可能没有虚构成分。如《太平广记》等书记载，成武丁十三岁为临武县小吏，并不可信。汉代人才举荐制度为"举孝廉"，十三岁的少年有何德何能被列为举荐对象？汉顺帝时期尚书令左雄提出，郡国每年举孝廉，应该选取老成可靠之人，可规定年龄不满四十不得察举，此建议得到顺帝采纳并沿袭下来。成武丁如果通过"举孝廉"任官，应该不会小于四十岁，加之司空唐珍拜其为师，也应该不会太年轻。

众多文献表明，成武丁传说没有经历由先贤到神仙的进化，正因为他是当世"神仙"，才使得"妄言"成真，"七夕"逐渐演变为中华民族重要的民俗节日。

---

①　宋书《太平广记·成仙公》载此语。

三、国相乡贤——故里仙化的真实背景①

就郴州刘氏三仙（即刘瞻、刘瞻、刘助三兄弟）传说而言，未见传奇仙术，故事也较平淡。三仙小传都有一段大致相同的记载：大哥刘瞻、三弟刘助志于修仙，二哥刘瞻志在博取功名，三兄弟各执己见，不能相互说服。后来刘瞻考取功名，当了宰相。此时刘助早逝，不过刘瞻在京城又遇到他，刘助自称已是仙人。后来，刘瞻被贬南荒，遇见貌同少年的大哥刘瞻，瞻云已登仙界。兄弟俩一席长话，刘瞻似有所悟，无奈兄长忽然失踪。不久，刘瞻返京复职后病逝，归葬故里郴州良田。一年后，暴雨冲开墓穴，乡民见墓中无人，方知刘瞻已"尸解"成仙。

尽管刘瞻、刘助生平不详，但故事中的刘瞻却是个名垂青史的宰相。其主要事迹于史凿凿，真实不虚。

刘瞻任相时，唐懿宗的宝贝女儿同昌公主李梅灵嫁入新科进士韦保衡府中，养尊处优不到四年，养出许多病来，生命垂危。宫中数十名御医不停地穿梭于公主病榻前，却无济于事。韦保衡推卸责任，向懿宗痛斥御医们诊断不当，误投药石。懿宗震怒，宣旨将韩宗劭②等为同昌公主治病的御医全部斩首，又将其亲族三百余人收入大牢，准备处斩。唐懿宗的不仁之举，引得朝廷内外议论纷纷，忿忿不平。可谏官、御史们深知懿宗喜怒无常，一个个噤若寒蝉，刘瞻只好以宰辅的身份进言。这可惹恼了懿宗，他立即将刘瞻降为荆南节度使，限三日内离京赴任。翰林承旨郑畋负责草拟降职诏书，却找不到刘瞻的过错，反而草拟表彰："早以文学叠中殊科，风棱甚高，恭慎无玷；而又僻于廉洁，不尚浮华。安数亩之居，仍非己有；却四方之贿，唯畏人知……"③，因此同贬梧州刺史，而后改任郴州刺史。驸马韦保衡欲置刘瞻于死地，罗织罪名，再次将刘瞻及门生故旧三十多人全部贬到遥远荒僻的岭南。不久，懿宗辞世，僖宗新立，形势急转。乾符元年（874），刘瞻召还任刑部尚书，以中书侍郎同平章事再登相位，长安两市"率钱雇百戏迎之，瞻闻之改期，由他道而入"④。刘瞻进京后，受刘邺之邀赴宴，归来不适，不久暴病身亡。⑤

刘瞻卒于唐乾符元年（874）八月辛未，于史无疑。然而，刘瞻归葬何处，

---

① 引用文献详见本书第三章第一节之"五、刘氏三仙"，不一一出注。

② "劭"，也有文献作"绍""邵""召"。

③ 尉迟偓撰：《中朝故事》，载计有功辑撰《唐诗纪事·下》，上海古籍出版社，2013年，第842页。

④ 司马光撰：《资治通鉴》卷二百五十二，载沈志华、张宏儒主编《资治通鉴（修订本）》第5册，改革出版社，1993年，第5143页。

⑤ 尉迟偓撰《中朝故事》载："时宰相刘邺先与韦、路相熟，深有忧色。方判监铁，乃于院中置会召瞻，饮中置毒而薨。"

国史无载。湖南郴州良田有刘瞻墓，广东连州巾峰山亦有，郴州、连州两地争议由来已久。这为刘瞻仙化增添了现实意义：刘瞻是神仙更是乡贤，有开教化、立风俗之功，所以他是哪里人非常重要。

（一）仙人墓释疑

连州刘瞻墓位于该市城郊东面约三公里的巾峰山上，始建年代不详，毁于"文革"。明弘治间，连州知州曹镐重修刘瞻墓，并作碑记称："乾符六年秋八月也，朝廷归其（刘瞻）柩于连州，葬于朝天门外半里许……"① 明嘉靖年间，知州龚云至祠墓行春秋二祭之礼，后以为例。民国改每年清明后公祭一次，县长主祭，佐官绅耆陪祭。另，凡州县首长就职，三日内至祠祭拜。连州刘丞相祠在墓前，明以前为翠峰寺。明嘉靖二年（1523）改寺为刘丞相祠，并重建之。明清鼎革，祠又毁。清嘉庆十六年（1811）重修，清光绪二十年（1894）广东学使徐琪最后重修祠墓。祠中主祭刘瞻，附祀刘氏祖、父及兄弟儿子，以及僚属郑畋、高湘等。1945 年秋，燕喜中学（今连州中学）修建"唐相刘公几之堂"，于 20世纪 80 年代被拆毁。2017 年，连州市委、市政府重建刘公祠，并作为刘瞻纪念馆，展示其生平事迹和相关历史文化遗存，免费对外开放。在连州，刘瞻没有成仙之说。其墓、祠建筑自古有之，祭祀活动传承有序，似乎还原了真相：刘瞻就是连州人。

刘瞻及兄弟二人同登仙籍是郴州独特的说法，仙人墓作为其佐证，自古真实存在。郴州刘瞻墓今在苏仙区良田镇二渡水村，墓葬建筑皆已损毁，只留下一座土丘。刘娟丽《一代廉相刘瞻墓疑云》一文称："据该村 67 岁的老支书陈海军介绍，刘瞻墓南边原有一个规模较大的古庵子，古庵的原址上现在是一栋上世纪八十年代建的土砖房。"② 《（万历）郴州志》卷七"提封志下·古迹·唐刘相国瞻墓"载："在郡南三十里良田铺侧。唐平章事刘公瞻葬此。明年夏，暴雨，坟陷，视其尸与柩，俱解矣。"③ 明代崔岩著《九仙二佛传》④ 说得更确切："归葬于郡南三十里良田市傍，茔南向坐，大鹅岭左琉璃江。葬之明年夏六月，雷雨暴作，乡人见丛云之中刘相乘而上天，少霁，往瞰之。其坟已陷阒其中，尸与棺俱解，惟一空塚而已（见《郡志》）。乾符末司空郑畋自梧州徙郴刺史见公尸解事，尝语人曰：'平章立朝，气节风采，不恩权豪，已翘然有仙风矣'，寻为公营其墓……"

---

① 　陈昌齐等撰：《广东通志》，华文书局，1968 年，第 3842 页。

② 　刘娟丽：《一代廉相刘瞻墓疑云》，载《郴州日报》2017 年 11 月 19 日周末版。

③ 　郴州市地方志办公室整理：《（万历）郴州志》，中州古籍出版社，2017 年，第 161 页。

④ 　崔岩撰，何孟春、袁子让订：《九仙二佛传》，北京图书馆馆藏同治壬申年（1872）重刊本。本书所引皆出自此版本，详见本书参考文献说明，不再出注。

上文所提郑畋是将刘瞻贬职诏写成表彰诏的翰林，他还有诗《酬通义刘相瞻》曰："刘纲暗借飙轮便，睿武楼中似去年。"① 题中"通义"即通义坊，为刘瞻住处。唐代康骈作《剧谈录》卷下"刘相国宅"条目称："通义坊刘相国宅，本文宗朝朔方节度使李进贤旧第。"② 郑畋曾草拟诏书云"安数亩之居，仍非己有"，即指刘瞻任相后不置府第，租用李进贤旧宅，人称"租屋宰相"。乾符元年，刘瞻重返京城任相，献屋者无数，皆遭坚拒。他仍租用旧宅，不加修饰。郑、刘二人曾同为学士侍宴，宴罢归学士院，多从睿武楼过，酬诗可见郑畋眷恋旧情。诗中"刘纲"乃是葛洪《神仙传》中的人物，刘纲常与其妻樊夫人比试道术，夫妇同登仙籍，"飙轮"指御风而行的神车。郑畋借用此典，或已知刘瞻尸解成仙，暗合《九仙二佛传》的记载。《新唐书》卷一百八十五"列传·第一百一十"载，郑畋"贬梧州刺史，僖宗立，内徙郴、绛二州，以右散骑常侍召还"③，可见郑畋确有郴州刺史之任，且与刘瞻葬后时间吻合。《（万历）郴州志》卷十九"仙释传·刘瞻"又载："相国司空郑公畋，尝谓人曰：'刘君积德所致，弟兄俱出仙。'"④ 郑畋见闻，亦是刘氏三仙传说最早出现于唐代乾符年间的记录。当然，成仙之说虽不可信，但郑畋于郴州亲闻刘瞻"尸解"成仙的传说，并为之重修墓穴是可信的。

（二）仙人乡释疑

仙人有墓也有家乡，郴州仙传告诉世人，仙人们的家乡情结很重，尤其荫庇乡邻。因此，里籍非争个水落石出不可。贤相刘瞻故里之争由来久矣：北宋郴州知军阮阅有诗《郴江百咏·刘相国书堂》："疎林翠竹水沧沧，问是刘公旧隐堂。但得青编有完传，故居寂寞亦何伤。"说明此时刘瞻故居还没争出是非。直至清末，郴人仍指裕后街乌石矶有碑为证："唐宰相刘瞻故里。"⑤ 除了争辩事实，立碑为证，将贤相升级为仙相，更是上策。

刘瞻的里籍有多种说法，《旧唐书》卷一百七十七"刘瞻传"云："刘瞻，字几之，彭城人。祖升，父景"；《新唐书》卷一百八十一"刘瞻传"曰："字几

---

① 胡仔撰，廖德明校点：《苕溪渔隐丛话后集》卷三十五"本朝杂记·上"引《蔡宽夫诗话》，人民文学出版社，1962年，第267页。

② 康骈撰：《剧谈录》二卷第四十条，上海古典文学出版社，1958年，第32页。《四库全书总目》根据作者自序，将此书断为昭宗乾宁二年（895），作者避黄巢乱于池阳山中所作。

③ 欧阳修、宋祁撰：《新唐书》第11部，岳麓书社，1997年，第244页。

④ 郴州市地方志办公室整理：《（万历）郴州志》，中州古籍出版社，2017年，第284页。

⑤ 刘献廷：《广阳杂记》，载王云五主编《丛书集成初编》第2册，商务印书馆，1937年，第123页。记载了清康熙甲戌年（1694）刘献廷游郴时，见"乌石矶旁有断碑一片，题曰'唐宰相刘瞻故里'"，而后《（嘉庆）郴州总志》卷七"古迹志"载"今河街乌石矶刻'刘平章故里'五字"。两书比照，可见断碑已修复重刻，内容有所不同。

之，其先出彭城，后徙桂阳"；《资治通鉴》卷二百五十一载："瞻，桂州人也"。刘瞻之父刘景进士及第，刘禹锡贺诗《赠刘景擢第》云："湘中才子是刘郎，望在长沙住桂阳。昨日鸿都新上第，五陵年少让清光。"① 诗中刘景被誉为"湘中才子"，且"住桂阳"。《新唐书》之"后徙桂阳"得到了当时诗人的印证，结合《旧唐书》，称其郡望或先人出自彭城，应是准确的。而《资治通鉴》之"桂州"说没有得到其他史料印证，应为"桂阳"之误。但连州、郴县、汝城县、今桂阳县史上曾称"桂阳县""桂阳郡""桂阳监"或"桂阳军"，有时两个桂阳同时存在，只能用"大桂""小桂"加以区分，以至于成为史学难题。因此，有必要对唐代"桂阳"作一番解读。

连州：唐天宝元年（742），改连州为连山郡。《湟川志》载，乾元元年（758）复为连州，辖桂阳（今连州）、阳山、连山三县。在贞观属江南道，在开元、天宝属岭南道。乾元复属湖南。大历三年（768）属广左。

郴县：《读史方舆纪要》卷八十二"湖广八"载，"汉县，属桂阳郡，汉郡理所也……宋、齐封子弟为桂阳王，皆治于此。隋平陈，改为郴州，炀帝为桂阳郡，武德四年，改郴州，皆以郴为理。天宝初，亦曰桂阳郡。乾元初，复为郴州。"② 唐一代郴州、桂阳郡反复变更，因此唐史统称"郴州桂阳郡"，有时说郴州，有时说桂阳，实指一地。郡治郴县城内曾设桂阳监，专司铸钱，由郴州刺史兼任监史。《元和郡县图志》卷二十九"江南道五"："桂阳监，在城内。每年铸钱五万贯。"③ 《旧唐书》志第二十九"食货下"："置桂阳监，铸平阳铜山为钱。"④ 另，桂阳文化学者多持唐代桂阳郡治移治平阳之说，今从邓晓泉《郴州史略·探谜唐朝郴州桂阳监》⑤ 所考，未移治平阳，不作详论。

今桂阳：唐时称平阳县。《元和郡县图志》卷二十九"江南道五"载："平阳县，上。本汉郴县地，东晋陶侃于今理南置，属平阳郡，至陈俱废。隋末萧铣分置，武德因而不改。七年省，八年复置。银坑，在县南三十里。所出银，至精好，俗谓之'剐子银'，别处莫及。亦出铜矿，供桂阳监鼓铸。"唐末，马殷割据湖南，天祐元年（904）撤平阳县并入桂阳监，监治平阳，隶属郴州桂阳郡。

汝城县：《元和郡县图志》卷二十九"江南道五"载："本汉郴县地，至东晋分置汝城县，属桂阳郡。隋改为卢阳县，天宝元年改为义昌。"

---

① 黄钧、龙华、张铁燕等校：《全唐诗》第4册，岳麓书社，1998年，第515页。
② 顾祖禹撰：《读史方舆纪要》第4册，中华书局，2005年，第3495页。
③ 李吉甫撰，贺次君点校：《中国古代地理总志丛刊·元和郡县图志（下）》，中华书局，1983年，第707页。下文桂阳县为第708页，汝城县亦同。
④ 刘昫等撰：《旧唐书》第6册，中华书局，1975年，第2119页。
⑤ 邓晓泉：《郴州史略》，银河出版社，2011年，第288页。

综上所述，郴县为唐代郴州桂阳郡郡治所在，城内设桂阳监，郴州刺史兼任监史，且有刘瞻墓、刘相公祠堂、刘相读书堂等历史建筑佐证，是刘瞻故里首选。连州桂阳县为连州州治，刘瞻时属广州，有刘瞻墓、刘丞相祠等历史建筑佐证，称刘瞻故里亦有合理之处。今桂阳县唐时称平阳，今汝城县唐时称义昌，既无文献印证，亦无历史建筑佐证，可以认定与刘瞻里籍无关。

刘禹锡诗"湘中才子是刘郎"，提供了刘景是郴州人的有力证据。因为，其时连州州治桂阳县已隶属广州。早时连州虽属湘，但不是"湘中"，而是最偏远的"湘南"或"南湘"。郴州桂阳郡，恰好是湘中。如韩愈有诗《湘中酬张十一功曹》，"湘中"即郴州，其时张署任郴州临武县令。另，据笔者所考，刘禹锡于元和十年（815）三月被贬连州刺史，元和十一年（816）方抵连州上任。这一年，为刘禹锡与刘景的交往提供了充足时间。刘禹锡诗"望在长沙住桂阳"，即望在长沙郡，住在桂阳郡，抑或是双关语"住桂阳郡之桂阳监（即郴县城中）"。邓晓泉《郴州史略·拷问平章故里》认为："根据诗人喜欢用古地名称今名的习惯，将潭州称长沙，将郴州称桂阳是很自然的事。又根据两政区共驻一地，取大不取小的惯例，桂阳指的就是郴州。"① 长沙理工大学教授刘范弟《历史桂阳与唐代汝城进士》一文认为，望在长沙"可能是指刘景当时参加进士考试是挂籍于潭州（即长沙）而由潭州解荐的。当时参加礼部进士考试要由籍贯所在的州郡推荐，考生'皆怀牒自列于州县'，通过一定的考试后，然后'举其成者送尚书省（后为礼部）'参加进士考试，这就是所谓的'乡贡'和'解送'"②。

刘瞻是连州人，因为他父亲刘景就是连州人——连州人至今乐传《北梦琐言》卷三《河中饯刘相瞻》的故事："唐相国刘公瞻，其先人讳景，本连州人。"③ 这是今天所见明确说刘瞻父子是连州人的清代以前的唯一史料。刘瞻中进士后担任"大理评事"（负责审判案件的京官），却连一碗粥都喝不上，只好去找安国寺相好的僧人讨饭。因留文章于僧几上，得到游寺观军容使刘玄冀的接济，而后渐至任相。此故事颇具传奇色彩，但刘瞻中举后任"大理评事"这样的京官连碗粥都喝不上，令人疑窦丛生。《北梦琐言》之作者孙光宪生活的时代距刘景已有一百多年，他说刘景是连州人，也是得自传闻，《河中饯刘相瞻》有小注云"王屋匡一④上人细话之"。僧匡一生卒不详，由李商隐诗《忆住一师》

① 邓晓泉：《郴州史略》，银河出版社，2011年，第295页。
② 刘范弟：《历史桂阳与唐代汝城进士》，载欧阳海波主编《理学思想与人文汝城》，湖南大学出版社，2013年，第292页。
③ 孙光宪：《北梦琐言》，载陶敏主编《全唐五代笔记》第4册，三秦出版社，2012年，第2173页。
④ 即屋山僧匡一，又号住一。李商隐有诗《忆住一师》即赠匡一师。

可知两人同时代，亦与刘瞻同时代。

僧匡一的口述材料因年代靠前有一定可信度，但不如同郡桑梓"仙""佛"交往的铁证。唐人李知玄作《古塔记》称："乾符甲午夏，刘相公瞻从骓州召还，过湘源，以佛与同郡，诣院供香。见紫云回翔其上，蠲缣一笥，助修浮图"①，提供了刘瞻与寿佛宗慧同郡的信息，寿佛宗慧为郴县程乡人（出生于今郴州资兴市周源山）于史无疑，刘瞻与寿佛同郡，则是郴州人无疑。《古塔记》撰于乾符三年（876）二月，距刘瞻去世不到二年，属当代人记当代事，可信度最高。

除此，刘瞻归葬郴州"尸解"成仙一事最早得到郑畋口述，其兄弟相继成仙的故事亦见载于正史、仙史或野史，连州地方史志却无片语记载，这说明郴州早已将乡贤崇拜上升为仙佛信仰。

其一，南唐沈汾所著《续仙传》卷中②载，宋书《太平广记》卷五十四、《云笈七签》卷一百一十三"下"相继转载，文字稍有出入，录之如下：

> 刘曕（音潜），小字宜哥，瞻兄也。曕家贫好道，常有道士经其家，见曕异之，问知道否？曰："知之，性饶俗气，业应未净，遽可强学？"道士曰："能相师乎？"曰："何敢。"于是师事之。道士命曕"山栖求道，无必巾裹"，曕遂丫角布衣，随道士入罗浮山。曕与瞻俱读书为文，而曕性惟高尚，瞻情慕荣达。曕尝谓瞻曰："鄙必不第，则逸于山野。尔得第，则劳于尘俗，竟不及于鄙也。然慎于富贵，四十年后，当验矣。"瞻曰："神仙遐远难求，秦皇汉武，非小区区也。廊庙咫尺易致，马周、张嘉贞，可以继踵矣。"自后曕愈精思于道，乃隐于罗浮。瞻进士登科，会昌七年及第，屡历清显，及升辅相，颇著燮调之称。俄被谪南行，次广州朝台，泊舟江滨。忽有丫角布衣少年，冲暴雨而来，衣履不湿。欲见瞻，左右皆讶，乃语之："但言宜哥来也。"以白，瞻问形状，具以对。瞻惊叹，乃迎入见之。曕颜貌可二十来，瞻以皤然衰朽，方为逐臣，悲喜不胜，曕后勉之："与余为兄弟，手足所痛，曩日之言，今四十年矣。"瞻益感叹。谓曕曰："可复修之否？"曰："身邀荣宠，职和阴阳，用心动静，能无损乎？自非弟家阿兄已升天仙，讵能救尔。今惟来相别，非来相救也。"遂同舟行，话平生隔阔之事，一夕失曕所在。今罗浮山中，时有见者。瞻遂南适，殁于贬所矣。

---

① 李知玄：《古塔记》，载董诰编《全唐文》卷八百二十七。

② 沈汾撰：《续仙传》，载陶宗仪纂《说郛（7）》，北京市中国书店，1986年，第242页。《续仙传》三卷，旧本题唐溧水令沈汾撰。陈振孙《书录解题》曰："汾或作玢。"

文中，"殁于贬所"于史不合，作者对刘瞻复职回京一事并不知情，应是成文于刘瞻被贬期间。这个故事明显带有道教导向，对朝政昏庸的不满也溢于言表，或许出自道教人物手笔。

其二，宋初修编的《新唐书·刘瞻传》附刘瞻弟刘助事曰："弟助，字元德，性仁孝，幼时与诸兄游，至食饮取最下者。及长，能文辞，喜黄老言。年二十卒。"① 同时代的《北梦琐言》卷十载："唐刘瞻相公有清德大名，与弟阿初皆得道，已入仙传。"② 这是刘助成仙最早的记载。

四、寿佛法相——"天纵奇寿"中的真实背景③

寿佛释全真因其长寿极受尊宠，人文画家最爱画寿佛。究其容貌，多半骨瘦如柴，顶生髻、颊长髭，似佛、似道、似儒。难以描绘的还有"脚板连趾，长尺有五，阔四寸，纹纵横三十六道"④，据说这是前人仔细观察寿佛真身记录下来的。更为奇特的是，"左乳旁有一孔通腹内，时以絮塞之"⑤，传说寿佛回乡省母，不得已吃了荤腥，就从此孔掏出肠子来洗，洗完又塞回去。这些带"寿星"标志的尊容，越传越神，让人觉得不靠谱。但是，关于寿佛寿命的传说，却不离谱。不是皇帝的"万岁"、侯王的"千岁"、彭祖的"八百岁"，而是可信的百余岁，这是因为寿佛确有其人。

寿佛释全真，俗姓周，别号宗慧，生年待考，卒于咸通八年（867）二月初八日，今郴州资兴市程水乡周源山人。早年参学杭州径山法钦禅师，后入广西湘源县（全州）开创净土院（今湘山寺），并示寂于此，有《牧牛歌》《遗教经》《湘山百问》等著作。由于他德懋寿高，远近都尊称他为"无量寿佛""寿佛老爷"。唐乾符三年（876）二月十二日，寿佛宗慧肉身舍利塔建成，李知玄作《古塔记》⑥ 最早记叙其生平，形成了众多文献一致的说法。由于李知玄未记生辰，也引来一些关于寿佛世寿的争论。

（一）寿佛世寿释疑

中山大学教授冯焕珍论文《湘山宗慧禅师及其〈牧牛歌〉》考证了多种说法，确认寿佛世寿为132岁，颇有见地，现摘录如下：

---

① 欧阳修、宋祁撰：《新唐书》第11部，岳麓书社，1997年，第211页。
② 孙光宪：《北梦琐言》，载陶敏主编《全唐五代笔记》第4册，三秦出版社，2012年，第3324页。
③ 引用文献详见本书第三章第二节"一、寿佛宗慧"。
④ 谢久复撰修：《湘山志》，载《中国佛寺志丛刊》，广陵书社，2006年，第81页。
⑤ 崔岩：《九仙二佛传·唐无量寿佛传》，载《统志·佛图卷》。
⑥ 李知玄：《古塔记》，载董诰编《全唐文》卷八百二十七。

关于其生卒年和世寿，由于载籍记载多歧，以致研究者无法定论。考察这个问题，为方便计，我们先从禅师的卒年说起。唐李知玄为刘瞻助修湘山寺塔所写的《古塔记》明确说："咸通八年二月初八日辰时，（师）忽召众谓：'无色天请吾说法。'既而偈毕，跌坐而逝。"李知玄的《古塔记》撰于乾符三年（876），距咸通八年（867）不过10年，是关于禅师卒年的最早记载，最为可信。此后，宋元祐七年（1092）湘山嗣祖沙门释智允的《湘山祖师行状》（下文简称《行状》）、稍后王巩的《湘山无量寿佛记》（下文简称《寿佛记》）、宋释志磐的《佛祖统纪》、徐泌和谢允复撰写的《湘山志》都沿袭了这一说法。另有《佛祖统纪》记禅师当年一月圆寂，康熙《郴州总志》（下文简称《总志》）、清黄志璋纂修的《全州志》（下文简称《全州志》）、《粤西丛载》记其当年二月十日圆寂，似难信从。

至于禅师的生年，则颇多异说。《寿佛记》虽然较早涉及，但含糊其辞，谓禅师"咸通八年丁亥岁二月八日"圆寂，"相传法腊百有六十六岁"。《粤西丛载》如之。由于宗慧禅师16岁才出家，而依此说禅师当生于唐永隆二年或开耀元年（681），世寿高达186岁。雍正《通志》卷四十三《寺观》说禅师生于开元十六年（728），是则禅师世寿140岁；明嘉靖《广西通志》（下文简称嘉靖《通志》）未具禅师生卒年，仅说他"卒年一百三十二岁"，《全州志》说他"咸通八年二月十日端坐而逝，时年一百三十二岁矣"，此两说疑同其所本，是则禅师生于开元二十四年（736）。另外，《湘山志》卷一《因缘》的说法则有些混乱，它一方面说禅师生于长安四年甲辰（704）十二月十二日、圆寂于咸通八年二月初八辰时，另一方面又说他法腊166岁，前后矛盾，显然成文时没有详加考定，不足为据。

以上三说自然只有一种说法成立，我想另辟蹊径，通过考察径山法钦禅师的生平来帮助找到近于史实的答案。考上述文献均载称，宗慧禅师16岁出家，并于当年往参径山法钦禅师。据唐李吉甫（758—814）撰法钦《碑铭》说，法钦"贞元八年（792），岁在壬申十二月二十八夜，无疾顺化，报龄七十九，僧腊五十"，宋赞宁《宋高僧传》从之，是则法钦生于开元二年甲寅（714）。依此，我们可以先排除宗慧禅师生于永隆二年（开耀元年）或长安四年这两种可能，因为以他16岁参学法钦看，这两种说法都不能成立。剩下开元十六年和开元二十四年说均有可能，我们先看看前一种情况。如果禅师开元十六年生，则他16岁时（743）法钦禅师30岁，据李吉甫《碑铭》记载，此时法钦虽已于

29

鹤林玄素禅师（668—752）门下洞见本地风光，但他此年方受具足戒，不太可能正式领徒；此时其声望亦难于远播到宗慧禅师所在的楚南湘源，更难想象"自淮而南，皆目之为功德山"了。如果禅师开元二十四年生，则他16岁（751）时法钦禅师38岁，此时法钦道望正隆，且尚未应召赴阙，宗慧禅师于此时往参禅师可谓合情合理。因此，虽然多数文献都坚持宗慧禅师生于开元十六年，但我以为明嘉靖《通志》和《全州志》的开元二十四年说更加可信。据此，我推定宗慧禅师当生于开元二十四年，寂于咸通八年，世寿一百三十二，僧腊一百一十七。①

（二）"天寿之乡"释疑

李知玄《古塔记》载："佛降神天寿之乡，垂像五华之地，珠投周室。""天寿之乡"似乎得到了星象学的验证，《湘山志》卷一"星野"记曰："轸星散为荆州，长沙子一星在轸之中主寿昌，故九仙二佛皆产于郴，而无量寿主人居其一。驻锡于湘，郴湘皆荆域，实上应长沙子一星，又与鬼星同朱鸟之室，则主人为释迦化身，得精之殊胜，验矣……佛教上属鬼宿，暗则佛教衰。"将天上星宿一一对应地上某个区域，称之为"分野"。这种学说最早见于春秋战国，如《国语·周语下》已有："岁之所在，则我有周之分野也"，至《汉书·地理志》更详："楚地，翼、轸之分野也"，《史记·天官书》长沙星注："长沙一星在轸中，主占明、主长寿，子孙昌也"，唐代李绰《尚书故实》引佛经云："佛教上属鬼宿，盖神鬼之事。鬼暗则佛教衰矣。吴先生尝称有《灵鬼录》：佛乃一灵鬼耳"②。可见，唐及以前星象学早有此说。

"天寿之乡"与"五华之地"对仗工整漂亮，却非溢美之词。《湘山志》卷一"图考"称，全州有东西南北中"五华山""实五华福地也"。结合《古塔记》所述，奉寿佛肉身入龛时，"圣貌如生，毫光时现"，可知"垂像五华之地"，实指全州。

出奇的是，"天寿之乡"不仅有星象验证，而且有现实地名。宋元祐七年（1092），湘山寺嗣僧智允作《湘山祖师行状》③称寿佛宗慧"世居郴州郴县程水乡天寿里，俗姓周"，而《湘山志》卷一"因缘"④却载寿佛为"湖南郴州资兴

---

①　冯焕珍：《湘山宗慧禅师及其〈牧牛歌〉》，《中山大学学报（社会科学版）》2009年第4期，第128页。本书相关引文同此注。

②　李绰撰：《尚书故实》，载王汝涛编校《全唐小说》第三卷，山东文艺出版社，1993年，第2321页。

③　《（康熙）湘山志》卷四"艺文"，载《中国佛寺志丛刊》第114册《湘山志》影印版，广陵书社，2006年，第322页。

④　《（康熙）湘山志》卷四"艺文"，载《中国佛寺志丛刊》第114册《湘山志》影印版，广陵书社，2006年，第47页。

县程水乡天寿里周源山人"。程水乡的隶属关系表述各异，真实反映了两文创作时间不同。南宋嘉定二年（1209）复置资兴县，将原属郴县的程水乡划入资兴，乡名保留至清末光绪年间，所辖里社仍见"天寿社"之名。[①] 民国时，该县将4乡划小为24乡，程水乡分为"湘源""鹿鸣""中西"等数乡，再无"里"之建置，从此"天寿里"或"天寿社"于史无载。中华人民共和国成立后，地名再次变更，古程水乡约合香花、三都、蓼江、高码等乡镇范围。2012年撤乡并镇，原高码、香花二乡整合为程水镇，自唐以来见载史料的寿佛故里——"程水"再度广为人知，不过"天寿"这一地名未见传承，颇为遗憾。

宗慧禅师被视为释迦牟尼佛的化身，享有"无量寿佛"之名，而其出生地被命名为"天寿里"，难道前人已知寿佛将诞生于此？笔者认为，星象学虽然粗略附和了荆州长沙，却未"精确"到州、县、里。没有哪个州、县、里长官能未卜先知，洞悉程水乡将出一寿佛，而早早命名"天寿里"。相反，"天寿里"恰恰是宗慧禅师高寿的验证，也是他被尊称为"无量寿佛"并融入民俗信仰留下的第一道痕迹。这道痕迹是由宗慧禅师出生地资兴程水乡民众与其示寂地全州湘山信众共同完成的，最早在宗慧禅师过了"天寿"之年（100岁），最迟至唐乾符三年李知玄作《古塔记》之前，其出生地不知不觉更名了（原地名已无考）。"天寿里"如当今"长寿之乡"，不仅是对寿星的赞誉，更是对当地的赞美。"长寿之乡"往往山清水秀，自然环境优美。而"天寿里"更胜一筹，除了韩愈所谓"清淑之气""蜿蟺扶舆磅礴而郁积"，还独占"星象"天时。

五、兰香降仙——"人神之恋"中的真实背景

"人神之恋"是古代文人乐于创作的主题，历史上的名篇先见于战国（楚）宋玉的《高唐赋》，后见于三国（魏）曹植的《洛神赋》。而（晋）曹毗所作《杜兰香传》因其历史背景相对真实，涉及的人物、时间、地点常引来学者争执。

《晋书》卷九十二"列传第六十二·文苑"载："曹毗，字辅佐，谯国人也。毗少好文籍，善词赋。……迁句章令，征拜太学博士。时桂阳[②]张硕为神女杜兰香所降，毗因以二篇诗嘲之，并续兰香歌诗十篇，甚有文彩。"[③] 遗憾的是，曹毗为杜兰香所作诗歌及《杜兰香传》已佚，仅散见于诸书征引，以至于支吾不清。校录诸书，去除时间、地点争议，其故事梗概为：神女杜兰香奉王母之命许

---

① 资兴市地方志编纂委员会：《（光绪）兴宁县志》卷三"疆域志·里社附"，1988年，第47页。

② 西晋初桂阳郡包含郴、耒阳、便、临武、晋宁、南平六县，郡治郴县（今郴州市），属荆州。《晋书》卷十五"志第五·地理下"："桂阳郡（汉置。统县六，户一万一千三百）。郴，项羽义帝之邑。耒阳、便、临武、晋宁、南平。"

③ 房玄龄撰：《晋书》，中华书局，1974年，第1592页。

配凡人张硕。香先后来过多次，赠诗及酒食、织成袴衫等。硕既成婚，香便不再来。年余，硕船行见香，不胜惊喜，欲登其车，为其婢和车奴所阻……

今人逯钦立评论道："《书钞》《类聚》《御览》等引此传佚文不下十余则，所言饮食男女、悲欢离合甚繁，与陶宏景之《真诰》极为类似。所载仙诗灵唱，实当时师巫道士受符书章以眩惑士庶之故技也。"[①] 这个故事尘封于史料千余年，已不为郴民所熟知，却是当地继苏耽、成武丁之后传世的第三个神仙故事，探寻"师巫道士受符书章以眩惑士庶"其中原委显然具有重要意义。

石昌渝主编《中国古代小说总目·文言卷·杜兰香传》载李剑国考证，诸书"以上所引，传名虽有《杜兰香传》《神女杜兰香传》《杜兰香别传》之别，撰人或题曹毗或不举姓名，经相互证对，实都为同一作品"，又言"《御览》卷五十所引有'硕说如此'一句，可见此传是据张硕自述而记"。[②] 详查文献，张硕自述的痕迹不止一处，如更早成书的唐代欧阳询等主编的《艺文类聚》卷八十二"药香草部下"："硕云：食之亦不甘，然一食七八日不饥"[③] 等条，也有"硕云"或"硕说如此"。可见，神女杜兰香的传说源于张硕自述，而后经曹毗整理为《杜兰香传》并附诗十二首。

"杜兰香降张硕"的起始年代诸说不一，据《晋书·曹毗传》记云，蔡谟举曹毗任佐著作郎之后，拜太学博士时桂阳张硕为神女杜兰香所降，李剑国考证蔡谟于晋成帝时拜太傅、太尉、司空举曹毗为佐著作郎，故此传大约作于咸和年间（326—334）。其中《艺文类聚》卷七十九"灵异部下"所说的"建兴四年（316）春"与此接近（相距十余年），最为可信。故张硕为汉朝人或是太康间遇杜兰香等诸说皆误，应从李说。

张硕与杜兰香里籍众说纷纭，李剑国考证说："《御览》卷三百九十六所引云杜兰香'家在青草湖'。青草湖在洞庭湖东南，湘水所汇而成，与洞庭沙洲相隔，水涨连为一湖，故唐宋人均以杜兰香居洞庭湖。南阳、京兆乃杜姓郡望，杜兰香自称南阳人，乃举其郡望而已。《御览》卷八百一十六引称南郡张硕，张硕为南郡人，晋时洞庭湖正在南郡境。但《晋书·曹毗传》称桂阳张硕，与南郡张硕不合，桂阳郡远在南郡之南，疑《晋书》有误。前蜀杜光庭《墉城集仙录》卷五'杜兰香'云'其后于洞庭包山降张硕家'。洞庭包山即太湖洞庭西山，而楚地洞庭湖之山乃君山，包山当为君山之误。"

---

① 逯钦立：《先秦汉魏晋南北朝诗》，中华书局，1983 年，第 1094 页。

② 石昌渝主编：《中国古代小说总目·文言卷》，山西教育出版社，2004 年，第 71 页。李剑国教授引文均源于此卷，后不再作注。

③ 欧阳询撰，汪绍楹校：《艺文类聚》卷八十二"药香草部下"，上海古籍出版社，1965 年，第 1416 页。

李剑国以"洞庭"合诸说，使得张硕、杜兰香里籍在地理上接近，更有利于"谈恋爱"。不过，杜张之恋源于张硕自述，必须充分考虑人神之恋子虚乌有，乃"师巫道士受符书章以眩惑士庶"。张硕遇仙的证物不过是"瓦榼"（瓦制酒器）、"七子樏"（七格饭盒）等普通器物，从未让乡亲们见到神女，当然神女的里籍越远越好（近处易被调查），结局必定是"年命未合"不能婚配——杜兰香之里籍为女神湘夫人所住的洞庭湖或西王母的家乡墉城，显然是理想选择。《晋书》是由专门机构编修的官方正史，所载史实依据远胜于类书（如《太平御览》所录张硕里籍有洞庭包山、南郡、金陵西浦三种相互矛盾的说法），因其最早直接记载张硕里籍为"桂阳"，故可信度最高。晚出的前蜀杜光庭《墉城集仙录》卷五"其后于洞庭包山降张硕家"见载之后，被宋书《太平广记》《太平御览》引为张硕里籍。不过认真分析《墉城集仙录》卷五，显然不是曹传，也并非张硕自述，兰香为渔夫养女，"因过谪人间"，明显与曹传所记兰香为王母养女、受母命许配张硕相背，其结局兰香教张硕飞升成仙与曹传"年命未合"不能婚配大相径庭。又《艺文类聚》卷七十九"灵异部下"引《杜兰香别传》称杜兰香为南郡人，文中却有"（杜兰香）复作诗曰：逍遥云雾间，唿嗟发九嶷。流汝不稽路，弱水何不之？"九嶷山脉以桂阳郡属县南平（今蓝山）为中心，不在湘北洞庭，亦可见张硕住桂阳郡，杜兰香与之相会的地点也是桂阳郡。神女杜兰香的里籍版本最多，这本来不应该影响张硕。但是，改编者往往会出于"人神之恋"的情节考虑，有意让张硕的里籍与杜兰香的在地理上接近。

综上所述，《晋书》首记"桂阳张硕"得到同朝《艺文类聚》所引《杜兰香别传》"唿嗟发九嶷"的印证，再考虑官方修史的权威性，张硕里籍为"桂阳郡"应无误。故事发生的时间应是《艺文类聚》所引的"建兴四年"（316），因其与《晋书》所记曹毗任太学博士"以二篇诗嘲之"的时间大致吻合。结合《郴州地区志·大事记》（中国社会出版社，1996年）"建兴三年（315）杜韬战败牺牲，陶侃定湘州，后分郴县西部地置平阳郡、县"得出故事发生的范围：荆州桂阳郡所属郴（今北湖、苏仙）、耒阳、便（今永兴）、临武、晋宁（今资兴）、南平（今蓝山）六县。

"神女杜兰香降张硕"产生于桂阳郡战乱平息、陶侃初定湘州时。董舒心认为："汉魏六朝是一个从大一统走向分裂的时段，特别是魏晋南北朝时期政治上四分五裂，战乱频仍，官方丧失了对宗教和思想界的控制力。道教逐渐成长壮大，以佛教为代表的外来宗教在发展渗透，同时以'淫祀'为表象的民间宗教也在野蛮生长，社会宗教状况复杂而混乱。人神恋小说的产生与此息息相关，小说内容不可避免地受到现实社会宗教信仰的影响。……台湾学者李丰楙《魏晋神女传说与道教神女降真传说》一文考察了六朝时期的六个神女故事，即《成公智琼》《杜兰香》《何参军女》和《真诰》中的三个故事，并从时间、地点、凡男、神女、初降、服食、降诰、赠诗、赠物、暂别、再遇和其他等不同的情节要素对比了这六个故事的情节构成，令人信服地指出了它们具有共同的传说和巫术背景。这就是专门供养未婚早卒女子的'姑娘庙'信仰，而《成公智琼》《杜兰香》的男主人公'弦超''张硕'实际上具有巫觋背景，他们也是神女故事最初的讲述和传说者。"①

六、代飞射蛟——"代龙为神"中的真实背景②

乾德二年（964），北宋大将张勋奉命夺取郴州，却因北湖水患受阻，一筹莫展间，忽遇高人指点："这定是湖中恶龙作祟，唐时此孽虫遭道士曹代飞射杀（曹因此封'青史王'），今又复出矣！"张勋依计向"青史王"祈祷，洪水果然消退，郴州遂归大宋。朝廷知悉，遂从百姓所请，改敕"青史王"为"惠泽龙王"，并于北湖重修庙宇，永享庙祀。

由此可知，北湖龙王庙祀奉的不是真正的龙王，而是龙王的仇家——曹代飞。这个全国罕见的特例隐藏着深刻的民俗背景：在郴州历史民俗观念中，龙并非善类。

唐建中时"龙崇北湖，水沸地震"遭曹代飞射杀，宋初又作祟以致"洪水横流，房舍倾斜，城垣摆簸"，改封曹代飞为"惠泽龙王"，旨在取代真龙，永夺恶龙庙食并将恶龙长期镇压。除此，郴州相关传说中，龙有着强烈的复仇心理。郴州市郊龙女温泉有一老地名"陷池塘"，传说龙女嫁到此地万姓，饱受欺凌，幸得柳毅传书解救。龙王大怒，令独角蛟水淹郴州万家。寿佛闻讯，用袈裟遮住九百九十九家，只留下万姓一家，于是独角蛟陷万宅为池塘，因此得名"陷池塘"。郴州版"柳毅传书"故事中龙王"陷万家为池"的情节为他地所无，这映射了龙的性格，有仇必报。北宋刘斧《青琐高议后集》卷一"陷池"（小字注：曹恩杀龙遭天谴）云："《郴州图经》：去州二千里有陷池，乡有民家杀龙子。一夕，大风雷，全家乃陷。《风俗记》：郴人曹恩有男，捕于水，得鱼长三四尺，烹之。置鱼于釜，釜辄铿然复沃地，置釜，釜又破。恩弗为异，鲙而烹食之。俄有怪云若积墨，起于岭上，雷声隐隐，随之烈火发屋，恩驰走去，屋乃陷。比邻之民见一吏擒恩回，一吏读案云：'曹恩性原残狠，心类狼虎，破釜不疑，顾神灵如土块，持刀自若，戾极凶狠，不可矜恕。'乃掷恩于陷池，比邻皆见焉。陷池阔不逾一亩，澄泓黑色，其源无穷。渔者常以千丈丝垂之，不极其

---

① 董舒心：《汉魏六朝人神恋小说中女神主导局面形成的原因》，《民俗研究》2018年第4期，122、126页。

② 引用文献详见第三章第三节"二、北湖龙王曹代飞"。

底。迄今风晦，尚闻人语，鸡犬鸣吠。岁旱，民驱牛入于池，有顷，雷雨大作，俗呼为洗池雨。"① 这是一个由龙王复仇上升为民俗意识，并得到官府支持的典型案例。对于恶龙，宋末学士萧立之直言要"九仙城里鞭游龙②"，并效法韩愈《祭鳄鱼文》作《郴旱檄北湖龙》："我有旌阳在时剑，能磔尔龙为万段。徐将鲊法问张华，普施农民供一饭"——要把北湖龙碎尸万段、斩成肉丁，给老百姓当饭吃！

至于屠龙方法，梳理史料，可见不难。杨於陵记曰："王毅然手弧矢弹之，水遂平。犹虑有后灾，又制以铁樗、铁锁。"张勋记曰："王有仙术，射以神矢，须臾水平，又制以铁锁、铁棵"。两者记载相似，不过杨记"手弧矢弹之"特别说明是用"手"投掷梭镖的。《（万历）郴州志》卷十二"秩祀志一·北湖庙"则载："相传湫中有蛟为害。郴民奏于朝。乃出榜募人，有能除之者，与以官。郴西凤乡民曹代飞应募，以药箭射蛟，害遂除。朝廷欲官之，飞辞，愿封为神，没享世祀。因封飞为北湖惠泽龙王。"③ 曹代飞应征除害，蛟龙害怕"药箭"，可见并不神。这与韩愈《祭鳄鱼文》"选材技吏民，操强弓毒矢，以与鳄鱼从事，必尽杀乃止"④，技法相似。

"龙"的原型即鳄鱼，此说于近代逐渐流行。明代李时珍《本草纲目》将鳄鱼释名"土龙"。近代学者，1934年中国古虫专家卫聚贤在《古史研究》第3辑刊发文章说"龙即鳄鱼"。此后，又有王明达说"龙形象的基调是鳄"；王大有认为"中国最原始的龙是湾鳄、扬子鳄"；唐兰说龙"像蜥蜴戴角的形状"；何新说龙"是古人眼中鳄鱼和蜥蜴类动物的大共名"；等等。

究其渊源，可参郴人孟琯所著《岭南异物志》：俗传有媪姬者，嬴秦时，常得异鱼，放于康州悦城江中，后稍大如龙。姬汲瀚于江，龙辄来姬边，率以为常。他日，姬治鱼，龙又来，以刀戏之，误断其尾。姬死，龙拥沙石，坟其墓上，人呼为掘尾，为立祠宇千余年。大和末，有职祠者，欲神其事以惑人，取群小蛇，术禁之，藏祠下，目为龙子。遵令饮酒。置巾箱中，持诣城市。越人好鬼怪，争遗之。职祠者辄收其半。开成初，沧州故将苏闰为刺史，心知其非，且利其财，益神之，得金帛用修佛寺官舍。他日，军吏为蛇啮，闰不使治，乃整簪笏，命走

① 刘斧撰：《青琐高议后集》，载《宋元笔记丛书》，上海古籍出版社，1993年，第112页。"去州二千里有陷池"，当误，为二十里。

② 萧立之撰：《萧冰崖诗集拾遗·题陈广文苏仙小草》，载顾廷龙主编《续修四库全书·1321·集部·别集类》，上海古籍出版社，据明弘治十八年萧敏刻本影印，第20页。下文《郴旱檄北湖龙》见第25页。

③ 胡汉纂修：《（万历）郴州志》，载陈礼恒点校《（万历）郴州志校注》，中州古籍出版社，2017年，第224页。

④ 韩愈：《祭鳄鱼文》，载童第德著《韩集校诠·下》，中华书局，1986年，第705页。

语妪所。啮者俄顷死，乃云慢神罚也。愚民遽唱其事，信之益坚。尝有杀其一蛇，乾于火，藏之。已而祠中蛇逾多，迄今犹然。①

孟琯世居郴州，听说邻省广东龙母的故事，故有此记。《（民国）汝城县志》第三十四卷"杂志·方外·志观"载龙母宫在县治，光绪间创建，张达万记曰："粤之中母神者，姓温氏，当祖龙②时由程溪徙扶溪，躬蓄五龙，力却三聘，其没而宣化也……母虽祀于粤，利于楚。"③ 曹梦弼记曰："仁化扶溪建其庙已千余年，吾邑民拜跪往祷者甚众。继而思母之显圣于天下，如水行地下，无往不在，与其异地奉之，何若咫尺亲之也。"④ 以上两条文献告之，龙母并不是龙，而是秦始皇时代一位养"龙"的老妇，郴州深受粤文化影响，因此也祀龙母。

孟琯所记龙母故事，神话元素较少，结合其他文献，可以总结出广东、广西、湘南一带民众信奉的"中国龙"特征如下：

其一，卵生。南朝宋沈怀远撰《南越志》载："昔有温氏媪者，端溪人也。居常涧中捕鱼以资日给。忽于水侧遇一卵大如斗，乃将归置器中，经十日许，有一物如守宫，长尺余，穿卵而出，因任其去留。"⑤

其二，两栖动物，能下水捕鱼。《南越志》载："……稍长二尺，便能入水捕鱼，日得十余头。稍长五尺许，得鱼渐多。"⑥ 此物长到六十厘米，每天能捕十多条鱼，长到一百五十厘米捕鱼更多，这是文献记载的最小长度。又孟琯《岭南异物志》云"妪死，龙拥沙石，坟其墓上"，亦可见是两栖动物。

其三，尾断不可再生。《南越志》《岭南异物志》《南汉春秋》等多部文献记载了温媪"以刀戏之，误断其尾"的故事，又载地名"掘尾"，证明其尾并未再生，排除了"断尾再生"的蜥蜴类。

只有鳄鱼完全符合以上特征：这种卵生水陆两栖动物，初期生长迅速，一年时间能长到五十到六十厘米，五尺（一百五十厘米）是成年鳄鱼最小尺寸（据考古发现鳄鱼最大体型长达 12 米，重近 6.5 吨），且没有断尾再生能力。综上所述，北湖"龙"的原型即鳄鱼无疑。

---

① 孟琯著：《岭南异物志》，载李昉等编《太平广记·4（足本普及本）》卷四百五十八，中国盲文出版社，1998 年，第 3135 页。

② 祖龙即秦始皇。

③ 张达万：《龙母宫记》，载陈必闻、宛方舟主修《（民国）汝城县志》，汝城县史志办标点重刊本，2015 年，第 644 页。

④ 陈必闻、宛方舟修：《（民国）汝城县志》，汝城县史志办标点重刊本，2015 年，第 644 页。

⑤ 沈怀远撰：《南越志》，载陈坤著，吴永章笺证《岭南杂事诗钞笺证》，广东人民出版社，2014 年，第 115 页。

⑥ 沈怀远撰：《南越志》，载陈坤著，吴永章笺证《岭南杂事诗钞笺证》，广东人民出版社，2014 年，第 115 页。

七、神侯庇民——"庙食千年"中的真实背景①

昭德神侯黄师浩，是唐代迁入宜章县浆水乡的黄氏始祖，生于唐长庆二年（822）十一月初二日，卒于咸通元年（860）六月二十五日，享年三十八岁。这位神人，非道非释非儒，而是一位战死沙场的将军。他生前没有传奇仙术，只有一句豪言壮语得到神奇验证："大丈夫生当侯封万里，死当庙食百世。"②他死后果然因军功受封"武陵侯"独享庙祭，而后又因种种灵验获得历代皇帝五次敕封，加升至"广惠灵佑显应昭德侯"。清代举人唐伊盛有诗赞云："正气钟南楚，英风仰古贤。侯封宜万里，庙食足千年。深夜常严阵，阴兵屡靖边。丈夫谁若此，瞻拜独皇然。"

黄师浩并非修道之人，但被封神的理由并不奇怪。按照《周礼》享祀五项原则③，他属于"以死勤事"和"以劳定国"者，不仅是家庙主神，亦在当朝享有国祀。黄氏家族是世居郴州的古老氏族之一，④在漫长岁月中，家族祖先逐渐演变为庇护一方的地方神灵。《石虎山武陵侯志》所载各地黄师浩祠庙三十五处，范围包括郴州大部分地区，"侯封宜万里"大致不错。黄师浩卒后至今（2020年）仍有祭祀活动，⑤"庙食足千年"犹为贴切。

黄师浩享祀范围之广、时间之长，与古老家族的传承密不可分，其出生地浆水村是一个始建于唐代元和三年（808）的古老村落，始祖黄起顺见此地巨石高盘，形如石虎，山泉甘如琼浆，故择居于此，并命名为浆水。浆水村现存明清古民居一百三十栋，其中祠堂十二座，师浩公祠为众祠之冠。村旁石虎山上，又有浆水大庙，专祀黄师浩，每年春秋两祭。其中，"昭公出巡"为重要仪程，祭祀当天，村民抬阁请出黄师浩夫妇神像，偕历朝神将（如穆桂英、赵云、吕布等），按照既定路线到周边黄氏家族村落游走，所经各处黄氏家庭则要敬香请神，最后到达昭公宗祠，将神位安放好。旧时，浆水村祭祀活动规模盛大。1928年初，朱德在宜章发动起义时，曾亲赴石虎山武陵侯祠观瞻。1965年冬，时任中南局书记陶铸来宜章视察，也专程前往怀古⑥。同乡的夏洛村所祀之神为秀德

---

① 引用文献详见第三章第三节"三、石虎神黄师浩"。

② 黄楚珩编修：《石虎山武陵侯志》卷一"迹略志·武陵侯碑"，《浆水风物》编委会编辑部再版重印本，2016年，第16页。下文唐伊盛诗在该书卷十六"艺文志"第212页，题为《谒昭德侯祠》。

③ 西周《礼记·祭法》制定的立祠享祀五项原则是：法施于民则祀之，以死勤事则祀之，以劳定国则祀之，能御大灾则祀之，能捍大患则祀之。

④ 郴州氏族多半于明清两朝自江西迁入，宋元时迁入较为罕见，笔者所知唐时迁入有两例：一为宜章浆水黄氏，石虎神黄师浩一族；二为资兴碑记曹氏，北湖龙王曹代飞一族。

⑤ 浆水村黄师浩祭祀习俗"昭公出巡"已列入郴州市非物质文化遗产名录，至今传承。

⑥ 杨金玉：《武陵侯祠》，载邓湘宜主编《浆水风物》，中国诗词楹联出版社，2016年，第15页。

公，是黄师浩的外甥。每年初一夏洛人便会斜披红布绶带、舞布龙、放鞭炮、鸣土铳，带上全鸡、猪头、血酒到村中灵广庙迎请秀德公入祖祠拜祭。秀德公塑像入轿后，由四名壮汉抬行，还有专人为秀德公撑伞。同行四神：骑马将军排第二，婆婆娘娘（黄师浩的姐姐，秀德公的母亲）排第三，善德公排第四。过完十五，照例将秀德公抬回庙里。同乡新车村灵江庙所祀之神龙德侯黄师鼓为师浩二弟，亦是师浩老部下。每逢初一、十五或龙德侯生日七月十八这天，便会有村民烧香祈福。同乡水口村所祀之神为唐代使臣傅辅，相传唐咸通元年傅辅奉懿宗皇帝之命护送武陵侯黄师浩灵柩回籍，因水土不服病逝于浆水，浆水人将之厚葬于界背冲人形岭，并在小塘庄右侧建诰封祠。水口村是进浆水村石虎山的必经之路，自明朝起，每年春秋两祭，地方官吏、乡绅贤达必到诰封祠祈祷，"昭公出巡"游历浆水四十八寨，也必到诰封祠祭奠傅辅。

综上所述，可见在宜章县浆水乡一带，黄师浩的亲属、旧部乃至送葬的使臣均被村民奉为神灵。又因神灵就是本族祖先，祭祀时通常将神灵抬至宗祠供奉数日至数十日不等，又将之抬回，这一仪程称"游神"。"游神"队伍在其庙宇和信仰范围内巡游，称为"巡境"，进入其他庙宇范围，则称"绕境"。"游神"是东南亚一带普遍存在的民俗，旧时郴州境内之"游神"不止于初一、十五或"神灵"生卒之日巡境，通常也用于"祈雨"。在郴州，大多数村落聚族而居，有着共同的始迁祖。其中，部分古老氏族的祖先因"祈雨有验""能御大灾"演化为众所周知、各族共祀的"神灵"，不仅于本族"叙伦常、敦教化"，也成为不同氏族之间的"润滑剂"，凝心聚力的"黏合剂"。其中以"游神"为代表，演化出"夜故事"巡游等大型民俗活动。这些活动既娱神也娱民，给苦难深重的旧社会带来了短暂的欢乐。

在众多灵验故事中，黄师浩于民生疾苦中"能御大灾"，影响日益扩大。如南宋宜章县令赵彦北嘉定六年（1213）所立《喜雨碑》，称其"祷罢，辄油然作云，雨随车至"[①]，因此"申请锡典"；明代户部尚书邓庠告老返籍时前往祈雨，灵验如故，作诗赞云："石虎神通天听低，唐湾拥旆喷虹霓……一夜烧灯欢不寐，小窗清响听芭蕉。"清代，黄师浩裔孙光楚等迁徙至郴州城中，郴州知州姚华佐听从其建议请神祈雨又验，有文："道光十年夏雨无期，四乡人民纷纷祈祷兼旬仍未得，而本州访之老成绅士，咸称宜章浆水地方有昭德侯神像，向来祈雨响应，本州乃洁诚赴彼迎请来州。此神像甫临，即大雨滂沱，数日乃止。是年赖以有秋。"这就是郴州"橘井观之右建立昭德侯祠"、州城"置立祭田，春秋诣祭"之渊源。还有，由于黄师浩生前为武将，传说常在兵燹中显灵，如"咸丰二年，

① 《浆水风物》编委会编辑部再版重印《石虎山武陵侯志》"艺文志"第 142 页。邓庠诗见该书 202 页；下文姚华佐祈雨及建祠事见"外志·祀礼"第 232 页；"咸丰二年"事见"灵异志"第 58 页。

西匪杨秀清陷郴州时至宜章，见有连营二三十里，有黑面大神，贼惧不敢窥伺。三年，广东英德匪陷宜境，壮丁呼侯求救，贼备大炮连发不应"之类。历史上诸如此类的灵验故事是机缘巧合还是人为杜撰已无迹可考，不过有一种可以切身感受的"灵验"，还原了一个"庙食千年"的神话故事。

桂阳县荷叶镇潭溪村有一口池塘像大海一样潮起潮落令人称奇，因此得名"潮泉"。传说，潮泉深不可测，涨潮落潮因观潮者而异，能卜人前程。潮泉旁旧有潮水庙，祀奉昭德神侯黄师浩，香火极旺。此神专司启闭阀门：做了亏心事、用心不诚的人前往观潮，便开闸放水，让来人好好反省；善良真诚的人前往观潮，便闭闸蓄水，展示美好前程。明代何天禄作《潮水庙记》曰："……其启闭出入，若有物以司之，而不得其睽也；其或山海之窍，精灵之气所泄焉者乎？旧有庙以祀神，规制狭隘，不足为山川壮观。神为昭德侯章水黄氏，灵异多著；凡有叩祷，悉以诗答之，应如响；薄德亏行，承其箴，咸毛战股栗，因而修省感悟者以万计……"[①] 明万历年间，临武人曾朝节进京赶考路经潮泉，见潮水猛涨，结果高中进士第三名（探花）。他衣锦还乡时，特意题赠"潮水名山"金匾一块。清咸丰年间，朝中重臣曾国藩来观潮泉，估计也是看到了涨潮，兴致之余写下"潮泉圣水"四个字，后人将之制成匾额，悬挂于潮泉书院。至今，仍有坊间传言某贪官前往潮泉测试前程，却又生怕看到落潮，于是派人到现场观察，自己在外等候。每一次，信使明明看到涨潮，前往报告。谁知贪官一到，随即落潮，凡此三次，皆是如此。后来该贪官落马，身陷囹圄。

如今，潮泉涨落之谜已有科学解释。2016 年 6 月，中央电视台《地理中国》栏目播出的"潮泉秘境"得出以下结论：其一，经坠物测试，测得潮泉的深度为 14 米左右。其二，经实地考察，央视记者延宏、地质专家蓝晓明、文史专家谢武经等人也赞成"阀门说"，不过没有神灵启闭"闸门"，"闸门"只是因水压不同而自行启闭。对于后者，我们需要做一番科学考察才能得出结论；对于前者，古人为什么不愿意做一下极为简单的坠物测试？

神话传说在众口一词的"深不可测"中传承，随着"深不可测"在某一日被破解，古人期待以"心诚则灵"去启发"修省感悟"忽然变成了奢望。

不过，附着于宗教的诚信除有"修省感悟"之教化功效之外，亦有毒素。如《（光绪）兴宁县志》所载，资兴、宜章、桂东边界有险峻山川瑶岗仙，山上有神庙，神仙常以生命为代价考验"来者诚否"："一山中裂，两岸削刻，俗传

① 何天禄：《潮水庙记》，载王闿运总纂，刘城淮等点校：《桂阳直隶州志》第七篇"礼志·祠祀二"，香港天马出版有限公司，2004 年，154 页。

仙姑抽簪剖划，试来者诚否。求仙者追如弗及，遂陨崖称'尸解'云。"[①] 清人罗光珊对此已有清晰认识，评论道："诚信而可征矣，又何必仙棋仙饭，占信于胡麻烂斧，而后从流水认天台也哉！"[②] 古人试图在种种质疑中剥离附着于仙佛的道德教化（如"诚信"），正是下节需要探讨的内容。

第二节　质疑中的传承

郴州神话传说众多，"九仙二佛"之地享誉已久，其中不少传说和风俗在全国各地广泛流传，影响极其深远。与此同时，质疑也随之而来，焦点主要集中于：情节相似或雷同，涉嫌抄袭；众口不一，各地争讼"里籍"；不合道理，不可验证，无法解释。奇怪的是，相关传说和风俗并没有因此停止，热衷于争论的儒家学者同样热衷于传播。这一切，只因仙佛已深入"世道人心"，承担了重要的道德教化功能。直至晚清，仙佛逐渐在质疑声中隐退，道德教化随之消失。

一、质疑中的传说

以郴州仙佛神人为例，一类传说严格遵循史料记载和仙佛传记讲述，罕见质疑，相对而言属"信史"。如唐相刘瞻、氏族祖先黄师浩，此二人生前并无仙术，相关传说往往根据《唐书·刘瞻传》和（唐）刘赞撰《武陵侯碑》讲述。黄师浩成神后应验故事众多，但不构成情节冲突。刘瞻成仙后并无应验故事，仍是万众景仰的乡贤。另如成武丁，生前就是"神仙"，传说根据（晋）葛洪《神仙传》和《齐谐记》综合讲述，除有灵验故事接龙外，未见改编。另一类传说在流传过程中遭遇各种质疑，因而被不断改编。此类人物如苏耽、柳毅等，历史记载不清晰，却有较大影响。还原此类传说流行的真实面目，正是本节探讨的重要内容。

（一）仙佛疑古简史

有信，就会有疑，信与疑总是如影随形。对于原本虚构的仙佛传说而言，由"信"到"疑"的过程可以概括为：初期，由于某种神秘体验或神奇灵验，大多数亲历者深信不疑，这是传说得以流行的根本原因。中期，传说流行渐广，各地出现分枝，出于信仰和扩大信仰的需要，虽疑不辩。中后期，各地传说互争发源地，相互抵牾，只能存其一说，故辑为仙史。后期，随着理性思维占据上风，科

[①] 李元禄：《游瑶岗岭记》，载《（光绪）兴宁县志》卷十"艺文志（中）"，资兴市地方志编纂委员会重印，1988年，第370页。

[②] 罗光珊：《酬仙亭记》，载《（民国）嘉禾县志·艺文志》，政协嘉禾县委员会翻印，2016年，第298页。

学深入人心，仙佛传说遭遇强烈质疑，无人再信。现以郴州相关传说为例，简要说明这一过程。

1. 不疑：造神起信

如上节所述，郴州的仙佛神人大都是真实人物，且是受人尊敬的乡贤。应该说最早成书的《桂阳先贤画赞》所记苏耽"种药梅树下"并预测"明年郡有大疫"、此药治疫活人无数都是真实发生的事情，在药物灵验、百姓感恩戴德的情况下，苏耽因"众宾来招"离家远游逐渐变为"十鹤集庭"乘鹤升仙，使得传说继续演化。同书所载成武丁"能达鸟鸣"，因"辇粟车覆"应验无疑，又因发棺不见尸，其为"神仙"，当世深信不疑。

2. 存疑：花开数枝

在先贤神化的过程中多说并存，讲述者出于对神人的尊敬或扩大影响的需要，往往不加甄别。如上节已论，苏耽传说由"种药梅树下"逐渐演变为"橘井泉香"，至唐开元二十九年孙会所作《苏仙碑铭》中"咒橘井愈疾，为取给之资；药苗蔬畦，为调膳之费"尚保留了"橘井"和"种药"两种说法。此外，文中"襄城之野，仙公牧马。桂阳之邱，仙公牧牛"是苏仙传说在多地演化，出现"版权"争议的写照。

当然，存疑也让一些传说自然消失，不见释疑，也不见流传。如两千多年前郴州第一位孝子程曾的故事，至宋代便不再流传，程曾也并未被神化。唐代《北堂书钞》卷一百四十五引《桂阳先贤画赞》云："程曾，字孝孙。少孤，七岁亡母，哀慕毁粹，邻人嚼哺之，知有肉，遂吐不食。"而更早的南朝宋国人师觉授著《孝子传》引同书云："程曾年七岁，丧母，哀号哭泣，不异成人，祖母怜之，嚼肉食之，觉有味，便吐去。"两个版本相较，肯定是越早越真。程曾七岁丧母，悲痛不思饮食，祖母嚼肉吐哺还符合常理，但邻居嚼肉吐哺就奇怪了。此事转录至宋书《太平御览》卷八百六十三"饮食部二十一"却成了"王母哀怜，嚼食哺之"，一个"孝感动天"使得王母娘娘下凡救助孝子的故事。当然，这样的情节设计不合情理，所以后人无法"接龙"，难以流传。

3. 释疑：言归正传

到了明代，各地仙佛传说的传播者主要围绕谁抄袭谁、是哪里的神仙争论不休，其中乡贤大儒何孟春、袁子让也参与其中。如何孟春疑苏仙：《仙传》载，周武王时有苏林（字子林）亦号苏仙，山东濮阳曲水人，牧牛取鲊及化鹤之事与郴州苏耽相同，难道苏仙不是郴州人吗？辽东丁令威化鹤一事与苏耽相同，《瑞昌图经》有苏仙山传为苏耽飞升处，难道都是讹传吗？如袁子让分析柳毅传书路线肯定柳毅为郴人："《柳毅传》乃称事在泾阳，但考其传，女曰'君将还吴'，自泾还吴，无经洞庭之理。又曰'将还湘滨'，吴无湘江，则为郴人可知矣。谓苏州大湖有洞庭山，疑即其处。然厥地殊无山，则为楚洞庭明矣，或言泾阳别一柳毅，则湖不见于泾阳志也。尝考孙思逊入龙宫，自此泾阳水府，疑泾阳亦龙宫号尔。按盱眙亦有牧羊山，谓有龙女牧羊于此遇柳毅成婚媾，然盱眙亦不合洞庭，或亦讹者。"又举其亲历，洞庭湖有柳毅庙，因柳毅为郴州老乡，至此焚乡眷、侍生帖，可平安过湖。一日狂风，作诗祷云"晚生投刺拜先生，明珠、犀角无劳赠，愿借东风送一程"。顷刻，顺风而渡。[①]

对于种种争论，崔岩撰《九仙二佛传》正当其时。他对仙佛传说作过一番文献考究，并用小字注明出处，同时也删除枝节、统一版本，起到了增信释疑的作用。《九仙二佛传》扉页有小字注云"板存郴州九经堂，印送者板不取钱"，直到 1940 年仍有石印本传世，[②] 这种推广方式显见成效。经推广，郴州作为"九仙二佛之地"已广为人知，无人非议。当然，经过统一口径宣传，"九仙二佛三神"之外的神人便不再被关注，也很少见到明代以后还有增添或改编的传说。

4. 质疑：仙佛谢幕

清一代，疑古考据之风盛行，人们强烈的质疑使仙佛从此失信。如学者雷尚白举"十姨庙"为例，"十姨"本是唐代官衔"拾遗"，而后误传为十位仙女，塑像于庙。其实，杜"拾遗"即诗圣杜甫，哪是神仙？雷尚白《伏波阁神像辨》一文记载临武县伏波阁有七尊神像，"乡人每三岁赛神，游历各村庄以为乐。故乡村之六位号'行像'，阁中之七位号'坐像'"[③]，而他考证文献得知，明洪武初县主簿苏庆仅记伏波将军马援一人，弘治何恕则记汉伏波将军"兄弟好道，由苏徙郴，又徙于兹"。正德陈锦记云："马援血食兹土。一旦有姑苏六人，奇毛异骨，自称援后，寻胜而抵兹山。"嘉靖刘尧典又曰："伏波将军携方外士六人，以神仙黄白事，览胜觅幽于兹，遂攸芋焉，"可见两百年间传说变化之大。雷尚白最后分析道："观马革裹尸，及交趾劳官属之言，援之为人何如？而肯以身携方外士来耶？读《戒兄子严敦书》，援之教迪子弟又何如？不欲其学侠，而肯听其学仙乎？以理揣之，大抵因元至正兵火后，庙颓像毁，乡村遂各奉一像，故有六位木像之刻。庙成时，经事者塑伏波将军于阁。而村之有木像者，又照木像各塑一位于内，遂一神而有七像也。"

---

① 见本书第三章第三节"一、柳侯柳毅"。
② 湖南图书馆：《湖南古旧地方文献书目》，岳麓书社，2012 年，第 287 页。称湖南图书馆馆藏有"1940 年郴县四库印刷局石印本 1 册"。
③ 雷尚白：《伏波阁神像辨》，载陈佑启主修，陈礼恒等点校《（同治）临武县志》卷四十一"艺文下"，临武县史志办翻印，2012 年，第 477 页。

又如张九镡质疑苏仙，北魏郦道元著《水经注》称"耽少孤，养母至孝"，而今却成了青苔绕腕而生的无父之人；苏耽被"鹤驯鹿扰于襁褓时又岂他人所得知哉？"① 要想记录神仙事迹，除非自己也是神仙！

到了民国，文献研究结合田野考察发出了更强烈的质疑声。如宜章籍学者邓典谟所言："洞庭君柳毅事，本出唐人小说。吴中太湖洞庭山亦有柳毅井，一彼一此，未能断定。即云在岳阳洞庭湖，去我县亦远。《旧志》以县中有柳姓，遂以为即我县人，不知柳氏原籍衡山，明初以戍守三堡始著籍也。"② 神仙里籍，不争也罢！

不过，随着史料被遗忘，一些面目全非的传说也开始出现了：朱佛成了"猪佛"，只因错投了猪胎，它与寿佛斗法是常败将军③——失去了仙佛传记蓝本，传说错得离谱，又有必要还原历史真实了。

（二）非议中的辑传改编

仙佛神人被民间缔造出来，但由于情节平淡、逻辑欠缺、道德冲突遭受非议，使得改编或再创作势趋必然。改编或再创作一般遵循两条线路，一是辑为仙佛传记，承担教化功能；二是转化为文艺作品，满足精神需求。

1. 精选辑传

以郴州为例，有心辑录仙佛传记的并不是修道之人，而是在任或退职官员（如最早记录神仙的《桂阳先贤画赞》作者是三国东吴左中郎张胜，《九仙二佛传》的作者是明代卸任工部侍郎崔岩），其目的是利用和改造仙佛的道德教化功能。

本书第一章已介绍郴州自古受荆楚巫风影响，信鬼好巫，民间崇拜的神灵极多。辑录成传自然是有选择的，不能照单全收。出于教化需要，入选者必须是本土神灵且符合道德要求。如《（康熙）郴州志》卷四"学校"刊载知州陈邦器所云辑传入志原则："楚俗信巫鬼好淫祀其来已久，大率湖之南尤甚。木怪草妖悉被文绣，山魈野魅亦奉家祠，诞妄矫诬，宁待狄梁公始毁之也。今惟录其名，载《秩祀》及《节义》足传功德彰著者，庶正典既昭，淫祠自废，亦事幽理明者所宜严办云。"④

参照"八景"遴选"九仙"应始于南宋郴州知军赵汝鐩，"九仙一佛"首见

---

① 张九镡：《游白鹿洞记》，载《（嘉庆）郴州总志》卷三十五"艺文·上"。

② 邓典谟撰：《（民国）宜章县志》卷二十五"祠祀志"，《宜章县志续编》编纂委员会编辑部再版重印，2002年，第396页。

③ 事见第三章第二节"二、朱佛道广"。

④ 《（康熙）郴州志》卷四"学校"，《中国地方志集成·湖南府县志辑21·（康熙）郴州志》，江苏古籍出版社，2002年，影印本，第36页。

于其赠送士子而作的《郴州鹿鸣宴》，这有利于规范民间信仰、推广地域文化。但与稍早成书的《舆地纪胜》所录"五仙一佛"（苏耽、成武丁、武就、唐居士、廖师、智俨）产生争议。由于史料欠缺，尚不知赵汝鐩所提"九仙"是否与崔岩的《九仙二佛传》完全一致，但肯定有其基础。选神立传与选乡贤广教化同出一辙，葛洪在《抱朴子·对俗》中称："欲求仙者，要当以忠、孝、和、顺、仁、信为本。若德行不修，而但务方术，皆不得长生也。"《（嘉庆）郴州总志》卷三十八"仙释志"论道："……乃若广搜旧说，见夫苏仙、范仙之孝，刘仲仙之忠，大仙、季仙之友，成仙之慈，王仙之好善，柳侯之义，黄侯之勇，周佛朱佛之慈悲敏悟，皆与吾儒之道适相契合……"① 便是选德的结果。以此为原则，羡慕仙居福地来郴修道的武就②和长期在外、没有教化之功的智俨自然被排除在外。而唐相刘瞻廉洁奉公、万众景仰，是标准的乡贤。家风所致，兄弟三人俱登仙籍，显然应当入选"九仙"。以崔岩之权威，郴州"九仙二佛"从此定格，再无争议。下面以"孝子神仙"苏耽为例，说明流传改编过程。③

　　清代诗人张九镡作《郴州》云："湘源涌塔记前时，回雁钟声消息迟。礼罢孝仙询孝佛，中洲清绝擅双奇。"④ 郴州孝仙孝佛的故事闻名遐迩，但从最早的《桂阳先贤画赞》所记"苏纨尝除门庭，有众宾来，纨告母曰：'人招纨去，已种药著后园梅树下，可治百疾。一叶愈一人，卖此药过足供养'"来看，是有道德争议的。本来，"父母在，不远游"才是孝道。如果仙药不灵，这个故事肯定是个反面教材。不过，苏耽种下的仙药疗效立竿见影，活人无数，父老乡亲感恩戴德，为之立祠。当年他离家出走，不知去向，也成了人们津津乐道的传奇。后来，传说变了，《桂阳列仙传》载："苏躭（耽）启母曰：'有宾客来会，躭（耽）受性当仙，今招躭（耽）去，违于供养。今年多疫，窃有此井水，饮之可得无恙，卖此水过于供养。'"原来邀请苏耽出游的朋友就是仙人，苏耽已经成仙，必须去仙界，不能留在凡间。母亲的生计，他早做了安排。已经挖好一口井，井水包治百病，特别是碰上明年大疫——卖水治疫，可保一生衣食无忧。卖药养母不稀奇，卖水养母比较神奇，而且省去了种药、采药、卖药的辛劳。待到东晋葛洪《神仙传》新鲜出炉，苏耽的孝子形象更加饱满："井水一升，橘叶一枚，可疗一人。兼封一柜留之，有所阙之，可以扣柜言之，所须当至。"苏耽临

---

① 朱偓、陈昭谋修纂：《（嘉庆）郴州总志》卷三十八"仙释志"，载《湖湘文库·（嘉庆）郴州总志》第 2 册，岳麓书社，2010 年，第 1011 页。

② 唐相武元衡之父武就被贬郴县县尉，因"地有南岳灵仙趾，于是浩然自得，与道为徒，且曰：'穷与通，在吾灵龟耳，外物其如之何？'"见王象之编著：《舆地纪胜》第 5 册，浙江古籍出版社，2012 年，第 1553 页。

③ 引文出处详见本书第三章第一节"苏仙苏耽"之"文献记载及考释"。

④ 李雅主编：《古人咏郴州》，花城出版社，2010 年，第 362 页。

走前留下了一个宝柜，要什么就有什么。此后既不用辛勤种药，也不用抛头露面卖水，治病救人的橘叶和井水完全免费赠与乡亲。宋人林同有诗《苏仙公》赞曰："世传苏氏子，白日去登仙。念母留空柜，敲时即得钱。"①

宋绍兴二十六年（1156）六月，名儒李光客居郴州，阅览苏仙本传，不见成仙缘由，感慨道："因阅本传，不载致仙之因，特以事母尽孝行耳。自古仙真得道如吴真人之流，未有不由此而致者。世人不知出此，多弃遗父母入深山穷谷中，父母冻饿不恤也，以此求道去仙远矣！"因此留诗题壁警世云："打包行脚为寻真，偶与苏仙作近邻。万里移来今有伴，叩门时许访幽人。不须辛苦学神仙，九转功成亦偶然。但向闺门躬孝行，会须白日上青天。"②

2. 文艺改编

对待仙佛故事"道德争议"的另一种改编与教化无关，文艺改编一开始就贴上了"纯属虚构，请勿对号入座"的标签，主人公是不是乡贤并不重要，关键是能否赚取看客眼球。"杜兰香降张硕"就是其中一例，如上节所议，此事真实背景不容置疑，但在流传过程中故事逐渐与真实无关。自晋人曹毗作诗"嘲之"，被贴上文艺标签后，"游仙诗"别具一格，以其文艺手法为仙佛文化助力。如晚唐郴籍游仙诗人曹唐作《张硕重寄杜兰香》云："碧落香销兰露秋，星河无梦夜悠悠。灵妃不降三清驾，仙鹤空成万古愁。皓月隔花追款别，瑞烟笼树省淹留。人间何事堪遗恨，海色西风十二楼。"③又有《玉女杜兰香下嫁于张硕》云："天上人间两渺茫，不知谁识杜兰香。来经玉树三山远，去隔银河一水长。怨入清尘愁锦思，酒倾玄露醉瑶觞。遗情更说何珍重，擘破云鬟金凤凰。"④除诗词"嘲之"，故事改编也戏谑：

张硕自述使得这个故事带有天生的缺陷，其中"年命不合"不能婚配成为悲剧性结局，张硕另行娶妻生子对爱情不忠也引来争议。于是，故事在流传过程中逐渐被改编。最早的改编版应是唐末五代杜光庭《墉城集仙录》，其内容没有"年命不合"与张硕另行娶妻生子的情节，且结局皆大欢喜：张杜婚合三年之后，张硕学会了飞升之术、修道成仙，当年收养杜兰香的渔夫"亦学道江湘间，不知所之矣"。张硕家住洞庭包山，始见于这个版本。张硕里籍的变化反映了流传改编的过程，《太平御览》卷七十五"地部四十"引《郡国志》又载："金陵西浦，亦云项口，即张硕捕鱼遇杜兰香处也"，可见杜兰香故事逐渐从桂阳郡流传到长江下游地区，并被不断改编。

---

① 《全宋诗》卷一百七十九载。
② 李光撰：《庄简集》卷七，载《四库全书·庄简集十八卷》第1128册，台湾商务印书馆，第504页。
③ 彭定求等编：《全唐诗》，上海古籍出版社，1986年，第1613页。
④ 彭定求等编：《全唐诗》，上海古籍出版社，1986年，第1613页。

改编过程中，还出现了其他凡间男性与杜兰香交往的故事。南朝宋时刘敬叔《异苑》佚文所载"交州阮郎"条云："交州阮郎，晋永和中出都，至西浦泊舟，见一青衣女子，云'杜兰香遣信托好君子'。郎愕然曰：'兰香已降张硕，何以敢尔？'女曰：'见伊年命不修，必遭凶厄。钦闻姿德，志相存益。'郎弯弓射之，即驰牛奔毂，轩游霄汉。后郎寻被害也。"① 这显然是由"杜兰香降张硕"派生出来的新故事。从中可见，刘宋时兰香降硕的故事已广为传播，否则出生于交州偏僻之地的"阮郎"不会惊讶"兰香已降张硕，何以敢尔"，并拒绝青衣女子的好意。而故事发生地西浦亦在金陵地区，这亦是金陵地区杜兰香故事晚出的例证。"杜兰香降张硕"故事因张硕另娶凡女而使杜兰香初愿未遂，在故事的流传过程中，人们对张硕不满的情感逐渐形成，故而产生了上面兰香欲舍张就阮的新故事。对张硕的贬抑从一个侧面显示出人们对杜兰香遭遇的同情。北宋张君房《丽情集》中《贾知微》一篇，写贾知微遇杜兰香事。原书已佚，据李剑国考订，"此篇见于《类说》卷二十九、《绀珠集》卷一摘录和《岁时广记》卷七、《方舆胜览》卷二十九、《孔帖》卷八。《异闻总录》所引此篇中杜兰香名'京节引'兆君，号曾（增）城夫人。据《类说》卷二十九此篇引文'曾城夫人杜兰香'卷二十九知其为一人：贾知微寓舟洞庭，因吟怀古诗云……即岳阳，因赋诗云：'湖平天遣草如云，偶泊巴陵旧水滨。可惜仙娥差用意，张硕不是有才人。'俄见莲舟有数女郎，鼓瑟而下。生目送之，舟通西岸，即曾城夫人京兆君宅。生趋堂，见备筵馔。有三女郎，一称曾城夫人，一称湘君夫人，一称湘夫人。酒行，各请吟诗，生曰：'偶棹扁舟泛渺茫，不期有幸迹仙乡。玉堂久照星辰聚，雪扇双开日月长。岂只恩怜为上客，又容欢笑宴中堂。预愁明发分飞去，衣上人闻有异香。'……京兆君曰：'一解征鸿下蓼汀，便随仙驭返曾城。伤心远别张生去，翻得人间薄幸名。'诗毕，二湘夫人别去，京兆君邀生止宿。明日，以秋罗帕裹定年丹五十粒赠生。生既受，吟诗谢曰：'丹是曾城定年药，帕为织女秋云罗。勤拳致赠东行客，以表相思恩爱多。'乃拜别去。离岸百步，回视夫人宅已失矣。"② 文中曾城夫人、京兆君显指杜兰香。贾生二诗，一赠二妃，一赠兰香，人神感通，遂得与三女仙相见。后来诗酒唱和，湘妃隐去，贾生独与兰香同宿。事颇类似《太平广记》所载《张云容》之故事。唐宋传奇屡见文人遇合仙姝美女的故事，不过是作者借以聊慰己怀；又文中好穿插诗赋，亦是作者炫才之笔。到了清代末年，著名报人、政论家王韬在《淞滨琐话》中又对杜兰香故事进行了创造性的改编。书中与杜兰香有关的故事共有三则。卷二《煨芋梦》中提到杜兰香之妹蕙香，因睹宋玉而动情，见罚于王母。关于杜兰香有妹之说，此

---

① 《太平寰宇记》卷八十九引《异苑》。
② 李剑国：《唐前志怪小说辑释》，上海古籍出版社，2011年，第259页。

前仅《太平广记》中《张遵言》提及"杜兰香姊妹"一语。王韬借题发挥，随手塑造了这一悲剧女仙形象，成为杜兰香故事的支脉。

时晨评论道："自南朝以降，杜兰香的故事为文人墨客所熟知。诗人不但以杜兰香故事为主题写作诗歌，也常常将杜兰香故事作为典故，运用在诗文中。如李商隐的《重过圣女祠》，诗中以杜兰香之回到仙界对比'圣女'之沦谪人间，诗境迷离凄婉。在戏曲中，也有用杜兰香故事作为典故的例子，如《牡丹亭》中柳梦梅便曾称杜丽娘为杜兰香，这是因为丽娘与兰香同为杜姓，同时亦有赞赏丽娘美若天仙之意。"[1] 至今，仙佛故事仍是文艺创作的热门题材。

二、质疑中的信俗

在相当长的一段时间内，信俗与相关传说融为一体，并由此敦行教化。从明嘉靖年间衡永郴兵备副使邓云霄《郴阳署中》"散衙日永浑无事，静坐焚香候九仙"一诗可以看出，此时"九仙"不只是传说，还伴随着"静坐焚香"的祈福习俗。仙佛的教化并非令行禁止、强加于人，而是信众追求自身福祉，自觉践行道德规范。如《（嘉庆）郴州总志·仙释志》站在儒家立场议论："佛与仙者非以其各为一家，显与吾道相悖而未尝有益于民生，有功于斯土也哉……"[2]，儒家圣人殚精竭力推行道德教化却难至臻境，仙与佛却通过传说和信仰轻易做到了。又如明嘉靖五年（1526）范永銮作《东桥庙记》载论："善因神而知劝，恶因神而知戒，疾苦患难又因祈祝而耸动其良心……"[3]，使人"知劝""知戒"，因此"耸动其良心"正是古代地方官吏期盼的德治效果。他们率先垂范，不止于个人"祈祝"——在其公署"静坐焚香候九仙"，还热衷参加"庙祀""祈雨""祈晴"等集体"祈祝"活动，乃至为寺观题词作文、乐捐俸禄，此类事件在地方文献中多有记载。当然，民间信俗虽然会随着对相关传说的质疑而逐渐消退，但移风易俗却没有那么容易。因此，不与裹挟民意的信俗直接冲突，入乡随俗而后伺机引导改造才是理性决策。当然，秉持儒家理教的地方官吏也会利用行政权力直接消灭某些恶俗。

（一）饱受诘难，风俗依旧

传说的合理性受到严重质疑，但相关风俗不予理会，风行依旧，"七夕"便是其中一例。

---

① 时晨：《女仙杜兰香故事之演变及其文化意蕴》，《天中学刊》2013 年第 28 卷第 1 期，第 35 页。

② 朱偓、陈昭谋修纂：《（嘉庆）郴州总志》卷三十八"仙释志"，载《湖湘文库·（嘉庆）郴州总志》第 2 册，岳麓书社，2010 年，第 1011 页。

③ 《（民国）汝城县志·寺观》第三十四卷"杂志·方外"，汝城县史志办标点重刊本，2015 年，第 642 页。

俗传，每年农历七月七日晚，牛郎织女两星鹊桥相会。为此，姑娘们要"穿针""拜月"，乞巧许愿，亦称"乞巧节"。"七夕"民俗风行全国约两千年，岭南一带尤盛，清代学者王闿运分析这一现象认为："七夕灵会，始自临武，传于天下数千矣。至今岭南甚重其节，以百谷作诸巧器，费至百金，工累数月；至期，女子盛饰，门阁洞开，通夜望拜，以修福祥，岂以地近仙居，传之有本乎？"① 若还要刨根问底，则归根于临武"活神仙"成武丁临终遗言"七月七日，牵牛诣织女，吾当还宫"的缔造。

南北朝梁人吴均著《续齐谐记》云："桂阳成武丁，有仙道，常在人间。忽谓其弟曰：'七月七日织女当渡河，诸仙悉还宫，吾向已被召不得停，与尔别矣。'弟问曰：'织女何事渡河？去当何还？'答曰：'织女暂诣牵牛，吾复三年当还。'明日失武丁，至今云织女嫁牵牛。"文中"至今云织女嫁牵牛"，说明这个故事已经流传很久了。而从武丁弟的问话来看，当时还没有"七夕"民俗，他并不知道牛郎织女七夕相会的故事。南朝梁人宗懔所著《荆楚岁时记》引晋人傅玄《拟天问》云："七月七日牵牛、织女会天河"，则说明晋时已出现牛郎织女七夕相会的传说。而宋书《太平广记·成仙公》载曰："成仙公者，讳武丁，桂阳临武乌里人也"，确定了"成仙公"临武人的身份，这就是"七夕灵会，始自临武"的渊源。

这段传说带来的风俗，历代学者议论纷纷。早则杜甫有诗云："牵牛出河西，织女出河东。万古永相望，七夕谁见同？神光意难候，此事终蒙胧……"② 他意识到牵牛、织女是位置相对固定的恒星，只能"万古永相望"，不可能相会。对此，《荆楚岁时记》虽附有解释："七夕，河汉间奕奕有光景，以此为候，是牛女相过也"③，意为牛女渡河只是"奕奕有光景，以此为候"的"灵会"。杜甫又诘曰："飒然精灵合，何必秋遂通？"既然是"灵会"，为何要等到秋之七夕？对此，明代学者谢肇淛一语道破："牛女之事，始于《齐谐》成武丁之妄言，成于《博物志》乘槎之浪说，千载之下，妇人女子，传为口实可也；文人墨士，乃习为常语，使上天列宿，横被污蔑，岂不可怪之甚耶？"④ 然而，不论文人学士如

---

① 王闿运总纂，刘城淮等点校：《桂阳直隶州志》卷二十七"小说篇"，香港天马出版有限公司，2004年，第429页。

② 杜甫：《七夕》，载仇兆鳌注《杜诗详注》第3册，中华书局，1979年，第1320页。下文杜甫诗同此引。

③ 胡仔纂集：《万有文库第二集七百种·苕溪渔隐丛话（前后集）》卷十一"杜少陵·六"，商务印书馆，1937年，第72页。另据宋金龙校注《荆楚岁时记》见注云："二星神当会，守夜者咸怀私愿。或云见天汉中有亦亦白气，或光耀五色，以为征应，便拜得福。"并考得《柳宗元文集》卷十八《乞巧文》已有此语，文字稍异。兼杜甫有诗诘之，此说应更早。

④ 谢肇淛：《五杂俎》卷二"天部"。

何诘难，"七夕"依旧保持民俗本色，不为所动。

作为"七夕"传源地，郴州已无清末王闿运所记"以百谷作诸巧器，费至百金，工累数月"之盛，但在一些偏远县仍有民俗传承，例如临武县一直有"七月乞香"的习俗，即每年农历七月初七晚上，年轻女子们相约摆出香案，烧香以庆织女与牛郎相会，同时在心中乞求自己的爱情顺利美好。桂东县一直有"渡月光姐"的习俗，即"七七"织女在天上与牛郎鹊桥相会后，人们就在中秋月圆夜将她请下人间，据说这样会带来爱情、婚姻、收成、运气等。渡请仪式为：找一僻静处，扎一个稻草人，系上红布条，燃香枝蜡烛，敬柚子、月饼，主持者念叨"月光姐、月光娘，请你下来聊一场"，请月亮姐即七仙女下凡。有求者问月光姐、七仙女"下来了吗?"若"还没下来"，稻草人会摇头；若"下来了"，稻草人就点头。旁人祈愿、乞求，稻草人会给以答复，成不成可不可，都有声音和动作表示（表面不可思议，实则由主持者控制）。活动完毕，将稻草人焚烧，意味着"送七仙女返天宫"。①

不论传说是否合理，青年男女对美好爱情及婚姻的向往确实需要正确的引导和神圣的仪式，需要风俗传承，"七夕"正好切合这种需要。可以肯定，历代儒家执政者并没有因传说不合逻辑、遭受非议而使用行政权力禁断，反而听其歌颂吟咏，使得风俗日盛。2006年5月20日，"七夕"节被国务院列入第一批国家级非物质文化遗产名录。于今，还有学者提议将此节设为"中国情人节"。

值得指出的是："七夕"传承至今，恐怕只有少数专家才知道出自成武丁临终前的"妄言"，这种"忘本"现象其实同样出于儒家的教化。儒家所谓"礼乐"教化，即是民俗礼仪结合高雅音乐的潜移默化，至于礼仪中某些原始宗教含义，可能早已在"未知事人，焉知事鬼"的论调中不予深究、乃至被遗忘了，仅仅保留"敬神如神在"的虔诚。

（二）随俗除恶，伺机改良

1. 道教"降仙"改造民俗

晋代《杜兰香传》可以判定是一个原始道教借"仙女恋凡"教化民众的实例，李剑国教授分析道："仙女降真度授凡世男子为道教的一种重要宣传方式，东晋上清派道教即擅此道。梁陶弘景《真诰》中保存着这类上清派降真记录，如《运象篇》记录的愕绿华降羊权，安郁嫔降杨义，王媚兰降许谧，都是采用神女降真婚合的形式。""杜兰香降张硕"产生于桂阳郡战乱平息、陶侃初定湘州之时，道教上清派由此介入安抚民心、改造民俗，源于张硕自述的传说取得了破除淫祀、普及食疗和推广按摩引导养生术等社会功效。

---

① 张式成：《牛郎织女传说及七夕文化源于郴州实考》，《湘南学院学报》2011年第1期。

张硕在相关文献相抵牾的"道士"与"渔夫"两种身份当中应首选"道士"①，桂阳郡则是信巫好鬼、不习桑麻的不开化地区。《艺文类聚》卷七十九"灵异部下"中，"阿母（王母娘娘）所生，遣授配君，君可不敬从？"及引杜兰香诗曰："阿母处灵岳，时游云霄际。众女侍羽仪，不出墉宫外。飘轮送我来，岂复耻尘秽。从我与福俱，嫌我与祸会。""逍遥云雾间，唵嗟发九嶷。流汝不稽路，弱水何不之？"②既带有天神的意志，也带有胁迫的口吻，其目的就是要让民众遵从教化。而神女杜兰香所赠不过是酒器（榼）、饭盒（榡）、山药蛋（薯蓣子）等寻常之物，不同于其他遇仙传奇常赠予仙丹妙药，其结局又以"年命不合"让"人证"杜兰香遁于无形——这一切都显示了人神之恋乃"师巫道士受符书章以眩惑士庶"。神女教化世人，究竟有何目的？现根据诸书引用的《杜兰香传》条目，浅析如下：

（1）教导按摩引导术

《艺文类聚》卷八十一"草部"引曹毗《杜兰香传》曰："神女兰香降张硕，硕问，祷祀何如？香曰，消摩自可愈疾，淫祀无益。香以药为消摩。"③

汉晋时期，桂阳郡受荆楚巫风影响，淫祠众多，凡事悉决于各路神灵。解铃还需系铃人，兰香以"神女下凡"的身份告知"消摩自可愈疾，淫祀无益"无疑具有积极意义。消摩，亦称"消魔"，所谓"药"是道教上清派隐语，实为引导按摩之术。梁朝陶弘景撰《登真隐诀》录《消摩经》一则，可窥其概貌：若体中不宁，此谓觉有不佳处，而无的所苦者。当反舌塞喉，漱津咽液无数，极力卷舌上向，屈以塞喉而漱咽也。须臾不宁之痾即自除也，当时亦当觉体中宽软也。亦可兼行此中诸按摩存祝之法。④《杜兰香传》引用《消摩经》一例可见晋时道教上清派曾于桂阳郡传教。上清派始祖、中国第一位女道士魏存华又号"南岳夫人"，而杜兰香诗中有句"阿母处灵岳"亦或指魏存华长住南岳（与桂阳郡相邻），复作诗有句"唵嗟发九嶷"即指传教地点为桂阳郡。

（2）引导健康的饮食文化及生活习俗

《齐民要术》卷十引云："神女降张硕，常食栗饭并有非时果，味亦不佳，但一食七八日不饥。"⑤栗，即板栗。吃板栗饭，"一食七八日不饥"虽有夸张之意，但板栗确有"干果之王"的美誉，中医认为栗子味甘，性温，入脾、胃、

---

① 台湾学者李丰楙认为"张硕"具有巫觋背景，详参李丰楙《误入与谪降：六朝隋唐道教文学论集》，台湾学生书局，1996年。不展开讨论，本书仅以文献记载的两个身份为依据。

② 欧阳询撰，汪绍楹校：《艺文类聚·3》，上海古籍出版社，1965年，第1348页。

③ 陶弘景撰，王云五主编：《丛书集成·初编·真诰·2》，商务印书馆，1935年，第95页。

④ 陶弘景撰，王云五主编：《丛书集成·初编·真诰·2》，商务印书馆，1935年，第105页。注云：出《消摩上·灵叙中》。消摩品号，亦如大洞卷目，例皆不少也。

⑤ 郭超、夏于全编：《传世名著百部·第57卷·齐民要术》，蓝天出版社，1998年，第80页。

肾经；具有养胃健脾、补肾强筋、活血止血之功效。

《艺文类聚》卷七十九"灵异部下"引云："（香）出薯蓣子三枚，大如鸡子。云：'食此，令君不畏风波，辟寒温。'硕食二，欲留一。不肯，令硕尽食。"[1] 薯蓣，即山药。薯蓣子即山药叶腋间常生有肾形或卵圆形的珠芽，又称"零余子"或"山药蛋"，具有补肺益气、健脾补虚、固肾益精、益心安神、强志增智、滋润血脉、宁嗽定喘、轻身延年之功效，食补疗效极佳。

《艺文类聚》卷八十二"药香草部下"引云："香降张硕，赍瓦榼酒、七子樏，樏多菜而无他味，亦有世间常菜。"[2] 瓦榼，古代瓦制酒器；七子樏，古代七格饭盒。兰香赠予张硕的瓦榼、七子樏应为桂阳郡所无，故有记载。尤其是使用七子樏，推行家庭分餐制，对于不时有瘟疫流行的桂阳郡具有重要的防疫意义。

《太平御览》卷八百四十九"饮食部七"引云："香戒张硕曰不宜露头食也。"[3] 即上桌的第一盘食物要隐藏起来（如盖住），此俗不详何意，也没有找到类似记载。

《太平御览》卷八百一十六"布帛部三"引云："兰香降南郡张硕，与硕织成裤衫。"[4] 汉以前的裤左右各一，是分裹两胫的套裤，称"袴"或"胫衣"。满裆裤亦称"裈"，其制起自汉昭帝时。织成裤衫，当是满裆裤。地处偏僻的桂阳郡穿满裆裤或是新风俗，故记之。"南郡张硕"，当误。

《太平御览》卷一百八十六"居处部十四"引云："杜兰香戒张硕不宜露头上厕，夜行必烛，若脱误，当跪拜谢。"[5] 秉烛夜行，理所当然，此俗不怪。上厕所要戴帽，如果误脱，则需跪拜叩谢神灵，此俗渊源尚未找到出处。不过，同时代的荆州刺史陶侃（313 年任）上厕所时见一朱衣人告知："以君长者，故来相报。君后当为公，位至八州都督。"[6] 后一任荆州刺史庾翼（345 年任内）上厕所时见一方头发光怪物，拔剑击之，而后发背疽去世。两事均见载于《晋书》卷六十六、卷七十三，可见此俗与荆州关系密切，或许"杜兰香降张硕"的故事得以流传有荆州官方推动的因素。

2. 佛教"化巫"引导民俗

本书于第一章已介绍佛教与荆楚巫傩文化的融合，佛教进入郴州亦伴随巫俗

---

① 庾信撰，许逸民点校：《庾子山集注·第 2 册》，中华书局，1980 年，第 590 页。
② 欧阳询撰，汪绍楹校：《艺文类聚》卷八十二"药香草部下"，上海古籍出版社，1965 年，第 1415–1416 页。
③ 李昉撰：《太平御览》，中华书局，1960 年，第 3796 页。
④ 李昉撰：《太平御览》，中华书局，1960 年，第 3628 页。
⑤ 李昉撰：《太平御览》，中华书局，1960 年，第 905 页。
⑥ 房玄龄撰：《晋书·第 3 册·卷 46—74（传）》，中华书局，1974 年，第 1779 页。

神话，如唐时僧人惠寂隐居郴州王莽山时"化缘未契"遭"山神"婉拒，不得不迁居他处，暗示佛教与当地巫傩已产生信仰纷争。此时，道教与佛教斗争激烈，会昌五年（845）前后"武宗灭佛"，拆毁寺庙，没收寺产，强迫僧人还俗。巫傩虽不参与朝廷宗教斗争，但作为"地头蛇"在民间有着大批信众和广泛影响，寿佛宗慧出生并活动于"巫风炽盛"的楚南一带，肯定会受到影响。分析史料，笔者认为宗慧禅师有着与早期道教"降神"化俗相似的经历，自己扮演"巫师"吸引信众，试图以巫傩文化融"儒、释、道"为一体，但"假戏成真"，他最终成为民间信奉的"巫神"。于是，围绕他的种种传说与信俗光怪陆离，令人疑惑是否真有其人。例证如下：

（1）寿佛"巫化"

《说文·工部》："巫，祝也（主持祭礼者），女能事无形，以舞降神者。"《国语·楚语》："在男曰觋，在女曰巫。"《汉语大词典》释"巫"："古代从事祈祷、卜筮、星占，并兼用药物为人求福、却灾、治病的人。"又释"傩"为"古代的一种风俗，迎神以驱逐疫鬼。"

郴州巫俗风行至民国时期，经久不衰。对此，邓典谟撰著《（民国）宜章县志》时持论："我国宗教，以道教为最古，托始黄帝，而奉老子为教主。太史公曰：'李耳无为自化，清净自正。'后世道家，符箓章咒，服食长生之说，非老子本然也。汉时张道陵之道教，曼衍国中，历代有天师真人封号，实非道教正宗，而与巫相出入。巫本起自上古，《易》曰：'史巫纷若。'《鲁论》巫医并称。《周礼·春官》：'司巫：掌群巫之政令。'置中士府史胥各一人，徒十人，男巫女巫皆无数，凡大旱大灾，祭事丧事，皆其职掌，其重若此。后世之巫，奉张天师为教祖，不领于官，名同实异矣。宜章在昔，巫风颇盛，男巫曰师公，女巫曰仙娘。男巫必本师传，女巫则云有神凭之，灵谈鬼笑，如醉如痴。男巫为人祈祷，其常行者：一曰福果，凡水旱灾疫，春祈秋报，斋醮或三日五日七日；一曰追荐，超度亡魂，俾生上界，日期与福果同，贫者或仅一日。此犹近正道，协人情，未可厚非也。为人禳灾祈福，则有拜斗、藏身、寄库、喊魂、跳鬼、起油锅、收限拳、上刀山、过火坑、舞神狮以及斩关破胎、画卵断乳、画符催生等术，悠谬不可究诘。愚夫妇信巫过于医，效则归功，否则诿之于数。又有非巫而近巫者，乡村多有之。凡小儿骤病，则炷香祷神，取斧击地作声，刻鸡冠血涂鼻口，少顷即安，厥名除煞；或夜啼不止，则取小儿祖衣裹杯米咒之，发视米形状，云系山边或水边受惊，为之喊魂，凡三夜即复常，厥名收惊。女巫之术有三：曰照水碗，以鸡卵置水碗中，视其色彩以卜住宅方向休咎；曰摄亡魂，蒙黑帕坐庭中，摄亡魂至，与亲属相问答，说家事，如平生语，皆出自女巫口，能使亲属涕泣涟如；曰放阴，选愚呆少女，未暮熟睡，入夜祷神，凭人问阴司事，小女随问以对，其语迷离徜恍。若此者不可胜数，皆猥琐不足道，实无业黠男女，藉此狂人猎食耳。以为神异固非，以为左道亦过，民智开则不禁自绝矣。近年福果、追荐尚盛，巫风渐息，此固归于教育，而民间财力之舒蹙亦可见矣。民救死而恐不赡，焉有余力以事鬼神哉？道士尼姑，极少民间男女，持斋诵经者，名曰斋公斋婆，皆鳏寡老病，持厌世主义，以希来生福利者，城乡亦多有之。"①

巫傩以专事鬼神为职业，其中"以舞降神"（鬼神附体）是压轴好戏。巫傩源于原始宗教，信奉"万物有灵"，所事鬼神不同于道教神仙、佛教菩萨罗汉、儒家祖先，大多是没有"人形"的"野鬼"或作恶多端的"邪神"。因此，古人常以"信鬼""好巫"定性，直接判断"巫俗""淫祠"。

以明代《九仙二佛传》为例，寿佛宗慧有"巫事"二则，都与其家乡资兴程水周源山有关。一是传说寿佛回家看望母亲，不得已吃了母亲煮的鸡，于是在江边掏出肠子来洗，至今有地名"洗肠江"。该传引《统志·佛图证》说，寿佛左乳有一孔通腹内，平常用棉絮塞住，此次洗肠即由此孔掏出，洗完又塞了回去。如此描述，寿佛已无"人形"，显然"巫化"。二是传说周源山有一怪人常用网捞人吃，寿佛收服此怪作为侍者，为防止他再吃人，又将其嘴捏成鸟喙，这就是"灵武天师"。寿佛收徒亦无"人形"，还曾吃人，显然是"巫俗"故事。其中，邝露《赤雅·无量寿佛》载"其护法有灵鸟天使，鸟首人身，长丈余，最可怖愕"②，可与《九仙二佛传》相互印证，可见传说早于明代。又据廖耀前主编的《永兴县开元寺简志》记载，直到民国时"抬寿佛"祈雨仍要先祀此神，"要把'雷武'用衣服抱出来，躲到佛殿门外樟树下，杀一只鸡敬'雷武'，让他吃好了，才有力气行云布雨"，直接体现了巫俗传承。

（2）寿佛"化巫"

寿佛"巫化"是中国佛教史上的罕见个案，他虽师出法钦"牛头禅"，佛教界却没有把他当成"牛头宗"传人，佛教《传灯录》也找不到关于他的任何记载。《（康熙）湘山志》卷一"灵应"分析称"无量寿主人以神通故，为《传灯》所遗"，即"巫化"难以被佛教界接受。分析寿佛"巫化"的原因，应归结于他主动"化巫"，才会被巫俗重重包裹。

通过"降神"（自称是某某神灵）来吸引信众是巫师的拿手好戏。宋代王鞏所撰《湘山无量寿佛记》载道："师尝自号'无量寿主人'。"又载："有众千万，周匝围绕，跪礼合掌，自通姓名曰'我金轮王，须弥山王，四海龙王，五岳四

---

① 邓典谟：《（民国）宜章县志》第二十六卷"宗教志"，《宜章县志续编》编纂委员会编辑部，2002年，第397页。

② 详见本书第三章第二节"一、寿佛宗慧"之"文献记载及考释"，寿佛相关文献引用均见此，不再出注。

浚，西天雪山之主者，仙人神人等众也'。敷座俨然，莫之敢诘……"[1] 显见宗慧自称"无量寿主人"之余，也在作法时融入巫傩降神仪式，所降之神包括佛教菩萨，也包括各路民俗神灵。

宗慧禅师利用"降神"吸引信众，旨在缓解儒、释、道激烈矛盾，另演新教。如《古塔记》所载："衣冠殊制，名号不伦。衣曰'无量寿衣'，冠曰'真空法冠'。髭发不剃，老少不常。不念经，不礼佛，乃自号'真空法身周主人'。"[2] 他已彻底放弃佛教戒律，并以服饰"道冠、儒履、释袈裟"为基础推行三教合一。需要指出的是，宗慧禅师所著《遗教经》已失传，平日问答集《湘山百问》为后人托伪所作，[3] 要了解他到底创立了什么宗派、什么思想已非易事。当前，从文献记载的只言片语仅能窥知一二，如《古塔记》云："又尝谓修行犹落，色空见我，所以超凡。透色空，过真空，乃入无量，量绝无，无量那得非，无量主人。"又如《湘山无量寿佛记》载："尝曰：我之法要不著诸相，谢绝万有，超度色空，真空不二，非三乘所拟，非象教可传。无量无边，犹如空海。四方来者心自化服。"从使用术语来看，仍未脱离佛教范畴。

（3）千年垂化

如上节所考，寿佛宗慧寿世 132 岁，为人类寿命极限。如此高寿，也是创立新说的资本。他以"寿"现身说法，切己切人，使人乐闻教诲。《湘山志》载，永州刺史韦宙请教长寿秘诀，他笑了笑说："想长寿就要忠于国家，勤政爱民，奉公守法，始终如一。"他开坛讲解《无量寿经》，言必称"寿"。他对士大夫说"忠孝是佛"，对农工说"勤俭是佛"，对商贾说"公平是佛"，又有偈云"说得一尺，不如做得一寸"，只要安于本分，心无旁骛，就蕴含长寿的道理。在寿佛宗慧的教导下，百姓践行《无量寿经》，社会风气为之一变。《古塔记》载："民安其生，俗蒸以变，盖居然一极乐国也。"

又，《古塔记》称：宗慧禅师"结茅为院……不扰人天，耕畲自给"，开创"农禅"（或称"山林禅"）。当时，僧人交结权贵，蛊惑百姓，以致皇帝无心朝政，热衷迎佛骨；百姓荒废事业，倾其所有乃至燃指断臂供佛。加之，寺庙土地不用纳税，僧人越来越多，成为一大社会问题——这就是"武宗灭佛"的起因。而"农禅"远离政治，"不扰人天"，自给自足，专注于修行养生，无疑带来了

---

① 王鞏：《湘山无量寿佛记》，载《中国佛寺志丛刊·第114册·（康熙）湘山志》卷四"艺文"，广陵书社影印，2006年，第332页。

② 《湘山志》载：此年宗慧禅师106岁寿辰，寺中僧人和佛教信徒一万余人进奉法师尊号"湘山圣化主人""无量寿佛"，"师大笑，却之"，因预测到会昌灭佛法难，从此戴上青崿道冠，披上紫霞衣，进入覆釜山隐居。如按132岁说，会昌四年（"武宗灭佛"前一年），宗慧禅师正好百岁大寿，进奉法号更合理。

③ 详见本书第三章第二节"一、寿佛宗慧"之"宗慧禅师著作考"。

禅宗新风。宗慧禅师善用口语作偈，既发人深省，又贴近生活。其《牧牛歌》①以"牧牛"譬喻修行，更体现了面向中下层民众的"农禅"特色。《牧牛歌》共有"未牧""初调""受制""回首""驯伏""无碍""任运""相忘""独照""双忘"十首，比喻修行的十个层次，歌中"牧童"即修行人，"牛"指心性。最高境界是"双忘"："无相大圆融，不立西东，人牛何处杳无踪。子夜赤轮浑不照，八面玲珑。"这就是禅宗说破了生死关后的境界。佛教以"禅定"修持延缓衰老，认为"寿命自在，是禅定之果"，其功效已有高僧验证，寿佛宗慧便是其中一例。

寿佛宗慧圆寂千余年，与之相关的民间传说至今不绝于耳，同时形成了民俗节日和地名。《湘山志》记载了因朝拜寿佛形成的三个节日："以八九月朔诣覆釜山者，曰'朝山'；以二月朔八来湘山者，曰'松花会'；以七月七日来者，曰'晒衣会'，元明迄今如故。"② 也有不少信众相信寿佛就在南岳，因为寿佛过南岳雁峰寺留下偈语："云游僧者悟真空，千佛袈裟万代宗。山寺僧众留不住，五百年中归雁峰。"寿佛所赠袈裟被雁峰寺僧奉为镇寺之宝。每年农历二月初八，四方檀越纷纷前来礼拜，动以万计，烛光弥天，香烟浸地。每逢二月初八，也是祁阳"朝佛日"，这天不仅是烧香拜佛的好日子，也是逛庙会的好日子，农家都喜欢在这一天购买农具，准备耕作。"渣江赶八时，十有八九会下雨"，这是寿佛爷特别眷顾衡阳的缘故。传说二月八渣江下雨，寿佛爷就在衡州，阴天就在郴州，天晴则在全州。中国全州，只因寿佛号全真而更今名。五代后晋天福四年（939），楚王马希范因湘山为全真大师坐化之地，向后晋高祖奏准将湘源县改为清源县，并置全州，全州之名沿袭至今。

3. 儒家"敬神"改良民俗

敬鬼神而远之，是儒家对待鬼神的基本态度。而《桂阳先贤画赞》所辑张熹自焚求雨却是一个"敬而不远"、为不良风俗所裹挟的极端事例，明代学者谢肇淛所著《五杂俎》痛斥之，并引以为戒："临武张熹为平舆令，乃卒焚死。有主簿小吏皆从焚，焚讫而澍雨至。水旱之数，圣帝明王不能却也。而以身殉之，不亦过乎？……天所以绝矫诬之端也。"③

在"信巫好鬼"的古代桂阳郡，一些地方官员将真实意图糅入巫风傩俗中，他们头脑清晰，见好就收，因此并未引火烧身。如前文所述，成武丁就是桂阳太守周昕为凿通武溪水道精心装扮的神仙。与之相似的还有前桂阳太守栾巴，自称

---

① 《中国佛寺志丛刊·第114册·（康熙）湘山志》卷一"因缘"，广陵书社影印，2006年，第68-70页。

② 《中国佛寺志丛刊·第114册·（康熙）湘山志》卷一"因缘"，广陵书社影印，2006年，第95页。

③ 谢肇淛：《五杂俎》卷一"天部一"，中央书店，1935年，第29页。

"有道术，能役鬼神"，其实他是个没有半点仙术、秉持儒家思想的官吏，这样做只是为了禁毁淫祠。① 汉以后很难找到地方官员"装神弄鬼"的相关史料，或许已知这种短期行为反而促成巫风炽盛，无益于民俗改良。入俗改良，宋以来记载渐多，归纳而言常见四策：

策一：不劳神灵，推广科技。祈雨，这个延续数千年、强烈表达公众生存渴望的民俗活动，不知不觉成为造神平台和各类神灵的测试场，也是地方官员入俗施政的考场。"是骡子是马拉出来遛遛"——使得"祈雨有验"的神灵千奇百怪。清代学者王闿运有感寄于《桂阳直隶州志》："州之祷雨也，乡民取槁禾穗覆头上，动聚数百人或千人，舁神至州堂，请知州就祷，其神率狰狞，不应祀典，不知何神也；至则迎拜，已乃舁入城隍祠；得雨乃还。或舁归不雨，则请州官出请雨，探龙渊。平时无蓄水大陂塘，良吏初至，不能为谋也。言水利，皆曰：'吾州不足兴作，作亦不得水。'无一岁不祷雨。十日不雨则旱，以为固然。假余五年为政，州水利冀可兴矣。小民难与图始，士大夫移于习俗，持之尤坚。不然，言农政者，何必待良吏乎？"② 显然，就祈雨一事而言，大多数官吏秉持"祈祷无益，水利方可根治"的观点。然而，民俗裹挟着民意，移风易俗极为困难。不过，也有反例。例如桂阳龙渡山之灵泉龙王据说"祷无不应"，不过官方时常提醒，只有干旱之极才能烦劳大驾。三番五次，为了一点小事就去求神拜佛，实在是亵渎神灵，反而有害。为了不烦劳"龙神"，宋代桂阳知军陈傅良教育百姓改革"农耕器绝苦窳，犁刃入土才三四寸……水在田下，虽咫尺不辘轳使之逆上"③ 等耕作陋习、推广龙骨水车、兴修水利。这样，既尊重民俗，又推广了农业科技，不失为两全之策。随着水利设施逐渐完善，祈雨活动在不到半个世纪的时间内消失，许多神灵因无用武之地渐渐被淡忘，就是"敬鬼神而远之"的后话。

策二：署文捐俸，植入教化。境内寺观祠庙都有请州县官吏或乡贤作记之惯例，一为寻求支持，二为扩大影响。州县官吏或乡贤也乐于被请乃至乐捐俸禄助修，一为青史留名，二为植入教化。例如，康熙九年兴宁（今资兴）回龙庵请记，知县耿念劬记曰："祭法有云，能御大灾则祀之，旱因灾之大者，鬼神之事

---

① 《后汉书》卷五十七载栾巴豫章太守任上事，相信其任桂阳太守时亦有其事。详见本书第三章第一节"二、成仙武丁"之"'喂酒考'"。

② 王闿运总纂，刘城淮等点校：《桂阳直隶州志》卷十二"礼志·祠祀二"，香港天马出版有限公司，2004年，第154页。

③ 陈傅良：《龙渡庙记》，王闿运总纂，刘城淮等点校：《桂阳直隶州志》卷十二"礼志·祠祀二"，香港天马出版有限公司，2004年，第152页。

不可知，既求无不应，食福思报，祀之固其宜也"①，所提《祭法》出自儒家经典《礼记》。又如，桂阳栖真岩传为风水始祖唐代术数家李淳风趺坐处，请记于州训导李环瀛，李环瀛作记不以为然："淳风至桂阳与否，尚不可知，何处以名岩？岩去州城东二里而近，凡宇内胜地附城郭，其名易显。游人品类，固必不一，然皆有事于游；则其所真赏，亦必不在繁盛、扰攘可知也。夫人心至变迁，因事而移，故恒患其伪。而至于山石泉树之间，独有澹泊宁静者存，闻栖真之名，必有感焉。不此之求，而寄思于术士，固世俗夸异之说，君子所不道。"②他首先置疑李淳风是否来过，而后顺势将对仙术的兴趣转移至山水风光。再如，汝城土桥庙择址新建，与旧庙相望，邑进士邓文璧辑录请记者与作记者对话如下："真石子曰：'喜事鬼神，楚人之俗也。而子从之，情欤？不时改作，有道之讥也。而子助之，礼欤？'璀曰：'是祠之更，众人之情也；孤树之上，水土之宜也。人情顺则神心安，水土宜则祀事久。璀之情，固众人之同情也；神之祠，固众人之乐祠也。是以各愿以有请也。'真石子曰：'则所以祠之者，祀之也。岂传所谓有功德于民者，则祀之。非欤？'璀曰：'然。先生之言，是矣。请书为记。'"③"喜事鬼神"是儒家极力批驳的，而从众所请又基于另一信条"有功德于民者，则祀之"，此文可见请记者与作记者都信奉儒学，故有此对话。

策三：口诛笔伐，唤醒良知。郴州巫风盛行，但不乏觉醒者，他们口诛笔伐，力图唤醒公众良知。如郴民信巫不信医由来已久，宋末学者萧立之作《赠医士》进行笔伐："桂山药石不入市，土风割牲谄非鬼。巫师怀肉饫妻孥，医师衡门冷如水。子今挑囊入深云，如以章甫投文身。吾诗易得药难售，子规语人传藉手。"④又如北湖龙王不司降雨，坐吃"空饷"，罪不可赦。宋开庆元年（1259）秋，天气酷热，一季早稻已晒焦，颗粒无收，眼看晚稻干枯又要绝收。此时，官差还要催收迎龙祈雨的份子钱，农户眼里都迸出血丝来了，岂不可恨？萧立之作《郴旱檄北湖龙》，原文辑录如下：

　　北湖三百顷，其下神龙蟠。常时泛湖人，不敢笑语喧。
　　龙居祠下龙王庙，碧瓦朱甍映清湫。邦人四时迎送神，牲肥醴香神

①　耿念劬：《重建杨林回龙庵记》，《（光绪）兴宁县志》卷十"艺文志（中）"，资兴市地方志编纂委员会重印，1988年，第353页。

②　李环瀛：《栖真岩记》，《桂阳直隶州志》卷二十一"水道志"，香港天马出版有限公司，2004年，第375页。

③　邓文璧：《土桥庙记》，《（民国）汝城县志》第三十四卷"杂志·方外"，汝城县史志办标点重刊本，2015年，第649页。

④　萧立之：《萧冰崖诗集拾遗·赠医士》，载顾廷龙主编《续修四库全书·1321·集部·别集类》，上海古籍出版社，据明弘治十八年萧敏刻本影印，第26页。下文《郴旱檄北湖龙》见第25页。

醉饱。开庆元年秋七日，山中从前无此热。早禾焦死晚禾枯，百姓相看眼如血。去年淫雨冬无收，私科官籴纷征求。薯粮掘尽蕨根断，一饱谓有今年秋。州家差官走田里，奉佛迎仙取龙水。南村北郭鼓冬冬，几日街头无处避。尔龙位置尊鳞虫，须鬐如戟声如钟。人间风日不到处，珍珠室屋珊瑚宫。虾蟹为侍鳅鳖伍，耳如无闻目无睹。捍灾御患则祀之，安得神龙食兹土。我有旌阳在时剑，能磔尔龙为万段。徐将鲊法问张华，普施农民供一饭。刑鹅投虎终无补，尔龙有知胡不雨。如问只守过湖船，愧坐教人送钱楮。

对龙王的口诛笔伐彰显了：其一，如上节所述，郴民对龙并无好感，视之为恶兽；其二，推崇"龙神"信仰的官府同样遭遇信任危机，这是宋末社会动荡，民众"揭竿而起"的前兆。

策四：拆庙毁像，禁断恶俗。按照西周《礼记·祭法》制定的立祠享祀五项原则"法施于民则祀之，以死勤事则祀之，以劳定国则祀之，能御大灾则祀之，能捍大患则祀之"，大多数儒家执政者上任后的首要任务就是禁毁"淫祠"，淘汰一批没有意义、不能引导良俗的神灵。如清《（同治）临武县志》卷四十一"艺文·磔狗神判文并序"记载了临武人好屠狗，祭祀"青面、乌喙、独足之鬼"，县令张远声严令禁止，并砸毁庙宇、击碎神像，将神像首级弃于县城通济桥下一事。[①]

又如南宋陈郁所撰《藏一话腴·外编》卷下记载，"郴之桂阳县东有庙曰'九江王'，所祀之鬼乃英布、吴芮、共敖也。绍兴间，刘颌为守，乃论九江王，项羽所伪封。芮、敖追义帝而布杀之，放杀之贼，岂容庙食，遂毁之"[②]。只因英布、吴芮、共敖追杀义帝熊心，[③] 丧尽天良。

还有，儒家执政者多半视赛神、娱神为陋习，因其危及社会治安，故予以严禁。如桂阳"分北、中、南三堂，于四城游神"，"其害有三：山城市道崄巇湫隘，舟形衡直七八尺，士女压观相挤，践仆颠弊死者。不怨悔，重游娱，轻人命，一也；舟冲摧薨，不避廛居，横徒挟妇，有索弗遂，且以摧圮墙屋倾覆为能，市肆苦之，二也；当赛神先期，四乡来观，主城人为东道，富族贵家招迎亲

---

① 张远声：《磔狗神判文并序》，载陈佑启主修，陈礼恒等点校《（同治）临武县志》卷四十一"艺文中"，临武县史志办翻印，2012年，第459页。

② 陈郁撰：《藏一话腴·外编》卷下，载上海师范大学古籍整理研究所编《全宋笔记·第7编·5》，大象出版社，2016年，第44页。

③ 郴州有义帝陵，现为国家重点文物保护单位。

朋，贫无斗筲亦称贷周旋，赛神者数百千人，借有事饕餮，作无益害有益，三也"①，自官府禁断之后，此俗消失。

第三节 超脱中的升华

如上节所论，随着传说遭受强烈质疑，信俗随之失去传承，仙佛文化必然谢幕。到了清末，"天下岂有神仙?"② 这样的论调早已充斥于郴州地方史志之中。那么，仙佛承担的道德教化功能也应该一起扔掉？显然，全盘否定是不对的，对此前人已有深刻认识。

明万历十五年（1587）九月，思想家、东林党领袖顾宪成因谪桂阳判官路过郴州，郴侯卢尧卿展示苏耽、成武丁二仙图，顾宪成为之作《二仙留胜图题辞》曰："郴州盖有苏、成二仙，其事颇异，吾儒摈不语，非直不语亦不解也。曰是固幻耳……至于吾儒自稍通章句，以上靡不称尧舜、述周孔斯已卓矣？夷考其行，率谬不然。甚者投弃规矩，恣睢以逞。"③ 当时，对于饱读诗书的儒生而言，理性思维已占上风，"仙佛传说荒诞不经"已是共识。然而，他又批评那些驳斥仙佛的儒生狂妄自大、内心庸俗，"以内欺己，而外欺人"，道德修养还不如信奉仙佛的普通民众。于是，他得出结论"二仙之于吾儒，厥亦有隐功哉，其又何摈焉?"

所谓"隐功"，即"道德教化"，这是附着于仙佛信仰、发自内心的自省，并非外界强加于人的东西。儒生读圣贤书，诵圣贤言，深省尚不及此。难道已有理性认识的儒生还要通过"圆谎"来维护仙佛的"隐功"？如果自己没有信仰，又如何施教于人？这点，顾宪成没有解答。此即本节需要探讨的重点内容。

一、超凡脱俗，提纯精神

以郴州而言，从仙佛传说或信俗中提纯文化精神，一般是流寓名人所建功德。他们不是地方官员，不必裹挟其中为当地教化负责，又能凭其知名度广泛传播，乃至上升为某种具有影响力的文化精神。他们大都处于贬谪途中的人生低谷，对当地仙佛神人如同雾里看花，根本不了解，更谈不上信仰，但却从中找到了某些精神慰藉。有道是："不识庐山真面目，只缘身在此山中。"仙、佛崇尚

① 王闿运总纂，刘城淮等点校：《桂阳直隶州志》卷十二"礼志·祠祀二"，香港天马出版有限公司，2004 年，第 158 页。

② 吕凤藻主修：《（光绪）永兴县志》卷四十三"仙释志"，载《中国地方志集成·湖南府县志辑25·（光绪）永兴县志》，江苏古籍出版社，2002 年，影印本，第 596 页。

③ 顾宪成撰：《泾皋藏稿》卷十五"二仙留胜图题辞"，载《四库全书·泾皋藏稿》第 1292 册，台湾商务印书馆影印，172 页。以下顾宪成引文皆出于此。

超凡脱俗，却未曾预料自身也是世俗，处于迷雾重重的"庐山深处"。只有看客或过客，翘首遥望才能看清迷雾之中的仙佛世俗，识得"庐山真面目"。

（一）《陋室铭》基于"仙龙"的文化自信

1. "仙龙"之疑

《陋室铭》："山不在高，有仙则名。水不在深，有龙则灵。斯是陋室，惟吾德馨。苔痕上阶绿，草色入帘青。谈笑有鸿儒，往来无白丁。可以调素琴，阅金经。无丝竹之乱耳，无案牍之劳形。南阳诸葛庐，西蜀子云亭。孔子云：何陋之有？"质疑不少。其中，北宋僧人释智圆所著《闲居编》卷二十六"雪刘禹锡"说："俗传《陋室铭》，谓刘禹锡所作，谬矣……"[1] 他认为，《陋室铭》不合刘禹锡为人，以仙、龙自比，过于狂妄。南京大学教授卞孝萱也持同样观点，"山不在高，有仙则名。水不在深，有龙则灵"完全违反常识，岂有仙居于矮山，龙游于浅水之理？[2]

不过，在郴州，确实有"仙居于矮山，龙游于浅水"之理。"山"若指郴州苏仙岭，"水"若指郴州北湖，则两者近在咫尺，构成"仙居"的现实环境：苏仙岭海拔五百多米，是湘南群山中的小丘陵，然而苏仙的故事却全国闻名；北湖不深，仅二三米，形如池塘，每逢大旱还会见底，然而湖中蛟龙的故事却家喻户晓。唐开元二十九年（741），唐玄宗下诏修苏仙祠，这是皇家第一次为民间祭祀的苏仙修祠；建中年间，北湖恶龙作祟，道士曹代飞射杀之，因此受封"青史王"。此事距刘禹锡客居郴州约三十年，他的至交好友郴州刺史杨於陵到任后还写了祭文。宋初郴州知军张勋《敕建惠泽龙王庙碑》云："……唐时湖中有物为祟，洪水横流，房舍倾斜，城垣摆簸，官民不知所为。"又云，在北湖寻得杨於陵断碑载曰："……龙祟北湖，水沸地震，郴人大恐，募能禳者。王毅然手弧矢弹之，水遂平……"这段故事老百姓口耳相传，深信不疑。

《陋室铭》应作于元和十一年（816）四月之后的一段时间，写作背景考析如下：刘禹锡于元和十年（815）三月七日被贬连州刺史，元和十一年方抵连州上任，其原因他在《连州刺史谢上表》中作了说明："……南方疬疾，多在夏中。自发郴州，便染瘴疟。"[3] 此间，宰相武元衡被藩镇派来的刺客杀害，全国陷入混乱。与之同贬的"永贞革新"八司马之一柳宗元亦在郴州坐观形势，等待朝廷收回成命（刘、柳二人虽在衡州分路时有诗互赠，却又与刚到任的郴州刺史杨於陵有诗词唱和，可证此时重聚郴城）。

---

① 四川大学古籍整理研究所编：《全宋文》第 8 册，巴蜀书社，1990 年，第 249 页。
② 卞孝萱：《〈陋室铭〉非刘禹锡作》，《文史知识》1997 年第 1 期。
③ 周绍良主编：《全唐文新编·第 3 部·第 2 册》，吉林文史出版社，2000 年，第 6822 页。

元和十一年四月，刘禹锡的至交好友杨於陵被贬郴州刺史。此时，郡斋紫薇花开，杨於陵诗云："簿领幸无事，宴休谁与娱。"[①] 刘禹锡和诗云："懿此含晓芳，悠然忘簿领。"[②] 柳宗元有《奉和杨尚书郴州追和故李中书夏日登北楼》云："……游鳞出陷浦，唳鹤绕仙岭……今日登高处，还闻梁父吟。"[③] 刘禹锡亦有诗和云："一曲梁甫曲，知是卧龙才。"[④] "梁父吟""梁甫曲"为同一曲，刘禹锡引用了诸葛亮未入仕前好为"梁父吟"的典故。在《陋室铭》中，作者将自己的居所以"诸葛庐"自比，用典如此巧合，似乎与三人诗词唱和有关。更巧的是，作者的居所正处于北湖龙传说之地的附近，暗合"卧龙先生"诸葛亮之茅庐。《陋室铭》以反问句"何陋之有？"结束，显然是作者希望自己像诸葛亮一样被明主赏识。

2. "仙灵"之喻

刘禹锡一生饱受挫折，但他善于在逆境中寻求自信。作为儒家学者，刘禹锡不一定相信仙灵，但他相信仙灵带来的心灵慰藉。仙灵无欲无求，超然物外，人间那点挫折又算得了什么？产生于郴州的仙灵更是有别常理，仙不需要高山，龙不需要深渊，从不挑剔居住环境。刘禹锡由此引喻在所居陋室潜修心性：他于陋室听任自然，不加修饰。他高谈阔论，弹琴阅经，从不寂寞。他以儒家先贤诸葛亮的草庐、扬雄的子云亭自比，最后以儒家圣人孔子云"何陋之有"作点睛之笔，援"仙、龙"入儒理。

《陋室铭》作为文人喜好的励志铭，常常悬挂墙头，以便常看常读，浇灭心中块垒。其中首句"山不在高，有仙则名。水不在深，有龙则灵"提携全篇精气神，是修复自信心的关键所在。"铭"本是刻于金属器具或石碑上的叙事性文体，用以昭示后人，永垂不朽。结合创作背景，可知刘禹锡独创之"铭"希望留住的美好记忆是：

陋室依山傍水，风景绝佳，还时常听闻"仙、龙"的传说。我客居此地，潜修德行，犹如山中仙、水中龙。那年，我身患瘴疟，无力打扫居室，只能听任自然。南国郴州温暖湿润，不多时苔藓就爬上台阶，青草映满帘栊，一屋葱青，充满生机。这是仙、龙有灵，让我痊愈的征兆吧？身在异乡，没有亲朋好友，也省去许多俗务。但杨於陵、柳宗元这些有经天纬地之才的老朋友并没有忘记我，

---

①　杨於陵：《郡斋有紫薇双本，自朱明接于徂暑，其花芳馥》，载黄钧、龙华、张铁燕等校《全唐诗·第4册》，岳麓书社，1998年，第172页。

②　刘禹锡：《刘禹锡集上、下》，中华书局，1990年，第519页。

③　柳宗元：《柳河东全集》，世界书局，1935年，第458页。

④　刘禹锡：《和杨侍郎初至郴州纪事书情题郡斋八郡》，载《刘禹锡集上、下》，中华书局，1990年，第519页。

他们经常登门拜访，谈论国家兴亡大事。闲时可以弹弹琴，看看佛经。不当官，也少了许多应酬，没有公务缠身，没有伏案工作之辛劳。这是一辈子最好的时光！好似南阳诸葛亮入仕前于茅庐高谈阔论之畅快，西蜀扬雄于子云亭潜心撰著《太玄经》之惬意。

常温此情，常忆此境，必能涤除尘虑，平添自信。

在关于《陋室铭》创作地的纷争中，有一个《陋室铭》是"气"出来的说法①，此刻笔者必须辩驳，更正视听。和州传闻，刘禹锡被贬和州刺史，和州知县见他被贬，便横加刁难，安排他住在城南门，面江而居。刘禹锡没有埋怨，只写了一副对联贴于房门："面对大江观白帆，身在和州思争辩。"这可气坏了知县，于是又将刘禹锡的住所调到城北，并把房屋从三间缩小到一间半。新宅临河，杨柳依依，刘禹锡触景生情，又写了一副对联："杨柳青青江水边，人在历阳心在京。"知县见他仍悠然自得，就只给他一间仅能容下一床一桌一椅的房子。半年时间，刘禹锡被迫连搬三次家，住房一次比一次小，最后是斗室，真是欺人太甚，于是他愤然写下了《陋室铭》。这个小故事综合了"三迁"与"三气"的情节，虽然听起来生动有趣，却有不少硬伤：应该住在州衙的刘刺史竟被一个小小知县刁难，不得不三迁居室、蜗居斗室，大唐盛世岂闻此理？两副对联读来更像顺口溜，哪里是刘禹锡的文笔？显然，这是为了某种目的而编造的。好事者编点故事没什么不好，但这涉及千古美文《陋室铭》的形象，如果《陋室铭》是"气"出来的，文中怡然自得的"陋室"隐藏着愤恨，《陋室铭》就失去了传世价值。因此，大多数学者都保持理性认识：刘禹锡文风豁达大度，绝不会因"气"作文，《陋室铭》也没有愤愤不平之句。

由于《陋室铭》是留给自己的回忆，刘禹锡不愿广而告之，也就没有将之收入文集，但后世学者大都认定这就是他的作品。它能传世，应得益于铭中"鸿儒"杨於陵等人的传播，才逐渐流行于世。郴州"仙、龙"经刘禹锡点睛，获得远高于信仰的升华，从而成为中华民族传承文化自信的千古绝唱。

（二）《送廖道士序》出于"仙道"的"清淑气"

1."仙道"之惑

林语堂说，中国人在得意的时候信儒教，失意的时候信道教、佛教——这种特质真真切切地体现在唐代"文章巨公"韩愈的身上。韩愈曾作《原道》称，解决佛教、道教的方案只有九个字："人其人，火其书，庐其居。"其上书《论佛骨表》措辞激烈，痛斥佛不可信，要求将佛骨"投诸水火，永绝根本，断天下之疑，绝后代之惑"，以至于惹恼了唐宪宗，"一封朝奏九重天，夕贬潮州路

---

① 程思源主编：《中国全史·卷41·秘史》，远方出版社，2004年，第7933页。

八千"。到了潮州后，他却与一位名叫大颠的法师，结为莫逆之交，书来信往，甚为投契。苏轼评论道："韩愈之于圣人之道，盖亦知好其名矣，而未能乐其实。何者？其为论甚高，其待孔子、孟轲甚尊，而拒杨、墨、佛、老甚严。此其用力，亦不可谓不至也。然其论至于理而不精，支离荡佚，往往自叛其说而不知。"①

贞元十九年（803）十二月，韩愈被贬为连州阳山县令。因与郴州刺史李伯康交好，韩愈多次造访郴州，亦留下与道教人物交往的佳作《送廖道士序》②。此序令人困惑不解，却又出人意料的流芳百世。清代散文家、桐城文派领袖刘大櫆（号海峰）评道："此文如黑云漫空，疾风迅雷，其雨骤至，电光闪闪，顷刻尽扫阴霾，皎然日出，文境奇绝。"③ 因为郴民廖师学于衡山，《送廖道士序》由衡山写到郴州，由山水写到物产，随即写到人文，最后引出廖师，可谓纵横开拓。此序以衡山为引，盛赞郴州山水、物产、人文，衡、郴两地至今引以为荣，争相立碑入传。全文辑录如下：

> 五岳于中州，衡山最远。南方之山，巍然高而大者以百数，独衡为宗。最远而独为宗，其神必灵。衡之南八九百里，地益高，山益峻，水清而益驶。其最高而横绝南北者岭。郴之为州，在岭之上，测其高下得三之二焉。中州清淑之气，于是焉穷。气之所穷，盛而不过，必蜿蟺、扶舆、磅礴而郁积。衡山之神既灵，而郴之为州，又当中州清淑之气，蜿蟺磅礴而郁积。其水土之所生，神气之所感，白金、水银、丹砂、石英、钟乳，橘柚之包，竹箭之美，千寻之名材，不能独当也。意必有魁奇忠信材德之民生其间，而吾又未见也。其无乃迷惑溺没于佛老之学，而不出邪？廖师郴民，而学于衡山，气专而容寂，多艺而善游，岂吾所谓魁奇而迷溺者邪？廖师善知人，若不在其身，必在其所与游；访之而不吾告，何也？于其别，申以问之。

《送廖道士序》太特别了，以至于千年之后，还有人唠叨某年某月韩愈赠序给廖道士。按照常理，写诗作序赠送友人，要多叙旧情，要多夸几句。《送廖道士序》写了三百多字，只夸了廖道士十个字——"气专而容寂，多艺而善游"。不过，韩愈另外准备了"魁奇"而"迷溺"两顶高帽，似送非送，既赞成又反

① 苏轼著，李之亮笺注：《苏轼文集编年笺注·诗词附1·韩愈论》，巴蜀书社，2011年，第287页。
② 韩愈著，马其昶校注：《韩昌黎文集校注·上（第2版）》，上海古籍出版社，2014年，第286页。
③ 姚鼐编：《古文辞类纂》卷三十二，载任继愈主编《中华传世文选》第17册，吉林人民出版社，1998年，第431页。

对，逗得廖道士团团转。大多数鉴赏家对这种韩愈式幽默特别赞赏，如曾国藩评论道："磊落而迷离，收处绝诡变。"[①] 分析写作背景，有一种说法十分流行：韩愈尊儒排佛抑道人所共知，廖道士贸然求序，又不好拒绝，于是出此诡谲奇文。

《送廖道士序》中，没有提到与廖道士的交情，也没有交代廖道士姓名，只说在衡山学道的廖道士是郴州人。难道廖道士是慕名而来的陌生人？非也。韩愈称"廖师善知人""气专而容寂，多艺而善游"，"气专而容寂"可能是初步印象，"多艺而善游"则需熟悉本人，对其"朋友圈"也应有所了解。韩愈在朝堂上"人其人，火其书，庐其居"痛斥佛老，却又与廖道士交好，岂不违背初心？又有人说，获韩愈赠序的廖道士就是被后世尊为"郴州九仙"之一的道士廖法正，难道韩愈早就知道他乃"仙道"，或是特意为之？

2. "仙山"之奇

韩愈早知道廖道士是"仙道"，肯定不对，至少序文中没有如此誉美。不过，廖道士值得写，那是因为"魁奇"而"迷溺"，有一种说不出的神秘。追根寻源，则是韩愈对"志于修仙"的廖道士了解不多，种种神秘来源于他的家乡——郴州有"仙山"之奇。

其一，山水奇变。韩愈六过郴州，但只是匆匆过客，他对郴州的印象首先来源于旅途。他由耒水行舟，一入郴州境地便称"奇"，于是署文"郴山奇变，其水清泻"[②]。所谓"奇变"，即一改平原景象，山水之间云雾缭绕，宛如仙境，于是作诗"山作剑攒江写镜，扁舟斗转疾于飞"[③]。更奇的是，郴州人呼山为"仙"由来已久，"仙山"处处皆是，真是闻所未闻。

其二，风俗奇特。郴州巫风炽盛，风俗令人称奇。如韩愈初渡耒水，便见河中枯木有如人形，引来无数朝拜者，因题诗曰："火透波穿不计春，根如头面干如身。偶然题作木居士，便有无穷求福人。"[④] 显然这是嘲讽。到了郴州，又听说城中郴江中州女郎庙很灵，好友郴州刺史李伯康明知韩愈不信鬼神，却强人所难，邀他一同求雨。没想到，出奇灵验。故作诗云："乞雨女郎魂，焄羞洁且繁。庙开鼯鼠叫，神降越巫言。旱气期销荡，阴官想骏奔。行看五马入，萧飒已随轩。"[⑤] 小庙虽然荒芜，然而人心虔诚，祭品繁盛。越巫作法之后，风雨便随车马而至。不论是凑巧还是运气，郴州神仙灵验给韩愈留下了深刻印象。

---

① 曾国藩：《曾国藩全集·读书录》，岳麓书社，1989年，第326页。

② 韩愈：《祭河南张员外文》，载《韩昌黎全集·下》，北京燕山出版社，2009年，第589页。

③ 韩愈：《郴口又赠二首》，载《韩昌黎全集·上》，北京燕山出版社，2009年，第285页。

④ 韩愈：《题木居士二首》，载《韩昌黎全集·上》，北京燕山出版社，2009年，第286页。

⑤ 韩愈：《代李员外郴州女郎庙祈雨》，载马其昶校注《韩昌黎文集校注·下（2版）》，上海古籍出版社，2014年，第830页。

其三，人物魁奇。"魁奇"不仅是送给廖道士的，也是送给孟秀才的，这是韩愈对仙山郴民性格的总体印象。孟秀才孟琯，道德学问兼优，且著有奇书《岭南异物志》（载广东龙母之事，郴州亦有此俗），韩愈"奇之"，作《送孟秀才序》："年甚少，礼甚度，手其文一编甚钜。退披其编以读之，尽其书，无有不能，吾固心存目识矣。……其所与偕，尽善人长者，吾益以奇之……"①

其四，物产奇异。郴州物产丰富，而韩愈于《送廖道士序》中仅誉"白金、水银、丹砂、石英、钟乳"，一是为了博得廖道士的好感，因为这些烧炼仙丹的原材料，廖道士的家乡——郴州出产的最好；二是表达烧炼兴趣（有史料称，韩愈晚年因服食丹药"火灵库"致死②）。在韩愈留下"昌黎经此"的郴州永兴县侍郎坦，同壁亦留有郴州刺史杨於陵的题刻："於陵已纪题于北岩木门，并备平月③金丹，亦同至此岩。衡山大德、诚盈续来共登求。"④ 可见，当时研制丹药并测试功效，已不局限于道士，儒士、官吏也会试炼。这项群众性"炼丹运动"的背后，既有当朝皇帝服食"仙丹"的推波助澜，也有民众求证药理、探索"生命科学"的自觉传承。韩愈与廖道士交往，或许早有因缘。

《送廖道士序》所提"橘柚之包"出自《禹贡》"厥包橘柚"，意为将橘柚包好进贡朝廷，"竹箭"则是做箭杆的小竹。橘柚与竹箭都是寻常之物，却因有利于国而获韩愈点赞，而后又引营造宫殿的"千寻之名材"大赞，可知朝廷引以为宝的物产不止一种。

所谓"地灵"必定"人杰"，韩愈按照堪舆学"寻龙点穴"的方式一气呵成，由衡山之灵溯源郴州，得出郴州乃"清淑之气蜿蟺扶舆磅礴而郁积"之龙头。其地"神气所感"，所产炼丹药物"白金、水银、丹砂、石英、钟乳"最好，廖道士引以为宝。乃至"橘柚之包，竹箭之美，千寻之名材"举国之宝，故"必有魁奇忠信材德之民"堪为国之大器，却"迷惑溺没于佛老之学而不出"。带着寻访贤良的急迫心情，韩愈设问："廖道士又是不是呢？他若不是，又在不在他的朋友当中呢？可惜他受佛老之学影响太深，不愿意告诉我。"这翻设问，韩愈应该与廖道士交流过，因此才没有被当成讥讽戏文，遭廖道士毁弃。事实上，获韩愈赠序的道士、禅僧不乏其人，溢美之词并不少。可见他并不反对

---

① 韩愈：《送孟秀才序》，载《韩昌黎全集·下》，北京燕山出版社，2009年，第542页。序云："今年秋，见孟氏子于郴，其十月，吾道于衡潭以之荆。"此永贞元年十月作。

② 据五代人陶谷撰《清异录》卷一"火灵库"载："昌黎公愈晚年颇亲脂粉。故事：服食用硫磺末搅粥饭啖鸡男，不使交，千日烹庖，名'火灵库'。公间日进一只焉。始亦见功，终致命绝。"与韩愈有深交的白居易作诗《思旧》云："退之服流黄，一病讫不痊"（今本见顾学颉校：《白居易集》第2册，中华书局，1979年，第664页）。

③ 即二月。

④ 刘专可主编：《郴州金石录》，中国文史出版社，2012年，第181页。

隐匿于山林间的佛教、道教，只是反对道士进贡"仙丹"、僧人鼓吹"迎佛骨"干涉朝政。因此，对"迷惑溺没于佛老之学而不出"不应当作贬意读解。

韩愈将山水物产上升为地域文化精神，引得郴、衡两地争夺文化产权，势必厘清。如南宋学者黄履翁撰《古今源流至论·别集》卷四称："观韩昌黎之《送廖道士归衡山》也，谓白金、水银、丹砂、石英等物皆不足当其奇，'意必有魁奇忠信材德之民生其间'则知楚之人才其亦衡山之精所产欤。"① 其实，望文便知韩愈侧重于写"在岭之上，测其高下得三之二焉"的郴州。从物产来看，郴州是世界有色金属之乡，衡山是"非金属之乡"，白金、水银、丹砂并非衡山物产；衡山是花岗岩地区，难觅钟乳踪迹。郴州却是石灰岩地区，千奇百怪的钟乳石遍布大小溶洞，已被唐代《新修本草》列为"仙药"上品产地。② 宋人吕本中有诗赞云："宴坐翛然万虑忘，从他风雨送春忙。佛灯初上黄昏后，时炷郴州石乳香。"③

韩愈是古文运动的倡导者，但他师古而不泥古，在文学上主张"辞必己出""惟陈言之务去"，其《送廖道士序》独创"清淑"一词，足以为万世师表。宋代郴州知军阮阅④作《清淑堂》，"三仙一相有遗风，清淑谁言到此穷。寄与郴阳忠信士，得名端合谢韩公"，代表郴州文人学士真心感谢韩愈浸润郴州仙佛文化之后来了一次伟大的文艺转身。"清淑"，源于"仙道"，却不迷于"仙道"，既概括郴州地理山水，又概括人文物产，至今引为郴州地域文化精神。

（三）"天下第十八福地"始于"修仙"的文化符号

1."修仙"之秘

修仙方法是个秘密，没人知道谁能修成；成仙办法不可尝试，所谓"尸解"（死后不见尸）"吞服仙药""遇授仙术"等范例除了传说就是抄袭以前的传说。但修仙或成仙之地却不是秘密，"仙家"愿意广而告之。修仙、成仙之地太多，便有个高下之分、真伪之别。于是，一个关乎天上人间、流传千载的修仙秘境排序——"三十六洞天、七十二福地"新鲜出炉。

"洞天"意为山中有洞室通达上天，贯通诸山。"福地"，意指得福之地，居此能受福度世。为了便于理解，学者张广保用现代语言解释道："在我们人类栖

---

① 黄履翁：《古今源流至论·别集》卷四，载《四库全书·1292·古今源流至论别集》，台湾商务印书馆影印重刊，第9页。

② 《新修本草》卷三"石钟乳"条："钟乳第一始兴，其次广、连、澧、朗、郴等州者，虽厚而光润可爱，饵之并佳。"

③ 吕本中：《春晚》，载吕本中撰，沈晖点校《东莱诗词集》，黄山书社，1991年，第322页。

④ 阮阅，字闳休，舒城人，宣和五年（1123）由朝散大夫任郴州知军，在任三年，《郴江百咏》即任上所作。《清淑堂》引自《郴江百咏》。

居的以宇宙为中心的居留空间中（即所谓的"大天世界"）还并存着三十六所相对隔绝、大小不等的生活世界（即十大洞天、三十六小洞天）及七十二处特殊地域（即七十二福地）。这些洞天福地入口大多位于中国境内的大小名山之中或之间，它们通达上天，构成一个特殊的世界。至于栖居于洞天的居民，除寻求避世型洞天外，大部分都是寻求进一步提升的低级仙灵——各级地仙。然而与我们生活的世界不同，洞天世界具有其自身独特的时间、空间构造。由于它的时间速率不同于我们的世界，加之空间结构也与大天世界不同，因此在通常情形下，洞天世界对世人是不显现的。世人除了因某种特殊机缘进入洞天外，通常是很难造访这种神秘世界的。从功能方面看，除少数避世型洞天外，洞天福地可以视为道士在达到终极解脱目标前的修炼场所；从起源角度看，道教洞天福地理论的产生与形成应与史前期及文明初期中国古代先民的山居习性有密切关系；从生态环境的角度来看，道教的洞天具有近乎完美的生态结构。几乎所有有关洞天福地文献提到的洞天，其自然环境都无一例外是异香芬芳，绿树成行，井泉甘美，气候宜人，灵凤翱翔，神龙飞舞，五灾不侵，百病不生。"[①]

　　洞天福地除需"仙迹"印证外，还需风景秀丽、气候宜人、适合清修。可以肯定，给它们排序的不是神仙，而是奔走于各地寻访"仙境"的"慕仙人"。"慕仙人"只是匆匆过客或看客，不必在"仙境"长住，但他们短暂的印象非常重要，其评论往往被载入史册，影响编纂排序。在大唐"洞天福地"排序期间，史料记载活动于郴州的"慕仙人"有两位：

　　一是唐给事中薛伯高之高祖薛玄真[②]。唐末五代杜光庭著《仙传拾遗》载评曰："薛玄真者，唐给事中伯高之高祖也。少好道，不嗜名宦。遨游云泉，得长生之道。常于五岭间栖憩，每语人曰：'九嶷五岭，神仙之墟。腾骞者，逍遥者，无山无之。其故何哉？山幽而灵，水深而清。松竹交映，云萝杳冥，且邃洞中别开天地，琼膏滴乳，灵草芳芝，岂尘目能窥凡屐可履也。'"该书另附故事称："真（贞）元末，郑余庆谪郴州长史，门吏有自远省余庆者，未至郴十余里，店中驻歇，与玄真相遇，状貌如二十三四，神彩俊迈，词多稽古，时语及开元、麟德间事，有如目睹。又言明年二月，余庆当复归朝；余言皆神异。问其姓氏，再三不答。恳诘之。云：'某有志林泉，久弃乡国，不欲骨肉知此行止。姓薛，名玄真。'门吏话于余庆。令人访寻，无复踪迹。明年二月，余庆征还，及到长安，语及异事，给事中薛伯高流涕对曰：'某高祖，自左常侍弃官入道，隐终南，不

① 张广保：《唐以前道教洞天福地思想研究——从生态学视角》，《道教教义与现代社会国际学术研讨会论文集》，上海古籍出版社，2003年，第285—322页。

② 清时亦作"薛元真"，以避康熙"玄烨"讳。

知所终，是矣。'"①

二是唐丞相武元衡之父武就②。武就被贬郴县县尉和句容县丞时，因"二地有南岳三茅，灵仙遗迹，于是浩然自得，以道为徒，方解缨绂，以畅天理。且曰：'穷与通，在吾灵龟耳，外物其如予何？'"③

郴州苏仙岭因苏耽升仙故事闻名，上有仙坛享祀已久，故有幸添列道教"洞天福地"。自唐开元二十九年（741）郴州刺史孙会奉诏修祠以来，苏仙岭声望渐隆，杜甫、元结、沈佺期、沈彬等著名诗人纷纷"慕仙"而来，留下诗词佳作，随后排位逐渐靠前，最终定位于"天下第十八福地"。其过程如下：

唐代茅山道第十二代宗师、著名学者司马承祯考订的《天地宫府图》，所列七十二个道教福地，马岭山④排位第二十一。到北宋，《天地宫府图》收入张君房编撰的道书《云笈七签》。

唐末五代名道杜光庭编撰的《洞天福地岳渎名山记》，将马岭山提升为第十九位。

北宋皇祐二年（1050）李思聪向宋仁宗进呈著作《洞渊集》，该书卷四"天下名山七十二福地"，将苏仙岭排为第十八位，记云："第十八福地马岭山，在郴州。"此后，北宋哲宗敕封苏耽为"冲素真人"，再经南宋高宗、宁宗、理宗加封为"冲素普应静惠昭德真人"。李思聪之后没有人再进行排序，苏仙岭从此享誉"天下第十八福地"。此时，"郴山峨峨水溅溅，清淑之气钟神仙"⑤ 已成天下共识。

2. 留"仙"之名

"仙境"欲流芳百世，就要广而告之，树立永久标志。高大、醒目的牌坊便是首选，用以警示初登仙境者，需心存敬畏，不做他想。

明崇祯十年（1637）四月初十日，徐霞客游苏仙岭后，在其《徐霞客游记·楚游日记》中写道："入山即有穹碑，书'天下第十八福地'。"值得指出的是：此时郴州城中苏仙宅（橘井处）亦有明嘉靖间兵宪滕谧所书"天下第十八福地"牌坊，可见儒家政客热衷于扩展"福地"概念，牌坊早已不单立于道教典籍认定的仙山。遗憾的是，这两座牌坊今已不存。据张式成考证，"太平天国

---

① 杜光庭：《仙传拾遗》，载李昉等编《太平广记》卷四十三"神仙"，团结出版社，1994年，第173页。

② 武就，字广成，河南缑氏人，武甄之子。生卒年均不详，约唐代宗大历中前后在世。官殿中侍御史。以子元衡贵，追赠吏部侍郎。著有文集五卷，《新唐书·艺文志》行于世。

③ 董诰等编：《全唐文·4》，山西教育出版社，2002年，第2665页。

④ 马岭山即苏仙岭，因有人见苏耽于此山乘白马而得名。

⑤ 李泰发：《灵寿杖歌》，载王象之编著，赵一生点校《舆地纪胜》卷五十七，浙江古籍出版社，2012年，第1556页。李泰发即李光，著有《庄简集》。

军攻进郴州时，苏仙岭山麓'天下第十八福地'石碑被毁"①。改革开放后，苏仙岭拓为城市公园，人文景观建设充分考虑了文献依据，一座高大的牌楼矗立山门，上书"天下第十八福地"，延续了自唐以来千余年的"福地"文化记忆。但是，2013年3月27日，因建设苏仙福地广场，这座牌楼又被拆除。

"天下第十八福地"地标式建筑已不可见，另一处"天下第十八"还存在着，这就是位于郴州市郊坳上镇田家湾村的"天下第十八泉"。此泉又号圆泉，据说茶圣陆羽遍尝天下水，将适合煎茶的水排了个队，圆泉因水质甘甜，恰好又排在"天下第十八"。圆泉旁石壁上有南宋郴州知军万俟倡（1218年）镌题"天下第十八泉"，此石刻历时八百年，从未遭到破坏。不知此"十八"是否同样出于对郴民的厚爱？人们渐渐淡忘了真人修仙所在，单单记住了避世隐居、健康长寿、风景绝佳、气候宜人之福地，于是"天下第十八福地"渐渐扩充至整个城区。

唐代文学家刘禹锡于郴留下佳句"山不在高，有仙则名。水不在深，有龙则灵"，已顺势将仙灵崇拜转移至福地情怀。"山不在高，有仙则名，非仙以山名，山以仙名也。山非仙不名，仙非人不祀，兹山得仙而名益彰。"② 这篇出自《（民国）汝城县志》的《三仙庙记》深刻解读了山、仙、人的辩证关系：仙，是山得名的文化要素，然而仙又需有人奉祀，山与仙才能相得益彰。

郴州人呼山为仙，以"仙"为山名、水名、桥名、地名……拥"仙"无数。据笔者不完全统计，扣除现代因素，以人口数量计算"人均拥仙地名"，郴州为全国第一。然而，绝大多数"仙"，早已无人奉祀，早已不知渊源，只是空留山名。

看见山，想不起仙，却能想起仙境。在众多历史文化名人的追捧下，"仙境"名过其实，最终只留下文化符号，于是世人从此不再迷恋仙人——这也是超脱世俗的升华。

二、承认现实，重塑信仰

在相当长一段历史时期里，"巫"俗及其裹挟的"仙、佛"文化习俗传承日久，已成为政治现实。于是，一部分觉醒者既秉持现实主义态度，承认其合理性；同时，亦剥离其信仰，予以理性重塑。

（一）橘井治疫不治病——医家重塑"橘井"信仰

"橘井泉香"是一个源于苏仙预测瘟疫，及防疫预案"橘叶井水，一叶一勺

---

① 张式成：《郴州为何敢称"天下第十八福地"》，《郴州日报》2011年11月14日。

② 李宗：《三仙庙记》，载《（民国）汝城县志》卷三十四"杂志·方外"，汝城县史志办标点重刊本，2015年，第652页。

愈一人"得到神奇验证的传说，此传说实际没有任何病例印证，早已受到医家质疑。然而，奇怪的是，"记医以橘井、以杏林"传承已久——这就是医家剥离神话信俗，重塑医林信仰的鲜明实例。

"橘叶、井水"并非灵丹妙药，这是医林共识。如明代医家郑文康有诗驳道："橘叶青青橘柚黄，药垆茶灶尽生光。宽衣大袖秋香里，一卷灵枢不下堂。自古神仙事渺茫，郴州橘井渐遗忘。家传只用君臣药，不惯单行施疗方。"① 然而其《橘泉辩》却记录了一段相互矛盾的辩白：

> 苏耽将仙，告母曰："后二年郴人大疫，宜植橘凿井，使病者食橘一叶饮水一盏自愈"，后其言果验。客有问者曰："橘叶井水果可疗疾乎？"予曰："橘叶不入药，井泉止消渴解热毒，谓能疗疾恐未可也。""然则橘泉果不可疗疾乎？"予曰："苏公往事具载史册，谓不能疗疾亦未可也。""二者曷从乎？"予曰："有理在。"曰："何如？"曰："橘叶井泉不能疗疾或能疗疫耳？"客曰："以子之言，神仙果无乎？"予曰："恶是何言也？耽之明效，步验天下。后世无有议其诬者，未敢必其无也。""然则神仙又有乎？"予曰："昔有深嗜酷好之者，至寝食卒无所遇，文成五利，皆以诈诛。未敢必其有也？""二者曷从乎？"予曰："有理在。"曰："何如？"曰："孟轲所谓尽信书则不如无书也。"客意不解，务欲毕其说。予口吃不能为，辞长洲有赵叔仁者隐居锦溪之上，为时良医，尝以"橘泉"自号，必达神仙施疗之旨，宜从而问焉。②

郑文康一方面从药理角度分析橘叶井水"疗疾恐未可"，另一方面从文化信仰的角度阐释"或能疗疫"。"疗疾恐未可"，则未必有神仙；"或能疗疫"，则或许有神仙——两者都"有理在"。既然不可疗疾，又怎么可以疗疫？郑文康的辩证法似乎含混着"白马非马"的诡辩，让人摸不着头脑。最后，郑文康引出一位以"橘泉"为号的名医赵叔仁③说："你去问问他是怎么想的。"

由于史料缺失，我们不知道"橘泉先生"赵叔仁是怎样回答的。不过，明代"记医以橘井"已成为时尚，还能找到别的"橘井"或"橘泉"先生。

---

① 郑文康撰：《平桥藁》卷三《题邵启南橘轩》，载《四库全书·1246·平桥藁》，台湾商务印书馆影印重刊，第550页。

② 郑文康撰：《平桥藁》卷十八《题邵启南橘轩》，载《四库全书·1246·平桥藁》，台湾商务印书馆影印重刊，第672页。

③ 马一平主编《昆山历代医家录》载："赵叔仁，号'橘泉'。明初、中叶长洲（今吴县）人。生卒年月不详，约景泰元年（1450）前后在世。隐居锦溪，为时良医。"（中医古籍出版社，1997年，第41页）

　　刘球，这位耿直名士在其《橘井记》① 中讲述了这样一位名医。诸暨医官马仕勉仰慕苏耽，因此自号"橘井"先生，他每次去京城都会在交通要道租房摆药，凡遇人看病，便欣然诊脉，然后说出病因，对症下药，服药者无不立愈。由此，马仕勉名声越来越大，宅前车水马龙、络绎不绝，甚至皇宫内府也请他看病。他回到家乡或出外游方也与到京城一样，施于病人的多，收入的少。刘球评论道："仕勉之能耽，吾亦不得而知也，然其以药之活人也，庶几乎'橘井'焉？其诚有慕耽之德，善者钦？不然，何以有'橘井'之号也？大抵士患不古慕耳，慕乎古者，必有以超乎今而志与古人相追逐矣。是故颜氏慕舜，而仁与舜期。孟氏慕孔，而圣与孔亚。司马氏慕蔺，而召与蔺齐。仕勉之'橘井'所以慕乎耽也，慕耽不已，将日累善蓄德以冀及之德善。"可见，追慕仙医，必然成为名医大德，这就是"橘井"作为医林信仰的励志功效。

　　又如明代医家张宁② 为"橘井粉丝"青年医生邰汝济作《橘泉序》说，"汉苏耽仙去……其事怪诞不经，不见于史传。后世医者率慕，乐之以其用力简而济人多也。"并推测苏耽或已查明瘟疫流行的原因："余闻天之六气，因地而笃，故饥劳之处，必有大疫。虽邻州切地不相通也，古人治疫有处一方而尽愈一境者，近世疫病交加亦有饮冷就凉而自愈者。橘叶味苦经寒，日深井泉潴蓄阴冽，岂耽实有所见，审察致疫之原而预立一防钦？不然其事何独见于一年一郡而此后遂不复闻？"橘叶井水正好对症，但此疫病并没有再次出现，故而后世不再听说此方有效。因此，"医者诚能察橘叶井泉之足以治疫，而使病者于当服之药一如叶泉之易取，而众资之则所济也必博。何必遍试诸方而曲求神怪也，余凡遇医以耽事自号者，常以此说正之。"以此可知"橘井"赋予中医的信条是：治病救人，务求实效；简便易行，节省花费。

　　清代医家黄凯钧著《橘旁杂论》上卷解释道："医者，意也。其术不尽于药石，故古人有泥丸蓑草，可以济人之语。苏耽橘井，食叶饮泉即愈，岂专药石也？此在医者有恒，能真心济世，不逐声利之间，则虽祝由，可以已病。以我正气，却彼邪气，德行所积，随施随验，固非常理可测。若只专计刀锥之利，己心不正，安能却邪？虽已试之方，珍异之药，或未必能有神明助乎？其间非可揆之

<hr>

　　① 刘球：《两溪文集》卷六"橘井记"，载《四库全书·1243·两溪文集》，台湾商务印书馆影印重刊，第485页。

　　② 张宁：《方洲集》卷十六"橘泉序"，载《四库全书·1247·方洲集》，台湾商务印书馆影印重刊，第410页。张宁，字靖之，号方洲，浙江海盐人。景泰五年（1454）进士，授礼科给事中。丰采甚著，与岳正齐名，英宗尝称为"我张宁"云。成化中出知汀州，先教后刑，境内利病悉罢行之。后为大臣所忌，弃官归，公卿交荐，不起。能诗画、善书法，著有《方洲集》等。

为妄语也！"① 此番说解，将"苏耽橘井"的神奇疗效归根于医德，若有医德必有神明相助，神话信俗亦由此轻松转变为医林信仰。

上文提到的"祝由"为古代医学重要组成部分，即用意念为人治病（现代医学称"心理治疗"）。《黄帝内经·素问·移精变气论篇第十三》始见此术："黄帝曰：余闻古之治病，惟其移精变气，可祝由而已。"王冰注云"祝说病由，不劳针石而已"。丹波元简《灵枢识》卷五云："吴鞠通曰……祝，告也。由，病之所从出也。……祝由，详告以病之所有来，使病人知之，而不敢再犯。又必细体变风变雅，曲察劳人思妇之隐情，婉言以开导之，庄严以振惊之，危言以悚惧之，必使之心悦诚服，尔后可以奏效入神。"欲使"祝由"术生效，医家必须道德高尚，心无旁骛，病人产生信赖感之后，一语道破病因，从根本上疏解"七情"所伤疾病。

其实橘井"不能疗疾或能疗疫"，这种既反对又赞成的说法并不矛盾，两者都"有理在"。所谓巫医同源，药物治疗与心理治疗并重，就是对"橘井"信仰的完美解释。经历过 2020 年初的"新冠肺炎"疫情，我们知道控制疫病传播不只是治愈疾病那么简单，还要应对严重的社会危机，需要对社会人群进行心理"防疫"。迅速建成的传染病防治医院以"火神山""雷神山"命名，或许体现了橘井"不能疗疾或能疗疫"之心理疗法。

（二）圣人合德役鬼神——儒家重塑"理学"信仰

上文中介绍了儒家执政者秉持"敬鬼神而远之"的政治理念，以道德人心为己任，对仙佛文化既非议又传承，亦有脱离其本意升华为文化精神等种种举措，在此不再复述，仅讨论儒家自身信仰。"敬鬼神而远之"，实际上并未表明态度，"鬼神"到底有没有，自己到底信不信，以此含糊态度，难免"敬而不远"，裹挟其中。以郴州为例：俗传"九仙二佛三神"尽出于汉、唐，地方官员多半深信不疑，罕见非议。其中，汉代甚至出现"张熹自焚求雨"之案例，迷信至极。宋及以后非议渐多，对待仙佛态度也日趋理性，这得益于儒家"理学"一脉致力于以"圣人"代替"鬼神"信仰。追根溯源，则归根于理学鼻祖周敦颐（字茂叔，号濂溪），他在郴州、桂阳（今汝城）任县令的前后六年（1047—1053）里，著述了《太极图说》，奠定了理学根基。

1. 被理学代替的鬼神信仰

从理学鼻祖周敦颐留下的著作来看，他罕言"鬼神"，亦未否定其存在。《太极图说》唯一提及"鬼神"之处，现辑录如下：

---

① 黄凯钧著：《友渔斋医话》第二种"橘旁杂论上卷·医不尽药石"，载郑金生主编《药学通论总部·人物典制总部》，巴蜀书社，2013 年，第 115 页。

无极而太极。太极动而生阳，动极而静，静而生阴，静极复动。一动一静，互为其根。分阴分阳，两仪立焉。阳变阴合，而生水火木金土。五气顺布，四时行焉。五行一阴阳也，阴阳一太极也，太极本无极也。五行之生也，各一其性。无极之真，二五之精，妙合而凝。乾道成男，坤道成女。二气交感，化生万物。万物生生而变化无穷焉。

唯人也得其秀而最灵。形既生矣，神发知矣。五性感动而善恶分，万事出矣。圣人定之以中正仁义而主静，立人极焉。故圣人"与天地合其德，日月合其明，四时合其序，鬼神合其吉凶"，君子修之吉，小人悖之凶。故曰："立天之道，曰阴与阳。立地之道，曰柔与刚。立人之道，曰仁与义。"又曰："原始反终，故知死生之说。"大哉易也，斯其至矣！①

其中"圣人与天地合其德，日月合其明，四时合其序，鬼神合其吉凶"源自《周易·乾卦》。即先秦儒家已有此观念："鬼神"并非终极信仰，其上还有"四时""日月""天地"，鬼神只是能卜人事"吉凶"，圣人却能与"四时""日月""天地"合德。故学做圣人，自然万事大吉，不需向鬼神祈福。周敦颐依此阐发，圣人立人之极（即儒家所言"至善"），所法自然亦有一极，可称"太极"。太极统揽天地万物之理，是"理"之总名。"太极"先动后静，分阴阳两仪之理；两仪有变有合，衍"金、木、水、火、土"五行生克之理；五行妙合而凝，生万物之理。其中人为万物之灵，生而独具太极、阴阳、五行演化之妙。只要阐发本心，"定之以中正仁义"，则学"圣"可成。树立"圣人"信仰，虽不足以影响社会所有阶层、代替仙佛教化的全部"隐功"，至少儒士有理可依，并据此"和而不同"，不至于裹挟鬼神信仰中。

"鬼神"纳入"理学"范畴解释之后，便逐渐失去人格特征，化为一"理"或一"气"。如宋代陈淳著《北溪字义》引程子言："鬼神者，造化之迹也。"引张子曰："鬼神者，二气之良能也，"并释道："造化之迹，以阴阳流行著见于天地间者言之。良能，言二气之往来，是自然能如此。大抵鬼神只是阴阳二气之屈伸往来。"②朱熹说得更为详细："鬼神不过阴阳消长而已。亭毒化育，风雨晦冥，皆是。在人则精是魄，魄者鬼之盛也；气是魂，魂者神之盛也。精气聚而为

---

① 周敦颐著，梁绍辉、徐苏铭等点校：《周敦颐集》卷一"遗书·太极图说"，岳麓书社，2007 年，第 5—8 页。

② 陈淳著：《北溪字义》，中华书局，1985 年，第 55 页。

物，何物而无鬼神！"① 将鬼神虚化为阴阳二气，仍需维系"敬鬼神而远之"的儒家祭统，仍需维护"慎终追远，民德归厚"的道德教化功能。如朱熹又说："如子祭祖先，以气类而求。以我之气感召，便是祖先之气，如祭之如在，此感通之理也。"②

至于那些似有似无的灵验故事，有些理学家解释道，鬼神灵不灵，关键在人心，"有其诚则有其神，无其诚则无其神"③。如《北溪字义》指出："本人心自灵，人心自极其诚敬则精神聚，所占之事自有脉络相关，便自然感应，吉凶毫发不差，只缘都是一理一气故耳。所谓'齐戒以神明其德夫'，即此意。"也有些理学家认为"鬼神灵不灵"与地理有关，如邓典谟所辑《（民国）宜章县志》卷二十五"祠祀"引："《朱子语录》载：'先生每见世俗神庙可怪事，必问其地形势如何。'何文简④《余冬序录》云：'庙食之神有至灵者，先正谓其积久亦散，岂亦有气数欤。民间神庙灵者，只是人心归向，人心一移，灵响随息。其在乡村占岩险处多灵，平地反是。有同是一庙，同是一神名，相去里余，而灵不灵异者，此地气所致，地之气固不能无衰竭时也。持论名通可以知鬼神之情状矣。'"

理学发展，使得鬼神因地而灵之"风水"信仰日益盛行，并逐渐代替神灵。在西方矿物学未引进中国之前，各类矿物乃"神灵感应，水土所生"之说占据了主流地位。于是，开矿得罪神灵见载于南朝任昉《述异记》："桂阳郡有银井，凿之转深。汉有村人焦先，于半道见三老人，遍身皓白，云：'逐我太苦，今往他所。'先知是怪，以刀斫之，三翁各以杖受刀。忽不见，视其断杖是银，其后井遂不生银也。"⑤ 其中明代谭文献有诗《土富银井》："嵯峨土富凤钟灵，古井漫漫产白银。罢贡无劳供国赋，逢仙曾为济生民。天藏似倩云重锁，地禁如令虎自巡。独有三翁遗韵在，至今贪鄙悉归淳。"⑥ 颂扬神灵的劝戒之功。但《土富银井》除了史料记载，早已不见民间流传，此类传说亦不见第二例。这是因为"风水堪舆术"流行约千年，各类土地神灵已悄悄隐退。理学不相信人格神灵，却相信水土与人类有着默契联系，开矿挖断水土脉络之后，灾难不仅会降临于采矿者，而且会降临于生活在这方水土的整个族群。此说可见清康熙初郴州举人喻国人提出的"锡坑十害说"，该说以"风水龙脉"起论，涉及粮食、农业生产、民俗风尚、社会稳定、自然环境与疾病安全等重要问题，乃"风水"理论之科

① 黎靖德编：《朱子语类·一》卷三"鬼神"，岳麓书社，1997年，第30页。

② 黎靖德编：《朱子语类·一》卷三"鬼神"，岳麓书社，1997年，第47页。

③ 陈淳著：《北溪字义》，中华书局，1985年。

④ "文简"即何孟春谥号。何孟春，字子元，湖南郴州人。官至明工部、吏部侍郎。

⑤ 任昉：《述异记》，载《百子全书·5》，岳麓书社，1993年，第4376页。

⑥ 谭文献：《土富银井》，载《日本藏中国罕见地方志丛刊·（嘉靖）湖广图经志书》第二册，书目文献出版社，1991年，第1224页。

学代表："郴界在岭表，山多田少。一岁之收不足供一岁之食。今增万千之夫役，则增万千之口粮。米价腾贵，穷民奚堪。害一。煎淘恶水，一入田畴，竟成废壤。不但衣食无资，并国赋何办？害二。穿求砂苗，深入无底，举数十里之屋庐坟墓，皆有崩裂之虞，害三。炉炭无出，即砍人禁山而不惜，伐人冢树而莫顾，居民风水悉遭败坏，害四……恶水一出，数十里沟涧溪河皆成秽浊，民间饮之，辄生疾病，害七。河道半被泥沙壅滞，时为迁改。乡人恐坏田苗，拼命力争，屡致争斗，害八。万山环聚，厉气本深，更加掘发瘴雨岚烟，染者多疫，害九……"①

2. 郴州仙佛文化与周敦颐开创宋明理学的隐约关系

据考证较为翔实的许毓峰撰《宋周濂溪先生惇颐年谱》记载，周敦颐于宋仁宗庆历七年至宋仁宗皇祐元年（1047—1049）任郴县县令（时年 31—33 岁），于宋仁宗皇祐二年至皇祐五年（1050—1053）任桂阳县令（时年 34—37 岁）。此六年，也是他首次担任地方主官，负责一地之教化。此时又有二程前往求学，所作《太极图说》因二程得传。明代诗人王立道有诗云："郴民今日总魁奇，可信昌黎爱廖师。更有濂溪能化俗，郡中为访种莲池。"② 以常理度之，"濂溪"能化俗，俗亦能化"濂溪"。郴州仙佛文化之盛，应对周敦颐开创理学构成影响，无奈史料奇缺，只能提供隐约线索，以期详考：

（1）鱼绛山神与周敦颐书堂

鱼绛（本鲦，或作"降"）山，在今柿竹园东坡村附近，距郴州市城区约二十公里。鱼绛山风景奇美，旧时有瀑布飞流直击巨大圆石，如万雷发地，故号"鱼绛飞雷"，为"郴阳八景"之一。圆石砥柱将激流一分为二，似倾珠碎玉，尽泻于碧玻璃般的大、小二水潭。鱼绛山既"奇"且"神"，相传柳毅自石投潭，赴洞庭传书，乡民因此建庙。鱼绛山自宋闻名，宋元丰八年（1085）郴州酒税张舜民《游鱼绛山记》赞曰"类华山之阴，而沃润过之"③，宋景定四年（1263）郴州知军王槠《游鱼绛山记》誉为"郴阳第一境"④，后因祈雨有验作《鱼绛迎送神词》称其"山水雄深，知其必能徼福于吾州也"⑤。除游山祈雨外，

<hr>

① 朱偓、陈昭谋修纂：《（嘉庆）郴州总志》卷十九"矿厂"，载《湖湘文库·（嘉庆）郴州总志》第 2 册，岳麓书社，2010 年，第 372 页。

② 王立道撰：《具茨集》卷五，载《四库全书·1277·具茨集》，台湾商务印书馆影印重刊，第 718 页。

③ 旧志亦载秦少游有此语，乃传抄之误。此前此语实出张舜民《游鱼绛山记》，辑入《日本藏中国罕见地方志丛刊·（嘉靖）湖广图经志书》第二册卷十四"郴州"，书目文献出版社，1991 年，第 1236 页。以下简称张舜民游记，皆见此注。

④ 王槠：《游鱼绛山记》，载陈礼恒点校《（万历）郴州志校注》，中州古籍出版社，2017 年，第 130 页。以下简称王槠游记，皆见此注。

⑤ 王槠：《鱼绛迎送神词》，载汤华泉辑撰《全宋诗辑补》第 6 册，黄山书社，2016 年，第 2591 页。

文献记载理学鼻祖周敦颐作书堂于此，更添神奇。

宋刻本《濂溪先生周元公年表》未记周敦颐"作书堂于鱼绛山,"① 王晚霞校注《〈濂溪志〉八种汇编》综合相关史料将此条系于庆历七年（1047）。②《（康熙）郴州总志》《（嘉庆）郴州总志》《广湖南考古略》等文献"鱼绛山"条目均有"周敦颐书堂"相关记载，唯见《大清一统志·郴州》引援出处："鱼绛山在州东三十里。《郴阳图经》：白水出其南，碧崖银瀑大似匡山香庐峰，周茂叔书堂在焉。"③《郴阳图经》已佚，而从元代改"郴县"为"郴阳县"判断，该书可能著于元代。追溯更早记录，南宋郴州知军王櫶所作《郴州白水奇清图》④ 或见端倪。

《郴州白水奇清图》已佚，依《郴阳图经》"白水出其南"解释，所绘即鱼绛山瀑布。与此不同，明《（万历）郴州志》记载"白水在州东十五里，泉出黄相山顶"⑤，后人凭此认定《郴州白水奇清图》画的是"相山瀑布"（今白水电站处）。然而，宋湖南提点刑狱高斯得《题王茂悦〈郴州白水奇清图〉》中"霹雳起神物，赑屃擘巨灵"形容瀑布如霹雳惊醒潭中神龙，瀑下圆石如神龟托起河神柳毅，契合鱼绛山传说，而相山瀑布却无传说点缀。"千穗落晓镜，万仞垂天绅"之句正好对应鱼绛山瀑布坠落水潭时的美景，而相山瀑布却无水潭。因此，宋元时鱼绛山瀑布注入"白水"无疑。关键一句"清风濂溪像，古柏文翁庭。从容讲道要，宛转余诗情"，不是高斯得对画家的赞誉，而是画中周敦颐的讲学场景。而蒲寿宬《书会溪郴阳瀑布图》"山椒斫寒翠，涧曲披玄图"⑥ 一句，"玄图"即指"太极图"——这幅山水人物长卷或许是"周敦颐讲学鱼绛山"的最早图证。

（2）鱼绛山瑶民与书堂教化

周敦颐雅好山水、尤爱溪涧，人称"穷禅客"，但鱼绛山人烟稀少、道路绝险，往返需一整天。他抛开公务，在荒僻之处建书堂讲学又有谁听呢？长期以来，这些合理怀疑难以消除。其实，考察背景史料，就能合理解答。

庆历三年（1043）桂阳监瑶民叛乱，朝廷发兵征讨，至六年（1046）瘴疠流行，官兵寸功未建。是年冬，周敦颐调任郴县县令。七年（1047）大旱，赤地

---

① 度正编，吴洪泽点校：《宋人年谱丛刊·濂溪先生周元公年表》等未见记载。

② 王晚霞校注：《濂溪志（八种汇编）》，湖南大学出版社，2013年，第15页。引（明）胥从化《濂溪志》"七年丁亥，作书堂于郴之鱼绛山"。

③ 和珅修编：《钦定大清一统志》卷二百八十八"郴州"，第6页。

④ 高斯得有诗《题王茂悦〈郴州白水奇清图〉》赞之，载《耻堂存稿·2》卷六，商务印书馆，1935年，第116页。

⑤ 陈礼恒点校：《（万历）郴州志校注》卷七"提封志下·水"，中州古籍出版社，2017年，第147页。

⑥ 载《全宋诗》卷二百六十八。

千里，宋仁宗下罪己诏，诏修神庙。《宋会要》载："庆历七年三月二十三日，诏：'诸处神庙不得擅行毁拆，内系祀典者如有损坏去处，令与修整。'"[1] 是年冬，瑶族首领唐和等五人归顺，被封为峒主，瑶乱自此平息。

东坡一带自古瑶民聚居，今有地名"瑶山"。《（光绪）郴州直隶州乡土志·人类》载："东坡在州东四十五里，盘、赵、黄三姓瑶民七十一户，约二百四十六口。嘉庆间，设瑶总赵有德约束，今皆循分守法，不立峒长名目。"[2] 鱼绛山处于郴州进出瑶山关口，山中神庙维系着汉瑶两族共同的民间信仰。王橚游记称此庙有屋数楹，一百多年前张舜民游记则称有屋十数楹，可见盛时规模不小。庆历七年大旱，有诏修庙，县令周敦颐必至。况且瑶乱未平，建书堂借神道施教很有必要。是年冬，瑶族首领主动归顺，书堂教化之功不可忽视。另一奇功，便是感动上级李初平。

李之亮著《宋两湖大郡守臣易替考》将李初平知郴时间系于庆历六年至八年（1046—1048），而后又知衡阳。朱熹编程颐《伊川语录》载"尝见李初平问周茂叔云：'某欲读书如何？'茂叔曰：'公老矣，无及也，待某只说与公。'初平遂听说话，二年乃觉悟。"[3] 这条亲见笔录，是学界认定程颢、程颐兄弟游学郴县的铁证，因此民国学者许毓峰将周敦颐作《太极图》《通书》并传二程尽系于郴县任上。[4] 教上级读书，于史罕见先例，如以鱼绛山作书堂教化瑶民为引，则不突兀。而后李初平与通判陈藻合力捐建州学，获朝廷嘉奖赐钱三十万，陈藻升任知州后州学于皇祐五年（1053）建成[5]——这未尝不是周敦颐"首修学校以教人"影响数任知州的教化例证。

（3）鱼绛山瀑布与"太极"本意

理学鼻祖周敦颐所作《太极图》被誉为"中华第一图"，地位极高。因此各地涌现出不少周敦颐悟太极的传说，既添游兴，也引导哲思。相传周敦颐十三岁时因观家乡道县月岩石洞圆缺不同而悟"太极"，又传二程求学归来见汝城予乐湾形似"太极"阴阳鱼曲线顿时感悟。不过，这些开悟传闻与周敦颐太极图本义相去甚远。人们熟知的黑白阴阳鱼"太极图"最早见于明初赵㧑谦所作"天地自然河图"，义为"阴阳相含"。而表现太极混沌、阴阳未判，只能画上一个

---

① 刘琳、刁忠民、舒大刚点校：《宋会要辑稿2》，上海古籍出版社，2014年，第1201页。

② 查庆绥编纂，陈礼恒校注：《郴州直隶州乡土志校注》卷上"人类"，郴州市瀚天云静文化发展有限公司（内部资料），2020年，第52页。

③ 载《四部备要·第56册·二程全书》，中华书局，1989年，第283页。

④ 许毓峰撰：《周濂溪年谱》，载《宋人年谱丛刊》第二册，四川大学出版社，2002年，第1546-1559页。

⑤ 祖无择：《郴州学记》，辑入《日本藏中国罕见地方志丛刊·（嘉靖）湖广图经志书》第二册卷十四"郴州"，书目文献出版社，1991年，第1231页。

圈。周敦颐对"太极"圈演化的解释是"太极动而生阳，动极而静，静而生阴"，太极先动后静，颇似近代宇宙大爆炸生成学说。显然，月岩远近高低各不同和予乐湾"S"形曲线无助于理解太极图。

周敦颐参"先天地偈"而悟"太极"是传承有序的说法之一。[①] 南宋晁公武所撰《郡斋读书志》，其中记载："景迁云：'胡武平、周茂叔同师润州鹤林寺僧寿涯。其后武平传其学于家，茂叔则授二程。'"[②] 清初黄宗炎在《图书辨惑》中更加详细地指出："茂叔又得先天地之偈于寿涯。"黄宗炎侄子黄百家进一步说："晁氏谓元公师事鹤林寺僧寿涯而得'有物先天地，无形本寂寥，能为万象主，不逐四时凋'之偈。"[③] 随后罗钦顺说："（先天地偈）此高禅所作也。自吾儒观之，昭然太极之义。"[④]"先天地偈"创自南朝傅翕，至宋代成为禅宗反复参悟的"话头"，其中的主题便是探讨有什么"物"。如杨岐方会说："道是什么物。还识得么？若识得，乾坤大地森罗洞明；若也不识，被物拶着转身不得。"[⑤] 云庵真净说："好个颂，却成两橛。"[⑥] 清代基督教对此偈也有兴趣，于是把"先天地者"说成"天主"，如《明末清初耶稣会文献》第九部分说："夫有物先天地，无形本寂寥，此天主无始之义。赋人以灵性亦从寂寥中赋之，但天主无始而人有始也。能为万象主，不逐四时凋，此人之灵性，亦与天主同无终也。"显然，"先天地偈"难以跳出"有什么物"的纠缠，不参透动静便难以悟"太极"。

明代朱时恩《居士分灯录·卷下》载周敦颐自述："吾此妙心，实启迪于黄龙（佛教临济宗黄龙派）。"又载黄龙派二代东林常总、晦堂祖心、云庵真净等与其共结青松社。此时代，黄龙派三代郴州万寿念禅师作偈"往复无际，动静一源……于其中间，觅去来相而不可得。何故？自他心起，起处无踪；自我心忘，忘无灭迹。大众！若向这里会去，与天地而同根，共万物为一体"[⑦]，以"动静"说物源心迹，可见太极之妙。清代刘献廷《广阳杂记》载，"万寿念禅师之道场，在兴宁界（郴县与资兴交界）上之万寿山"[⑧]，离鱼绛山不远。

① 肖落落、曹海陵：《"先天地偈"启发〈太极图说〉辨》，《湘学研究》2018 年上辑（总第 11 辑），第 24—32 页。

② 晁公武编，孙猛校：《郡斋读书志校证（上册）》卷一，上海古籍出版社，1990 年，第 40 页。武平，胡安国之父；景迁，即晁说之，号景迂生，南宋"景迁学派"开创者。

③ 黄宗羲等：《宋元学案》卷十二"濂溪学案下"，中华书局，1986 年，第 523 页。

④ 黄宗羲著：《黄宗羲全集·第 16 册·明儒学案四》卷四十七"诸儒学案中一"，浙江古籍出版社，2012 年，第 1231 页。

⑤ 赜藏主编，吕有祥点校：《古尊宿语录》卷十九，中华书局，1994 年，第 363 页。

⑥ 赜藏主编，吕有祥点校：《古尊宿语录》卷十九，中华书局，1994 年，第 904 页。

⑦ 正受撰，秦瑜点校：《嘉泰普灯录·上》，上海古籍出版社，2014 年，第 204 页。

⑧ 刘献廷：《广阳杂记》，载王云五主编《丛书集成初编·2959·广阳杂记·2》，商务印书馆，1937 年，第 124 页。

太极初动，今谓之"宇宙大爆炸"，鱼绛山瀑布"水声激射，如万雷发地"可与比拟。动极而静，又见瀑布下二水潭，分阴分阳，如观两仪。历代诗人游此开悟之句不少，如宋代高斯得诗云"乃知出世事，须待开物人"，明代何孟春诗云"鬼划神剜出世寰，阳开阴阖有无间"。① 又，宋代张舜民称其地"使人毛骨皆悚"。对大自然心怀敬畏，可隔绝思虑，做到"静极"，这正是周敦颐《通书》强调的由"诚"入"圣"，所立人极。

第四节　余　论

仙佛文化的没落始于晚清放开国门，西学东渐。邓典谟所辑《（民国）宜章县志·宗教》评论道："佛老之教，自汉以来，时盛时衰，而莫衰于今日。清净寂灭之道，诚不适用于生存竞争之世。"② 显然，此观点出自清末思想家严复所译西洋学术名著《天演论》。又曰："凡宗教皆有迷信。中国教之与西方教，一神教之与多神教，入世与出世，奉上帝之与拜偶像，宗旨虽别，迷信一也。自非儒家者，流鲜克免此。夫神道设教在昔，圣哲以之觉世牖民，有深意焉。流及后世，则惑世诬民矣。古今中外各教，大旨在于忏罪祈福，皆足以砭愚订顽，辅政治之所不及，无庸轩轾，然门户主奴之见可除，而源流盛衰之迹不可以无纪也。"③ 邓典谟是马克思主义理论家、工人运动领袖邓中夏之父，同样深受马克思唯物主义无神论的影响，而以邓老先生恩科举人出身，又站在儒家道统立场称"自非儒家者，流鲜克免此"，使得此论述在同时代地方史志中别具一格。据邓典谟《（民国）宜章县志》记载，民国时僧侣无心持戒参禅，县内寺庙道观已彻底衰落："自清末变法兴学，多提庵产为学款，僧徒星散，寺观多倾圮。或改作校舍，或仅有住持僧一二人。夫佛教已届末法之运，道家亦有其鬼不神之忧。惟泰西天主教于民国九年（1920）在县城传教，设教堂两处，信徒已有八九十人，民教相安，传布渐盛。"④ 郴州所属各县依宜章情形推理，大体相似，不再引据。各县寺庙、道观作为公共建筑和公众活动场地为时代转型留下了难能可贵的资源，一是如《（民国）宜章县志》所言，绝大多数被改造成乡村新式学堂；二是成为革命活动场地。这些寺庙虽然衰败，但仍是公众的信仰，占据此地，仍有一

---

① 陈礼恒点校：《（万历）郴州志校注》卷六"提封志上·山"，中州古籍出版社，2017年，第130页。

② 邓典谟：《（民国）宜章县志》第二十六卷"宗教志"，《宜章县志续编》编纂委员会编辑部，2002年，第410页。

③ 邓典谟：《（民国）宜章县志》第二十六卷"宗教志"，《宜章县志续编》编纂委员会编辑部，2002年，第397页。

④ 邓典谟：《（民国）宜章县志》第二十六卷"宗教志"，《宜章县志续编》编纂委员会编辑部，2002年，第398页。

呼百应的效果。

"不恨仙人死，恨此明月非。徘徊复徘徊，目断青山矶"①，宋代诗人萧立之对仙佛文化的衰败似乎已有预见，那种感觉，"徘徊复徘徊"，说不清、道不明，转眼即成现实。如今，仙佛文化作为郴州独特的历史文化遗存，已获各级文物保护单位依法保护（如苏仙区桥口镇瓦窑坪村石佛寺石窟造像、安仁县关王乡义海寺塔林、永兴县城关镇观音岩寺已被列入省级文物保护单位，苏仙传说、临武傩戏已被列入国家级非物质文化遗产名录）。正如古人所论："神道设教，相沿既久，谁能废之？要之地僻心静，别有天地，不必琳宫梵宇始夸胜境，即竹院禅院曲径通幽，亦自有无穷雅趣焉。每夜永人寂，钟鸣磬响，流泉应答，山空月朗，俗虑一捐，至可悦也。"② 不论是否认同此种文化，亦不妨观瞻。时至今日，祈雨民俗中断近百年，龙王不司降雨，已无可恨之处。龙作为中华民族的神圣图腾，郴州人依旧喜爱它，逢年过节汝城依旧舞起香火龙，桂东接起板凳龙，桂阳耍起金瓜龙，临武石门龙洞一条石龙惟妙惟肖，引来游人驻足观看……这些轻松愉快的群众文娱活动远非"为稻粱谋"、或有验或无验的祈雨活动可以比拟的。

总之，随着社会变迁，本章拾掇前人议论，因其有着特殊语境和特定历史环境，只能作存史、研究之用，不足以资政、育人。

---

① 萧立之：《萧冰崖诗集拾遗·赋曾氏醉月亭》，载顾廷龙主编《续修四库全书·1321·集部·别集类》，上海古籍出版社，据明弘治十八年萧敏刻本影印，第 32 页。

② 朱偓、陈昭谋修纂：《（嘉庆）郴州总志》卷三十九"寺观志"，载《湖湘文库·（嘉庆）郴州总志》第 2 册，岳麓书社，2010 年，第 1013 页。

第三章　仙佛溯源

第一节　九　仙

九仙是指苏仙苏耽、成仙武丁、王仙王锡、廖仙法正、刘氏三仙（刘�、刘瞻、刘助）、范仙伯慈、唐仙道可。

一、苏仙苏耽

（一）苏仙传说

苏仙的故事有许多版本，流传于多个地域，常见于本土地方志及历代神仙传记之中。苏耽是否真有其人？笔者分析各种传说，可以这样认为：苏耽生活于西汉时期，母亲是便县（今永兴县）人，嫁到郴州后，父亲早逝。后来，苏耽成为民间草药医生，由于他治愈过许多疾病、医德高尚，得到人们的尊崇、怀念，久而久之被神化。随后晋代著名道学家、医学家葛洪将之辑入《神仙传》，奉为道教神仙，这是"苏仙传说"较为完整的最早记录。此后，各版本大致以《神仙传·苏仙公》为基础，对"苏仙传说"进行了更细致的扩充描写。

2014年11月，"苏仙传说"经国务院批准列入第四批国家级非物质文化遗产名录。"苏仙传说"地域特征显著，承载了独具特色的孝道、道教及中医文化寓意，影响深远，深受民众喜爱，至今在郴州民众中依然有活态传承。现将部分口述故事辑录如下：

吞丝成孕（陈平楚[①]讲述）

相传西汉惠帝年间，郴州城东南面有一座牛脾山，山下那条清澈的小河叫郴江。河边有一个不蛮大的村子，叫潘家湾；湾里住着一位美丽、善良、勤劳的潘姑娘。一天，潘姑娘正在郴江河边洗衣服，看见一条闪光的大红鲤鱼顺水游下来。她捉住鲤鱼，可鲤鱼突然变成一根金光闪闪的红丝线缠绕在她的手腕上，越缠越紧，挣也挣不脱。潘姑娘又急又怕，就用嘴去咬。刚一张口，红丝线就溜进口中，钻进肚子里。潘姑

---

① 陈平楚，男，65岁，文化程度：大专。2013年9月16日采集于苏仙岭桃花居。下文中未特别说明的，均源于"苏仙传说"非物质文化遗产申报材料。

娘没多久就怀崽了，她只好躲到桃花洞里生下了一个男婴。

鹤覆鹿哺（李小春①讲述）

为躲避别人的口舌，潘姑娘只得将婴儿丢弃在洞中。走时，她指天发誓："如果你命大，七天之后还活着，那就让你活。"到了第七天，潘姑娘急忙赶到桃花洞，看见一只美丽的白鹤正张开翅膀为婴儿保暖，一头健壮的母白鹿正在给婴儿喂奶。潘姑娘非常吃惊，这才将苦命的孩子紧紧搂在怀里。

取名苏耽（高丙坤②讲述）

按照中国传统习俗，孩子要跟爸爸姓，潘姑娘的孩子没有爸爸，也就一直没有姓名。细伢子长大上学，教书先生要给他取个名字。先生要他走出塾馆，让他将第一眼看到的景象告诉自己。细伢子刚走出门，就看见有一个人用禾草串鱼挂在树枝上，自己却枕着树根睡大觉。细伢子将所见情景告诉先生，先生说："禾草串鱼，是个'苏（蘇）'字；枕树而卧，是个'耽（躭）'字。你就姓苏名耽，叫苏耽吧。"从此，细伢子就叫苏耽。

苏耽寻母（王祥亮③讲述）

苏耽长大之后，苏母离开了白鹿洞（即桃花洞。因"鹤覆鹿哺"改名白鹿洞）。她走到许家洞陈家楼那里，又去了许家洞后面一个叫南岭仙的庵子。苏母在南岭仙住了一段时间后，很想苏耽，又下来找他。这时苏耽已经长大，也很想母亲，于是他来到卜里坪何家村。苏母正好在何家村观音庵住了一晚，当晚观音托梦说："你儿子会来找你。"第二天，苏耽挑着一担桃子路过何家村，因口渴进了观音庵，母子相遇，后人因此将"观音庵"改名为"遇娘庵"。

仙桃传奇（刘安民④讲述）

苏母病了好久，苏耽梦见仙人告诉他："桃石坡有仙桃，可以医治你母亲。只是仙物不能贪多，一而三、再而四、七颗就可以了。"第二天，苏耽果然找到了仙桃树，只是一时高兴，忘了仙人说的话，摘了满满一筐。背下山腰时，苏耽的脚绊在石头上摔了一跤，满筐仙桃到处乱滚。苏耽爬起来到处找，也就捡到七颗。苏母吃了七颗仙桃就好起来

---

① 李小春，女，50岁，文化程度：高中。2011年8月19日采集于南街社区。
② 高丙坤，男，62岁，文化程度：小学。2010年10月9日采集于高山背社区18号。
③ 王祥亮，男，64岁，文化程度：中专。2011年6月10日采集于苏仙区审计局家属区。
④ 刘安民，女，62岁，文化程度：高中。2012年8月12日采集于南岭山庄社区。

了。后来，那些落在山腰的仙桃全部化作了石头。

苏耽遇仙（许红[①]讲述）

苏耽在牛脾山上放牛，在山脚小桥边碰到一个仙人，仙人给了他一本医书。从此，苏耽边放牛边看医书。说也奇怪，别的小孩放的牛总是乱跑，管不好；而苏耽放的牛不用管，吃饱了自己会回来，他可以安心看书。不久，苏耽掌握了医术，经常为乡亲采药治病。后人将苏耽遇仙的这座小桥叫作"遇仙桥"。

湘潭逢舅（曹勇[②]讲述）

穷人的孩子早当家，苏耽从小就很懂事，很孝顺母亲。一次，潘氏生病想吃湘潭豆腐乳，但郴州城里没有。苏耽几个小时之后就弄来了一碗、香喷喷的湘潭豆腐乳。一个月后，苏耽的舅舅从湘潭过来，告诉潘氏一个月前曾在湘潭碰到苏耽。推算时间，正好是潘氏生病那一天。原来苏耽是从白鹿洞里走近路到了湘潭，几个小时就走了一个来回。当然，这条路凡人是走不通的。

跨鹤升天（年良瑞、李福义[③]讲述）

苏耽上山放牛，每天都有白鹿与白鹤陪他玩，它们还教他认识山上的各种草药。他不到十岁，就能用草药给人治病了。他用的药很灵，老百姓很敬佩他，大家特意在郴州城里盖了一间房子，把他们母子从洞里接出来居住。苏耽十三岁那年，他采药回来，突然跪在母亲面前说："儿仙道已成，即日便要升天。"母亲答道："娘早知道你不是凡胎，迟早是要走的，只是今后谁来帮老百姓治病呢？""小病不要紧，只是怕瘟疫。"苏耽指着屋前的水井与亲手种下的橘树说："如果发了瘟疫，就用这井水和橘叶熬水救人。"说完向母亲拜了三拜，转身向牛脾山走去。百姓听说苏耽要升天，都赶到牛脾山去挽留。他们远远望见苏耽在一块大石头上打坐，待他们走近山顶时，苏耽已跨上白鹤，升天而去。

望母云松（张华[④]讲述）

苏耽成仙时年龄还很小，总是想母亲，于是他经常偷偷下凡到苏仙岭顶上看自己的家，还忍不住流泪。苏仙岭山顶的青松都被感动了，松

---

① 许红，女，38岁，文化程度：大专。2012年8月16日采集于苏仙岭办事处。

② 曹勇，男，73岁，文化程度：小学。2011年3月10日采集于高山背文化宾馆家属区。

③ 年良瑞80岁，李福义70岁，原为苏仙庵尼姑。两人均为苏仙岭园林场（现已撤销）退休工人，故事采集于1986年。

④ 张华，男，60岁，文化程度：小学。2012年8月10日采集于卜里坪寻母冲。

枝都朝着西南方潘氏的家生长，于是后人取名"望母松"，其景称"苏岭云松"，为古"郴阳八景"之首。

橘井泉香（邓翠彩①讲述）

苏耽升仙的第二年，郴州真的爆发了瘟疫，来势迅猛，死了好多人。在此苦难中，乡亲们想起了苏耽，可苏耽已成仙升天去了，于是大家就来求苏母。苏母按照儿子的嘱咐，给每位患者井水一升、橘叶一片。病人吃后，很快就好了。后来，虽然讨橘叶、井水的人越来越多，但橘树上的叶子和井中泉水一点都没有少。原来，苏耽成仙后，仙气飘得到处都是，橘树吸收了仙气，有了灵性，每摘一叶，就会自长一叶；井水吸收了仙气，有了灵性，每舀一升，就会自涌一升。从此，"橘井泉香"这个典故就流传了下来。

苏母仙逝（邓永庭②讲述）

苏耽升天后，又过了很多年，邻居们一连七天都没看到苏母潘氏出门。有几个好心人就推开她家的大门前去看望，只见苏母端端正正地坐在床上，她已经过世了，脸上的表情就跟活着的时候一样。大家扳着手指一算，潘氏已经活了一百岁，于是上报桂阳郡太守。太守带领大家在橘井后面的山坡上给苏母修了一座大墓，竖起一块大碑，碑名叫"汉苏仙母潘氏元君之墓"，老百姓就叫它"苏母墓"。

在众多讲述者中，本书优先选择年龄较大、文化程度不高的讲述者，并注重选用说法较为相近的主流传说，以剔除当代文学加工成分和历史文献影响成分。分析以上口述，可以发现其与文献记载有一些明显的区别：

一是较贴近事实。苏耽是民间草药医生常常提起的民间故事人物，文献最早见载于《桂阳先贤传》"（苏耽）已种药著后园梅树下"，后来此说被湮灭，罕见记载。苏耽医术来源亦有二种说法，一为仙翁授以医书；二是苏母即草药医生，以毕生所学相授（此说仅见一例，讲述者为大专学历，疑有文学加工及推测成分，故未辑入）。苏耽成年后，乡民受其恩惠，助其母子在郴州城内购置住宅以便行医，此故事最早见于1986年年良瑞、李福义的口述，往后亦有传闻。

如文献中还有苏耽前往便县（今永兴）买鲊遇舅，和前往湘州（今长沙）买鲊遇舅的两个说法，而苏耽去湘潭买湘潭豆腐乳遇舅的说法却见多人讲述。

---

① 邓翠彩，女，70岁，文化程度：小学。2011年9月8日采集于南岭山庄。
② 邓永庭，男，82岁，文化程度：小学。2010年9月16日采集于卜里坪村三组。

鲊，是一种腌制的鱼，苏轼云："江南人好作盘游饭，鲊脯脍炙，无有不埋在饭中。[1] 郴州不见此俗，亦不见有此口语，故苏耽去湘潭买湘潭豆腐乳的说法更贴近事实。

二是有亲历感。苏仙传说在郴州流传久远，大多数讲述者都信仰苏仙，他们绘声绘色地讲述，且实地指证，"这里是白鹿洞，苏仙就出生在这里""这里是升仙石，苏仙在此飞升"，听者如同亲历。这也是冷冰冰的文献记载所不能给予人们的温度。

（二）文献记载及考释

苏仙传说最早见载于三国东吴左中郎张胜所著《桂阳先贤传》，流传至今约一千七百余年。本书通过对相关文献进行系统整理，发现苏仙传说有一个由简到繁的演变过程。演变过程详见下表：

苏耽传说演变表

文献名称	作者	产生时间	引书时间	身世	职业	治疫	养母	成仙①	成仙②	神迹1	神迹2	神迹3	神迹4	神迹5	神迹6	神迹7
《桂阳先贤传》（《艺文类聚》《太平御览》等引）	张胜	三国吴	唐、宋			种药梅下；一叶愈一人	卖药养母	众宾来招								
《桂阳列仙传》（《艺文类聚》《太平御览》等引）	不详	约西晋初	唐、宋	少孤		井水愈疾	卖水养母	宾客来招							耽乘白马	山中号哭
《神仙传》（《太平御览》《汉魏丛书》）	葛洪	东晋	宋、明	早丧	牧牛	橘叶井水	留柜（所需扣柜）	宾客来招	十鹤集庭	持龙竹杖	化鹤题诗	便县买鲊	半脸示人	化龙为桥	白马系林	山中号哭
《洞神传》（《太平广记》引、《云笈七签》作《洞仙传》内容与之相同）	见素子	南北朝梁、陈	宋			井水愈疾	留两盘，饮食扣小盘，钱帛扣大盘						湘州买虀			山中号哭

---

[1]　苏轼《仇池笔记》卷下"盘游饭谷董羹"载。

续表

文献名称	作者	产生时间	引书时间	身世	职业	治疫	养母	成仙	神迹
《南齐列仙传》（《古今图书集成》引）	江禄	约南北朝	清	早丧	牧牛	橘叶井水	留两盘，饮食扣小盘，钱帛扣大盘	仪卫降宅、便县买鲊	耽乘白马、山中号哭
《苏仙碑铭》	孙会	开元二十九年		无父	牧牛	橘井药田、橘井		王怀接旨	化龙为桥、白马系林、东山号哭
《元和郡国志》（《太平御览》引）	佚名	唐	宋		牧牛	井水愈疾、种药梅下、水药养母		宾客来招、骑龙鹿、买鲊献母	耽乘白马、东山号哭
《历世真仙体道通鉴》	赵道一	元		无父、触木成孕		橘叶井水	留柜（所需扣柜）	十鹤集庭、汉文帝三年升仙、骑龙鹿、化鹤题诗、买鲊献母	见郡守卢可、半脸示人、掷经为桥、东山号哭
《郴阳仙传》	崔岩	明		惠帝五年七月十五生、无父、吞萍成孕、鹤覆鹿哺、取名苏耽	牧牛	橘叶井水	留柜（所需扣柜）	仙侣接引、十鹤集庭、异人授术、文帝三年五月十五日升仙、牧牛自还、骑龙鹿、化鹤题诗、买鲊献母	见郡守张邈、半脸示人、仙桃化石、掷经为桥、白马系林、东山号哭
《苏仙碑》（《徐霞客游记》引）	袁子训	明	明	惠帝五年五月十五生、无父、吞萍成孕、鹤覆鹿哺、取名苏耽	牧牛	橘叶井水	留柜	文帝三年五月十五升仙、牧牛自还、买鲊献母	见郡守张邈

续表

文献名称	作者	产生时间	引书时间	身世				职业	治疫	养母	成仙				神迹							
《聊斋志异》	蒲松龄	清		无父	吞萍成孕	藏楼养之				留柜										高明图知郴		
《（嘉庆）郴州总志》	朱偓、陈昭谋	清	惠帝五年七月十五生	无父	吞萍成孕	鹤覆鹿哺	取名苏耽	牧牛	橘叶井水	留柜	仙侣接引	异人授术	文帝三年五月十五升仙	牧牛自还	骑龙鹿	化鹤题诗	买鲊献母	见郡守张邈	仙桃化石	掷经为桥	白马系林	东山号哭

1. 主要文献辑录

(1) 引自《桂阳先贤画赞》① 或《桂阳先贤传》

①《艺文类聚》卷六十五"产业部·上"引：

苏统尝除门庭，有众宾来，统告母曰："人招统去，已种药著后园梅树下，可治百疾。一叶愈一人，卖此药过足供养。"

②《太平御览》卷九百七十"果部·七"引：

有人谓苏统："后园梅树下种药，可治百病。"

(2) 引自《桂阳列仙传》

①北魏郦道元注、清代杨守敬疏《水经注疏》卷三十九引：

黄溪东有马岭山，高六百余丈，广圆四十许里。汉末，有郡民苏耽，栖游此山。

《桂阳列仙传》云："耽，郴县人。少孤，养母至孝。言语虚无，时人谓之痴。常与众儿共牧牛，更直为帅，录牛无散。每至耽为帅，牛

---

① 《桂阳先贤画赞》又名《桂阳先贤传》，是三国东吴左中郎将张胜所撰。在《艺文类聚》《太平御览》等书中皆有载。

辄徘徊左右，不逐自还。众儿曰：汝直，牛何道不走耶？耽曰：非汝曹所知。即面辞母云：受性应仙，当违供养。涕泗。年将大疫，死者略半，穿一井饮水，可得无恙。如是有哭声甚哀。后见耽，乘白马，还此山中，百姓为立坛祠，民安岁登，民因名为马岭山。"

②南北朝北齐后主高纬修《修文殿御览》引：

苏肮去山之后，忽有白鹤十数头，夜集郡东门上（一者曰"昼"），作书字言曰："城郭是，人民非，三百年当复遇。"成谓将耽乎？①

③《艺文类聚》卷九十"鸟部·上"引：

苏耽去后，忽有白鹤十数只，夜集郡东门楼上，一只口画作书字，言曰：是城郭，人民非，三百甲子当复归，咸谓是耽。

④《太平御览》卷九百六十"兽部·十八"引：

苏耽与众儿俱戏猎，常骑鹿，形虽如常鹿，遇险绝之地能超越。众儿问曰："何得此鹿异常鹿耶？"答曰："龙也。"

⑤《太平御览》卷一百八十九"居处部·十七"引：

苏耽启母曰："有宾客来会，耽受性当仙，今招耽去，违于供养。今年多疫，窃有此井水，饮之可得无恙，卖此水过于供养。"使宾客随去焉。

⑥宋李刘撰《四六标准》第六部分引：

苏耽去后，忽有白鹤十数只，夜集郡东门楼上，一只口画作书字，言曰：城郭是，人民非，三百里子当复归。咸谓是耽。《续搜神记》：

---

① 敦煌本《修文殿御览》残卷藏于法国国家图书馆，"咸"误为"成"，"苏肮"后文作"苏耽"，故为"苏耽"之误。又《桂阳列仙传》苏耽条袭《丁令威歌》："城郭是人民非，何不学仙冢累累。"而《修文御览》所引云："何不学仙去，空伴冢累累。"

"辽东城门有华表柱，忽有一鹤集徘徊空中，言曰：有鸟有鸟丁令威，去家千载今来归。"

（3）引自葛洪《神仙传》

《太平广记》卷十三"神仙十三·苏仙公"引：

苏仙公者，桂阳人也，汉文帝时得道。先生早丧所怙，乡中以仁孝闻。宅在郡城东北，出入往来，不避燥湿。至于食物，不惮精粗。先生家贫，常自牧牛，与里中小儿更日为牛郎。先生牧之，牛则徘徊侧近，不驱自归。余小儿牧牛，牛则四散，跨冈越险。诸儿问曰："尔何术也？"先生曰："非汝辈所知。"常乘一鹿。先生常与母共食，母曰："食无鲊，他日可往市买也。"先生于是以箸插饭中，携钱而去，斯须即以鲊至。母食去（明抄本去作未）毕，母曰："何处买来？"对曰："便县市也。"母曰："便县去此百二十里，道途径险，往来遽至，汝欺我也！"欲杖之。先生跪曰："买鲊之时，见舅在市，与我语云，明日来此，请待舅至，以验虚实。"母遂宽之。明晓，舅果到。云昨见先生便县市买鲊。母即惊骇，方知其神异。先生曾持一竹杖，时人谓曰："苏生竹杖，固是龙也。"数岁之后，先生洒扫门庭，修饰墙宇。友人曰："有何邀迎？"答曰："仙侣当降。"俄顷之间，乃见天西北隅，紫云氤氲，有数十白鹤，飞翔其中，翩翩然降于苏氏之门，皆化为少年，仪形端美，如十八九岁人，怡然轻举。先生敛容逢迎，乃跪白母曰："某受命当仙，被召有期，仪卫已至，当违色养，即便拜辞。"母子歔欷。母曰："汝去之后，使我如何存活？"先生曰："明年天下疾疫，庭中井水，檐边橘树，可以代养，井水一升，橘叶一枚，可疗一人。兼封一柜留之，有所阙之，可以扣柜言之，所须当至，慎勿开也。"言毕即出门，踟蹰顾望，耸身入云，紫云捧足，众鹤翱翔，遂升云汉而去。来年，果有疾疫，远近悉求母疗之，皆以水及橘叶，无不愈者。有所阙乏，即扣柜，所须即至。三年之后，母心疑，因即开之，见双白鹤飞去。自后扣之，无复有应。母年百余岁，一旦无疾而终。乡人共葬之，如世人之礼。葬后，忽见州东北牛脾山，紫云盖上，有号哭之声，咸知苏君之神也。郡守乡人，皆就山吊慰，但闻哭声，不见其形。郡守乡人，苦请相见，空中答曰："出俗日久，形容殊凡，若当露见，诚恐惊怪。"固请不已，即出半面，示一手，皆有细毛，异常人也。因请郡守乡人曰："远劳见慰，途径险阻，可从直路而还，不须回顾。"言毕，即见桥亘岭傍，直至郡城。行次，有一官吏辄回顾，遂失桥所，堕落江滨，乃见一赤龙于脚下，宛转而去。先生哭处，有桂竹两枝，无风自扫，其地恒净。三年之后，无复哭声，因见白马常在岭上，遂改牛脾山为白马岭。自后有白鹤来止郡城东北楼上，人或挟弹弹之，鹤以爪攫楼板，似漆书云："城郭是，人民非，三百甲子一来归，吾是苏君，弹我何为？"至今修道之人，每至甲子日，焚香礼于仙公之故第也。

（4）引自《洞仙传》①

①《太平广记》卷第十三"神仙·十三"引：

　　又一说云：苏耽者，桂阳人也。少以至孝著称，母食欲得鱼羹，耽出湖（明钞本"湖"作"湘"）州市买，去家一千四百里，俄顷便返。耽叔父为州吏，于市见耽，因书还家，家人大惊。耽后白母，耽受命应仙，方违远供养，以两盘留家中。若须食，扣小盘；欲得钱帛，扣大盘，是所须皆立至。乡里共怪其如此，白官，遣吏检盘无物，而耽母用之如神。先是，耽初去时云："今年大疫，死者略半，家中井水，饮之无恙。"果如所言，阖门元吉。母年百余岁终，闻山上有人哭声，服除乃止。百姓为之立祠。

②李丰楙著《仙境与游历：神仙世界的想象》引：

　　《洞仙传》广辑多种神仙传记，因而得以保存六朝初较为初期较为素朴的仙传说……这一情形也见于苏耽传，其质朴的文笔与平实的事迹，正是与祠庙信仰有关的早期仙说，所以文末有"百姓为之立祠"的记载。关于苏耽传说流传于东汉桂阳一带，据《水经注·耒水注》引《桂阳列仙传》云："耽，汉末郴县人，少孤，养母至孝，后仙去。"今本《神仙传》亦载，"苏仙公者，桂阳人也。汉文帝时得道。"《洞仙传》所载苏耽事迹，正是强调其以至孝著称及事（侍）奉母亲的事情。《桂阳列仙传》，以及《太平御览》所列《桂阳先贤画赞》，均属桂阳的仙真传说，葛洪撰《神仙传》当亦取材于"苏仙传一卷"或《桂阳列仙传》一类书，《洞仙传》又引述类似的神仙传记，撰述成篇。《洞仙传》的编撰者，疑为茅山道派中人，其活动时代约在梁、陈。惟《隋

----

　　①　石昌渝主编《中国古代小说总目·文言卷》，引李剑国考证《洞神传》实为《洞仙传》，《云笈七签》同载。

志》著录时，不著撰人；《唐志》以下多径题"见素子"，此一可疑问题早经指出。较合理的解释是，原本《洞仙传》所表现的仙道思想，确与南朝的道教主流茅山道派有密切的关系；而其后复经茅山派另一名为见素子的女道士整编，此一改编本颇疑为删节本，即今存于《云笈七签》中的本子。虽已非原编的本来面目，但仍可据以探索其仙道思想，正反映南朝茅山道派的思想性格。[1]

（5）引自庾仲雍《湘州记》

《艺文类聚》卷七引：

> 桂阳郴县东北有马岭山。高六百余丈，苏耽所栖游处，因而得仙。盖郦所本《续汉志注》引《湘州记》，郴县南十数里有马岭山。

（6）引自《元和郡国志》

《太平御览》卷四十九"地部十四·马岭山"引：

> 《郡国志》曰：郴州马岭山，本名牛脾山，山上有仙人苏耽坛，即郴人也。为儿童时，与众童牧更直守牛，每耽守牛，牛不敢散。尝与众人猎，即乘鹿，人笑之，曰："龙也。"去郡百二十里，母临食，晚，往买鲊，须史即还。一旦有众宾来，耽启母曰："受性当仙，仙人合召耽去，今年疾疫甚，饮家中井水即无恙。又种药于园梅树下，可治百病，买此水及药，过于供养。"便去。母遽视之，众宾皆白鹤也。以耽常乘白马，故号马岭山。

（7）《全唐文》卷三百六十二辑录

唐开元二十九年，郴州太守孙会《苏仙碑铭》：

> 惟前汉苏耽者，长自郴邑，禀之秀异。幼则适野，初因牧牛桂阳之邱，每游虞芮之畔，遂因有闲原之田，县人王怀步田间，值群鹤。乃跪白其母潘氏曰："忝在仙录，又逢真侣，迫以骐骥之便，切以庭闱之恋。咒橘井愈疾，为取给之资；药苗蔬畦，为调膳之费。有阙就养，将升上清。"遂留连堂户，出涕如雨，耸身而去，莫知其所。挥城郭以谢世，

---

[1] 李丰楙：《仙境与游历：神仙世界的想象》，中华书局，2010年，第335页。

乘羽翼于无际。且五云之路，缥缈难追；而一郡之人，瞻望何及？皆相谓曰："苏公以金骨迈俗，琼浆缮性，能养其正，不失其命。"亦犹梅子真之去仙，非关市卒；成武丁之轻举，元由乡人。传其盛名，布在方册，盖殊伦矣。及潘氏怛化之后，仙公全以孝行，栖于东山烟雾之中，号哭不绝，啼猿为之酸切，流水为之鸣咽。至若系白马于树，执慈母三年之丧，所以竭哀戚之情也；化赤龙为桥，感太守一吊之礼，所以重桑梓之敬也。当此之时，近睹之，难可得而见；远察之，才可得而辨。岂不以贞气有异，嚣尘无杂也？且人之立身者，一善则纪之，一行则称之，犹与美谈，绰有余裕，况列仙是纪，旷古莫俦。将归紫府之中，相与赤松为交，向非餐霞契道，外物全真，其孰能至於此矣？巨唐开元二十九年也，特有明诏，追论倨佺，俾发挥声华，严饰祠宅。皎洁遗像，似逢姑射之人；氛氲晚花，何异武陵之境？深院风洒，松声为之渐沥；古坛烟横，苔色为之彬碧。邑中耆艾禺然曰："仙公之旧宅，仙公之灵迹，华表犹在，空山相对。今荷皇恩远及，祀典克明，请考盛事，皆愿刊石。"时郴州太守乐安孙会，文房之士也，遂为之铭，其词曰：

灵启道融，降生仙公。无宗无上，冥感幽通。至者不学，学者不至。莫知其然，蓄践神异。孝悌是悖，州壤是尊。自藏於畔，孰是其根？襄城之野，仙公牧马。桂阳之邱，仙公牧牛。千古一致，比德同俦。上清有命，升元克日。永言孝思，敬授灵术。既超世而离人，复轸慕而哀亲。近贤者之喻梦，表斯道之通神。独蕴珠行，高标众真。至哉仙公，邈古无伦。符守故国，载思载慕。龙桥不留，马岭如故。徘徊尘迹，仿佛云步。

(8) 引自《飞天仙人经·苏君传》

王松年撰《仙苑编珠》①引：

《苏君传》：苏耽者，郴州人也。小时牧牛，牛化为白鹿，得道。后归乡驻牛牌山上。州县官吏同往礼谒。日暮，君展《黄庭经》化为大桥，直跨城门，官吏登桥而还也。

---

① 《仙苑编珠》三卷，天台山道士王松年撰。前有自序，今人陈国符据此考定作者为五代或宋人。

（9）《舆地纪胜》卷五十七

苏仙。前汉苏耽者，长自郴邑……又《舆地记》云："昔有仙人苏耽，入山学道，因号曰'苏仙山'。"今山上有巨石曰"沉香石"。《图经》云："苏仙山，在郴县东北七里，中尝蓄云雾。沈佺期有《苏仙诗》。"

（10）元朝赵道一《历世真仙体道通鉴》卷十一"苏耽"

苏耽，桂阳人也。耽之母李氏，因江中浣帛，触沉木而感，孕焉。耽生，有双鹤飞于庭，白光贯户牖。及生数岁，寡言语，不为儿戏（一云得仙道，与众儿俱戏猎，常骑鹿，鹿亦如常，然遇险绝之处，皆能超越，众儿问曰："何得此鹿骑，而异常鹿也？"答曰："龙也。"）。少以至孝著称，年已十四，母方食莘，曰："吾偶思资兴泷鲊，患远不可得也。"耽曰："今往市之。"乃去。母以为戏言见悦尔。食未竟，耽来，鲊于前，曰："此资兴泷鲊也。"母曰："汝最为谨厚，资兴泷去此二百余里，汝不一时往还，何诈也！"耽曰："市鲊时，见舅，儿来，言致意母：不数日亦来谒母矣。"母举鲊而食，真资兴泷鲊也。不数日，舅至，具言市中见耽，母亦大神其事（一云母食，欲得鱼羹，耽出湘州市买，去家一千四百里，俄顷便还。耽叔父为州吏，于市见儿，因书还，家人大惊）。

耽一日告母："道果已圆，升举有日。翱翔云水之乡，脱落尘泥之外，命蒂胎根，已为我有。昆台紫府，本是各家。阴阳不能陶铸，天地不能管辖。陵谷迁，而此不可迁；日月老，而吾不可老。真元一气，万古长存。"母曰："吾恃尔也，尔去，吾何依？何言去乎？"耽曰："常闻师曰：一人升仙，九族受庇，虽过去者，亦不为下鬼。今虽去，母之动息皆可知也。"乃留一柜，封钥甚固，愿母毋开，若有所需，告之如所言也（一云因谓乡人曰："更后二年，郴人大疫。"乃植橘、凿井，曰："受病但食一橘叶，饮泉水一盏自愈。"一云耽将去时云："今年大疫，死者略半。汲此井水，饮之无恙。"后果如所言）。语已，有五色云下庭中，箫鼓隐隐而至。耽乃升云，泣别母与乡人，冉冉东南而去。乡人数百、郡官悉见之。时汉文帝三年也（一云耽道成，一日有数十白鹤降于门，耽遂乘之，升云汉而去）。

尔后，母凡有乏，祷其柜，皆如所求。一日，母思耽，谓在其中，乃发柜，了不见物，惟见二鹤，凌空而去。

苏仙冲升之后二年，郴人果大疫，乃取橘泉治病，即时皆愈，所存活者千百人。郡将与僚佐、郡人，悉拜祭。橘泉之下，常若市焉。

不数年，耽母有疾，耽尝来问疾，不久，耽母倾丧，寿百余岁。朝廷乃命郡守送丧，遂葬苏山之南。于时，猿惊鹤怨，风惨烟昏，愁云不散，悲雨自泠，山顶闻哀泣，远听而近，近听而远。郡守率郡僚、郡人，诣山慰耽。虽闻仙泣，而不见其形。郡守卢献可乃曰："不因慰问，无由拜仙。愿得一见仙容，以消尘障。非某一身之幸，乃九族之幸也。"耽曰："仙凡异道，升沉殊途，吾不惜令汝见，但恐汝辈福鲜，不能尽见吾也。"乃曰："吾令汝见吾之半。"耽乃出半面、一臂示献可等郡官，见面若真玉，艳而有光，臂亦绀毛，与日气相射。郡官再拜跪慰仙。耽曰："山路绝险，远劳郡官，吾欲造一桥，令汝等安然至家，慎勿回顾也。"乃取玉轴《金庭经》一卷，对空掷之，俄成巨桥，若玉虹之架空，栏楯皆金宝为饰。卢献可率郡官隐隐而升，不久到郡。惟判官张信臣回顾，隧（遂）堕绝涧，为朽木败叶，藉地不曾损，三日方到郡。

耽母之终，山上哭声，服除乃止。后，郡守以其事闻于上，封其山为"苏仙山"，名其观为"苏仙观"。郡守以时严洁醮祭焉。元结诗云："灵橘无根井有泉，世间如梦又千年。乡关不见重归鹤，姓字今为第几仙。风冷露坛人悄悄，地闲荒径草绵绵。如何蹑得苏君迹，白日霓旌拥上天。"又沈彬咏苏仙山诗云："眼穿林罅见郴州，井里交连侧局楸。味道不来闲处坐，劳生更欲几时休。苏仙宅古烟霞老，义帝坟荒草木愁。千古是非无处问，夕阳西下水东流。"

宋初，俄有一鹤栖郡斋屋脊，久而不去。郡僚子弟辈聚观，乃弹之。鹤乃举足画屋，若书字焉。郴屋皆以板为瓦也，鹤乃骞翼升云而去。郡将乃遣人升屋，即见所画字曰："乡原一别，重来事非。甲子不记，陵谷迁移。白骨蔽野，青山旧时。翘足高屋，下见群儿。我是苏仙，弹我何为？翻身云外，却返吾居。"（一云耽骑白鹤来，止郡城东北楼上，人或挟弹弹之，鹤以爪攫楼板，似漆书云："城郭虽是人民非，三百甲子一来归。我是苏仙，弹我何为？"）郡将取其板，藏之府中，后乃归之本观，仙亦不复再来。高宗绍兴间，赐苏仙为"冲素普应真人"。

（11）崔岩撰《九仙二佛传·汉苏仙传》

汉苏仙耽，文帝朝桂阳郡人也，母潘氏家郡之便县（便县，今永兴县。后移居郡东鸭子塘），尝于江边浣水。有五色苔浮于水，飏而去，复来，绕指者三，乃取吞之，既而有孕，诞真人（时惠帝五年辛亥七月十五日）。众皆异焉。母乃置之屋后牛脾山石洞中（山在郡东，今谓之苏仙山）。七日往视，则有白鹤覆之，白鹿乳焉（今名洞为白鹿），复取归毂，既长入学，师欲为立姓名，令出门，白所见。曰："适有担禾者，以草贯鱼"，遂命姓苏名耽。耽事母以孝闻，居郡城东，尝遇异人，授神仙术，能隐显变化而莫测也。日与群儿牧牛，真人所牧者，徘徊驯扰（平声），不驱而归，众号为牛师（见《真人行状》）。尝乘一白鹿，陟险如驰，人问何以乘此，曰："自然也（一作龙也）。"又侍膳，母思鲊，真人放箸，去有顷，持鲊献母。问所从来，曰："适自便县市至（便距郡八十里）。"时母食，犹未彻（母曰："汝诳我乎？"真人曰："市鲊时有舅氏在，请后验之"）。数日后，舅氏入郡，乃云："前日在邑，见甥市鲊"，母始骇异。真人每持一竹杖（众咸谓之龙杖）。一日，忽洒扫庭除，若有所待。家人问其故，曰："仙侣当降。"有顷，紫气氤氲，从西北下，有十鹤集其庭，形色声音皆人也。与真人语，款密如故。真人入，白母曰："耽已成道，被命将升。仙仗临门，不得终养。"即刻辞诀。母歔欷，久之曰："吾何以卒岁？"真人乃留一柜，缄钥甚固。曰："几有缺，扣柜呼之，所需必得，慎勿发也。又明年，郡人当有疫，可取庭前井水、橘叶救之（即今仙宅内井）。庶几所资，亦助甘旨（《桂阳先贤传》谓苏耽："后仙梅树下种药，可治百病'）"。语毕，幢节森列。出门，群鹤随之，迤逦升天。而异香天乐弥日不散（时文帝三年甲子五月十五日也。今沉香石上有升天足迹存焉）。明年，郡果大疫，百姓竞来谒母，母施以井水，无不瘥者，繇［由］是用度颇足。其或有扣柜，所需即至。众有疑，或请彻观，乃有鹤自柜飞去，后扣无复应矣。潘氏年百岁无恙而终，乡人殡于城东（即橘井后）。人望牛脾山，若有白马系林间，遥闻有哭声。郡守张邈率僚属往吊之，求见仙颜，出半面，光彩照人，又垂一大手，有绿毛长尺余，因谓守曰："山谷幽远，日暮难归。"遂手掷仙经成桥，令众闭目而渡，少焉即抵城（《行状》载："邈众登桥，顷刻至郡。有郡僚悄聆，人马俱坠，但见赤龙亘空中路，经日乃还。三岁后，白马亦不见。后号苏山为白马岭，居'天下第十八福地'"）。后有鹤止郡东楼，累日不去，少年以弹中之，乃以爪攫板成字曰："风渐渐兮雨霏霏，城郭是兮人民非，三百甲子当来归。吾是苏耽，弹我何为？"乡人漆其板而留之。今橘井之水有光发于水下（《郡志》：橘井取水置之，有一点金灿烂）。又仙岭有石，俗呼为桃石者，剖之纹核如生，世传仙桃为真人所化，其神异类此（《酉阳杂俎》载"仙桃出郴州苏耽仙桃［坛］"，又《郡图志》："马岭山亦多虺蛇杀人，磨桃石服之可解"）。唐开元十九年①，诏有司饰其祠宇，时刺史孙会，因刻石铭，厥美。宋大中祥符元年，敕赐第为集灵观。元祐初，有林愈过齐州章丘县，见壁上有丹书云"苏仙真人诣东岳回，过此"，因留诗曰："东南闲望景清虚，万里云程半日余。因过章丘留此语，归郴重庇旧乡间。"视之笔法奇怪。越七年出守郴，始知郴有苏仙，仙之阴功默被于郴人者深矣。元符三年，郡旱，请雨辄应。州上其事，敕封"冲素真人"，绍兴间加封"普应"。嘉定十五年，再加封"静惠"。是岁二月二十八日，忽有一鹤飞绕苏山，后诘至郴，乃于是日命下，其灵应如是。至景定十五年②，再加封"冲素普应静惠昭德"真人。

何孟春曰：按《仙传》又载，苏仙名林字子立，周武王时人，家山东濮阳曲水（葛洪《仙传》载，苏林曾牧牛，亦有投箸便县市鲊及郡城来鹤事）。所称牧牛取鲊及化鹤事，委曲皆无殊。然山东郡邑，古今无地名便县者，岂非即吾郴真人？而稚川传之讹邪？其传中语不似三代间文字，又三代人皆手饭，不应有七箸。然则，苏公为郴人不疑。《搜神后记》又载：辽东有丁令威者（记载辽东华表柱，有鹤飞集，少年射之，鹤言曰："有鸟有鸟丁令威，去家千年今始归。城郭如故人民非，何不学仙冢累累"，大意与苏鹤相类），又《瑞昌图经》有苏仙山，以苏耽飞升于此因名。然《统志》载在吾郡，彼亦当出讹传。今便县仙母山下有潘家源［园］，意即潘母所居，真人降诞当此地。仙母未尝适人，何以又有居郴之事？牛脾山，郡城山也，距潘（家）源八十里，而《旧志》云，"真人生，置之屋后"，兹犹弗通，志固云"苏仙郴人也"。岂汉时潘（家）源在郴境内，抑后有伪传乎？或又传潘（氏）始许聘郴人，未行而夫亡。遂归执丧礼，事（侍）其姑以孝闻（见《图经》，邑人曾今记）。此一节，记者称《旧志》云。今考《旧志》，实无之。若果然，则今郴城东宅当是许聘其夫之宅。而居郴之事，"屋后"之说，无疑矣。桂阳县独秀峰《旧志》载，汉苏耽隐此，不知其为仙

---

① 以《全唐文》卷三百六十二"苏仙碑铭"所记"开元二十九年"为准，考辨附后。

② "景定"无十五年，明《（万历）郴州志·仙释》记为"景定甲子"即"景定五年"。

后，或未飞升之前，何年隐于此也。噫！龙知龙，仙知仙，苏仙天人也，古圣贤有不父而生者，而尘外事（按尘世也，儒为世，释为劫，道为尘）。惟与为类者能识之，故予为补传，而特此以为世人告云。

仙桃铭

太玄之种，至孝之精。毓兹仙石，惠我世人。圆形类果，虚窍含仁。清烦愈痛，益气宁神。信受捧服，允可长生。

灵源圣景，正一苏峰，出世于白鹿洞天，炼丹于马岭福地。九仙之首，二佛之先，驾鹤白日飞升，跨鹿碧云端内。空垂玉手，半现金容，叩之即灵，祷之即应。汉孝感得道苏仙冲素普应静惠昭德真君，普济弘化天尊。

凡遇有疾，先捧水一碗，默念语铭，次将桃磨水服之即效。

（12）蒲松龄《聊斋志异》卷三"苏仙"

高公明图知郴时，有民女苏氏浣衣于河。河中有巨石，女踞其上。有苔一缕，绿滑可爱，浮水漾动，绕石三匝。女视之心动。既归而娠，腹渐大。母私诘之，女以情告。母不能解。数月，竟举一子。欲置隘巷，女不忍也，藏诸椟而养之。遂矢志不嫁，以明其不二也。然不夫而孕，终以为羞。儿至七岁，未尝出以见人。儿忽谓母曰："儿渐长，幽禁何可长也？去之，不为母累。"问所之。曰："我非人种，行将腾霄昂壑耳。"母泣询归期。答曰："待母属纩时儿始来。去后倘有所需，可启藏儿椟索之，必能如愿。"言已，拜母竟去。出而望之，已杳矣。女告母，母大奇之。女坚守旧志，与母相依，而家益落。偶缺晨炊，仰屋无计。忽忆儿言，往启椟，果得米，赖以举火。自是有求辄应。逾三年，母病卒，一切葬具，皆取给于椟。既葬，女独居三十年，未尝窥户。一日，邻妇乞火者，见其兀坐空闺，语移时始去。居无何，忽见彩云绕女舍，亭亭如盖，中有一人盛服立，审视之，则苏氏也。回翔久之，渐高不见。邻人共疑之。窥诸其室，见女靓妆凝坐，气则已绝。众以其无归，议为殡殓。忽一少年入，丰姿俊伟，向众申谢。邻人素亦窃知女有子，故不之疑。少年出金葬母，植二桃于墓，乃别而去。数步之外，足下生云，不可复见。后桃结实甘芳，居人谓之"苏仙桃"，树年年华茂，更不衰朽。官是地者，每携实以馈亲友。

2. 相关文献考释

琴高与苏耽考辨

明代郴人何孟春早已注意到苏林与苏耽两位神仙的事迹相似，并分析称"苏公为郴人不疑"。除此，苏林师承琴高，琴高亦曾被人误会为苏耽。古人已有辨析如下：

《宁国府志》卷十二"舆地志·古迹上"引《泾川志》载：

> 或云琴高苏耽也，以其好弹琴高目之。其山有苏耽炼丹洞，山足有隐雨岩，悬崖峭壁上薄云汉，古木修篁掩映其间，流湍潺溪，真仙隐之所也。蒋右丞之奇诗云："未至泾川十里余，嶄然崖石翠凌虚。自惭不是神仙骨，空美琴高控鲤鱼。"郡守光禄卿余良肱和云："山形江势共纡余，潦退寒潭澈底虚。控鲤仙人无复见，春来犹有药滓鱼。"元都官积和云："云敛尘霾春雨余，寒溪清浅水涵虚。真仙已上青霄去，空使时人美鲤鱼。"

又按曰：

> 《泾川志》以琴高赵人，不宜留踪泾县①，而遂已苏耽当之，则益非是。考《洞仙传》云，苏耽者桂阳人也，少以至孝著称。母食欲得鱼羹，耽出湖州市买，去家二千四百里，俄顷便返。耽叔父为州吏，于市见耽，因书还家，家人大惊。耽后白母，耽受命应仙，方违远供养。以两盘留家中，若需食即扣小盘，欲得钱帛扣大盘，是所需皆立至。乡里共怪其如此，白官，遣吏检盘无物，而耽母用之如神。先是耽初去时云："今年大疫，死者略半，家中井水饮之无恙。"果如所言，阖门元吉。母年逾百岁终，闻山上有人哭声，服除乃止。百姓为之立祠。此事《太平广记》引之，又引《神仙传》苏仙公事，大意相同。谓即桂阳之苏耽也，并无好弹琴乘赤鲤事，安得以琴高附会之，且谓琴高赵人，与泾相远为可疑，而苏耽桂阳人，宁与泾近而可信乎？乃知或以苏耽为琴高者，益为无据。

丁令威与苏耽考辨

苏耽化鹤与丁令威化鹤的故事相似，前者最早见于葛洪《神仙传》："有白

---

① 泾县，古称猷州，位于安徽省东南部，隶属于安徽省宣城市。

鹤来止郡城东北楼上，人或挟弹弹之，鹤以爪攫楼板，似漆书云：'城郭是，人民非，三百甲子一来归，吾是苏君，弹我何为？'"后者最早见于陶渊明《搜神后记》："丁令威，本辽东人，学道于灵虚山。后化鹤归辽，集城门华表柱。时有少年，举弓欲射之。鹤乃飞，徘徊空中而言曰：'有鸟有鸟丁令威，去家千年今始归。城郭如故人民非，何不学仙冢累累。'"为了区别同类故事，文献常称前者为"苏鹤"，后者为"丁鹤"或"辽鹤"。不过，"丁鹤"或"辽鹤"影响更大，流传更广泛，常被古代诗词引用。以鹤类栖息地来看，以辽宁一带居多，郴州罕见仙鹤，故许多学者认为"苏鹤"抄袭了"丁鹤"。而以人物生活时代和化鹤故事的相关文献来看，苏耽生活于西汉，丁令威生活于晋代，前者早于后者，又似"丁鹤"抄袭"苏鹤"。到底是谁抄袭谁？郴州不见鹤，为何苏耽会有化鹤的故事？这还得好好解读丁令威这个人。

　　九江学院教授吴国富认为丁令威并非辽宁辽东人，结论如下："丁令威是历史上真实存在的一个道教人物，他是豫章郡豫宁县（今江西武宁县）辽东山人，大约出生于三国后期，七岁就在本地的南山学道，学成后到阁皂山修道，这时他已经很有名气，而他的成名与赣北一带道教著名人物的推崇不无关系。他在阁皂山留下传人，其道术后来传播到福建一带。若干年后，丁令威进入浙江……之后丁令威任职泾县……不久又离开官场，在附近当涂的灵虚山修道，并去世于这里，时当晋元帝登基之初。化鹤归乡这种仙化的说法，当然是他的徒裔所为。"①吴国富《道教人物丁令威考》考据翔实，可以信服。丁令威的故乡武宁县靠近鄱阳湖，正是白鹤越冬之地。离此不远的都昌县元辰山，盛传为苏耽飞升之地，并传苏耽收许逊为徒，说明"苏鹤"与"丁鹤"在地理上有着密切联系。依此说法，郴州盛传苏耽十三岁飞升成仙，实为离家云游（最早的《桂阳先贤画赞》亦说"众宾来招"，遂离家出走），或是去了江西鄱阳湖一带。其化鹤题诗一事，同样是徒裔所为，故《神仙传》记云"至今修道之人，每至甲子日，焚香礼于仙公之故第也"，此俗辗转传至丁令威，而后有同样的说法。因为"苏鹤"与"丁鹤"极为相似，不少文献误会苏耽为晋人，或许根源于此。

各地苏耽传说流源考辨

　　苏耽传说流传极广，除郴州苏仙岭之外，还有郴州所辖的永兴县、汝城县、资兴市、桂阳县，以及衡阳所辖耒阳市，最远流传至江西都昌元辰山、河南商城等地。通过查阅文献，苏耽传说流传至外省，始见于唐代。现有二则考辨源流：

　　其一，唐开元二十九年郴州太守孙会《苏仙碑铭》有"襄城之野，仙公牧马。桂阳之邱，仙公牧牛"。铭中"襄城"为河南省许昌市，这是唐代苏仙传说

①　吴国富：《道教人物丁令威考》，《乐山师范学院学报》2009 年第 7 期，第 67 页。

在河南流传的证据。河南省信阳市商阳县距襄城不远，同样有苏仙传说，并形成"橘井""苏仙石乡""子安河"等相关地名。不过，河南并不产橘，可见当地"橘井"源于郴州"橘井"。

其二，唐开元十五年南岳道士倪少通《玉清广福观碑铭（并序）》① 载："玉清观者，法玉清圣境而名。自吴及梁，相续重兴。汉文帝之祀，苏真人耽自郴阳上升，众仙迎往元辰，曾游斯地。"《都昌名胜古迹》载："据清康熙版《都昌县志》载，在治西山（即矶山）俗传苏耽升仙七步登此石而上。苏耽偕吴猛在都昌元辰山的旧山修道炼丹。苏耽，字子元，西汉人。吴猛，字敬元，祖籍河南濮阳。后许逊，字敬原，晋汝南人。举孝廉，拜旌阳令。因晋室纷乱，弃官东归，周行江湖，见元辰山苏吴两人修道炼丹，遂拜吴猛为师，后吴猛周游山水，许逊师从苏耽。年久，苏耽得道升天。在仙去前，告母曰：'明年天下大疫，庭中井水，檐边橘树，可以代养。井水一升，橘叶一枚，可疗一人。'言毕，有白鹤数十降于门前，遂仙去。后果疫，母用其言以疗疾，皆愈……就在苏耽跨鹤欲成仙时，许逊跨上四不像（一种牛脚、马脚的怪兽，至今苏仙元辰寺边也强留有牛、马、靴足迹），追上苏耽，两人在大矶山之巅落下，由于许逊未成仙，央求苏耽帮助其成仙。苏耽听说，对许逊掸一佛绥（尘），许逊着力一站，在大矶山石头上留下牛脚、马脚、靴迹三种印迹。随即，苏耽站在这块石头上七步成仙。许逊紧抓苏耽衣襟，一道登天成仙。"②

"郡有大疫"考辨

诸多文献记载，苏耽于汉文帝三年升仙之前，已预料到"郡有大疫"，并告之"井水一升，橘叶一枚，可疗一人"。今考，西汉疫疾主要出现在文、景帝时期，《汉书·文帝纪》记载，汉文帝时，自然灾害频繁，前元元年四月、前元五年二月，齐、楚等地地震和山崩，以及前元六年冬季气候特殊转暖和前元九年春天的大旱，造成"间者数年比不登，又有水旱疾疫之灾"。后元元年五月，因地震，"民大疫死，棺贵，至秋止"（《汉书·天文志》载）。到了汉文帝后元六年四月，大旱之后又有蝗灾，导致瘟疫流行。汉景帝即位后，前元元年正月诏书曰："间者岁比不登，民多乏食，天绝天年，朕甚痛之。"自然灾害频繁，直接威胁了景帝政权。《史记·景帝本纪》记载，后元二年秋天的大旱，使"衡山国、河东、云中郡民疫"，可见，从今天的湖南一带到黄河北的河东郡，瘟疫大范围流行。相关文献如下：

---

① 《钦定全唐文》第十部，卷九百二十八。宋代王象之《舆地碑记目·建康府碑记》亦载。
② 石和平主编：《都昌名胜古迹》，江西人民出版社，2013年，第78页。

《汉书》卷二十六"天文志·第六"："……后元年五月壬午，火、金合于舆鬼之东北，不至柳，出舆鬼北可五寸。占曰：'为铄，有丧。舆鬼，秦也。'丙戌，地大动，铃铃然，民大疫死，棺贵，至秋止……"

《汉书》卷九十五"西南夷两粤朝鲜传·第六十五"："于是佗乃自尊号为南武帝，发兵攻长沙边，败数县焉。高后遣将军隆虑侯灶击之，会暑湿，士卒大疫，兵不能逾领。岁余，高后崩，即罢兵……"

以上文献可证，传说年代大体真实。

苏仙受封史考

苏耽是一位由民间草药医生变为神仙的传奇人物，以文献记载而言，苏耽最早在《桂阳先贤画赞》中出现，而那时（三国时期）苏耽还尚未享祀；而后见《后汉书·志第二十二·郡国四》李贤注引《湘中记》曰："……又县南十数里有马岭山，山有仙人苏耽坛。"《湘中记》为东晋罗含所著，此时苏耽已称仙，马岭山顶建有祭坛（土和石筑的高台）；随后《太平广记》卷十三"神仙·十三"引《洞仙传》称"百姓为之立祠"，而《洞仙传》撰者见素子约为南北朝梁人。至此，苏耽祭祀建筑历经三国东吴、东晋、南北朝等时期的相继发展，由"坛"至"祠"规模渐大。

唐代皇室自称是老子李耳的后裔，将道教尊为国教，唐高宗曾追封老子为"太上玄元"皇帝，到了唐玄宗则加尊号"大圣祖"，同时下令大修道观庙宇。如开元十九年，玄宗令五岳"各置真君祠一所"①。天宝七年诏："诸郡有自古得道升仙之处，……每处度道士二人，其灵迹殊尤；功应远大者，度三人。"② 唐末道士杜光庭在《历代崇道记》一文中统计"从国初以来，所造宫观一千九百余所，度道士一万五千余人"③。在此背景下，郴州苏仙祠宅迎来了皇家主持的第一次大修。郴州太守孙会有《苏仙碑铭》记曰："巨唐开元二十九年也，特有明诏，追论偓佺，俾发挥声华，严饰祠宅。皎洁遗像，似逢姑射之人。"因《苏仙碑铭》传抄脱字，故衍生明代崔岩《九仙二佛传》、清《（嘉庆）郴州总志》等地方文献皆作"开元十九年"。

宋代崇道，更胜于唐代。据地方文献记载，大中祥符元年（1008），宋真宗敕赐苏仙宅第为"集灵观"。由此，苏仙祠宅第一次晋升为皇家道观。

元符三年（1100），郴州大旱，州官率众前往集灵观祈雨，有验。上报其事，

① 刘昫：《旧唐书》卷一百九十，中华书局，1975 年，第 88 页。

② 宋敏求撰，李希泌主编：《唐大诏令集补编·下》，上海古籍出版社，2003 年，第 1383 页。后引同此注。

③ 杜光庭：《历代崇道记》，载《全唐文》第十部，卷九百三十三。

敕封"冲素真人"。《宋大诏令集》卷一百三十六记录了此年所下诏书"郴州苏仙山苏耽赐号冲素真人制"："敕：维尔生于遐裔，世传为仙，历千余年，犹能惠泽一邦，有请辄应。州上其事，朕用叹嘉，因民之心，锡以显号。尚其敷佑，永庇斯人。可。"

绍兴三十二年（1162）[①]，郴州再次大旱，州官前往苏仙观祈雨依旧灵验，加封"冲素普应真人"。周必大撰《文忠集》卷九十六"掖垣类稿"卷五记录了此年九月十日所下诏书"郴州苏仙观冲素真人祷雨灵应，加号冲素普应真人"："敕：朕闻之，仙以忠孝仁义为本，然则驭风骑气，虽已游乎八极之外，而所以眷顾旧邦者，宜未忘也。具封阴功宿植，妙道早成，白马飘然，千有余岁，屡丰之应，于今赖之是用。按天宝之祠，衍元符之号，至人莫测于强名，顾何有哉。亦俯从众志而已。可。"

嘉定十五年（1222）[②]，再加封"静惠"。崔岩《九仙二佛传》及之后的地方文献常载"是岁二月二十八日，忽有一鹤飞绕苏山，后诰至郴，乃于是日命下"。景定五年（1264）[③]，再加封"冲素普应静惠昭德真人"。

苏仙经唐代诏修祠宇，又经宋代的四次加封，声望渐隆。特别是宋真宗的《赐丁和还乡》云："杏林佳实留心种，橘井甘泉透胆香。卢扁更从何处问，罗湖溪上济生堂。"首次将"杏林"与"橘井"并列，经其倡导，后世逐渐形成了两大著名中医典故。其中"橘井泉香"，因此定型。

苏仙画像考

关于苏耽画像的最早文献当属三国张胜所作《桂阳先贤画赞》，可惜早佚。

《益州名画录》载道士张素卿所作苏耽等十二仙君像："于简州开元观画容成子、董仲舒、严君平、李阿、马自然、葛玄、长寿仙、黄初平、葛永瑰、窦子明、左慈、苏耽十二仙君像，各写当初卖卜贾药、书符导引时真，笔踪洒落，彩画因循，当代名流，皆推画手。"[④] 张素卿作画，落笔迅速，下笔如神，绝无更改。其画风影响深远，乃至宋、元道观壁画，无不以他为典范。张素卿所绘《十二仙真图》先为蜀主孟昶收藏，后送赵匡胤，收藏于汴京宫中。至宋宣和年间，《宣和画谱》仅记十幅，其中苏耽仙君画像已遗失。不过，《宣和画谱》卷四另载，宫中藏有李得柔所作的神仙画像二十六幅，其中有"苏仙君像"，岳仁注

---

① 李之亮：《宋两湖大郡守臣易替考》，巴蜀书社，2001年，第389页。此年朱柔嘉任郴州知军，后由苏谞接任。

② 李之亮：《宋两湖大郡守臣易替考》，巴蜀书社，2001年，第395页。此年朱柔嘉任郴州知军，后由苏谞接任。

③ 李之亮：《宋两湖大郡守臣易替考》，巴蜀书社，2001年，第399页。此年朱柔嘉任郴州知军，后由苏谞接任。

④ 黄休复：《益州名画录》，载《中国美术论著丛刊》，人民美术出版社，1964年，第58页。

云："似指苏耽。"[1] 李得柔自幼喜读书，工诗文。至于丹青画技，不学而能，写貌甚工，落笔有生意。简州开元观中《十二仙真图》壁画也是张素卿手笔，可惜在宋乾德四年（966）毁于火灾。《益州名画录》又载道士李寿仪摹张素卿《十二仙真图》于邛州天师观："广政中，寿仪往彼，焚香斋洁模写，将归邛州天师观西院上画其壁，但穷精粹，笔力因于素卿，神采气韵有过时流。一堂六堵，见存。"[2] 如今，李得柔所作的"苏仙君像"早已失传，邛州天师观《十二仙真图》壁画也随着宫观被毁。至清，有苏仁山摹作《道士张素卿十二真君》，画中十二人，仿若行"卖卜贾药、书符导引"之事。因画中未标注十二人的姓名，故不能辨别谁是苏耽。苏仁山，字静甫，号长春。他擅画仙佛人物，也涉猎山水，技法精湛，意境高深，与苏六朋并称"岭南画坛二苏"，在晚清广东画坛颇有影响力。苏耽自被张素卿绘入"十二仙君"之后，常被各名家描摹，可见苏仙自唐以来影响渐广。

明代崔岩的《九仙二佛传》刻有九仙二佛画像及景迹图，其中苏耽像为坐姿，与明清族谱中常见的祖先坐画像类似。

现存最精美的苏耽古代画像，见载于明万历二十八年（1600）汪云鹏玩虎轩刻本《有象列仙全传》。此书共载神仙五百八十一人，其中录有郴籍神仙苏耽、王锡、唐居士、刘瞻、廖师五人，仅苏耽及刘瞻有像。《有象列仙全传》扉页录刻工黄一木，可见插图为黄一木所刻。《苏耽》图中有橘树有古井，少年神仙苏耽持"鲊"献母，盼顾橘井。

苏仁山《道士张素卿十二真君》[3]

此图不仅将人物的线条雕刻得曲直适当，而且眉目之间可见人物表情传神，为徽派版画的典型代表。1988年，该图入选《中国古代版画丛刊》[4]。

①　岳仁译注：《宣和画谱》，湖南美术出版社，1999年，第104页。

②　黄休复撰：《益州名画录》，载傅璇琮、徐海荣、徐吉军主编《五代史书汇编》第10册，杭州出版社，2004年，第6155页。

③　图源自 hppt：//wangchangzhengb. blog. 163. com/

④　郑振铎编：《中国古代版画丛刊》，上海古籍出版社，1988年，第3册。

清代学者刘献廷著《广阳杂记》载："苏仙山上为静思宫，中为中观，下为白鹿洞。静思宫在山巅，亦颇高，中奉苏耽母子像，屋宇皆坚致，略无登眺之致。"① 可见当时苏仙岭顶观供奉有苏仙母子像，可惜早已毁坏。

现存于飞升亭的"苏仙跨鹤图"为民国初年作品。民国甲戌年（1934），郴县人王兰（上海香祖书画社创始人）请吴兴画家王震画了一幅"苏仙跨鹤图"，另附诗云："流芳橘井诵苏仙，未肯飘然绝俗缘。闻说当年应召去，一天白鹤舞翩翩。"图和诗均翻刻于一块平展青石上，供奉于飞升亭内。据张式成讲述："此图乃张愈昱在省教育厅时，通过郴籍著名蝴蝶画家王兰，请动清末民初上海美术家、孝道人物画家王震为苏仙造像，他在长沙收到画像，马上找工匠刻石，而后运回郴州，安放在飞升亭中。"②

苏耽

（三）苏仙景迹

景迹，古人所谓显行迹之处。仙踪虽然难觅，但在古人众口一词的传说中依然有迹可寻。不论是否可信，文人骚客都喜好以这些传闻为依托，以"寄登眺、寓题咏"为目的，创造人文仙境。现在，传闻中的仙迹大都成为风景绝佳的景点，登临其处，诵读名句，无不飘然欲仙；有的仙迹虽然已消失得无影无踪，但诵读名句，遥想其地，依然可以冰释尘虑。

苏仙，郴州九仙之首，自古景迹众多。最出名的当属橘井与苏仙岭，杜甫诗云"橘井旧地宅，仙山引舟航"。病困潦倒的杜甫其实并未到过苏仙岭，从未见过橘井，全凭前人名句遥想愈疾。病中赋诗、遥想苏仙愈疾的还有宋人刘攽，他作《酬狄奉议》云："病卧湘滨面岳山，每听鸣鹤忆苏仙。三苗地阔横千里，五岭泉分会一川。"③ 苏仙，在文人酬唱中，成为对郴籍道人的最高赞誉，如宋代诗人曹勋赠张炼师云："昔仰苏仙迹，今瞻弄玉身。岳灵朝捧剑，飙骑夜朝真。笙鹤声常近，烟霞到处新。愿言承道荫，秘语慰斯民。"④ 如今，"苏仙"已成为

① 刘献廷：《广阳杂记》，载王云五主编《丛书集成初编 2959》，商务印书馆，1937 年，第 123 页。
② 张式成：《教育贤达张愈昱》，载曹利瑶主编《苏仙风流》，湖南人民出版社，2011 年，第271 页。
③ 刘攽撰《彭城集》卷十三。
④ 曹勋撰《松隐集》卷十一。

一个行政区划地名（称苏仙区），按照古人称呼"里籍"的惯例，苏仙区人尽可称呼为刘"苏仙"、李"苏仙"……。考古溯源，苏仙景迹遍布郴州全境，除了苏仙区的苏仙岭、橘井等名胜古迹，还有永兴县的"潘园仙韭"、仙母山、苏仙观，汝城县的"苏山春霁""独秀晴岚"。

崔岩《九仙二佛传》：苏仙山景迹

1. 苏仙岭

苏仙岭简称苏山（或苏岭），原名牛脾山，因形似"牛脾"而得名。又名马岭、白马岭、龙头山。它位于郴州市苏仙区城区，为五岭之骑田岭余脉，主峰海拔 526 米，方圆 32 里，现已成为风景名胜区。牛脾山在汉以前默默无闻，只因相传神仙苏耽在此得道"飞升"而更名。考辑文献，苏仙岭更名史大致如此：苏母去世后，百姓于牛脾山中或见苏耽骑白马，或见松树下拴有白马，因此大约在东晋时更名"马岭"或"白马岭"。[①]大约于唐时，诗词中常见苏仙山。北宋阮阅《诗话总龟》载："郴州城东有山高秀，神仙苏耽修真之所。唐封为苏仙山。"宋时，国史或舆

苏仙岭

地记均称"苏仙山"。唐末五代杜光庭《洞天福地岳渎名山记》作道教七十二福地之"第十九马岭山福地"，北宋李思聪《洞渊集》及以后明清方志均称"第十八福地"，视之为"仙人"修道秘境，素有"湘南胜地"美誉。

---

① 最早见于东晋罗含撰《湘中记》："……又县南十数里有马岭山，山有仙人苏耽坛。"

　　此山历代题咏甚多，其摩崖石刻群于 2013 年列入全国重点文物保护单位，这些石刻大多与苏仙有关。入山，原有"天下第十八福地"牌坊立于山门（今毁），明崇祯十年（1637）四月徐霞客游苏仙岭见"入山即有穹碑，书'天下第十八福地'"①，可见此碑由来已久。这座因苏仙得名的山，大约于唐时成为道教福地，约于宋时被誉为"第十八福地"。山麓可见摩崖石刻"白鹿洞"，传说苏仙出生后被抛弃于此洞，有"鹿哺鹤覆"的传奇故事，又传此洞可通永兴、湘潭，苏仙由此出湘潭买湘潭豆腐乳孝敬母亲。洞壁有南宋淳熙九年（1182）祈雨石刻："浚仪赵昌言②、永嘉宋仲温、吴郡郑处厚并门生张仲处，祈雨憩此"。另有一款清道光丁酉（1837）六月的祈晴石刻，则称知州胡钧率部属祈晴即验，是岁大熟，胡钧还愿时曾见白鹿洞右壁刻有绍熙甲寅（1194）商元左③祈晴记，而今此记不存。苏仙获得宋代皇帝四次加封，皆因祈雨有应。而从岩壁石刻来看，不仅祈雨灵验，祈晴也灵验。文献中的祈雨灵验故事很多，现摘录两例：明万历二十九年（1601），郴州知州李伯廉赴苏仙岭祈雨，立即应验，他异常兴奋地写信告诉好友汤显祖（明代大戏剧家，《牡丹亭》为其成名之作），汤显祖深受感染，以"不得过郴为恨耳"题赠诗曰："……似有青牛随李叟，久无白鹤到苏耽。不知云汉歌能苦，为许山川雨作甘。罢舞香云连下鹤，初飞灵雨应随骖。歌风文学诸生满，为政神明自尔堪。"④ 清乾隆三十三年（1768），春雨失时，泉干土裂，三个月无法播种。知州谢仲坑心急如焚，携试用知县熊显、吏目牛澄、良田巡检司沈美中等人乘夜登苏仙岭，祷告于山顶仙坛。不一会儿就听见"林叶淅沥有声，骤雨随风而降。黑云四布，出山犹未大明"⑤。历代官员祈雨祈晴灵验的石刻和文献让苏仙岭萦绕着不可名状的仙气。按照谢仲坑的说法，仙与人有诚心感召，并自述"涤虑忘寝，断荤隐忧如病者"，然后神能鉴之，仙能佑之。科学昌明的今天，早已无需祈雨。然而，洗心涤虑，怀着崇敬之情攀登仙山，无疑是值得颂扬的积极人生态度。

　　由白鹿洞拾阶而上，于半山中可见一古凉亭，门额上嵌汉白玉匾，楷书阴刻"初登仙境，共步云梯"。将至山顶又见一古凉亭，门额上书"蓬莱在望，仙阙可攀"。两门额以仙境励志，结合路程与沿途景致鼓励登山者攀登高峰，恰到好

---

　　① 徐霞客：《徐霞客游记·楚游日记》卷二下。
　　② 据李之亮著《宋两湖大郡守易替考》，巴蜀书社，2001 年，第 391 页。此年赵汝亦由朝奉郎任郴州知军。
　　③ 据李之亮著《宋两湖大郡守易替考》，巴蜀书社，2001 年，第 392 页。此年商侑由朝奉大夫任郴州知军，商侑字元左。
　　④ 徐朔方笺校《汤显祖集全编》第 2 册"诗文卷十二·玉茗堂诗之七"，上海古籍出版社，2015 年，第 695 页。
　　⑤ 事见《（嘉庆）郴州总志》卷三十五"艺文上·记下"，谢仲坑《苏仙岭祷雨记》。

处。山顶沉香石，为一突起悬崖，崖壁上刻"跨鹤台"，下有元代石刻"升仙石"①，传说苏耽在此石打坐，有白鹤飞来接引，于是跨鹤升天。

苏仙岭山顶又传有"仙桃石"，乃苏仙手植仙桃所化，诚心祈祷者方能有幸得之。唐人段成式最早撰《酉阳杂俎》记曰："仙桃出郴州苏耽仙坛，有人至心祈之辄落坛上，或至五六颗，形似石块，赤黄色。破之如有核三重，研饮之愈众，疾尤治邪气。"② 而明人董斯张所撰《广博物志》更为传奇："郴州有山曰'苏耽山'，乃其飞升之所也。山中多石人，以锯界破，其象（像）有桃株、有塔样、有观音弥勒像，又有'天下苏山'四字。"③ 明代徐霞客所记更接近真相，因为当时乳仙宫乘宗和尚赠了他一颗"仙桃石"，他写道："所谓'仙桃石'者，石小如桃形，在浅土中，可锄而得之，峰顶及乳仙洞俱有，磨而服之，可已心疾，亦橘井之遗意也。"④《（嘉庆）郴州总志》卷四十二"杂志·摭物"引《广舆记》称："石出马岭，大似榆钱，圆厚寸许，中有空心，摇而响者是。山陕旅客多登山求僧，有仙桃，诏依磨服之，疾斯愈，不可多得。"所谓"诏"应是崔岩《九仙二佛传·汉苏仙传》中的"仙桃铭"。"仙桃石"究竟是何奇物？现在此物已经很少见了，即便掘地三尺也难找到一颗。不过，苏仙岭山脚桃花居苏仙民俗展览馆摆放了一颗，可以一睹真容。"仙桃石"真能愈疾吗？清代诗人徐振作《郴阳竹枝词》曰："苏仙桥下石嶙峋，苏仙岭上树轮囷。尽道仙桃能愈疾，嗔他偏不疗愁人。"⑤ 没有一个好心态，只怕神仙也难以医治。

顶庵，镌刻明代诗人欧礼名句"云雾岩巉下，乾坤指点间"，此条被收入《中国名胜楹联大辞典》。除此之外，被收入的苏仙岭名联还有："洞前一只白鹿，仙会恍游蓬岛路；笛外数声黄鹤，我来犹记洞庭秋。""阆苑清风仙曲妙，郴江秋水道心空。""纵目上层峦，看云树千家，桑麻四野；骋怀临胜地，正郴江北上，骑岭西驰。""仙去云遥，想当时临别从容，抛棋子，踏石台，跨鹤冲霄朝上帝；我来不速，登此山纵观遗迹，抚碑亭，蹈古洞，骑鹿何人步后尘。""烟霞漫绕岭上月，楼台深锁洞中天。""登高聘瞬，看山舞龙蛇，百虬千蛟，尽收眼底；揽胜怀古，想誉垂橘井，一叶万户，齐上心头。""神仙何处寻，但泽及民人，到今传橘井甘泉，鹤亭时雨；风景这边独好，正春来天地，朝前望郴阳日出，衡岳云开。"⑥ 随着古代建筑被毁，这些楹联已不复存在，也无从考释出

---

① 署名"泰定三年（1326）完者秃"，完者秃为元初中路总管，朝鲜人。
② 段成式：《酉阳杂俎》卷十八"广动植之三"。
③ 董斯张：《广博物志》卷五。郴州原误为"永州"。
④ 见明《徐霞客游记·楚游日记》。
⑤ 徐振：《艺海珠尘·四绘轩诗钞》。徐振，江苏苏华人，康熙乙酉举人。
⑥ 裴国昌主编：《中国名胜楹联大辞典》，中国旅游出版社，1993年，第886页。文中"郴"误作"彬"字。

处。如此妙联点缀美景，与其说得益于神仙携来仙气，不如说是灵感创造了仙境。现将苏仙岭历代诗词辑录如下：

题苏仙山（郴州城东有山，为苏耽修真之所，名苏仙山）

唐·沈彬

眼穿林罅见郴州，井里交连侧局楸。味道不来闲处坐，劳生更欲几时休。
苏仙宅古烟霞老，义帝坟荒草木愁。千古是非无处问，夕阳西下水东流。

摘自《全唐诗》卷七百四十三。

次韵登苏仙绝顶

宋·释德洪

平生合腰万丁带，谁使天涯宿溪濑。晓驱部曲上香山，路人如堵看飞盖。
桂环卷舌啸云烟，右辖风流是谪仙。辋川草树入画图，此风颓落今追还。
散发岩阿聊一快，世议从来嗟迫隘。为君戏语敌山光，棘句钩章穷险怪。
诗成便觉王公轻，整顿道山归去情。子廉未必山林见，市人中有安期生。

摘自释觉范撰《石门文字禅》卷五。

游苏仙山

宋·萧立之

坛下松声江上潮，坛前天近北风高。山腰洞黑藏丹灶，云顶秋深落石桃。
逆理偷生虽世论，离群独立亦人豪。仙家尽有青精饭，不与吟翁绿鬓毛。

摘自《萧冰崖诗集拾遗》卷下。

苏　山

元·完颜东皋

图画天开马岭山，仙家白鹿洞中看。泠泠瑞露春生树，冉冉香云昼绕坛。
橘井有泉通玉液，桃源无路问金丹，他年拟卜烟霞计，只恐幽人矢解鞍。

摘自《御选宋金元明四朝诗·御选元诗》卷五十一，《钦定四库全书》版。

马　岭

明·何孟春

马岭古福地，苏仙此为宫。灵异其如何？巨石有遗踪。
我时得清暇，云外窥洪蒙。犹见前辈人，葆盖纷相从。
往返双黄鹄，神光映晴空。有心愿执鞭，遨游东海同。
食霞契元化，炼气入无穷。羽翼如可生，蓬瀛驾罡风。

摘自明《（万历）郴州志》卷六。

重登苏岭

明·胡汉

苏仙突兀枕江流，九日重登续胜游。几点峰峦天外小，千家烟火望中收。
整冠共诧风生软，把菊争呼酒送稠。潦倒新亭歌未歇，忽惊凉月在松楸。

摘自明《（万历）郴州志》卷六、清《（嘉庆）郴州总志》卷二十八。"望中收"一作"目中收"；"共诧"一作"适爱"；"争呼"一作"相呼"。

苏仙岭

明·熊汝鹏

胜地红尘净，春山青草芊。云芽凝洞顶，石发蔽诗镌。
太乙炉难觅，升仙迹可传。何能乘羽辇，去问汉苏仙。

摘自明《（万历）郴州志》卷六。以下皆题为"苏仙岭"。

明·刘本学

山巅鹤已远，洞口雾长封。欲向赤松问，何由觅去踪。

摘自明《（万历）郴州志》卷六。

明·何仲方

半日棋枰招月上，一时诗句送春来。山腰有观行新菜，云顶留岩壮古苔。

摘自《古今咏郴州》。

明·刘汝楠

昨宿洞中雨，旦上仙人峰。四壁含清气，千崖变晴容。
谷风何澹荡，春云自冲融。流目泛华滋，倾耳聆溪淙。
丹台藏隐雾，灵草春茸茸。凄然迷大隐，怅望古仙翁。
天路招白鹤，鼎湖控飞龙。不见骑鹿人，绿发不相从。
挥手谢白云，倚徙抚孤松。

摘自明《（万历）郴州志》卷六。

明·罗明

一

行上山来更上山，白云深处是仙关。望中吴楚乾坤大，坐底松乔日月闲。
岩草翠摇鹦鹉绿，涧花红染鹧鸪斑。登临未了残诗句，付在烟莎雾柳间。

二

金碧楼台倚半空，松花不扫白云封。紫绡制氅烟霞色，斑笋裁冠玳瑁容。
龙甲卷来天上雨，鹤瓴梳破树头风。世人若问长生诀，洞口桃花几度红。

摘自明《（万历）郴州志》卷六、清《（康熙）郴州总志》。

明·周南

直上仙山力欲竭，山上白云扫不得。一帘松影舞风清，几杵钟声敲月白。

109

暖炉炼他仙道丹，寒泉洗我心头热。三百甲子我当归，莫把归期空自说。

　　　　　　　　　　　　摘自清《（嘉庆）郴州总志》卷二十八。

明·欧礼

云雾岩巉下，乾坤指点间。钟声怵藻句，屐齿破苔斑。

　　摘自明《（万历）郴州志》卷六。开头两句现作为苏仙岭顶庵大门的对联；第三句"怵"字一作"怅"。

清·程之澍

偕来稚子解听鹂，读破南华论物齐。陇笛吹残村舍静，暮鸦归去白云低。
泉声索我频来梦，山色赠君得倩携。闲览春光游客醉，桃花依旧洞门西。

　　　　　　　　　　　　摘自清《（康熙）郴州总志》卷十。

清·黄本骥

绿发归来不计年，琳宫高踞万峰巅。洞弯背日疑无路，松老拿云欲上天。
鹤鹿至今思孝子，桔桃何事说神仙。数声樵斧斜阳外，高塔人烟落眼前。

　　　　　　　　　　　　摘自清《（嘉庆）郴县县志》卷三十七。

清·袁来善

树影参差花影移，赏花花下听黄鹂。共看石上还留韵，独坐松林别有思。
水爱桃源偏淡折，山依云际自岐嶷。眼前好景杯中取，不记秦时与汉时。

　　　　　　　　　　　　摘自清《（康熙）郴州总志》卷十。

清·盛名誉

昔日仙翁乘鹤云，药炉丹井知何处。轻身逍遥上太清，片石空遗两松树。
云深古洞流寒泉，历尽沧桑不记年。鹤留城门爪画字，至今异迹人相传。
我来览古一凭眺，惟见孤峰落残照。滚滚风尘知不知，闲情欲听苏门啸。

　　　　　　　　　　　　摘自清《（嘉庆）郴州总志》卷二十八。

清·聂铣敏

一

平生结契在仙关，胜日登临四望闲。古塔千寻烟屿锁，奇峰一带郭门环。
路沿流水平桥外，境到层岩古树间。行近花宫仙梵响，高僧道我快追攀。

二

凿开翠壁势嵚崯，蛇磴盘盘一径斜。自有闲云映松盖，更无流水泛桃花。
鹿过石畔犹余洞，人去山中不忆家。便欲搜寻入深际，直愁户外暮烟遮。

　　　　　　　　　　　　摘自清《（嘉庆）郴县县志》卷三十七。

清·范开祁

新晴乍喜见春晖，十里江城曙色霏。石面扫苔临古篆，洞门煮酒壮寒威。

鹤因山浅连云瘦，松为年深溜雨肥。笑取山花红满袖，分明醉夺锦标归。

摘自清《（康熙）郴州总志》卷十。

苏仙山

清·彭开勋

至孝由天性，苏耽竟作仙。与人推正直，将母尚迁延。

橘沥杯中在，瑶华岛上传。居民忧大疫，长此得修年。

摘自《南楚诗纪》卷四"郴州"。

苏　岭

清·李嗣泌

仙人长共水云居，欲蹑仙踪不用舆。对月有时偏得趣，御风何处不凭虚。

晴峰鸟渡还愁湿，幽洞泉穿流韵余。有客耽奇忘折屐，莺花啭丽异香徐。

摘自清《（康熙）郴州总志》卷十。

登苏仙岭

清·范宗裕

支筇蹑履觅仙踪，石磴丹梯一线通。宿鸟噪林惊树雨，落花浮涧走溪风。

云沉四面人何处，松屈长枝鹤已空。趺坐寒岩心境净，浑身疑在画图中。

摘自《（民国）汝城县志》。

登苏仙岭

清·聂铣敏

一

破晓客惊山梦，踏霜人过虹桥。沼溪忘路远近，仙关望里岧峣。

桔井阳回水跃，桃花春老山空。不知鹿鹤去处，但闻鸡犬云中。

二

学道几曾面壁，问名不是眉山。紫府丹邱深处，桃花流水人间。

云树无边画障，水田一带僧衣。低徊客子将去，惆怅仙人不归。

摘自清《（嘉庆）郴县县志》卷三十七。

忆苏仙岭

清·陈起诗

郁郁苍苍汉代松，乳仙宫馆碧苔封。烟霞啸傲今非昔，诗酒悲歌疏更慵。

流水桃花前洞月，衣香人影隔林钟。无端又作朱门客，回首苏山云万重。

摘自《湘雅遮残》。

111

苏　仙

清·范秉秀

开筵深树听黄鹂，恰似兰亭少长齐。绝壁欲寻仙迹杳，荒城凭吊帝陵低。
立程白雪词谌琢，御李瑶琴韵可携。度曲飞觞频缱绻，斜阳遮莫报沉西。

摘自清《（康熙）郴州总志》卷十。

白马岭

清·张九镡

天风何莽苍，吹我入云族。石壁撑孤圆，隙光透重屋。
不知仙灵踪，茫茫化幽独。人烟出松顶，日影露山腹。
万岭作秋声，霜气亭午肃。乘马何时还，驾言寻白鹿。

摘自清《（嘉庆）郴县县志》卷三十七。

苏岭云松。苏仙岭上，古木参天。在云雾缭绕的峰顶，有一片古松林挺拔奇秀，枝柯向西南展开。传说，苏耽成仙后想念母亲，经常偷偷下凡到山顶瞭望故居，还忍不住流泪。山顶的青松被感动了，因此松枝都伸向西南方朝着潘氏家展望，于是后人取名"望母松"。"望母松"枝叶如云，故又称"苏岭云松"，为郴阳八景之首景。"苏岭云松"仙韵十足，为吟咏苏仙岭的首选题材。

马岭云松

明·袁均哲

高山雄峙压鸿蒙，常有祥云点翠松。雨霁悠扬翔白鹤，月明偃蹇卧苍龙。
茯苓堪剜延遐算，霈泽常施作岁丰。白马仙人归去夕，至今遗迹在高峰。

摘自明《（嘉靖）湖广图经志书》卷十四"郴州"。

苏岭云松

清·朱毂

一峰独秀面城阄，几树浓烟入眼新。人自丹成随鹤驭，天将雨意护龙鳞。
林中鸡犬闻难见，洞里乾坤秋亦春。欲借流膏助仙鼎，大年不更数灵椿。

摘自《（民国）汝城县志》。以下皆题为"苏岭云松"。

清·陆海

峻岭岩峣倚碧天，陵云乔木荫千年。微风入树浓还淡，薄雾萦枝断复连。
游子骑回迷翠霭，仙人鹤去冷苍烟。几来松下盘桓久，拟赋无心出岫篇。

摘自清《（嘉庆）郴县县志》卷三十七，下同。

清·何达宪

爱升高阜问苍穹，变化风云气象通。翠盖夜承银汉露，虬枝朝弄碧霄风。
但知是地松栖鹤，不识何年雾作宫。仿佛苏君归甲子，绿毛臣手出云中。

清·范廷谋

千寻峻岭倚苍穹，万树当关一径通。青翠逼天隐旭日，浓阴覆地落香风。

碧苔踏破游人屐，清磬敲残仙子宫。览胜不须攀绝顶，置身恰在绿云中。

白鹿洞。原名桃花洞，又称乳仙洞，为石灰岩溶洞。现洞宽4米，高3米，长15米。洞顶岩石褶皱起伏，时有水珠滴沥。洞外藤葛披挂，玉溪（又名桃花流水溪）流淌。世传苏耽成仙于马岭福地，出生于白鹿洞天。刚出生的苏耽被抛弃于洞中，传说有仙鹤以翅膀覆盖为之暖身，又有白鹿为之哺乳，故名"白鹿洞"。白鹿洞前有八角凉亭，其名"乳仙亭"，同样来源于苏耽在此洞接受白鹿哺乳。亭上匾额曰"鹤鹿遗踪"，联楹用宋时郴州知军丁逢诗句："鹿走青山云底去，鹤飞时带雨飞来。"洞前原为一只石雕白鹿，与古联"洞前一只白鹿，仙会恍游蓬岛路；笛外数声黄鹤，我来犹记洞庭秋"意境相符。后被砸毁。现在重建，为母子两只白鹿，顾盼生情，有吐哺之意。

乳仙宫。明万历三十二年（1604），袁子训兄弟倡修乳仙宫，此即徐霞客所见之宫（1637年）。此宫依白鹿洞而建，有丛桂荫门，有清流临道，为一颇有雅趣的三进式院落。按照袁子训的记载，大堂正中供奉着苏仙真君。时隔三十三年，出门迎接徐霞客的却是乘宗和尚。不过，徐霞客的日记中分明记载了乳仙宫仍有仙案，他从中观折下的蔷薇就摆在仙案上供奉苏仙，热情好客的乘宗临别赠予"仙桃石"，这一切说明乘宗也有苏仙信仰，乳仙宫的真神并未易主，还是苏耽。当时，"仙"与"佛"在郴州亲如一家。如果文献没有记错，此处还存有袁子训之兄长袁子让题写的一副楹联"凿开顽石方成洞，跳出尘埃便是仙"，此联既点景，又入哲，恰到好处。如今，乳仙宫已毁，遗迹不存。

白鹿洞，乳仙宫，承载了许多历史记忆。祈雨即验则避雨于此，祈晴有验则纳凉于此。有兴修祠宫无比崇敬的记，也有乘兴来游置疑传说的记。不论游人对"仙"是何态度，历代诗词文献亦足以助游兴。兹录于下：

乳仙宫记

雷州府同知袁子训（州人拔贡）

苏仙之麓有白鹿洞者，为真人发身处，鹤覆鹿乳，奇若后稷。平林羊迹，鲤踪灿焉，文简传志为"天下十八福地"，实苏岭第一仙关。故祠创于洞前，仙灵妥于岩下，势虽依乎岩窟，制颇局于观瞻。嗣既僧道迭兴，祠亦栋宇载辟。闻鹿鸣而鸣鹿峙馆，适鹤来而来鹤蜚亭，总之倚洞为基，抑且面山为主，势趣胚乎再创，机实待于后人往者。予兄弟买履登山，杖藤探胜，偶因觅秦少游踏莎之调，遂尔得苏真人扫级之规。气聚而藏，势伟而壮。洞即在左，其掖气直受顶之余。议欲再始，卜丰工拟即为营洛，乃问主画于家君，更请证盟于郡主。上下咸兴，远迩同心。开楼阁于空中，集斧斤于云外，功成一日，胜甲千年。中奉真君，征

113

奇踪之自始，后临潘母稽异迹之从来。梁栋倚天排，仿佛凌霄碍日。钟磬随风舞，依稀奏羽流商。云来往而无心，花开落而自主。一声嘹唳，定知仙鹤归巢。几处呦鸣，疑是神鹿来苑。永奉千秋香火，别是一样乾坤。俯仰古今，缔思堂构，汉以后屡经诏旨，只崇马岭之新峰。宋以前代有葺修，未及牛脾之旧址。何如兹举大胜，前因遡水木源本之恩，则真人孝养之心得兹创而远慰。斗牛羊腓字之始，则真人变化之妙得。兹构而益彰，信为不世之奇功，可作开天之创果。阇利维摩之室不至独擅西方，紫阳桐柏之乡行且遽芳兹境。予兄弟铺砖之念，藉是以完苏真君济橘之灵。从今再始，祠事既成，宜有纪述，乃次向者指画之语，及今日审绩之功，用属诸四友之中山氏，以遍告万世之同心者。时万历三十二年冬立。

摘自《（嘉庆）郴州总志》卷三十五"艺文·上"。

游白鹿洞记

州学训导、后翰林编修 张九镡

黄溪之东有马岭山，高六百余丈，广圆四十许里，其下为白鹿洞，去郴江之湄里许，世所传苏仙鹤覆鹿乳处。郴郡踞岭上，山水横绝，而古迹莫著于苏仙，故山水皆以仙得名。自城之东曰来鹤，稍东为观，又东跨郴江为桥，再北东而为洞，有祠以祀仙。再上有云松夹道，石级盘空，为中观。又上为马岭绝顶。然游人之多，景物之奇，莫如白鹿洞者，以其下远城市之嚣，而上无登陟之劳也。神灵之迹所在多有，而苏仙生前以孝得名，仙后佑其母以寿，且以种橘凿井愈疾庇其乡人，其立坛祠，食报于兹土也固宜。顾世传其母潘孕感五色浮苔而生，弃之牛脾山石洞中，后见鹤覆鹿乳，取之而归，以比于寒冰隘巷之事。余考《水经注》引《桂阳列仙传》云："耽少孤，养母至孝。"以此证之，世所传非妄欤？是洞在城之东岭之下，耽之栖游来往踪迹显然，当其与众儿更值录牛时，牛方徘徊左右，不逐自还，云"非汝曹所知"。则鹤驯鹿扰于襁褓时又岂他人所得知哉？余以为欲论苏仙之事者，当如此矣！余自丙子闰秋独游此山，赋诗五章，阅二年戊寅九月偕泾川赵曦东、华亭杨鳣堂、句容王明兴、南陵刘玉，咸暨三子世浣、世濂、世鸿同至其地盘桓竟日，出寺门复共憩山下石桥古松流水间，红叶青山夕阳掩映，如隔尘境。噫嘻！步虚声中若有乘紫云、驾白鹤、偕鹤鹿以翱翔而拱手以相谢者，世乃以余言为不然也耶？故为之记以告来者。

摘自清《（嘉庆）郴州总志》卷三十五"艺文·上"。

郴州牛脾山谒景星观观下有白鹿洞乃苏耽飞升之地

宋·吕本中

清霜散晓阴，轻风吹宿雾。桥倾绝人行，渔间借舟渡。

初惊鸟背转，渐入牛脾路。长林连云壑，细草萦石户。

洞深锁灵踪，鹿去骖仙驭。殿高邻天冠，廊回宽地履。
骤响水湍流，飘香花似雨。崎岖到山椒，静旷夺尘虑。
四顾但茫然，俯窥若轩轾。伫立鹤不归，寒生日云暮。

摘自《东莱诗词集》，沈晖点校本。

和程学师春游白鹿洞

清·周熹

洞门寂寂汉仙宫，出世方知入世笼。雨洗苔钱纤径滑，云依丹灶小亭蒙。
桃花笑我韶光误，流水招人活趣同。趺坐春风思乳鹿，沉吟佳句味仙翁。

摘自清《（嘉庆）郴县县志》。

白鹿洞

清·张九镡

攀缘不可尽，翩然忽已下。回头苍翠浓，秋阴堕深野。
孤洞锁岩根，飞泉滴檐瓦。登楼更凝望，岭色剩残赭。
城低饮落虹，桥横截奔马。遥骖鸾鹤群，逸兴共萧洒。

摘自清《（嘉庆）郴县县志》卷三十七。

入洞觉春暮

清·邹辀

入洞觉春暮，残花余杜鹃。松声答流水，鹤影杳诸天。
山是神仙占，名因才子传。君看三绝在，万古壁笼烟。

崖刻，清道光戊戌三月邹辀题，收录于《郴州金石录》。

升仙石。苏仙岭绝顶，有一石突兀而出，登临其上，如立云端，其下刻石曰"紫云"，故又名"腾云石"。又有刻石曰"沉香石""升仙石"，都是此崖惯用称号。因传说苏仙在此飞升，"升仙石"为最讨世人喜欢的称呼。明代诗人杨忠爱有诗云："仙翁一去几时归，陈迹苔封瘦又肥。陵谷已迁人世易，山头惟见白云飞。"[1]

棋盘石。升仙石上，有一石平顶，石上阴刻围棋棋盘。奇怪的是，棋盘并不完整，有一个大洞。相传，这是苏仙与王仙下棋，王仙输了棋，不服气，用拐杖戳的。清代诗人郭炳有诗云："支筇疑入烂柯山，对弈仙人去不还。胜败由来无定局，空枰莫道古今闲。"[2]

飞升亭。升仙石上，建有飞升亭，亭内有"苏仙跨鹤图"石雕碑刻，这是清末民初著名画家王震的作品。清代诗人郭远有诗云："白日悬如坠，青天尺五

---

[1]　清《（嘉庆）郴县县志》卷三十七载，题为"腾云石"。

[2]　清《（嘉庆）郴县县志》卷三十七载，题为"棋盘石"。

看。群山皆下拜，一鹤自登坛。道在堪忘己，功成不问丹。可怜嵇叔夜，太息怅泥丸。"①

　　顶庵。苏仙岭绝顶，最早建筑为"苏耽仙坛"（即泥土和石块堆砌的高台，又名"苏仙坛""仙坛""仙人坛"等），用以祭祀苏仙，这一建筑保存至清代，乾隆时郴州知州谢仲坃祈雨尚称祷告于山顶"仙坛"。后来苏仙岭山顶修建了祠庙，清以前早期文献常见仙人祠、苏仙祠等。

2. 橘井

　　苏仙以"一片橘叶，一勺井水"治疗瘟疫的橘井位于郴州市一中校园内。旧时，过往旅客瞻仰橘井、捧饮甘甜井水，乃是必选行程，且不说是否能愈疾，起码可以顿消疲劳、立解暑渴。那时，橘井旁还有橘井观（或称苏仙观）可供观瞻，观后有苏母潘氏墓可以拜祭。

　　橘井又名橘泉、苏耽井、苏仙井。传说始建于汉，乃苏耽亲手凿成，旁有苏仙观。清《（康熙）郴州总志》载："苏仙观，州城东。创于汉，橘井在焉，即苏仙旧宅。"明末井水忽涸，清康熙五十年（1711）井水复出，至清末井水又浑浊，不堪饮用。清光绪十七年（1891）王锡祺撰《小方壶斋舆地丛钞》云："（橘井）水甚浑浊，妇女汲者往来不绝。"②1967年橘井被填。1980年被评为市级文物保护单位。1984年原井修复。2006年郴州市一中举行校庆时大修。

橘井

　　以传说而论，北魏郦道元《水经注》引《桂阳列仙传》云："年将大疫，死者略半，穿一井饮水，可得无恙"，即说苏耽成仙时，井尚未凿成，犹待其母凿井。而北宋李昉《太平御览》引同一部书则称："今年多疫，窃有此井水，饮之可得无恙，卖此水过於供养"，则已有此井，苏母只需卖水度日。而更早的《桂阳先贤画赞》则说"苏耽种药梅树下"，未说井之有无。不论以上说法哪种正确，在西晋《桂阳列仙传》成书时，必然已有此井印证传说。毫无疑问，此井未必是苏耽亲手凿成，但也是一口说得清历史渊源的古老水井。清《（嘉庆）郴

---

①　清《（嘉庆）郴县县志》卷三十七载，题为"苏仙飞升亭"。
②　王锡祺：《小方壶斋舆地丛钞》第九帙，台湾学生书局，1985年，影印版，第411页。下文引用同此注。

州总志》卷四十二"杂志·摭物"载："集灵观传为苏仙故宅，前有橘井，尝浚之，得石碑，泉遂涸，碑系青石，右侧有白纹，如橘桃相，丽形逼真。有篆书'橘桃仙瑞'四字，后知州范①祷之，泉复出。"文献虽然没有载明石碑"橘桃仙瑞"的镌刻年代，却透露了许多历史信息：康熙年间，仙井曾经枯竭，由于仙井关乎本州美誉，范知州不得不亲自动手疏浚。此井名为"橘井"，周围不仅植有橘树，某个时期也植有象征仙瑞的桃树。原来，就在苏仙家门口，祥瑞之兆不是井，而是井边的植物——它们是梅、橘、松、柏。

梅树。既然《桂阳先贤画赞》说"苏耽种药梅树下"，井边最早种植的自然是梅树。梅树是落叶乔木，每年二月和三月，叶子还没来得及长出来就会先抽出梅花，故称"独天下而春"，是传春报喜的吉祥植物。梅树的生命力很顽强，砍伐之后还会不断地钻出嫩芽、抽出枝条。梅树的果实很酸，可以制成梅干和梅子酒，制成"乌梅丸"则有解热、镇咳和驱虫之功效，故梅子素有"万能药"之称。可想，"苏耽种药梅树下"，梅本身就是一味良药。

橘树。自东晋葛洪《神仙传》记载"一叶愈一人"以来，苏耽井因有橘树而扬名天下。橘树是一种常绿乔木，每年初夏开花。果实叫橘子，味甜酸，果皮可入药。宋代郴州知军阮阅题《苏仙观》云："寂寂星坛长绿苔，井边橘老又重栽。城头依旧东楼在，未见当时鹤再来。"可见，为维护橘井形象，常有人重栽橘树。清时，橘林在橘井之左，为后人补植。清代王锡祺撰《小方壶斋舆地丛钞》云："（橘井）左有丛橘颇稚，土甕成台，台上有短碑，顺治丙申立，文不甚明，略言久成智井②。因溶而泉出，若然则橘亦后人补植者矣。"

松树。松树的寿命十分长，人称"不老松"，植于仙家极具象征意义。不过，即使植于仙家，也有老时。唐代诗人李涉题《苏仙宅枯松》云："几年苍翠在仙家，一旦枯枝类海槎。不如酸涩棠梨树，却占高城独放花。"③

柏树。柏树号称长寿之王，千年以上的柏树很常见，据说黄帝陵内轩辕黄帝手植的古柏经历了五千余年风雨，为"世界柏树之父"。橘井之右，有古柏参天，树分三枝。清代王锡祺撰《小方壶斋舆地丛钞》云："（橘井）右有古柏大数抱，三歧参天。"清康熙甲戌年（1694）刘献廷游橘井观时称："庭前古柏二十围，滑泽无皱皮，夭矫三十余尺，赵宋以前物也。"换算成现代单位，古柏高约十米，合围八米，以其形态称"赵宋以前物"并不为过。又清《（嘉庆）郴州总志》卷四十二"杂志·摭物"称："集灵观前，古柏大数围，苍翠凌云，传为苏耽手植。国朝初，忽枯死，观老道士谭虔奏章于南天门外，遇桂阳州马道士

①　即范廷谋，康熙五十一年（1712）任郴州知州。
②　智井，即枯井。
③　《全唐诗》卷四百七十七。

说，谭笏履不能入，因借之。后马来州索还，柏苏至今茂。"此则清代神话直指柏树为苏耽手植，已有两千余年的历史。同时也透露一个真实的历史信息，清初此柏枯死又复苏，故称"复苏柏"。在郴人心目中，"复苏柏"比橘树更神圣。清人徐振作《郴阳竹枝词》云："东邻生子夜喧喧，米炮油酥送满门。橘井观前千岁柏，不知抚养几儿孙。"又解释此民俗说："士民举子，夜则合家喧集达旦，弥月始散。炒米曰'米炮'，亦曰'米花'。橘井观右柏，传是苏仙手植。州人生子，多以柏命名，纸上书儿名粘柏间，言寄名与柏，儿易长也。"①

遗憾的是，仙瑞古树亦毁于"文革"，只留下诗文独忆古井，兹录古人佳作如下：

橘　井

唐·元结

灵橘无根井有泉，世间如梦又千年。乡园不见重归鹤，姓字今为第几仙？
风冷露坛人悄悄，地闲荒径草芊芊。如何蹑得苏君迹，白日霓旌拥上天。

摘自《全唐诗》卷二百四十一。"乡园"一作"乡关"，"草芊芊"一作"草绵绵"。

橘　井

明·胡奎

凿井仙翁本姓苏，后皇嘉树翠纷敷。一泓碧甃涵云母，万颗金丸铸木奴。
德洽人心终有济，泉通海眼不曾枯。我今亦抱文园病，修绠何由转辘轳。

摘自胡奎撰《斗南老人集》卷三。

橘井灵源

明·袁均哲

橘树团团覆井栏，井栏原曰近仙坛。枝头结实黄金嫩，水底涵天白璧寒。
片叶济人同妙药，一盃愈疾胜灵丹。自从仙子传流后，四海苍生总赖安。

摘自明《（嘉靖）湖广图经志书》卷十四"郴州"。

3. 橘井观

橘井观。曾名苏仙宅、集灵观、苏仙观、旧观仙人宅、汉室真人宅等，旧址在郴州市一中校园内，观前有橘井。唐以前为苏仙旧宅，唐开元二十九年诏修祠宇，天宝间改建为"苏仙祠"。天宝七年诏："诸郡有自古得道升仙之处，虽先令醮祭，犹虑未周，每处度道士二人；其灵迹殊尤，功应远大者，度三人，永修香火。"由此诏可推知天宝间苏仙祠应当度道士二三人，官方令道教介入民间信

①　徐振：《四绘轩诗钞》，中华书局，1991年，第6页。

仰，但未赐额①，不属于正式道观。大中祥符元年（1008），宋真宗敕赐苏仙宅第为"集灵观"，从此此观晋升为皇家认可的道观。此后苏仙经宋代皇帝四次加封，声望渐隆。因集灵观祀苏仙，自宋也有"苏仙观"之称，南宋或名为"开利寺"。②如阮阅《郴江百咏》称为"苏仙观"，苏仙岭顶上建有"苏仙祠"。明代始见"橘井观"之称，《明一统志》卷六十六称："橘井观在州治东，又有苏仙观在州东七里"，即山顶上的苏仙祠已演为"苏仙观"。根据郴州市一中保存的《重建橘井观记》《重建苏仙殿记（重建橘井观正殿记）》《重建三清殿记（重建三清殿、三官祠、苏母祠记）》，可知橘井观于明嘉靖三十年（1551）、清康熙五十八年（1719）进行重修。重修后为三进式道教宫观，前殿祀苏仙，中殿较前殿长一倍，为三清殿，后为斗室。中殿又隔为三间，三清像在正中，左奉三官，右祀仙母。碑文称，中殿原祀苏仙，知州范廷谋考虑到"三清"为道教最高神灵，故将三清像移至中殿，前殿祀苏仙，与阶下橘井、古柏为邻。明代虔州通判喻正中《重建橘井观记》③辑录如下：

郡城东橘井观，汉苏仙故宅也，其颠末载郡乘，及侍郎燕泉何公补传为悉。顾历岁既久，栋宇倾圮，不足以妥灵而昭，欲撤而新之久矣。嘉靖丁未，奉化横山王公来倅吾郴，道士李元春始以经营之计，白之于公，且欲输所有以助。公深嘉之。遂集乡耆王君銮、王君锡贵、方君孔高等，命以其意遍告郡中士民。维时正中通判虔州，诸君亦以书来告。中即归俸金以赞其役。于是鸠工抡材，恢宏旧制，不逾年而工告成。橘益茂，泉益清，真足以慰苏君华表之思，而益覆夫重庇乡间之泽也。第竣工落成，尚未有记。越辛亥，中致政家居，督事诸君诣予言曰："兹役之成，翁实助之，不可无记也。"中延为之言曰："仙与吾儒，异道也。羽盖霓旌，霞衣风驭，吸沆瀣，飡朝霞，羽化而蝉蜕，皆涉茫昧不可诘。致予深病世之人惑于其说，至有穷极土木以申崇。事若是举，则大有不然者：幼尝诵《列仙传》，至橘井一事，未尝不叹苏君虽羽化仙去，而养母之心弥切；虽遗世独立，而济物之念孔殷。即其所为，正与吾儒仁爱之道昭合。则今日之役，正嘉其孝，足以风泽，足以流以溥仁孝之劝于无穷焉耳，又岂区区香火崇奉之私已哉！"工讫，前后为殿者

---

① 赐额即皇帝赐名，这是唐代政府控制寺观数量的有效手段。绍兴三十二年诏书称"按天宝之祠，衍元符之号"，可见宋真宗赐名"集灵观"以前，乃是苏仙祠。

② 宋代祝穆撰《方舆胜览》卷二十五载："橘井在苏仙故宅，即今开利寺。"《方舆胜览》约成书于理宗嘉熙三年（1239）。北宋阮阅有《开利寺》云："修篁乔木水西涯，古屋颓垣达磨家。持钵但闻僧乞供，杜门不为客烹茶。"可见当时苏仙观与开利寺共存。

③ 刘专可摘自苏仙区《喻氏族谱》，并与碑文对校，刊于《人文湘南》2018年第3期。

二，中门为架者六，为间者五，廊庑仍旧，事兹不书。其地自东抵西，深若千寻，亘南北阔若千步；南有路抵大街，广若千尺，长若千丈；临街南向偏，兵宪滕公所书"天下第十八福地"者，则观之山门也。旧有田，前千户戴斌所施八载税一十亩，今道士李元春增置十亩，俱在永丰乡，地名苗竹山。统记于兹，以防兼并云。

大明嘉靖三十年岁在辛亥夏六月之吉

《重建三清殿、三官祠、苏仙祠记》辑录如下：

郴之东郊橘井观创始于汉，前为三清殿，中供苏仙，而后仅斗室。以世已久，栋宇日颓。康熙五十八年，州守范公倡首重建，前殿移供苏（仙），旧宅仙井现在阶下，古树尚存，则移仙像于前殿西为宜。而三清为像，中殿则深一层，而如在苏仙之上，是必仙灵所喜慰者，然未及改。中丞命兼理州事，因思既摄州符，若此未竟之事，舍予而谁属耶？乃一殿分作三间，以壁间之，三清居中，左奉三官，右祠仙母，默想中，各就各位，凭依得所。[1]

橘井观左侧有苏母潘氏墓，民国初在此创办郴郡六城师范学校及六师附属小学（今市第一中学前身）。1959 年，橘井观被列为湖南省省级重点文物保护单位。1966 年 5 月下旬，橘井观被毁，仅古井尚存。历代诗词追忆橘井观如下：

苏仙宅

宋·释显万

苏君善养志，以孝格神明。一朝蜕尘鞅，通籍赤霞城。
相看疑梦寐，去若鹅毛轻。玉笙堕哀响，烟髦错霓旌。
丹井愈沉疴，桔叶通仙灵。至今华屋底，想像双眉青。
云装挹飞袖，蕊佩敲风鸣。兹事既茫邈，无阶接蓬瀛。
掬月漱吟齿，餐霞寿颓龄。蕴真思远托，何从保长生。
汉武梓棺朽，秦皇鲍鱼腥。空山鹤未归，花发春冥冥。

摘自《（光绪）湖南通志》卷三十五。

橘井观

明·熊昱

仙人去后路封苔，橘树当年手自栽。云绕苏山泉满井，何年骑鹤复归来。

摘自《（嘉靖）湖广图经志书》卷十四"郴州诗"。

---

① 刘专可：《郴州金石录》，中国文史出版社，2012 年，第 24 页。

橘井观

明·邓云霄

一

入户衣裳冷，傍檐苍翠阴。主人已跨鹤，芳树尚悬金。
缥缈游仙路，迟回恋母心。真源知几许，看取井泉深。

二

空明澄碧甃，恍惚见丹砂。谁悟一泓里，遥连三岛涯。
闲心同酌水，隐吏可餐霞。愿折庭前叶，浮为海上槎。

摘自邓进滔整理《邓云霄诗文集 上》

集灵观

清·张九镡

步出东郭门，岩峣望仙岭。远绝冠盖尘，行行避人影。
小憩旧观前，尚有汉时井。坛高桧阴寒，院阒桔香冷。
清凉余福地，始悟道中静。极睇凝烟霞，佳趣自兹领。

摘自《（嘉庆）郴县县志》卷三十七。

游橘井观

清·杨恩寿

一井香泉碧，千年秋桔黄。神仙多孝子，药石起膏肓。
斯世苦疮痏，何人解秘方。愿将功德水，流泽遍遐荒。

摘自杨恩寿《坦园日记》。

4. 仙桥来鹤

苏仙桥。即今苏仙桥，传为苏仙掷经所化。清代诗人张九镡有诗云："我登斯桥上，归思时脉脉。江潭邈千里，几日郴阳客。遥指牛脾洲，紫雾大如翮。舟航互往来，传是苏君迹。巨雍凌高标，幽亭敞平席。日送黄溪流，一镜泻空碧。"[1]

来鹤楼。在今苏仙桥头，即当时郴州城东门城楼，明代改名来鹤楼，后毁，遗迹无存。传说苏耽成仙后，曾化鹤飞回此楼，有少年用弹弓射之，于是以爪抓地作诗云："乡原一别，重来事非。甲子不记，陵谷迁移。白骨蔽野，青山旧时。翘足高屋，下见群儿。我是苏耽，弹我何为？翻身云外，却返旧居。"[2] 清代江西知县首永清有《来鹤楼赋》云：

---

① 清《（嘉庆）郴县县志》卷三十七，题为《苏仙桥》。
② 清《（同治）湖南通志》卷末之八，沈德潜《古诗源》卷四，为后人伪托。

　　若夫仙好楼居开龙光之壮丽，鹤随云去负羊角而翻飞。缅昔画栋雕甍，怅予怀之渺渺；迄今丹楹刻桷，仰巨观之巍巍。胡楼千秋其永峙，仙一去而不归。方其修铅炼汞，洗髓刷胎，呵叱云雨，役使风雷也。便当穷碧落以为居，任尔超脱；干青云而直上，恁地徘徊。朝驰骋乎瀛海，暮徜徉乎蓬莱。珠阙迢遥，即时行而时止，碧城缥缈，更独往而独来，又何有于尘世华屋、人间安宅？为吾仙梦魂所萦扰、情怀所爱惜者乎？乃云程万里，甲子三百，回首故乡之依群。瞻羽衣之容，仙乍临兮，偶憩乎东门之东。鹤于飞兮，第见其白羽之白。业跨白鹤以来归，旋游苍梧以自适。楼记遗踪，里沾余泽。檐牙高啄，堪媲美乎金龙；廊腰缦回，实并峙乎铜雀。登斯楼者，于以信仙难攀跻，谁能履平地而登仙鹤？当归来无烦，望西山而放鹤也。其或春风微扇，和气朝升，危栏可倚。疎棂乍凭，宛如凌虚而步广寒，晤绰约之仙子，腾空而问兜率。访清静之有朋则有知，会心之不远，耻登临之未曾者乎？其或露白风清、水涸冰冻，登危楼以纵观，引玉笛而成弄，似清歌之满城，觉余音之绕栋。缅羽客之飘飘，何神容之洞洞夫？奚为人在云端，楼压城瓮，则有思。捶碎黄鹤，擅千古之骚情，序就滕王快一朝之风送者矣！至于鹤第见其仿佛，楼日焕其规模，仙驭遥临，苟情殷于故土？香车瑞霭，尚重庇乎乡间，则愿得露盘金掌玉液，鹿呦俾吾仙于斯楼，流连而信宿、惆怅而踟蹰？庶几乎慈云密布，甘露全濡而困者以起、郁者以苏，则且为之歌曰：

　　维斯楼之耸峙兮，实控制乎东南。朝晴岚之所卧兮，暮野马之所含。鹤兮归来兮，无一去而不返，吾爱吾楼中人兮，思一见夫苏耽。[①]

来鹤楼曾为郴州名胜，历代诗词辑录如下：

郴州吕使君建来鹤楼北城上

清·张九钺

苏耽骑鹤去不返，此地高楼属使君。昨夜西风明月下，邦人引领九霄闻。好携美酒仙楼借，共酌香泉橘井分。哪得红颜牛羽翼，扶筇思踏翠氤氲。

摘自《陶园文集》。

来鹤楼

清·贺睃上

来鹤楼头静倚栏，鹤归仙去影漫漫。山余鹿洞春天老，水下郴江白日寒。

---

　　① 清《（嘉庆）郴州总志》卷三十六。

城郭不随今古变，人民如向画图看。尘中欲脱凡嚣气，好觅当年换骨丹。

摘自清《（嘉庆）郴县县志》。

5. 仙台山

仙台山位于郴州市苏仙区许家洞镇清泉村，旧名秋云山、天飞山。传说此山曾为苏仙修炼处，上有仙坛，明时有兴元观祭祀苏仙，后毁于火，而后改建白莲庵。乾隆十六年（1751），乡人以招僧尼互讼，乾隆十八年知州刘伯兴断为书院，未行。乾隆十九年（1754），知州郑之侨改庵为书院，以庵田为学田。[①] 不久，名儒喻国人兴办"同仁书院"。全山皆石，悬崖峭壁刻有"胜景""天飞山""同仁书院"，字大如斗。山后石穿如桥，桥上下俱通往来，两侧崖壁镌刻"天生巨眼""大地津梁"。登顶，俯眺郴江最为奇绝。山上有白莲池，其水清冽，四时不涸，因栽白莲而闻名。又有同仁井，井壁有泉铭："仁山泉喷，仁水天生。潜龙在渊，仁蟠时行。放夫四海，四海永清。沐日浴月，万古流馨。"[②] 清《（嘉庆）郴州总志》卷五"山川·郴州三"载庄壬春联曰："林端石关通幽径，洞里瑶池出白莲。""石障重重奇气合，丹炉隐隐白云堆。"明代郴州知州谢邦信《白莲池游记》曰：

> 郴州北行三十里许，有石山枕江。势峭拔，多奇观。当面数峰峇峇，若三四老翁相对语。群山自远献秀，倏然骤见，以为飞舞，与游人偕至者。山巅有池种莲，山故以"白莲池"名。云旧亦名"仙台"，祀苏仙，有观曰"兴元"，毁于火，道士罗明性复之。夫仙道茫昧，不可诘致。予尝恶夫不经惑民，兹堂构又若不可少者，否则，无以供游观佳山水。且吾闻东有岩曰"紫霄"，西岩曰"洞关"，悬崖不可至，梯而下，中可容百人。山上花卉果蓏之属，往往可人意。凌千户德威饬余于池上，又为所谓"碧筒饮"者。时蜀葵花正开，余既醉，赋诗云："竹篱疏雨日辉辉，淑气催人昼漏迟。好与仙台成故事，碧筒沉醉白莲池。"呜呼！苏仙以其方外之教，积诚而行之，卒能有闻，使其徒至今祀之不衰。天下之读儒书，通经术，学圣人者不少矣，其平生持论，攘斥佛老，死后往往湮灭不称，视此反不愧耶？悲夫！此无他故矣。庄子有云："昔予为禾，耕而鲁莽之，其实亦鲁莽而报余；芸而灭裂之，其实亦灭裂而报余。"呜呼！不积诚行之，其能有闻者鲜矣！予故因仙台之游，著之将以自鉴焉。[③]

① 清《（嘉庆）郴州总志》卷三十五"艺文上·记下·改设郴州同仁书院记"。
② 郴县志编纂委员会编：《郴县志》，中国社会出版社，1995年，第683页。
③ 清《（嘉靖）郴州总志》卷三十五"艺文上·记上"载，明《（万历）郴州志》亦载。

仙台山相关诗词辑录如下：

神龙初废逐南荒出郴口北望苏耽山

唐·沈佺期

少曾读仙史，知有苏耽君。流放来南国，依然会昔闻。

泊舟问耆老，遥指孤山云。孤山郴郡北，不与众山群。

重崖下萦映，嵽嵲上纠纷。碧峰泉附落，红壁树傍分。

选地今方尔，升天因可云。不才予窜迹，羽化子遗芬。

将览成麟凤，旋惊御鬼文。此中迷出处，含思独氛氲。

摘自《全唐诗》卷九十五。

仙台山

明·胡汉

虚岩斜傍楚江湄，把酒登临事事奇。秋浪卷空飞白雪，晓烟笼石起青螭。

微微花气侵帘入，隐隐钟声隔岸随。仙境不缘符客改，维舟镇日费诗脾。

摘自清《（康熙）郴州总志》。

白莲池

明·胡汉

谁将巨斧劈山巅，一脉灵泉接上天。莲萼自开还自谢，仙人乘鹤几时旋。

莲浴山池破碧漪，柳依断岸野烟迷。渔郎几度闲来往，笑我舣舟今已迟。

摘自明《（万历）郴州志》卷七。

仙台山

明·袁均哲

白莲端的胜红莲，因想东林结社禅。一自虎溪三笑后，至今人说远公贤。

摘自《（嘉靖）湖广图经志书》卷十四"郴州诗"。

6. 潘园仙韭

潘家园，在永兴。潘家湾，在郴州。两个潘家都因苏仙之母潘氏元君而得名，不过永兴潘家园传名更广，相传苏仙曾在此种韭菜供养母亲，此韭随割随长，芳香异常，人称"潘园仙韭"。

清《（乾隆）永兴县志》卷十二"仙释一"载："仙母潘氏，邑人，汉苏耽之母。许聘郴人某，未归夫亡，誓死靡他，遂归执丧礼，事（侍）姑尽孝。一日洗衣江滨，忽浮五色苔绕足，弃而复绕者三，母吞之成孕，弥月生男。置之牛脾山洞中七日，母往视之，白鹤翼之，白鹿乳之，母始收养……至今邑城东潘园故址上建苏仙观，相传有仙韭遗种，采之不易得云。"仙母潘氏许聘郴人某，历代文献罕见记载，民间却仍有传说：

　　传说有个心灵手巧的姑娘，从小跟着父兄读经诵诗，作文联对不在兄弟之下。有一年夏天，潘姑娘正在新娘坳上歇凉，见三个妇人愁眉苦脸地走来，潘姑娘便问何故如此。原来是三妯娌一同告知公公回娘家，公公二话没说就答应了，只是要三人同去同回，大媳妇住三五天，带几个空心玉杵回家；二媳妇住七八天，娘家山上的小油伞要带一竹篮筐；三媳妇住半个月，回家时路过圩场没皮的肥肉称二斤。潘姑娘笑道：三五天，七八天，半个月，都是十五天；空心玉杵是塘里的藕，山上朵朵蘑菇像小油伞，二斤猪板膏好炸油。三妯娌一听，高高兴兴地分手回娘家去了。

　　她们的对话刚好被郴州城一个在永兴教馆的先生听到了，先生认得潘姑娘是新娘坳下潘家园的，就顺脚到潘家园喝茶。先生见潘家屋前禾坪上晒着的稻谷中，一群鸡正欢快地啄食，这时一个小孩手持竹竿跑来赶走了啄谷的鸡群。先生咳嗽一声，随口吟道：鸡饥盗稻童筒打。潘家兄弟尚未反应过来，正准备添加茶水的潘姑娘听到屋梁上有响动，抬头一看是只老鼠在游动，便答道：鼠暑凉梁客咳惊。先生竖起拇指，高声赞道：潘姑娘不但相貌清秀，而且文采不凡，我走过郴州永兴，真是方圆百里难得一见的才女！

　　先生不久便委托媒人向潘家提亲，要聘潘姑娘为儿媳，潘家首肯后，便准备聘礼定了亲，没有想到先生的儿子不久亡故。这位潘姑娘就是后来的苏仙母亲潘氏。[①]

位于永兴县的潘家园依山傍水，前临滔滔便江，后有仙母山丹霞群峰，东有新娘坳峭壁耸立，西有苏仙观楼阁巍峨，可谓人间仙境。其中"潘园仙韭"是永兴古十二景之一，诗词兹录如下：

潘家园仙韭歌

清·李联芳

岩峣苏岭一何陡，岩下绿绕潘园韭。传是仙人跨鹤回，携从瑶岛寿其母。
孝思锡类贻无穷，叹息红尘多白首。碧玉纤纤不畏霜，仙人手植应耐久。
石泉云树共清幽，睥睨尘世未曾有。我来采韭蹑仙踪，仙踪邂后良非偶。
采采禁无言，纤回入溪口。嫩绿剪得采作韭，便是蓝桥玉杵臼。

摘自清《（乾隆）永兴县志》。

---

①　胡年兵：《潘园仙韭——永兴古景拾遗之十九》，《郴州日报》2018 年 7 月 31 日第 A7 版。

潘园仙韭

清·黄琪

当年苏母住潘园，仙术茫茫未可知。说道长生曾几见，空遗韭本在荒原。

摘自清《（乾隆）永兴县志》，下同。下题皆为"潘园仙韭"。

清·邓锡

连天浮翠岭，匝地构仙园。树绕云烟淡，溪流雪浪翻。

飞崖鹰日舞，挂壁韭风掀。遗迹今犹昔，凡妍讵足论。

清·李佐鼎

旧是仙人苏母宅，潘园自此传仙迹。丰本常留天地间，不待轻风与灵脉。

春秋几度日悠悠，秀色盈盈山水碧。曾和肉芝载行厨，清芬沁人生肘腋。

我来吊古正徘徊，泉有桔香桃化石。鹤巢松径古荒丘，欲觅丹台真仙液。

翠发剪来便作韭，应识元关在咫尺。

仙母山。仙母山即潘家园所在山岭，亦名"蜈蚣岭"。山顶有苏仙观，山脚有问仙洞，风景绝美，亦为"潘园仙韭"增色。明代诗人李永敷题《仙母山》云："参差楼阁俯群山，访胜得来晓扣关。望眼远回三楚外，吟怀清绝万松间。瑶坛地迥烟霞近，石洞云深岁月闲。淹坐不知归棹晚，数声渔唱起江湾。"①

苏仙观。苏仙观在仙母山山顶，又名上观，历来为道士所居。清时，永兴县管理道士和僧人的道会司、僧会司设在此地。1953年永兴县佛教协会亦设此地，副会长释心专1964年曾随同周恩来总理出访缅甸。永兴县苏仙观历代吟咏佳作较多，兹录于下：

苏仙观

明·陈鸣郊

天半留仙迹，紫岩几度春。洞深饶鹿径，松老但龙鳞。

云鹤归无所，石桃觅有因。迢遥登岭观，犹自出风尘。

摘自清《（乾隆）永兴县志》卷十一"艺文三"，下同。以下皆题为"苏仙观"。

清·曾轇

偶从杖履踏仙关，还爱旅云相伴间。天地竟谁绕白发，蓬莱着我看青山。

但收好景来敲句，不问金丹可铸颜。行乐不知归路远，沙头杨柳月初弯。

清·李调鼎

旷然天地外，晴空仙境开。石磴连秋草，萧疏落叶摧。

谷响白鹤唉，孤猿啸且哀。千峰列峭嵝，遥遥飞翠来。

---

① 诗载《（万历）郴州志》卷六，《（乾隆）永兴县志》卷十一题为《苏仙观》。

江上西风起，吹逐轻帆回。波光清浅影，红蓼摇苍苔。
不识城郭近，依稀小蓬莱。古今须臾事，何处著尘埃。

清·蔡元瑛

遥望仙踪别紫微，洞门深处憩斜晖。桃花再引渔郎路，木叶新成羽客衣。
千仞壁间窥石髓，百层梯外扣云霏。迢迢已自诸天近，回首山城隔几阓。

清·曾全

百尺楼台千仞山，萦纡石磴踏仙关。白云常宿疏棂外，明月平飞碧树间。
鹿傍竹根眠独稳，鹤巢松顶蓦应间。潘园尚有遗迹在，绿韭春风绣石湾。

清·李鉴

石径层层上碧山，翠微高处是元关。竟无紫陌尘飞到，惟有瑶台鹤伴闲。
琪树花明香冉冉，石坛雨过藓斑斑。行游竟日频回首，身在青冥杳霭间。

清·李永言

持黎乘兴访蓬山，步入岩扉厂不关。仙驭几年游碧落，琼宫千古在凡间。
云深青嶂衣裳冷，境隔红尘岁月闲。为借石床聊假寐，梦回明月满江湾。

清·李初

自是蓬莱第一山，拟从绝顶谒仙关。径纡石磴苍苔里，雾隐楼台碧落间。
登眺便看尘世隔，栖迟转觉道心开。茫茫仙迹何须问，消得丹崖滞碧湾。

清·李祝

年来携杖访名山，一径通幽厂不关。纵步直须临绝顶，腾身忽凝出尺间。
苍藤挂石如虬伏，古树舍云与岁闲。跨鹤仙人今去久，空余江水碧湾湾。

清·邓发模

乔木森森处，盘旋石磴通。残碑留古迹，绝唱忆先公。
世事尘埃外，心胸拓落中。悠然兴不浅，转盼夕阳红。

摘自永兴楚南诗社《古代诗词》，下同。

清·邓锡

古观峛然镇邑东，烟销雨散倍玲珑。人乘石磴衣飘绿，日近珠帘钵吐红。
面对龙山尖插汉，傍流豹水曲环宫。峰高好放长空眼，光景无边一望中。

醉苏斋新开小窗对苏仙观喜而有作

清·邓振勉

疏棂三尺喜新开，引得薰风入座来。从此尘襟消涤尽，置身疑在小蓬莱。
窗外花枝弄晓晴，日华临处影欹横。分明一幅天然画，纵有丹青写不成。

127

秋日登苏仙观

清·邓林芷

一

莲座香初尽，寒蛩语绿莎。山空惟木石，世险半风波。

兀坐尘襟静，清淡逸兴多。芙蓉江上好，不及岭头萝。

二

晚霁秋光爽，青添雨后莎。乱云迷石磴，斜日涌帘波。

门外羊肠曲，枝头鸟语多。不愁归路黑，纤月挂藤萝。

问仙洞。在仙母山山脚，相传苏耽在此遇见仙翁，授以道术。问仙洞旁还有雷坛观，史称"下观"，为道姑所居。吟咏佳作兹录于下：

问仙洞

明·李盛蘡

盘盘曲曲路如刀，扶杖携童过小桥。石磴苔封人不到，洞门云掩客常敲。

日高山鸟辞僧去，夜半江声带月潮。试问当年问仙者，何如跨鹤之王乔。

摘自清《（嘉庆）郴县县志》。以下皆题为"问仙洞"。

明·李永敷

野兴撩人转觉繁，问仙落日更移樽。寒江冲绿迥渔艇，晚岫分青到石门。

宿鸟已看争觅树，游人却笑尚寻源。新辞歌撤杯倾倒，归去林梢月一痕。

摘自清《（康熙）郴州总志》。

清·蔡元瑛

仙堂临绝巘，鸟道出层峦。洞古烟萝合，楼高象纬寒。

上悬苍石障，下控碧溪澜。鸡犬云间集，龙蛇谷里蟠。

玉泉晴作雨，珠树暗鸣鸾。芝米纷堪把，松林秀可飧。

佛辉灵气晶，宝月夜光圆。浩荡丘中赏，沉冥物外观。

斋心依静榻，濯发向飞湍。坐爱山门净，那知芳岁阑。

倚床翻贝叶，抚几奏猗兰。更有飘然志，因风思羽翰。

摘自清《（康熙）郴州总志》。

秋日游问仙洞

清·曾献葵

秋叶满林吹乱红，秋光半在仙洞中。老衲迎门解幽事，一见呼我长髯公。

薰炉相对坐终夕，松声泉韵何冲融。独鹤隔竹向人立，欲鸣未鸣幽意同。

气酣日落豪思发，诗成三绕青桂丛。造物小儿玩人世，俯仰何必悲无穷。

布袍斗笠自高格，狂歌醉叫惊山翁。归来明月散林影，驴背仰笑秋山空。

摘自清《（乾隆）永兴县志》卷十一"艺文三"。

7. 苏山春霁

苏山在汝城县城东三里许，相传郴州苏仙驾鹤来此，惠及一方。《（民国）汝城县志》载："在县东，与桂枝岭对峙，耸拔特立。昔郴人苏耽得仙道，邑人慕之，遂祠于巅，岁旱祷雨立应。"旧时山顶有个不大的苏仙庙，传说极为灵验。每当数旬不雨，农人载酒抬猪祭祀苏仙，大雨必至。山脚有白鹤庵，相传地接郴江灵源，橘井白鹤飞来至此，因而立庵。今庙、庵皆不存。苏山景色绝美，其春色更堪题咏，故"苏仙春霁"① 位列汝城八景之首，佳作辑录如下：

苏山春色

清·凌鱼

汉代苏仙迹未淹，瑶坛缥缈起山尖。丹成自跨千年鹤，岁老应逢八字蟾。
绿染层崖苔径滑，暖催迟日绣纹添。寻春尚见当时树，笑抚孤松一捻髯。

摘自《（民国）汝城县志》三十二卷"艺文志"，下同。

苏山春色

清·黄文理

暖律先回岭表春，东风拂面映芳辰。香含芝草云为幔，红衬桃花锦作茵。
苍翠浓艳松径满，绿苔轻印屐痕新。至今桂山游仙姓，为说仙游桂水滨。

8. 独秀晴岚

独秀峰又名孤山，在汝城县南十七里，山虽不高，然一峰独立，其景称"独秀晴岚"，为汝城八景之一。明《（万历）郴州志》卷六"提封志上"载："在县南十七里，一名孤山。俗呼为古岭，相传汉苏耽隐此。"何琦著《郴州文化溯源》考："独秀峰现名黄金仙，在三星镇梓槽村境内，位于城南。此山石以为底，葱茏苍翠，多为砒矿。据民间流传，山中曾见一大蟒蛇，不好动，动辄禾苗皆倒伏。山高海拔 1281 米。民谚云'黄金山戴了帽，不拉屎（大雨）也拉尿（小雨）'。现土桥境内的猪婆岭亦叫独秀峰，低矮，非前人所云独秀峰。"②

清代石焕杞《地舆联句》有《独秀峰怀梅仙》："郴州大隐诏宜章，寿永兴怀托桂阳。不向兴宁千日醉，仙桥借问桂东乡。"所题"梅仙"即隐居独秀峰修道的苏耽，当地称"梅仙"，或与苏耽"种药梅树下"有关。

清代盛名誉《登独秀峰》曰："青冥缥缈接丹梯，北望浮云共树齐。勒石那

---

① 亦有诗文作"苏山春色"。

② 何琦：《郴州文化溯源》，海潮出版社，2000 年，第 115 页。

知千载事，登峰自觉众山低。苏耽化鹤亭犹在，谢朓惊人句未携。极目长天飞鸟尽，孤城隐隐夕阳中。"①

清代邓法熹《独秀晴岚》曰："孤峰挺秀涌晴云，翠湿岚光错落分。晓旭乍临烟霭霭，夕阳斜薄气氲氲。削成紫盖堪为侣，绣出朱凌自作群。偶放闲襟看景物，山灵如为吐芬清。"②

二、成仙武丁

（一）成仙传说

记载成武丁传说的文献主要有三个：一是晋代葛洪的《神仙传》。主要情节为遇仙赠药、能解鸟语、喷酒灭火、尸解成仙。二是南朝刘宋的《齐谐记》，讲述成武丁临终遗言"七夕牛郎织女相会，当回仙界"。三是宋代无名氏《采兰杂志》，讲述成武丁本姓瞿，曾著《百鸟志》。随着时间的推移，能不受文献影响而口述成武丁传说的老人已极少。对于第一个文献，口述版基本为文献的翻版；对于第二个文献，有一些具有地域色彩的口述与之相应对；对于第三个文献，尚未发现口述版。

其一，源于《神仙传》的故事。

成仙公名叫武丁，是后汉时桂阳郡临武县乌里人。他才十三岁，就已身长七尺。此时，他在县衙当小官吏，风度翩翩，心胸宽广，但沉默寡言，从不依附权贵，常被人当成傻子。他天性聪慧，无师自通道家经典。有一次，他被派到京城出差，回来时经过长沙郡，没有赶到驿站住宿，就在野外的一棵树下休息。忽然听见树上有人说："到长沙卖药去……"到了早晨，他抬头看见树上有两只白鹤，觉得奇怪，于是也赶往长沙。在长沙街上他看见两个人打着白伞一起走，成仙公就请他们吃饭。吃完饭，那两个人也不道谢就走了。仙公跟了几里地，两人回头看见仙公，就问："你一直跟着我们，有什么要求吗？"仙公说："我是个很卑陋的人，听说你们有道术，所以才尾随你们。"两人相视一笑，就拿出玉石匣子中的书翻看，上面果然有仙公武丁的名字，于是就拿出两枚药丸让他吃下。两人对仙公说："你应该得道成地仙。"而后让他回家。从此仙公能洞悉世间万物的奥秘，连野兽的吼叫和鸟儿的鸣声他都能听懂。

仙公到家后，县里让他给太守送礼品。桂阳郡太守名叫周昕，特别能赏识人才，看见仙公就问他的姓名。仙公回答道："姓成名武丁，在县里当小吏。"太守觉得他是奇人，就把他留在身边，后来任命他为文学主簿。有次仙公和同僚们

① 熊治祁主编：《湖南纪胜诗选》，湖南师范大学出版社，2012年，第458页。
② 诗载《（民国）汝城县志》卷三十二。

坐在一起闲谈，听见一群麻雀叫，仙公就笑了起来。大家问他笑什么，仙公说："东街有辆车翻了，车上的米洒了一地，麻雀们互相招呼去吃米呢。"有人到东街去看，真像仙公说的一样。当时郡府中有些官员瞧不起仙公，埋怨太守不该把这样出身微贱的人破格提拔到郡府里来。太守说："这事你们不懂。"过了十几天，太守干脆把仙公请到府宅同住。

到了年初郡府举办宴会，三百多人聚会宴饮，让仙公行酒令。酒令行了一巡，仙公忽然喝了一杯酒向东南方向喷去，满座人都惊讶地责怪他，只有太守说："他这样做一定是有原因的。"众人问仙公怎么回事。仙公说："临武县城失火了，我喷酒是为了救火。"宾客们都嘲笑他。第二天，司仪官向上司报告说仙公在宴会上的行为是大不敬，太守就派人到临武县调查。结果临武县令张济上书说："正月初一县府举办节日宴会，下午县衙忽然起了大火，火从西北方向烧起。当时天气很好，南风很猛，火势越来越大。忽然看见西北天空涌起阵阵乌云，一直向县城卷来，接着下起了大雨，把火浇灭了，雨水中还散发出阵阵酒气。"大家更加惊奇了，这才知道成仙公不是凡人。后来太守给成仙公在郡城西盖了府宅，请他搬进去住，仙公就和母亲、弟弟和两个孩子搬了进去。

过了两年，仙公向太守告病，四天后就死了，太守亲自主持了他的葬礼。两天后，丧服还没有脱，仙公的朋友从临武来郡，说他在武昌冈上遇见成仙公骑着白骡往西走。他问仙公："天快黑了，你要去哪里？"仙公说："我到迷溪去一趟，很快就回来。我走时把大刀放在了家门口，还有一双鞋放在鸡窝上，你帮我捎口信给我家人让他们收好。"朋友来到仙公家，听到一片哭声，大吃一惊说："我刚在武昌冈上和仙公相遇，谈了半天话，他说去一趟迷溪很快就回来，还让我告诉你们把他的刀和鞋收起来，怎么能说他死了呢？"家里人说："刀和鞋都在他的棺材里，怎么会在外面呢？"这件事上报给太守，太守下令打开棺材，但尸首已经不见了，只有一支七尺多长的青竹杖，大家这才知道成仙公脱离肉身升仙了。于是，人们把成武丁骑骡走过的武昌岗改名叫骡冈，骡冈就在郡城西面十里的地方。

其二，解释南朝刘宋《齐谐记》的口述故事。

南朝刘宋《齐谐记》云："桂阳城武丁，有仙道，常在人间，忽谓其弟曰：'七月七日织女渡河，诸仙悉还宫，吾向以被召，不得停，与汝别矣。'弟问：'织女何事渡河？兄何当还？'答曰：'织女暂诣牵牛，吾去后三千年当还耳。'明旦，失武所在。世人至今犹云：七月七日织女嫁牵牛。"这个没头没尾的故事似乎在临武一个偏僻的小村——牛郎塘古村（又名大塘村，隶属临武县西山瑶族乡，族姓艾、李）的一个村民口中，得到了完美解释：

以前，天上并没有银河，只有一个小小的池塘。塘的西边是一块很大很大的草坪，一年四季都长满了青草。牛郎每天一大早便赶着玉帝的一群牛来吃草，中午便让牛在塘里洗澡。天黑了，牛吃得肚皮滚圆滚圆的，牛郎便把鞭子一扬，赶着牛群回去了。

塘的东边住着织女。织女是一位勤劳的姑娘，每天早上鸡一叫就进机房织布，半夜了才得安歇，只有中午到房外走动一下。塘边有一排垂柳，叶子密得太阳都无法射下来。织女散步时就爱到这塘边来。她最喜欢看的还是鱼游水和水牛洗澡。自然，牛郎织女就常在这塘边见面。

天长日久，牛郎和织女互相爱上了。开始还是中午时才来到柳荫下说说心里话，慢慢的，牛郎也不管牛是不是在吃草，织女也不管机上的布织了多长，隔不了一会儿他们就又坐在柳荫下了。最后索性两人住在一块，让牛在草坪上过夜，织女也不织布了。

这一天，玉帝带着一队人来巡查了。他先来到机房外面，听了一会儿，根本没听到织布机的响声，却听到房里有男女的笑声。玉帝恼了，撞开门，只见牛郎织女正在逗一个小孩，织布机上的灰尘足有尺把厚。玉帝更恼火了，命人把牛郎织女绑了起来，抢走小孩，然后押着牛郎到草坪这边来，只见那群牛瘦得皮包骨头。这下把玉帝气得胡子都翘起来了，他下令立即把牛郎织女押出南天门处斩。正在这时，太白金星忙跪下说："臣启玉帝，他们这样荒废耕织是很不应该的，应该严厉处罚。但是看在他们都还年轻，过去也的确勤牧勤织的份上，还是给他们一个改过自新的机会。"玉帝准了，但是怎么惩罚他们呢？照旧让他们住在一起，谁又能保证他们不贪恋私情荒废生产呢？分开吧，天上再也找不出这样肥的水草了。大家都在苦恼之时，王母娘娘却不声不响地，用发簪在地上一划，顿时面前出现一条白浪滔滔的大河。只见两岸土地在向后退，河身在加宽，牛郎织女恰好被分开在河的两岸，互相只能看到一点身影，既看不到面容，也听不到声音。玉帝恨恨地说："等你们改过自新了再许见面！"王母娘娘也补了一句："而且只能一年见一次面。"说完，便带着一群人走了。从此，牛郎织女便活活被拆散，分居两岸，各自劳动生产。

过了很多年，一位神仙看到这对夫妻不能见面，动了怜悯之心，同时看到他们的的确确又跟从前一样勤劳了，便请求玉帝允许他们相会。玉帝听完后，便点了头。神仙们高兴得连忙送信。喜鹊听说后，便集合起来架了一座大桥，让牛郎织女在桥上相聚。

牛郎织女是天上的星宿，他们的故事我们凡人又怎么晓得呢？

　　原来我们临武县东汉年间出了一个地仙，名叫成武丁。他有好多朋友都成了神仙。牛郎织女第一次相会时，成武丁接到神仙的请帖，请他去吃酒席，庆贺牛郎织女相会。他临走时，向兄弟告别，才把这故事讲出来，之后传遍天下。

　　牛郎织女第一次鹊桥相会的那天，正是东汉光和二年农历七月初七。从这以后，每年农历七月初七这天，喜鹊便架桥让他们相会。临武人称这天为"七月乞香"。小姑娘们在这天晚上都会相约一起摆起香案，庆祝牛郎织女的团聚。①

（二）文献记载及考释

关于成武丁的文献记载按其来源分为四类，分别辑录如下。

1. 由《阴君自序》《桂阳先贤画赞》《神仙传》等书形成的核心故事

（1）引自东汉末道人阴长生撰《阴君自序》②

①李昉《太平御览》卷六百六十四"道部·尸解"引：

　　成仙公名武丁，桂阳人也。后汉时为县小吏，少言大度，兼通经学，不从师授，有自然之性。以吏事至京，还过长沙郡，投邮舍不及，遂宿于野。忽闻树上人语云："向长沙市药。"平旦视之，乃二白鹤。仙公异之，遂往视市，见二人张白盖，相从而行，与仙公曰："君当得地仙耳。"令还。仙公病卒，尸解。

（2）引自三国吴胜撰《桂阳先贤画赞》

①欧阳询《艺文类聚》卷八十五、唐《北堂书钞》卷七十三"设官部"、宋《太平御览》卷八百四十"百谷部"同引：

　　《桂阳先贤画赞》曰：成子，郴中人，能达鸟鸣。为郡主簿，与众人俱坐，闻雀鸣而笑曰："东市辇粟车覆，雀相呼往食之。"众人遣视，信然。（《益部耆旧》又载）

②《太平御览》卷三百四十七"刀"引：

---

① 讲述人陈志礼为临武县南福村民，读过私塾。
② 《太平御览》卷六百六十四"道部六"引。

成武丁以疾而终，殓毕。其友从临武县来，至郡，道与武丁相逢。友曰："子欲何之，而不将人？"答曰："今吾南游，为过报小儿，善护大刀。"到其门，见其妻哭泣，问之，答曰："夫没。"友大惊，曰："吾适与相逢。"及发棺视，了无所见，遂除滚绖，其心丧之。咸以武丁得神仙。

（3）引自《桂阳列仙传》

①虞世南《北堂书钞》、宋《太平御览》卷二十九"时序部"、《太平御览》卷七百三十六"方术部"同引：

《北堂书钞》卷一百四十八"酒食部·七"

临武失火以酒救之。《桂阳列仙传》云：成武丁。正直文会，成武丁持杯不饮，固以酒噀庭间，有司将弹之也。

《北堂书钞》卷一百三十四"服饰部·三"

罩白伞。《列仙传》云：成武丁。使从洛阳还，宿长沙野树下，夜闻树上有人语声，武丁举头乃见二白鹊，知其神异，至明晨到市门，见二人罩白伞。武丁云，白伞相从行也。

（4）引自东晋葛洪《神仙传》

①李昉《太平广记》卷十三"神仙十三·成仙公"引：

成仙公者，讳武丁，桂阳临武乌里人也。后汉时年十三，身长七尺。为县小吏，有异姿，少言大度，不附人，人谓之痴。少有经学，不授于师，但有自然之性。时先被使京，还过长沙郡，投邮舍不及，遂宿于野树下，忽闻树上人语云："向长沙市药。"平旦视之，乃二白鹤，仙公异之。遂往市，见二人罩白伞，相从而行。先生遂呼之设食。食讫便去，曾不顾谢。先生乃随之行数里，二人顾见先生，语曰："子有何求而随不止？"先生曰："仆少出陋贱，闻君有济生之术，是以侍从耳。"二人相向而笑，遂出玉函，看素书，果有武丁姓名，于是与药二丸，令服之。二人语先生曰："君当得地仙。"遂令还家。明照万物，兽声鸟鸣，悉能解之。先生到家后，县使送饷府君。府君周昕，有知人之鉴，见先生，呼曰："汝何姓名也？"对曰："姓成名武丁，县司小吏。"府君异之，乃留在左右。久之，署为文学主簿。尝与众共坐，闻群雀鸣而笑之。众问其故，答曰："市东车翻覆米，群雀相呼往食。"

遣视之，信然也。时郡中寮吏豪族，皆怪不应引寒小之人，以乱职位。府君曰："此非卿辈所知也。"经旬日，乃与先生居阁直。至年初元会之日，三百余人，令先生行酒。酒巡遍讫，先生忽以杯酒向东南噀之，众客愕然怪之。府君曰："必有所以。"因问其故。先生曰："临武县火，以此救之。"众客皆笑。明日司仪上事，称武丁不敬，即遣使往临武县验之。县人张济上书称："元日庆集饮酒，晡时火忽延烧厅，事从西北起，时天气清澄，南风极烈。见阵云自西北直耸而上，径止县，大雨，火即灭，雨中皆有酒气。"众疑异之，乃知先生盖非凡人也。后府君令先生出郡城西，立宅居止，只有母一小弟及两小儿。比及二年，先生告病，四宿而殒，府君自临殡之。经两日，犹未成服，先生友人从临武来，于武昌冈上，逢先生乘白骡西行。友人问曰："日将暮，何所之也？"答曰："暂往迷溪。斯须却返。我去，向来忘大刀在户侧，履在鸡栖上，可过语家人收之。"友人至其家。闻哭声，大惊曰："吾向来于武昌冈逢先生共语，云暂至迷溪，斯须当返，令过语家人，收刀并履，何得尔乎？"其家人云："刀履并入棺中，那应在外？"即以此事往启府君。府君遂令发棺视之，不复见尸，棺中唯一青竹杖，长七尺许。方知先生托形仙去。时人谓先生乘骡于武昌冈，乃改为骡冈，在郡西十里也。

2. 《齐谐记》《续齐谐记》由成武丁遗言引出"牛郎织女七夕灵会"的故事及评论

（1）引自南朝刘宋《齐谐记》

①李善《文选注》引：

　　桂阳城武丁，有仙道，常在人间，忽谓其弟曰："七月七日织女渡河，诸仙悉还宫，吾向以被召，不得停，与汝别矣。"弟问："织女何事渡河？兄何当还？"答曰："织女暂诣牵牛，吾去后三千年当还耳。"明旦，失武所在。世人至今犹云：七月七日织女嫁牵牛。

（2）引自南朝萧梁吴均《续齐谐记》

①欧阳询《艺文类聚》、明初陶宗仪《说郛》卷七十九，与《齐谐记》略同。北宋词画家文同作《牵牛织女》：

　　桂阳有仙人，姓成名武丁。朝为堕人世，人惟识其形。一日语其弟，吾将返青冥。乃曰此七夕，上天呼群灵。织女欲渡河，暂诣牵牛星。诸仙尽还宫，天路罗云骈。吾亦向祈召，当往不得停。弟问何时还，答云三千龄。明日失丁在，恍惚迷所经。后世凡此节，儿女喧家庭。纵横具针缕，花果排甘馨。贪巧但云得，欲寐曾莫宁。俗尚每怪妄，吾言谁见听。

②方回撰《文选颜鲍谢诗评》①卷四评谢惠连《七月七日夜咏牛女一首》：

虚谷曰：世人云"七月七日织女嫁牵牛"本出《齐谐记》，谓为桂阳城武丁之言，无是理也。神仙荒唐，予尚未信，况又出于一夫之口，诬蔑星象，虚无妄诞，曰："此仙者之说。"而世人信之，殊可悯也。且星之为物，固有飞孛流彗之异，此徒见有织女之女字？撰造夫妇灵配，夜渡天河等事，以欺愚俗，岂不哀哉？……少陵之诗曰："牵牛出河西，织女出河东。万古永相望，七夕谁见同？神光意难候，此事终蒙胧"是也。然犹曰："飒然精灵合，何必秋遂通"，似不谓之全无是理者。此少陵力为辨析，谓假使有此精灵倏合，何必于秋之七夕耶？所以力辟之，而非以为有也。"自祈请走儿童"以至"日出甘所终"既哂夫因节乞巧者之愚，自"嗟汝未嫁女"以至"丈夫多英雄"又所以训夫臣之于君，犹妇之于夫，未有私防苟合而可久者。此少陵诗所以独步也，然则牛女之说诲淫之薄俗欤？

③周祈著《名义考》卷一：

七夕始于成武丁言织女诣牵牛。

焦林《太斗纪》：天河之西，有星煌煌，与参俱出，谓之牵牛；天河之东，有星微微，在氐之下，谓之织女。牵牛一名河鼓，伪为黄姑。《续齐谐志》：桂阳成武丁有仙道，谓七月七日织女当渡河。弟问故。曰："织女暂诣牵牛。"此不过武丁一人之谬悠耳，至今遂谓"织女嫁牵牛"，至有谓"乌鹊填河而渡织女，牵牛娶织女借天帝钱二万久不还，被驱在营室"，何诬天之甚也。

3. 宋代《采兰杂志》形成成武丁本姓瞿，著《百鸟志》等说法

清代张澍著《姓韵·上》引：

---

① 见清《钦定四库全书》集部八"文选颜鲍谢诗评"，文中"少陵"即杜甫。

成武丁有《百鸟志》，言鸟卵方者，有白无黄。一说成武丁，本姓瞿，自号成仙公。

《采兰杂志》今见于宛委山堂本《说郛》，仅一卷。作者和撰写年代不详，《中国丛书综录》将其断为宋代作品。引文不知何据。又，张澍另著《姓氏寻源》卷七称："商器有瞿父鼎，则瞿姓远矣。瞿盖以地为氏。又成武丁本姓瞿，改成氏。见《列仙传》。"[1]

清代褚人获《坚瓠余集》卷四："方卵。鸟卵而方，有白无黄。一人于鸟巢中得一方卵，破之果然。见成丁《百鸟志》。"[2]

清代徐时栋《峱楼笔记》卷六："以醋浸卵，则卵软可以随意造作。抑之方合中，即为方卵。既方，浸之淡水，出其醋，则卵复坚如故。成方卵矣。"又引《琅嬛记》[3]曰："昔有少年，博洽典籍。其兄远归，携方卵，问弟。弟曰：'鸟卵而方，有白无黄。'破之果然。问：'何以知之?'曰：'见成丁《百鸟志》。'"若以今所造方卵，视此少年，破之有黄，则将谓古人欺余矣。

4. 综合《神仙传》《齐谐记》添加灵验故事形成的新传说及评论

（1）南宋江阴静应庵道士陈葆光撰《三洞群仙录》卷七"成武丁"

成武丁，桂阳人也。年十三，为县宰遣送物上州，州牧周（昕）异之，留为文学主簿，因被使，自京还过长沙郡，投邮舍不及，遂宿野木下。忽闻人有语云："向长沙市药。"平旦，见二鹤，君异之，遂至市门伺候，果见二老人。君从之数里，老人问："子随我何求耶?"曰："闻君有济生之术，因来侍从耳。"老人顾笑，于袖中出玉函，看素书，果有武丁姓名，各出药一粒与之，因而得道。一日，谓弟曰："七月七日，牵牛诣织女，吾被召还宫，不得久留。"言讫而卒。后葬，太守使人发棺，不复见尸，但有青竹杖并舄而已。

（2）阮阅《诗话总龟前集》卷四十七"神仙门下"

庆历中有一闲人游岳，谒主簿郭及甫，既坐，视其刺乃罗道成也。询其乡里，言郴州人。及甫留饮，曰："久思东州之游，前日游太山已

① 张澍编纂，赵振兴校点：《姓氏寻源》，岳麓书社，1992年，第80页。
② 褚人获辑撰，李梦生校点：《坚瓠余集》，上海古籍出版社，2012年，第1327页。
③ 伊世珍撰《琅嬛记》，后有注云"《采兰杂志》"。

遍到佳处，旦夕回南方山。"索纸笔为诗曰："因思灵秀偶来游，碧玉寒堆万叠秋。直上太山高处望，根盘连接十余州。"后自和云："水云踪迹自闲游，夏谷阴寒冷胜秋。猿鸟性情犹恋旧，翻身却去海边州。"及甫不胜叹美。及去，令人送之，又得诗曰："白骡代步若奔云，闲人所至留诗迹。欲知名姓问源流，请看郴阳山下石。"后问郴人，有成真君观，得道乘白骡行石壁上，其迹至今存焉。（《古今诗话》）

（3）郭棐撰《粤大记》卷十九"献征类·唐珍"、欧大任《百越先贤志》卷三

载成武丁徒唐珍一人，"师事郴人成武丁，得黄老养性之术"。

（4）清《（光绪）兴宁县志》卷十八"杂纪志·仙佛"

成武丁即罗道成，汉桂阳郡临武县人，曾显异于宁邑罗仙山（郴汉为桂阳郡，临武属焉）。生灵帝时，少不学问，有颖性……

（5）清《（嘉庆）郴州总志》卷三十八"仙释志"

郴人袁子让语云：按《齐谐志》七夕之事具名为成武丁，而氏谱乃称罗道成乘骡行郴阳武昌山间，始疑其误。迨阅旧志至谒郭及甫视刺亦曰："罗道成乃知道成之说，固真人傲梅尉变名名意也，真人守为真人。所立州西之宅，今不知其处。"然考旧志，郡尝有成仙观，则初为仙宅可知。及观《统志》，成仙葬武昌冈上，则真人之墓当在骡岩间也。然郡东五十里双溪又有罗仙山，谓丁曾骑骡其处。岂仙后事欤？元日噢酒，事与栾巴噢酒救蜀宛然，如出一手。是何肖之深耶？巴亦东汉时人，由吾郡太守入为公卿，计为守之时与真人之世不甚相先后，岂有所授之欤？噫，惟非常之人然后可以为非常之事。彼其道既相符，迹自相类，彼此异同之间盖未可以胶柱谭也。

5. 文献考释

桂阳太守周昕、周憬考

葛洪《神仙传·成仙公》中有一个发现成武丁是神仙，并予以提拔重用的关键人物——桂阳郡太守周昕，周昕到底是个什么人物呢？明《（万历）郴州

志》卷二"秩官表·上"载，"周昕，灵帝光和十二年任"，确认"周昕"真有
其人，但国史、地方志均不见履历，亦无从考释。而同书"仙释传"却载成武
丁"后汉光和二年（179）甲申岁七月七日"升仙，整整差了十年，也就是说成
武丁根本不可能遇见他去世后才任职的太守周昕。那么，还有一位桂阳郡太守可
供参考，即"周憬，下邳人，灵帝熹平三年（174）任"。按常理推测，与成武
丁有五年相处时间。周憬，国史不载，明《（万历）郴州志》卷十五"循良传"
载："周憬，字君光。徐州下邳人，性仁厚，举孝廉，拜桂阳太守。以德绥下，
邦域惟宁。开武溪，通南海，商船至今称便。"

　　周憬，还有一方著名的汉碑"神汉桂阳太守周府君功勋铭"可资佐证。该
碑原在乐昌泷上，北宋时藏于韶州张九龄祠中，清初"石碑断缺"，至今下落不
明。不过，碑文已被洪适《隶释》等书辑录。由于碑文已模糊不清，"桂阳太守
周府君"的名字一直存在"周憬"和"周昕"两种争议，如清代翁方纲《粤东
金石略》卷五"韶州府金石·二"称：

　　　周使君开此溪，下合真水，碑在庙中。郭苍文但云"府君字君光"
　　而已，其名讹缺，不可辨。《图经》说："周使君亦不著其名，李君尝
　　座诣碑辨之，乃是'煜'字。永叔但得墨本，故能考也。"余读退之泷
　　史、江县二志所载，文大略同，皆曰名"昕"。洪氏《隶释》载此文是
　　"憬"字，《广东新语》云"憬"或"暻"。

清代全祖望《鲒埼亭集外编》卷三十五则称：

　　　桂阳太守有开武溪水道之功，庙食至今，乃《后汉书》略之。古
　　今循吏之泯然者，可胜道哉？然欧阳文忠以为周憬，曾文定公以为周
　　昕，盖两先生见碑本，俱阙其名，而据所闻以实之。文忠以为碑虽阙尚
　　可识者，未必然也。予考《太平寰宇记》，广东韶州新泷有太守周昕
　　庙，即始开此泷者，行者放鸡散米以祈福，而忌者湿衣入庙，则是碑当
　　为"昕"作。若《太平寰宇记·湖广衡州》，武水有太守周憬庙，则或
　　别以有功祀之，而岁久讹传移于昕者。盖武溪出临武南，流三百里入桂
　　阳，会于乐昌。而一太守庙在水之阴，一太守庙在水之阳，虽地尚隔
　　远，而易以同姓同官相混，文定之辨，尚未得尽其详也。从来金石之
　　学，足补史传，然非博求是，则翻多误者，即令欲正前人之误，而不能

得其所以误，亦未足以折之也。①

"周憬"与"周昕"开通武溪水道事迹相同，本应为同一人，但在湖南只作"周憬"，在广东常作"周昕"，《（同治）桂阳直隶州志》卷十二"礼志第七之二·祠祀"早有记载："周憬祠，泷滩上往往有之。曲江祠太守周昕，州无昕名也。"当然，广东的地方志常把"周憬"与"周昕"当成一人，湖南的地方志则把"周憬"与"周昕"当作两人，不过"周昕"却无生平可述。

宋代洪适《隶释》最早辑入碑文，将开通武溪水道的桂阳太守认定为"周憬"；葛洪《神仙传》最早记载，将赏识成武丁的桂阳太守认定为"周昕"。广东韶关一带祭祀开泷的周昕庙表明，"周昕"即"周憬"。以此推论，《神仙传·成仙公》中的周昕就是武溪水道的开通者。

"噀酒"考

"噀酒"，即喷酒化雨。此道术先见于栾巴，后见于成武丁，其故事如下：

《太平御览》引葛洪《神仙传·栾巴》记载："正旦大会，巴后到，有酒容。赐百官酒，又不饮，而西南向噀之。有司奏不敬。诏问巴，巴曰：'臣适见成都市上火，臣故漱酒，为尔救之。'乃发驿书问成都，已奏言：'正旦食后失火，须臾有大雨三阵，从东北来，火乃止，雨着人皆作酒气。'"

同书所引《成武丁》故事情节相似："至年初元会之日，三百余人，令先生行酒。酒巡遍讫，先生忽以杯酒向东南噀之，众客愕然怪之。府君曰：'必有所以。'因问其故。先生曰：'临武县火，以此救之。'众客皆笑。明日司仪上事，称武丁不敬，即遣使往临武县验之。县令张济上书称：'元日庆集饮酒，晡时火忽延烧厅，事从西北起，时天气清澄，南风极烈。见阵云自西北直耸而上，径止县，大雨，火即灭，雨中皆有酒气。'众疑异之，乃知先生盖非凡人也。"

因为栾巴、成武丁都是东汉人，又都与桂阳郡有渊源（栾巴担任桂阳郡太守长达七年，成武丁则是土生土长的桂阳郡临武县人）。宋代学者赵希循给出的解释是，"一事误系之二人"或是"方伎幻化之术偶同耳"②，明代学者袁子让则认为是"道术相传"，清《（嘉庆）郴州总志·仙释志》引其评论曰："元日噀酒，事与栾巴噀酒救蜀宛然，如出一手。是何肖之深耶？巴亦东汉时人，由吾郡太守入为公卿，计为守之时与真人之世不甚相先后，岂有所授之欤？"到底哪一种解释更合理呢？

---

① 全祖望撰，朱铸禹汇校集注：《全祖望集汇校集注（中）》，上海古籍出版社，2000 年，第1471 页。

② 见《永乐大典残卷》卷一千二百四十四引赵希循《会心录》。

据《后汉书》卷四十七记载，栾巴本是宦官，因净身不彻底"阳气通畅"，"白上乞退，擢拜郎中，四迁桂杨（阳）太守。以郡处南垂，不闲典训，为吏人定婚姻丧纪之礼，兴立学校，以奖进之。虽干吏卑末，皆课令习读，程试殿最，随能升授。政事明察。视事七年，以病乞骸骨。"而后在荆州刺史李固的举荐下，栾巴入朝官至尚书。又因苦谏当朝大修顺帝陵劳民伤财，触怒皇帝，入狱禁锢长达二十年。灵帝即位，复出拜议郎。建宁元年（168）八月，窦武、陈蕃剪除宦官失败被诛，栾巴因与窦、陈二人关系密切，被贬职永昌太守，但他辞病不行，上书极谏，理窦、陈之冤。皇帝震怒，再次收监入狱，栾巴于狱中自杀。《后汉书》并未记载栾巴"噀酒灭火"一事，却记载了他任豫章太守毁"淫祠"一事。豫章信巫好鬼，许多老百姓为侍奉鬼神而倾家荡产。栾巴的做法是自称有道术，能役鬼神，因此他主持尽毁"淫祠"，反而获得老百姓的信任。如宋代学者赵希循分析道："因谏诛窦武、陈蕃，帝怒，自杀。非升天也。《传》但言其有道术，能使鬼神，不及酒事。"① 从正史中栾巴的两次进谏来看，他是一个极富正义感的儒士，绝非隐匿山林的道士。第一次苦谏，引来二十年的牢狱之灾；第二次苦谏，又陷囹圄，这次他选择了自杀，而道书却传言其"升天"。道士一心追求长生，哪里肯受官场羁绊，甚至轻易了结自己的生命？而从栾巴任桂阳太守时的治迹"定婚姻丧纪之礼，兴立学校，以奖进之。虽干吏卑末，皆课令习读……"来看，明显是奉行儒家礼仪教化，绝非授以秘术，教人修道成仙。所谓"有道术，能役鬼神"，可以肯定是栾巴任豫章太守时自己说的，这一切都是为了毁"淫祠"。

栾巴之前，已有"噀酒"先例。如《后汉书·方术列传》所载郭宪也有"噀酒"一事："建武七年，代张堪为光禄勋。从驾南郊。宪在位，忽回向东北，含酒三噀。执法奏为不敬。诏问其故。宪对曰：'齐国失火，故以此厌之。'后齐果上火灾，与郊同日。"② 因此，成武丁可以"效法"的还有郭宪。不过，栾巴任桂阳太守七年，成武丁受其感化更为合理。栾巴生卒时间找不到史料记载，不过可以根据史料推断大致时间节点。永和六年（141），李固任荆州刺史，在其任上推荐栾巴"入朝官至尚书"，因此栾巴任桂阳太守的时间为公元141年前后；144年汉顺帝驾崩，栾巴以言获罪，入狱二十年；建宁元年（168）八月，窦武、陈蕃被诛，栾巴亦于此年自杀。

《太平御览》卷一百九十四"居处部"引《（元和）郡国志》："柳州武丁冈有栾亭，即太守栾巴所建也"（注："柳州"错记。实为"郴州"，郴州才有"武

---

① 解缙撰：《永乐大典残卷》卷一万二千零四十四"噀酒"条，北京图书馆出版社，2003年，影印本。

② 范晔撰，李贤等注：《后汉书（第13册）》卷一百一十二，中华书局，1965年，第2709页。

丁冈"），成武丁葬于"栾亭"附近，而后有武丁冈之名，似乎可证成武丁与前桂阳太守栾巴隐约有些联系。

若成武丁卒于熹平四年（175）前后，则距栾巴任桂阳太守之时三十余年。也就是说，成武丁若于十三岁师从栾巴，到卒时也不会超过五十岁，以其时间、地点而言，有求学的可能性。这是不是如郴人袁子让所说，他们之间有道术相传呢？

即便如《云笈七签》卷四"道教经法传授部"所载，栾巴为道教"十代"人物："第十代栾巴，巴授五人。唯二人系代：阴长生、李宙先"，那么，成武丁与阴长生必然是师兄弟关系。而阴长生之《阴君自序》却载：（成武丁）"少言大度，兼通经学，不从师授，有自然之性。"成武丁与栾巴之间如有道术传承，阴长生不可能记为"不从师授"。况且，成武丁若师从前太守栾巴，则不会是桂阳郡群僚瞧不起的"阴寒小人"，《太平御览·成仙公》也应对其来历有所交代。

综上所述，笔者认为成武丁与栾巴之间的隐约联系在于：桂阳郡太守栾巴治郡七年，推崇礼教，政绩显著，百姓得以感化，成武丁或是其追慕者。栾巴自仗"道术"毁"淫祠"，随后被百姓神化，在任京官时又传出"噀酒灭火"等神迹。后任桂阳太守周昕欲假神道凿通武溪，考虑前任太守栾巴在桂阳的影响力，故令成武丁模仿栾巴"噀酒灭火"。此"道术"不必当即验证，只需派一信使传言，简便易行，效果显著。成武丁"卒后"，周昕将之葬于"栾亭"，暗示栾、成之间或有师徒传承，以消除公众疑惑。

<h3 style="text-align:center">"能解鸟语"考</h3>

能解鸟语的人和事在古籍上屡见不鲜。《周礼·秋官司寇》载："闽隶，掌役畜、养鸟，而阜番教扰之，掌与鸟言"，可见古时有专管养鸟并可与鸟对话的役隶。《史记·秦本纪》称秦的祖先伯翳（或作伯益），佐舜调训鸟兽，鸟兽多驯服。伯益之后秦仲，知"百鸟之音，与之语皆应"[1]。三国张胜撰《桂阳先贤画赞》最早记载"成子，郴中人，能达鸟鸣"。可见，"能解鸟语"乃成武丁所掌握的核心方技，并因此获得桂阳太守周昕（或称周憬）的赏识。

与成武丁"能解鸟语"版本相似的故事还见于《太平御览》卷四百六十二所引西晋陈寿《益都耆旧传》[2]杨宣条："行县，有群雀鸣桑树上，宣谓吏曰：'前有覆车粟。'"南朝梁代皇侃的《论语义疏》所引《论释》："……有雀子缘狱栅上相呼啧啧，冶长（公冶长）含笑，吏启主：'冶长笑雀语，是似解鸟语。'主教问冶长：'雀何所道而笑之？'冶长曰：'雀鸣啧啧，白莲水边有车翻，覆黍

---

[1] 《太平御览》卷九百一十四"羽族"引《史记》，今本《史记》无此。
[2] 据曹书杰《陈寿〈益部耆旧传〉成书年代考——兼对成书咸宁四年、五年说质疑》（《古籍整理研究学刊》1995年第3期），《益部耆旧传》于泰始六年末或七年初成书。

粟，牡牛折角，收敛不尽，相呼往啄。'狱主未信，遣人往看，果如其言……"①
由于公冶长是孔子的弟子兼女婿，其"能解鸟语"之影响远比成武丁大得多。
因此，所解鸟语"车翻覆粟，相呼往啄"，似乎有成武丁抄袭公冶长之嫌。而以
文献始出年代而论，《桂阳先贤画赞》成书于三国（220—280），与《益都耆旧
传》大约同时，早于《论语义疏》约两百余年，故抄袭之说不存在。

（三）成仙景迹

1. 仙境春游

晋葛洪《神仙传》云："成仙公
者，讳武丁，桂阳临武乌里人也。"据
此，成武丁为临武人罕见异议。清代诗
人彭开勋有诗《乌里》云："乌里仙行
地，遗踪尚可寻。异人缘偶遇，小吏德
堪钦。酒噀城头火，聪闻车下音。骑驴
西去好，紫气接琼林。"② 乌里，今已不
可考，但不少人认为是临武北乡。成武
丁生于临武，"七夕"故事源于临武，
龙须草席出自临武。清代学者王闿运有
诗云："真向仙乡访武丁，桂阳水阁露
泠泠。浮梨脆冷龙须滑，夜起贪凉采素
馨。"③ 临武作为神仙故里，仙迹真
不少。

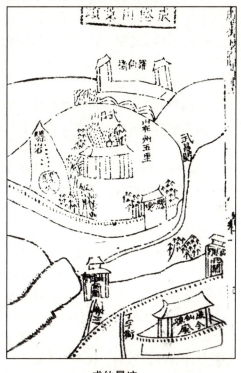

临武县东云山上，曾有成仙观，旧
时种有成片的桃树、李树，一到春天，

成仙景迹

桃李盛开，④ 形如仙境，相传成仙武丁曾游此，故称"仙境春游"。清《（同治）
桂阳直隶州志》卷二十一"水道志"载："东行四里出升仙桥，云成武丁于此升
仙；右有嬴溪，云武丁饮嬴溪水。今有嬴田村。陈氏大族，世富，桥是其族所
造。后毁于火，俗皆呼'火烧桥'。武水又东径东云山，上有成仙观，石上骡迹
宛然。山径罗生兰芷，吹香四远；白云冒石，浮漪倒空。县人春游，并集于上。
武水绕山东流六里而至浪石山麓，横水遂折北流，径乌溪洞东，平田远村，参望

---

① 皇侃义疏，何晏集解：《论语集解义疏（1-4 册）》，中华书局，1985 年，第 53 页。
② 彭开勋：《南楚诗纪》卷四。
③ 载于《湖湘文库·湘绮楼诗文集》。
④ 政协临武县委员会：《楚南古邑 魅力临武（临武文史第十二辑）》，2012 年，第 106 页。

如画。过浪石桥，陆行六里，经会仙坳，云成武丁遇里人，使归求剑、舄，会语于此坳。"

"仙境春游"为临武古八景之一，吟咏众多，兹录如下：

仙境春游

明·刘尧诲

云岑当此驻游仙，仙子还宫不记年。翠盖霓旌照容与，琪花瑶草称流连。
春风已共流莺啭，晓日初升象帝先。我亦年来返初服，寻芳早结鹤书缘。

　　　　　　摘自清《（同治）临武县志》，下同。以下皆题为"仙境春游"。

明·陈经

神仙归去几何年，山下琳宫故俨然。松树巢空飞白鹤，药炉火冷熄苍烟。
道人夜诵尘缘断，骚客春游乐事便。无数断碑苔藓暗，壁间哪个纪诗篇。

清·陈以矩

天路谁为疑送迎，神仙到此已观成。不缘鹤驾腾归骑，惟有骡踪觅去程。
白足赤髭应作侣，青山绿树亦垂名。老翁底事寻春偏，得得来游涤俗情。

清·慧朗

仙成遗迹白云堆，无限清光逐岁开。地涌典型经变态，川流间暇尽徘徊。
朱霞灿日灵丹转，元鹤搏风真魄来。一点精神长不昧，令人千古叹奇哉。

清·杜茂林

丹成九转几千年，为有神仙境亦仙。错认羽轮回此日，尚余琪树种当前。
彩杨堤畔晨烟合，青草池塘夜雨悬。会有东风迎竹马，子规啼彻杏花天。

清·邝祥庆

妙境青葱万木稠，高人韵士寄春游。山中骡迹苍苔暗，石上烟痕碧涧幽。
药灶金丹由尔转，瑶林芝草问谁收。悠然鹤驾红尘外，缥渺仙踪去不留。

清·苏良枋

路揖洪崖好拍肩，飞来绛节几经年。药灶云深封绿藓，丹池水暖起苍烟。
壶中自贮甘霖沛，骡迹犹当造化镌。多少寻芳吟咏客，凭谁指点断尘缘。

清·张声远

缥缈仙踪去不回，沉沉院落倚山隈。丹台雨过飞琼液，火窟香生认绿醅。
野马还啼千树影，轻风空扫一庭莓。寻芳意有刘晨遇，云外姗姗晚驾来。

成仙观，建于宋理宗时期，今毁。清同治《临武县志·寺观》载："成仙观在城东一里许。按：观，唐时建于武陵庙之右隙，宋初，被寇毁。宝祐间，邑人王仲翰等改建于今东云山，捐金置田七十二亩，以为常住。隆庆三年，刘存恭、王廷寿、蒋宗徽、罗朝问、曾逢寿等率众重建。其白鹤观后殿并东、西两厢，系刘继翁独建。又成仙观后殿并两庑，亦系刘继翁独建。前殿系与王、曾、蒋、罗各姓同建。"诗文兹录于下：

成仙观

明·游和

仙人飞去几经年，遗迹犹存洞里天。苔藓绿封烧药处，足肩碧泻洗丹泉。

月明恍见孤鸾度，松古长留老鹤眠。我欲乘飙一游览，未知何日赐归田。

摘自明《（嘉靖）湖广图经志书》卷十二"衡州"，下同。以下皆题为"成仙观"。

明·吴昌衍

武子当年喜学仙，药炉茶灶事烹煎。人亡灰冷留遗迹，犹说飞身上九天。

清·陈章

仙翁辟谷自何年，异迹芳踪百世传。药灶丹炉今在否，紫云犹拥武城巅。

摘自清《（同治）临武县志》。

白鹤观，相传成武丁在长沙遇白鹤仙翁，故有此名。原址在临武县城内，今为城关镇中心小学校址。清《（同治）临武县志·寺观》载："城中白鹤观，唐大中元年造，以祀成仙武丁。县祠最古者。明吉水刘诚为州判，与丰城游和同游，各有题句。"又载："白鹤观在城东南隅，唐大中元年建。明弘治十年，邑人王思才、曾友旻、雷存恭等重建，又捐资置田六十亩为常住。康熙十六年，邑庠王敷极及千总李继隆、李世虎、曾德仰等重倡建。"明代诗人刘诚有诗云："王事驱驰到此山，仙人白鹤未曾还。瑞烟冉冉笼花径，香雨霏霏拂石栏。近户泉声清雪后，隔林松影夕阳间。不须久住丹霞室，偶得寻真即是闲。"[1]

2. 骡穴迷踪

郴州市城区亦有成仙观，原为成仙旧宅，今不知其处。宋《太平御览》等书记载，成武丁曾任桂阳郡文学主簿，太守周昕为之置宅于城西，后病逝于任上。明《（嘉靖）湖广图经志书》卷十四"郴州"载："成仙观，在州西五里。"明代郴人袁子让云："所立州西之宅，今不知其处。然考旧志，郡尝有成仙观，则初为仙宅可知。"[2] 可知明时已无，其遗址亦不可考。宋代郴州知军阮阅有诗《成仙观》云："仙去寥寥几百春，故居依旧在湖滨。枝头禽语人难会，石上骡踪事已陈。"可知宋时成仙观尚在，位于湖滨（可能是北湖湖滨）。阮阅又有诗《骡穴观》云："朝辞湘楚暮山东，今在蓬莱第几峰？可笑时人空扰扰，武昌山下问骡踪。"武昌山乃成武丁归葬处，亦有一观，以成武丁坐骑白骡而得名，后

---

[1]　刘诚，明代吉水人，曾任桂阳州判、刺史佐吏。此诗载清《（乾隆）直隶桂阳州志》、清《（同治）临武县志》。

[2]　清《（嘉庆）郴州总志·仙释志》载。

又改为骥仙庵（今毁）。清《（嘉庆）郴州总志·山水》载："武昌山：《湖南通志》，在州南五里。今按在州西五里，一名武丁冈，一名骥仙岭。东汉时真人成武丁葬此，其友常见真人乘骥，今石穴中有骥迹尚存。有庵名骥仙庵。"武昌山又有迷穴，在迷溪之上。溪由岩石间流出，仿佛桃源仙境，故名迷溪，旁有迷桥。阮阅又有诗云："林花岸柳草芊芊，山下长桥跨碧川。往事茫茫无处问，不知迷俗是迷仙。"如今，文献中的老地名已无人提起，因不知渊源，骥仙岭还常被人误为"骆仙岭"。

3. 炉峰袅烟

资兴市有罗仙山，相传成武丁即罗道成，罗道成曾炼丹于此，因此得名。清《（光绪）兴宁县志》卷十八"杂纪志·仙佛"载："成武丁即罗道成，汉桂阳郡临武县人，曾显异于宁邑罗仙山（郴汉为桂阳郡，临武属焉）。生灵帝时，少不学问，有颖性。"罗仙山上有一怪石，形似欲袅袅升天而忽然凝固的香烟，传为罗仙炼丹炉烟所化，故名"炉峰袅烟"。

三、王仙王锡

（一）王仙传说

唐宣宗年间，郴州人王锡从小跟随父亲王相习医，采草药帮助百姓治病疗伤，后来继承父业，为人治病，往往妙手回春，药到病除，青出于蓝而胜于蓝。老百姓传言王锡医术高明不仅得益于生平努力求学，还得益于外遇异人，得秘籍、仙术。

有一次，王锡在王相山采药时坠下山坡，王锡被树枝悬挂在半空中，生命危在旦夕。上天感怀他救死扶伤的功德，派天鹅夫妇去救王锡。天鹅夫妇把王锡安然送到平地，并结下了深厚的感情，难舍难分，于是就在山上湖中定居。王锡采药时天鹅便陪伴左右，为其探路寻药。王锡每到山上采药时，都有毒蛇猛虎好像护卫一样地跟随，若遇人时，蛇虎便隐藏起来。

有一年，王锡奉差押运粮食到长沙，正当长沙瘟疫流行，百姓苦不堪言。王锡见状，马上入山采草药，亲自熬制汤药，分发给长沙百姓。当时有一家人，全家感染病患，只剩下孤儿寡母还在生死边缘游离，王锡听闻后，准备前去治病。同伴担心王锡被瘟疫传染，都劝说他不要冒险去。王锡说："医者父母心，人命大过天，怎么能不去诊治呢！"说完，飞快地跑到那户人家。那母子俩服药后，不久病即痊愈。当时瘟疫猖獗，王锡采的药材有限，他就仔细研究药方，加以改进，竟做到一剂药能治愈三人。长沙人认为王锡是扁鹊转世，奉为神明，将他采药的山称为锡山，筑"露仙台"纪念他。

王锡从长沙回来，又遇郴州城内闹瘟疫。他心急如焚，急忙上王相山去寻找药材。采药时，因劳累晕厥在地。此时正好观音菩萨路过，见他救民心切，为之感动，便点露成泉。王锡醒后，饮泉水而不染百病，从此不食熟食，日餐松，夜饮露，被称为露仙。那股泉水被称为露泉。王锡将泉水能治病的事告知郴州百姓，于是老百姓也成群结队到王相山取露泉饮用，诸病皆去。自此，瘟疫就消失了。后人为纪念王锡，在泉水边建了露仙亭。

……

又有一年，九条恶龙盘踞郴县，搞得人心不安，百姓惶惶不可终日。为除恶龙，郴县年轻力壮的男丁相约上山降龙，结果都有去无回。当地百姓再也不敢提降龙之事，为保平安，家家户户将每年筹的集粮食、牲畜奉献给恶龙。但九龙并不满足，继续残害百姓，洪水泛滥，使得民不聊生。那时，王锡长年修炼，日饮露泉。早已不是凡人之躯，于是主动提出独自担当降龙大任，百姓不忍王锡被九龙杀害，纷纷前来劝阻。王锡一再安慰大家，毅然孤身前往深山，他将九条龙皆引到一山中，以沾了露泉的宝刀将九龙降服，但并未将其杀死。九龙深受感化，化身为石，从此不再侵扰当地百姓。如今的王仙岭有一幅巨大的浮雕，也就是"九龙坡"，相传便是当年九龙所化。[1]

(二) 文献记载及考释

仙人王锡文献传源目前发现三条，一是长沙息山传源，二是郴州王仙岭传源，三是惠州罗浮山传源。分别介绍如下：

1. 长沙息山传源

文献最早见于南宋陈葆光撰《三洞群仙录》（1154 年成书），后见于真德秀撰《申请息山龙王封爵状》（1222 年），到明代仍有零星记载，清代则罕见。

（1）南宋道士陈葆光撰《三洞群仙录》卷十四引《总仙秘录》[2]

真人王锡尝因大疫，入息山探药，散施活人无数。忽遇一道士，谓曰："子有风骨而又积行多矣。"因授以养风饮露之卫。一日，天降甘

---

① 首小翠、李国春主编：《故事苏仙》，中国文史出版社，2015 年，第 200 页。

② 《总仙秘录》为北宋著名文学家乐史所著，内容多为从前人书中摘录的神仙故事。

露于所居之侧竹木枝叶上，真人得以饮之，遂升天。

（2）真德秀撰《真西山文集》卷十七《申请息山龙王封爵状》

……息山在郡城外之东南一里许，山下有潭，方可数亩，潭上旧有龙神祠。……五代晋时，有王真人锡者，以桂阳牙校至长沙，适值大疫，乃入息山，取潭水和药以施病者，全活甚众。……嘉定十五年正月，庆宝赦文，奉敕灵泽庙为额。

（3）明《永乐大典》（残卷）卷二千九百九十九"仙传"

王锡，因大疫，入息山采药，散施活人。遇道士授以食风饮露之术，后饮甘露而升仙。

考释如下：

长沙施药考

长沙民谣云："无锡锡山山无锡，长沙沙水水无沙。"无锡之锡山确实难以理解，同德斋主人编《广湖南考古略》卷六"善化县①"煞费苦心地解释："锡山，在县东南，唐王锡隐此，因名。案：'锡山'见于《隋志》'长沙有铜山、锡山，盖产铜锡之山也'，《明统志》谓因王锡得名，锡乃唐咸通郴州人。《隋志》不应先有锡山之名。谓锡隐是山则可，谓山因锡名则误也。"这绕口令的解释让人更加迷糊，到底是锡山因王锡而名，还是先有锡山而后有王锡进山？

参考笔者检索出来的三条文献，就很清楚了：先有"息山"，后有"锡山"，"锡山"应是明时所改。息山就在古长沙城外东南一里的地方，山下有一水潭，潭边有龙王庙。王锡就是用山上的药和潭中的水治疗瘟疫，获救者无数，因此改名"锡山"。按照古人的描述，是无法找到锡山的，因为古时的长沙城外已成为现在的核心城区，那口水潭早被清末修筑的粤汉铁路劈成两半，而后被填埋，已不称为潭了。根据那口潭留下的地名"老龙潭"，可知王锡采药之锡山和锡山潭在白沙井之南，白沙路一段，即今湖南第一师范所在。②

长沙，古时还有一处祭祀王仙的露仙观声名显赫，而今却鲜为人知。据欧阳晓东主编的《湖南老街》称，长沙露仙观，在今天的天心区路边井小学内。宋

---

① 善化县，宋时与长沙县同为潭州治所，元时同为天临路治所，明、清时同为长沙府治所。善化县与长沙县同在一座城池，共享长沙之名。这种同城而治的行政管理现象，在明清两代称作"附郭"。

② 李抱一著，黄林编：《李抱一文史杂著》，湖南人民出版社，2009年，第90页。

末长沙先后遭金兵和元兵屠掠,潭州军民以"楚虽三户,亡秦必楚"之格言振奋精神,遂改露仙观为"熊湘阁"。德祐元年（1275）,李芾出任潭州知州兼湖南路安抚使。九月,元军攻城,李芾与元军奋战三月,因矢尽粮绝而城陷。全家十九口于熊湘阁举火自焚。明成化间,长沙知府钱澍建"李忠烈公祠"于熊湘阁旧址,祀潭州知州李芾。[①] 至明崇祯间,又建"刘忠毅祠",纪念湖南巡抚刘熙祚。刘熙祚被张献忠所擒,张令刘跪,刘宁死不跪而被杀。至清康熙间,两祠合并,名"李刘二忠祠",今祠已不存。

锡山沧桑巨变、露仙观名实俱失,这是王仙施药长沙,而今长沙却很少听到民间传说的原因。

2. 郴州王仙岭传源

最早见于北宋阮阅《郴江百咏》,后见于祝穆撰《方舆胜览》（约 1239 年成书）,明、清乃有传说记载。

（1）祝穆撰《方舆胜览》卷二十五"郴州郴县"

> 露仙观。在子城外,南。王真人讳锡为郡衙校,唐咸通间甘露防于所居竹叶上,真人食之遂仙。

（2）明《（万历）郴州志》卷十九"仙释传"

> 王锡,桂阳郡人。幼孤贫,及长为郡衙校部。粮运至长沙,尝遇异人授药术。适闻郡民瘟疫大作,遂入锡山采药老人祠,散施服者皆愈,全活不可胜计。咸通十一年八月一日,甘露降于所居竹叶上,食之遂仙去。后人因称为露仙,云今长沙有露仙台,即上升处。本郡西有露仙观,即是旧宅,作云水道场。

（3）崔岩著《九仙二佛传·唐王仙传》

> 王仙名锡,郴人,生唐宣宗朝。父王相素好仁义,喜施舍。尝造门持铎,劝人为善。里人有斗争者,相至即愧解。生平惟持素业医,始居郡西,后结庐郡东一山中。夫妇只生锡一人,中年而遭鼓盆,是时锡方离襁褓。相昕夕惟采药以济人,所疗活甚多,然不贪其利,只求种德而已,人多感之（俗传王相施药,每早谢者阗门,相悉却其馈不受,众祝

---

① 欧阳晓东主编:《湖南老街》,湖南文艺出版社,2012 年,第 127 页。

曰："公有子，愿登金殿。"曰："野竖安得有此。"曰："不登金殿，愿登蓬莱。"相笑而谢之）。年老以无疾终，乡人以其慈爱方正，立祠祀之。称为老人祠（一曰称为"土谷神祠"）。锡生而孤贫，然标姿魁梧，才性亦傲傥，不类凡人。其持事秉公道，毫发不容私。里中皆谓王君长者，生子复如此。长袭父业，游心方外。得神术，每取药，山鏊则毒虺猛兽随之，若为卫护。有人遇之，则以气禁，蛇虎皆伏不动（按《仙传》彭宗有气禁蛇虎之术，必宗术之，乃能起）。后遇异人于山中，锡迎至其家而师之，寻传以秘书，且曰："天阁键铃，当善得之。计咸通十二年之秋，甘露当降于子宅，服之可上升。"言竟忽失所在。自是锡医业大进，服其饵者应手而愈。后奉郡差解粮至长沙郡，值长沙大疫，锡携一药壶至市，临门施饵，不受一钱，彻郡疮痍皆起，长沙人奉之如神明。以为庐仓再出也，因遂号锡为施药真人。（旧传锡施药长沙效如响，或久病而立起，或已死而复苏，或一剂而愈两三人）。归郴，居其父所修行之山，采药怀真，尽异人所授之道。后郡有里人请锡治药老人祠，服者皆愈，全活不可胜算。至咸通十二年八月一日，甘露果降于王宅竹林中，锡日餐松，夜饮露，不复火食（按《史记》，汉武帝好仙，有方士请为仙人掌，以承露和玉屑饮之，可以长生。帝说，遂作《承露盘》）。后栖隐于长沙山中，曰："长沙吾旧泽地也。"居数年，供馈者终绎于道，然真人已不粒食矣。天复三年三月十五日，于其山白日羽化登天，长沙人以其饮露成仙，遂号为露仙。后即于其仙处立台，名露仙台焉。吾郡西南旧有露仙观，在露仙桥前（旧《志图》观在旧社坛左，生西东向，旧社坛在义井东。露仙桥，即今康家桥，按图求之，观当在桥南、康太坊北，即今山川坛）。旧志谓为其人旧宅不久废为云水道堂，今云水道堂又废矣。老人山中之庐后即其地建为王仙观，其所庐之山，后人遂以其名，名为王仙岭。岭头有泉流东北下，号为瀑布。乡人遇旱往请水祈求，雨不爽期，迄今尚有殿宇焉。

（4）清《（嘉庆）郴州总志·仙释志》载袁子让评论

　　郡人袁子让云，古传甘露服之能寿，刘子谓姑射仙人吸风饮露，理信然矣。王锡父子，相代青囊，功在人寰，和气致祥，天降膏露，其仙不亦宜乎？按《一统志》：长沙郡东五里有锡山，为郴王锡仙隐之地，故名其山。郡志所载露仙台疑即在其山耶？噫，郴有相岭潭，有锡山，父子所居，山川藉荣，亦可谓人杰矣！

考释如下：

王锡仙史释疑

郴州的王仙传说，综合了"长沙施药"说，形成较为完善的版本。由于王锡的主要事迹在长沙，宋代及以前文献载明郴州发生的故事极少，除祝穆撰《方舆胜览》有简略记载外，仅见于阮阅《郴江百咏》。其中《露仙观》云："寂寞荒坛枕水边，长沙施药已千年。松间风露如前日，何事无人更得仙。"诗云"长沙施药已千年"，似乎阮阅听到的传说是王锡在千年之前已成仙（即东汉时），并在"长沙施药"。这说明当时郴州已有"露仙观"①，但其传说比较模糊，以至于唐时故事说成千年之前。阮阅另一首《清淑堂》称："三仙一相有遗风，清淑谁言到此穷。"其中"三仙"即指苏仙、成仙和露仙王锡（因为《郴江百咏》有《苏仙观》《成仙观》和《露仙观》三首诗），此三仙并列，或许阮阅把他们都当成了汉代人。阮阅作《千秋水》又云："不求至道不修真，一穴涓涓岂有神。王锡苏耽已仙去，未应皆是酌泉人。"说明北宋时王锡成仙的故事已盛传于郴州。

绝大多数文献称长沙建有露仙台，王锡成仙于长沙。因此，郴州王仙故事来源于王仙长沙事迹的回传，宋时还比较模糊。明代崔岩作《九仙二佛传》补充完善后，形成"王锡饮食甘露在郴州，举形升虚在长沙"之说。该书记载王锡在郴州饮食甘露的时间为咸通十二年（871）八月一日，后栖隐于长沙山中曰："长沙吾旧泽地也"，于天复三年（903）三月十五日羽化登天。

在郴州，王仙传说增添了王锡之父王相治病救人的背景故事，并称"王相山"（今王仙岭）由此得名。而检索史料可知，"王相山"原名"黄相山"，如宋《舆地纪胜》记曰："黄相山，在郴县东南九里"②，直到民国傅角今编著的《湖南地理志》尚称："王相岭，一名黄相山，上有寺观。"可见，王相住"黄相山"与王锡住"息山"机缘巧合相似，未必是山以仙名。崔岩著《九仙二佛传·唐王仙传》称，"老人山中之庐后即其地建为王仙观，其所庐之山，后人遂以其名，名为王仙岭"，很好地解释了"王仙岭"的渊源。这个地名比"黄相山"更惹人喜爱，因此沿用至今。

3. 惠州罗浮山传源

此传源最早见唐代曹唐赠王锡的诗。曹唐，咸通年间（860—873）为使府从事。清康熙年间宋广业撰《罗浮山志会编》，简要介绍了王锡与曹唐。目前未见此传源与长沙、郴州有相关联的记载。

---

① 在郴州古城西南露仙桥（后更名康家桥），今遗迹不存。

② 王象之撰《舆地纪胜》："黄相山，在郴县东南九里。《郡国志》云：'岭上有池，地多众鸟，产乳。人取辄迷路，置之乃可去。'"今本见《舆地纪胜》第4册，四川大学出版社，2005年，2162页。

(1)《全唐诗》卷六百四十

送羽人王锡归罗浮

唐·曹唐

风前整顿紫荷巾，常向罗浮保①养神。石磴倚天行带月，铁桥通海入无尘。

龙蛇出洞闲邀雨，犀象眠花不避人。最爱葛洪寻药处，露苗烟蕊满山春。

(2) 清康熙宋广业《罗浮山志会编》卷四"人物志一·仙一·王锡传"

王锡者，罗浮道士。咽炼五牙，返还天谷，人多师之，犹不自足，往来名山寻师，由是为时所重。曹唐有《送羽人王锡归罗浮》诗。曹字尧宾，桂林人，尝为道士。太和中举进士中第，累为诸府从事。以暴疾卒于家，人以为羽化。盖锡与唐友，皆一时奇士也。

考释如下：

曹唐《送羽人王锡归罗浮》辨②

清康熙宋广业收录的《王锡传》（见上文）中王锡以罗浮山道士身份示人，其身份与《万历郴州志·王锡传》大相径庭，似乎是毫无瓜葛的两个人。

其实不然，通过曹唐《送羽人王锡归罗浮》一诗（见上文），我们可以发现罗浮王锡与郴州王锡有三个关联点：一都是唐朝人；二都是行医者；三都是真人。除此之外，此诗表露出王锡确有其人，而且与曹唐是好友。

曹唐，唐末及五代初楚国诗人，曾著大小游仙诗各百篇，不少诗篇被《全唐诗》收入，是颇有影响的诗人。由于正史没有列传，曹唐的籍贯有多种说法。传世文献中最早记载曹唐籍贯的是北宋陶岳的《五代史补》，常见的传世版本记曹唐为"柳州人"。然而，南宋计有功《唐诗纪事》有曹唐小传，首记曹唐为"桂州人"，其后，晁公武《郡斋读书志》卷四、元朝辛文房《唐才子传》卷八、清初《全唐诗》卷六百四十"附传"等都记曹唐为"桂州人"，而明代僧人释传灯《天台山方外志》卷十仍记："曹唐，不知何许人。"

清著名学者、史志目录学家邵晋涵提出曹唐为"郴州人"新说。乾隆年间，邵晋涵入四库全书馆任编修，负责史部。为了拯救已不行于世的《旧五代史》，

---

① 《金圣叹选批唐诗》（今本见浙江古籍出版社，1985年，第424页）"保"作"学"，更顺畅。

② 摘录邓晓泉《仙医王锡》，原载于《郴州民间文化》总第11期，2013年第2期。有改动。

邵晋涵辑录数十种典籍著《旧五代史考异》作为《旧五代史》辑录版的考异附注。《旧五代史考异》全文引录陶岳《五代史补·曹唐传》，并将曹唐确定为"郴州人"。显然，陶岳《五代史补·曹唐传》分别有"柳州人"和"郴州人"两个版本，通过时序比照及校勘，邵晋涵采信"郴州人"一说。清彭元瑞、刘凤诰《五代史记补注》和《旧五代史》卷二十四"罗隐传"附注也沿袭邵晋涵的"郴州人"之说。

的确，郴、柳字形相似，郴为冷僻字，常被误写成柳。而唐及五代的柳州属于桂州的桂管大府，且桂州与桂阳郡常混淆，郴州人与事常被误写成柳州的事例不胜枚举，被误记为桂州的也不乏其例，但从未见过"柳"被误写成"郴"的先例。邵晋涵作为清代著名史学家、经学家、藏书家，自然明白这个道理。

有了曹唐是郴州人的结论，我们恍然大悟：罗浮王锡就是郴州王锡，曹唐与王锡是好友，除了他们都是郴州人外，还是同道中人。

（三）王仙景迹

1. 相山瀑布

相山，即黄相山、王相山，又名王仙岭，相传王相、王锡父子在此成仙，故名。山高五里，周围七十里，离城十里，位于原板桥公社白水大队，现已辟为王仙岭公园。其山深谷幽兰，清香爽凉，空气清新，最宜夏季避暑。宋代诗人阎孝忠[①]题《黄相山》曰："东带连山接五羊，西分郴水下三湘。路人到此休南望，岭外千峰尽瘴乡。"清代诗人首启楠题《王相山》曰："一岫巍巍峙，天然点缀工。仙凡原自隔，山水喜相逢。峰耸千寻翠，涛奔万丈虹。蛇龙蟠涧底，鸡犬卧云中。古焰迷丹灶，新知结赤松。闲看猿啸月，雅爱鹤吟风。面面皆奇辟，方方见浑融。当初谁巧置，直拟问元功。"[②]清代诗人李友金题《王仙岭》云："山巅雾漫天，瀑布挂川前。雀鸟鸣捎上，虫蝉闹泉边。红枫开笑脸，黄菊展新颜。仙去留佳境，秋光绘彩篇。"

王仙岭今白水电站处有一瀑布自古闻名，它就是位列"郴阳八景"之一的"相山瀑布"。崔岩《九仙二佛传·唐王仙传》记曰："岭头有泉流东北下，号为瀑布。乡人遇旱往请水祈求，雨不爽期，迄今尚有殿宇焉。"瀑布之水用于祈雨是否灵验无迹可考，而其美景古今共睹，宋代郴州知军、画家王櫄依此作《郴州白水奇清图》，曾闻名一时。清代诗人李嗣泌题《相山瀑布》曰："相山高峙拥青穹，一练飞泉走白虹。月上天孙机石冷，晴开云母玉屏空。朱绫帘折潇湘雨，

---

① 《方舆胜览》卷二十五、《明一统志》卷六十六、《宋诗纪事》卷三十均作"阎忠孝"，四库全书版《郴江百咏》作"阮阅"。

② 此首载清《（嘉庆）郴县县志》。

银汉光摇雁岩凤。不羡辋川夸独胜，王维欲画谱难工。"

四、廖仙法正

(一) 廖仙传说

一日黄昏时分，九仙之一的廖仙廖法正道士，从南岳衡山访师归郴，途经栖凤渡一个小山村，听到从村里传来一声声揪心断肠的号啕声。廖道士闻声，急忙朝发出哭声的方向走去。

低矮狭小的房间内，三个未成年的小孩和一妇人哭成一团，呼唤着躺在床上的男子。旁边挤满了十几个男女乡邻，都同情地擦着泪水，发出悲叹。一个老郎中把了把男子的脉搏后，头摇得像拨浪鼓似地说："就是华佗再世恐怕也无力回天了，另请高明吧!"转身就要离去。

"先生且慢，说不定尚存一线生机，容贫道来试试如何?"说话间廖道士轻步飘然迈到床前，挥动手中拂尘，还未等众人明白过来是怎么一回事，躺在床上的男子突然咳嗽一声，口中吐出一团污血，竟然奇迹般地坐了起来。"快请拿水来，待贫道为他清除污物。"廖道士说完从袖中取出一枚红色药丸送入男子口中服下，少顷，男子脸色红润，开口说道："先生救命之恩，如同再生父母! 村夫无以为报，请受我一拜!"廖道士伸手扶住男子说："救死扶伤乃贫道本分，举手之劳，不必放在心上!"……随后廖道士踏着夜色朝连州方向匆匆而去。

话说连州城一富商，扶危济困，乐善好施。年过半百，膝下育有一女年方十六，足不能行，口不能言。用尽民间偏方，求遍远近郎中，皆无济于事。愁得老夫妻俩苦不堪言。廖道士闻讯后，日夜兼程，化装成乞丐来到富商门前。时值正午，恰巧遇上富商亲自在门口搭棚施粥，救济灾民。廖道士上前故意在接粥时失手打破大碗，稀粥洒落一地，富商见状连忙重新盛了一大碗粥交与廖道士，并笑着招呼："客官慢用，少了再添!"廖道士微微一笑，点头致谢，并不言语。喝完一碗粥后径直往富商房中走去，富商感觉奇怪就跟随廖道士身后，随口问道："客官有什么需要老夫帮助的尽管开口。"廖道士面露喜色地答道："先生可否让在下见见贵千金?"这话刚好被走出门来的富商夫人听到，误以为是富商带来郎中给女儿治病，便答道："小女正在家中，先生有请!"富商夫人误打误撞把廖道士引到女儿跟前，廖道士从包袱中取出一枚棕色药丸对准眼前俏丽的小姐口中一弹，药丸不偏不倚正中小姐口中瞬间滑下肚中，"夫人，请倒开水来给小姐喝吧! 在下告辞!"廖道士说完返身退出房间。富商礼貌地送客出门。富商夫人倒水给女儿喝下后，刚放下水杯，一声"阿妈!"……富商夫人急忙冲出房间大喊："老头子! 老头子! 我家女儿会说话了。""真的吗? 我进去看看。""阿爹! 你看我能站起来了，我会走路了，是刚才那个人给我吃了药。"听后富商才知遇上高人暗中施药治好了女儿的病，慌忙挽起夫人的手追出门外，只见大街上人来人往，施药者已渺无踪迹。夫妻俩双双跪在地上朝天磕头大拜谢恩!

　　廖道士济世救人于危难中，隐名施恩不图回报的事，当时在南岭一带广为流传。美名传入了唐宋八大家之首的韩愈耳中。一日韩愈阳山获赦后北上，经游衡山时，与早已闻名正在衡山修道的廖道士相遇，廖道士更是久仰韩愈大名，于是两人一见如故，晤谈甚欢，视为知音。韩愈十分赞赏其学识、品德，离别时特作《送廖道士序》相赠。文中说"衡山之神既灵，而郴之为州，又当中州清淑之气蜿蜒扶舆磅礴而郁积。"这样的地方"必有魁奇忠信才德之民生其间"。从而引出廖道士，夸称"廖师郴民，而学于衡山，气专而容寂，多艺而善游。"此序文境奇绝，备受世人称叹。

　　唐咸通六年，唐懿宗一宠妃患了一怪病，御医多次会诊，开方施药毫无起色……终有一日唐懿宗得知廖道士医术高超，便召他到宫中。廖道士遵命前往，施药后皇妃第一天神清气顺，第二天神采飞扬，第三天花容娇艳，妩媚如初。廖道士奇异的医术赢得了唐懿宗高度的器重，要封廖法正为官，可是廖道士百般谢绝，执意回乡修道。懿宗无奈，改赠重金，他依然坚辞不受。最后御赐他为"元妙真人"法号。廖道士谢恩后，回归故里，归途中经过荆州公安地界，正遇上水妖恣意作怪，廖道士赤脚飞行水面运起法力与水妖展开搏斗，最终战胜了水妖，保护了船上几十条生命，获救者感激涕零。……

　　皇宫之行后，廖道士又回到郴州苏仙岭景星观，潜心研究道法，深居简出，悟道求精，勤访民间疾苦，远近苍生危难时，施救身影常相伴……①

---

① 首小翠、李国春主编:《故事苏仙》，中国文史出版社，2015年，第24页。

（二）文献记载及考释

1. 文献记载

（1）王象之《舆地纪胜》卷五十七"仙释"引

　　廖师，韩文《送廖道士序》云："谬师郴民，而学于衡山，气专而容寂，多艺而善游，岂吾所谓魁奇而迷溺者邪？"

（2）明《一统志》①卷六十六载

　　廖师，郴州人。唐懿宗召入，行道术有验，后乞归山。韩愈为文送之云："郴之为州，当清淑之气，意必有魁奇者生其间，廖师气专而容寂，多艺而善游，岂吾所谓魁奇而溺于老氏者耶？"后于靖福山白日升天。

（3）崔岩著《九仙二佛传·唐廖仙传》

　　唐廖仙名法正，郴人也，为景星观道士。（一曰名通玄。景星观在今苏仙山脊，俗谓之中观）。幼从方外，得费房刘根之术（按《仙传》费长房得异人术，能符驱百鬼，又刘根有召鬼之法，太守史祝验之，果然，敬服之）。谈经演法，鬼詟神降，然性躭游访，行亦见重于人。当时贤士大夫无不得接逢掖之，儒亦争知其名。时有人为邪祟所侵者，觅符咒治之，皆不能瘥，且愈以狂狝，已而请廖师。师至，一见而惭恧以醒，即得如初。厥神如此，自是声名益重。咸通六年，懿宗皇帝召宣入朝，行道术有验。上重而留之，欲拜之官。廖师辞不受，因力求归，乃重馈遣还。师又辞不受，赐号玄妙真人。归过荆州公安野渡，渡有二妖，为人害阱，每兴波覆人舟（《二妖小传》及《郡志》皆作二圣，然圣无祟人之理。大约山妖魖魅，水妖魍魉，不出此，作一妖为是）。廖师渡，方日暮无人，舟中流水波澎湃，师忢然奋袂举伞劈浪，浪为之静，遂弃舟，赤足踏跐水面，御风而过（至今公安渡赖以安全）。舟子惊异，知师非世人也。遂追随师，矢愿为僮仆。归至观，求传道法，师语曰："汝自当持素，我于此中炼丹，丹成，吾与汝分饵之。汝慎护吾

---

① 李贤、彭时等纂修《一统志》，成书于天顺五年（1461）。

门也。"师遂隐山岩不出（后廖师仙，舟人为本观土神）。未几，师出游广东连州靖福山，结一庐居焉。居连，师少与人事，室中亦无所有，惟置一塌，简书数篇而已。后服水晶云母，不复染世味（水晶云母仙家所服，古岗乡何姑皆服之）。服二年，即于其地白日飞升，今靖福山尚有廖仙羽化迹焉。说者谓师人品虽在佛老（韩文廖道士溺于佛老），实为圣贤，非他吐纳丹赤者流也。师尝栖于衡山，韩昌黎游衡之麓，与之接谭，深器重焉。别时为序以送之（韩文有《送廖道士序》），称郴居衡岳之南，当中州清淑之气蜿蟺扶舆，其水土之所生，名材不能独当也，意必有忠信魁奇材德之民生于其间，而以廖师当之。又曰廖师"学于衡山，气专而容寂，多艺而善游"。又曰"廖师善知人"，其见重于贤士大夫，如此。今郡西有廖仙岭，为师炼形之地，仙观尚存焉（廖仙岭在郡西三十里，土人相传谓师尝施扉履于此，今并存之）。

（4）明《（万历）郴州志》卷十九"仙释"

廖真人，乃景星观道人正法。唐懿宗诏入内，行道术有验。后，乞归山，过公安渡，二圣兴波，不令渡江。道士自水面而渡，其神随之。至观，道士语曰："吾入室炼丹，丹成与汝分饵，且于门守护。"后隐山石，出乃于连州靖福山白日升仙去。韩文公尝有《序》送之云……

（5）清《（乾隆）衡阳县志》卷十"寺观"

一名通元，郴人，为景星观道士。幼从方外，得费长房、刘根之术。谈经演法，鬼誓神降。时有笃衰祟所侵者，觅符咒治之，不瘥。已而请廖师，师至，一见遂惭恧以醒，即得如初。咸通初，召入朝，行术有验，上欲报之官，不受，力求归。乃重馈遣还，又辞不受，赐号元妙真人归。过公安野渡，有二妖为人害，每兴波覆舟。师渡方中流，水波澎湃，师恚然，奋袂举伞，劈水浪，浪为之静。趣弃舟，赤足跳踏水面，御风而过，舟人惊异，知师非世人也，遂矢愿笃藏，求传道法。师曰："汝自持斋，我于此中炼丹，丹成与汝分饵之，汝慎护吾门也。"师遂隐山岩不出，未几出游广东连州，于靖福山结庐，居室中别无所有，惟置一榻，简编数帙，服水晶云母，二年即于地飞升。师常栖衡山，《韩昌黎集》中有《送廖道士序》即师也。今郡西有廖仙岭，为师炼形地也。

（6）清《（嘉庆）郴州总志》卷三十八"仙释志"载袁子让评论

　　郡人袁子让云，古今诋仙佛无如韩子，然于廖道士独称廖师，甚厚誉焉。则廖师之为士林推毂，岂徒在元牝婴姹之间耶？师被召入朝，所行道术不见载籍，然以生平概之，疑亦治祟驱魔之事。靖福山升迹，《仙传》称至今存。而按《连州志》载，靖福山乃谓梁人廖冲为郡主簿，后弃官修道，飞升于此。与师同姓而事稍异，岂一人而传误，与抑两人而并仙一山？与存以俟后人之考。

2. 文献考释

廖师仙迹考

第一，韩愈《送廖道士序》中的廖道士是廖仙原型。

　　以韩愈《送廖道士序》为原型检索史料，可以发现韩愈送序之廖道士贯穿廖仙传说演化的全过程，因此可以认定获韩愈赠序的廖道士即廖仙原型。

　　最早将"廖师"列入"仙释"的书籍是宋代《舆地纪胜》，"廖师"条目仅录韩愈《送廖道士序》，只知道是"郴民"，名字、生平都不清楚，可见作者王象之没有掌握"廖师"资料。未见宋代出现"廖师"相关资料，阮阅《郴江百咏》载《景星观》一首，后世指为廖师修道处，但从诗文而言，看不出有此渊源。另唐代对道士、道观管理非常严格，郴州按制应当有道观一所，[①] 度道士七人。至于命名，如无皇帝赐额，开元以后应名开元宫（或观），[②] 加之受诏修建的苏仙祠可度道士二三人。以此推理，廖师如为郴州道士，应当住开元宫（观）或苏仙祠（在橘井处），当时应该没有景星观。唐代诗人李涉与韩愈同时代，曾作《题苏仙宅枯松》，又作《赠廖道士》云："膏已明煎信矣哉，二年人世不归来。庭前为报仙桃树，今岁花时好好开。"所赠之人与韩愈所赠之人应为同一人，不过颇难考证。

　　明《一统志》除引韩文外还出现了"唐懿宗召入，行道术有验，后乞归山""后于靖福山白日升天"两个事迹，《列仙全传》照搬。后来见崔岩《九仙二佛传》八百余字，廖仙传说由此定型。廖师名"法正"，是郴州景星观道士，降服公安二妖等情节，始见此传。

---

① 唐高宗：永淳二年（683）《改元宏道大赦诏》载"仍令天下诸州置道士观，上州三所，中州二所，下州一所，每观度道士七人"，《全唐文》第一部，卷十三。

② 武则天时，令州府各置"中兴"寺、观一所（宋代王溥撰《唐会要》卷四十八"议释教下"，后中宗改赐额"龙兴"）。玄宗即位，于开元二十六年（738）六月"敕每州定型以观寺，改以'开元'为额"（宋代王溥撰《唐会要》卷五十"尊崇道教·杂记"，今见中文出版社 1978 年版，第 879 页）。

第二，辑入梁代道士廖冲仙迹。

清《（嘉庆）郴州总志·仙释志》载袁子让评论称："按《连州志》载，靖福山乃谓梁人廖冲为郡主簿，后弃官修道，飞升于此。与师同姓而事稍异，岂一人而传误，与抑两人而并仙一山？"今考连州廖仙名廖冲，字清虚，文献记载最早见于唐代杜光庭所著《仙传拾遗》："廖冲，字清虚，梁武帝大通三年居连山郡，以才德见称，为本郡主簿。后辞其印绶，游探道要，居嵩高山。久之，过荆渚，公安二神作妖，起风浪阻船，因除伏之，令护船而渡。至南岳，于祝融顶遇太平真君传道要。复谓二神曰：'吾居郴阳作舟，可为吾守炉，他日丹就，汝亦有分。'丹成归乡，常乘一虎，执蛇为鞭。年一百余，唐睿宗先天二年，风云晦冥而升。"①

宋代陈葆光所撰《三洞群仙录》卷二转录之，《永乐大典残卷》卷二千九百四十九"命神守丹炉"记之："廖冲，字清虚。谓公安二神曰：'吾居郴阳作舟，可为吾守炉。它日丹就，汝亦有分。'丹成，乘风云冥晦……"②

明代欧大任据《唐文粹》《湟川志》参修《百越先贤志校注》载："廖冲，字清虚，桂阳人。举秀才，为梁郡主簿。武帝招徕天下名士，冲与焉。湘东王就国，请为常侍。凡王所为，多规谏之，日见疏薄，即浩然挂冠归。结庐静福山，托迹黄老。卒年九十七。"③

明代黄佐《广州人物传》卷二"南梁王国常侍廖公冲"最为翔实："廖冲，字清虚。桂阳人。博学能文辞，于经史无所不通。饬身修行，乡间称之。以儒术知名。仕梁，为主簿、西曹、祭酒。时武帝好儒学，招徕天下名士，冲与焉。尝命赋诗，称上意，嘉赏之。湘东王之就国也，闻冲有词藻，请以为王国常侍，上许之。王为人性多疑而外浮华，喜谈老子而莫知其要。冲尝坐讲进无欲目静之说，以讽之。凡王所为，多所规谏。遂日见疏薄。是时，帝既耄荒，诸子又皆器汰不法。冲私谓所亲，曰'根本已拔，天下必不能久治，吾当去。且不去，王将以赭衣（囚衣）衣我'。即浩然挂冠归，结庐静福山居焉。时大同三年也。托迹黄老，以炼丹服气为名，幽栖自适，不复知有尘俗事。人访之，见其吟眺水石间，猛虎修蛇驯狎其侧，休休如也。遂真以为得道矣。陈光大二年卒，寿九十有七。世之好事者相传冲白日上升，号其地为仙翁坛，其谬如此。唐刺史蒋防经所

---

① 杜光庭：《仙传拾遗》，原书已佚。近人严一萍采集《太平广记》等书所引，辑得九十九人，共五卷，载于艺文印书馆《道教研究资料（第一辑）》（1974 年出版），廖冲事在卷二，注云："引《三洞群仙录》卷二，'清虚蛇鞭'条系删节，《历世真仙体道通鉴》卷二著录，文全。"

② 解缙撰：《永乐大典残卷》卷二千九百四十九"命神守丹炉"条，北京图书馆出版社，2003 年，影印本。

③ 欧大任撰，刘汉东校注：《百越先贤志校注》，广西人民出版社，1992 年，第 104 页。

居，为作碑铭。用《湟川志》《唐文粹》参修。"①

另据连州《廖氏族谱》载，廖冲为南北朝宋泰豫元年生人，早年以儒术著名，精通经史。梁武帝朝起，历任郡主簿、西曹、祭酒、湘东王国常侍，中大通三年（531）挂冠隐退，结庐静福山，炼丹修道38年。陈光大二年去世，享年九十七岁。宋代元丰初年，宋神宗赐号"灵禧真君"。自廖冲挂冠隐居连州静福山始，廖冲一脉对当地的宗教、儒学、道德等文化影响深远。其宗族后裔世居连州近一千五百年，至今已传衍五十九代六千多人。目前廖冲后人分布在以保安镇为中心的四个县、九个乡镇、三十二个自然村，享有"湟川之巨族"的美誉。

可见南北朝梁代道士廖冲见载文献以来，传承有序，与韩愈送序之廖道士并非同一人。两个故事的差异在于：廖师降服了公安二妖后收舟子为徒，廖冲则直接收公安二妖为徒。唐代杜光庭《仙传拾遗》记载，廖冲曾在郴州炼丹，曾谓"二妖"曰："吾居郴阳作舟，可为吾守炉"，这或许就是廖冲事迹篡入廖师的原因。

第三，得名于五代道士廖法正。

宋代史温著《钓矶立谈》称："湖南尝遣廖法正将聘，既还，语人曰：'汝未识东朝官家②，其为人粹若琢玉，南岳真君恐未如也。'"③ 清代吴任臣著《十国春秋》卷六十八"文昭王世家"则指出此事发生的时间为："开运二年秋……是时遣廖法正聘于唐，及还语人曰：'东朝天子粹若珠玉，南岳真君恐未如也。'"此"廖法正"虽然也是南岳道士，但距韩愈赠序时相差一百四十五岁，已超过人类寿命极限，故不能认为是一人。因其同姓廖、同为衡山道士，又都见过皇帝，因此篡入韩愈赠序之廖道士事迹，廖师由此得名"廖法正"。

明代崔岩《九仙二佛传·唐廖仙传》所载"咸通六年，懿宗皇帝召宣入朝，行道术"若实，廖法正年寿应在九十岁以上。④

（三）廖仙景迹

景星庆云

世传廖仙法正修道处有二，一是位于郴州城西的廖仙岭，二是位于郴州苏仙岭山腰处的景星观。《（乾隆）衡阳县志》称其地亦有景星观，郡西廖仙岭为廖法正修行处，不知孰先孰后。

郴州廖仙岭上曾有廖仙庵（今毁），清代诗人罗锐才《重游廖仙庵》云：

---

① 黄佐撰：《广州人物传1—4册》，中华书局，1985年，第9页。

② 官家是臣下对皇帝的尊称，指朝廷、官府、公家。

③ 史温：《钓矶立谈》，载《中国野史集成4》，巴蜀书社，1993年，影印本，第512页。

④ 假设廖法正三十岁见韩愈（太早阅历不足以与名士交往，太晚则超过百岁）。

"山僧化去老诗人，重对瞿昙觉黯然。白石苍松梵王殿，晨钟记声廿年前。金风送暑透微凉，尘梦知输鹤梦长。小坐松根生远思，绿荫落地到衣裳。禅窗草绿旧苔痕，石上题诗墨尚存。坐久浑忘归路远，钟声敲月又黄昏。"①

廖仙景迹

今苏仙岭景星观在明清时名中观、苏仙中观、云中庵，俗称中庵、中峰寺等，明末以后为佛教场所，现为清代建筑。1960 年维修，1964 年遣散和尚。1982—1984 年修葺，恢复旧名。1987 年请比丘尼释印禅住持。2002 年恢复道教道场。2002、2010 年维修。

以宋代诗文判断，景星观原在苏仙岭山麓白鹿洞处。以宋代诗人吕本中《郴州牛脾山谒景星观观下有白鹿洞乃苏耽飞升之地》判断，应在白鹿洞上方悬崖处；宋代郴州知军万俟倡题《景星观》："洞接桃源，桥横柳渡，苏仙旧日经行处"，可见景星观处有洞、有溪、有桥；另载入《中国名胜楹联大辞典》的袁子让题景星观联云："凿开顽石方成洞，跳出尘埃便是仙"，可见明初景星观尚在白鹿洞处，袁子让曾读书于此。约于明末（乳仙宫建成后）景星观移至苏仙岭山腰，因此又有中观、中峰寺之称。清《（嘉庆）郴州总志》卷七"古迹志"载："景星观在苏仙山腰，古松夹道，云气缭绕，真郴治之胜景。廖仙亦尝居此。"作为郴州名胜，景星观先祀苏仙，后祀廖仙，吟咏颇丰，佳作辑录如下：

踏莎行·题景星观

宋·万俟倡

洞接桃源，桥横柳渡，苏仙旧日经行处。翩翩骑鹤几时还，空余怪石参天树。

独倚亭栏，谁论心素，乱山堆垒青无数。试从西北望长安，断云争逐飞鸿去。

摘自清《（嘉庆）郴州总志》卷二十八。

---

① 作者罗锐才，清郴州训导。诗载清《（嘉庆）郴县县志》。

浪淘沙·寓景星观述怀

清·耿念劬

秋气与山高，凉月迢迢。晚来送响到芭蕉，客寓僧寮听梵后，门掩清宵。

村犬更狂号，虫语叨叨，故乡千里梦徒劳，收拾枯襄归去也，定在今朝。

摘自清《（嘉庆）郴县县志》卷三十七，下同。

中峰寺

清·张九镡

沿江只里许，入山不厌邃。石磴散清阴，松毛落微翠。

曲折半岭余，遂得中峰寺。磬响云外消，泉声槛前驶。

偶参玉版师，亦足破禅睡。长啸起披衣，天风发横吹。

五、刘氏三仙（刘瞎、刘瞻、刘助）

（一）刘氏三仙的传说

晚唐时，郴州乌石矶人刘景进士及第，被诗人刘禹锡称为"湘中才子"。刘景有三个儿子：刘瞎、刘瞻、刘助，三兄弟俱有才学，而性情迥异。

刘瞎与刘瞻同窗就读。一日，学馆放假，兄弟俩同游苏仙岭，见一位少年道人飘然而来，仙风道骨，神采飘逸。"道长好。"兄弟二人向道人行礼寒暄，那道人拱手还礼道："两位兄台绝非凡人骨相，如愿稽首受戒，本道自当成全。"

刘瞎一听大喜过望，就要倒头叩拜，刘瞻却正色道："大丈夫当胸怀大志，以国家社稷为重，才不负此生，怎可如这山中之松，虽高大茂盛，却只给鸟做窝？大丈夫应当做对社稷有益的事！"又劝兄长说："要做神仙很难，可要做道士还不容易吗？兄长还是应当求仕途，为国家社稷所用。"刘瞎早已下定决心，答道："二弟，人各有志，兄长我自幼淡泊名利，志在得道成仙，济世救人。"刘瞻无奈，只好眼看兄长与少年道人飘然而去。

不久其弟刘助夭折，兄弟三人，生离死别，刘瞻心神不宁，无心求学，学业日渐荒废。

那位少年道士正是苏仙所化，有心点拨刘氏兄弟二人修道成仙，济世救民。得知刘瞻胸怀大志，有济世之才，决心扶助刘瞻仕途腾达。见刘瞻荒废学业，心生一计，拟激将刘瞻求学。

一日，刘瞻梦见其兄伫立床前，傲视他说："我修道有成，能医百病，能起死回生。而你疏于学业，还谈什么国家社稷，济世救民？你终将不如我！四十年后，就可见分晓了。"说完，拂袖而去。

刘瞻惊醒，大骇。心想：我兄修道有成，可济世救民，而我刘瞻当初劝兄为国家社稷致力仕途，如今自己竟荒废学业，将成无用之人，以后有何面目与兄长相见？从此刘瞻发愤读书，于唐宣宗大中元年考中进士。后来仕途一路亨通，官至宰相。

有一天，刘瞻下朝回府，在小巷中见一位仙姿飘飘的少年，骑着一匹雪白的骡子，走近一看，竟是其弟刘助。

刘瞻惊讶，刘助已死数年，不知是鬼是仙？只见刘助下骡一揖，道："兄长，小弟我如今位列仙班，游走各处，济世救贫，也不枉父亲当年教诲，不负我兄弟当年之志。"刘瞻心想，兄与弟均得道成仙，自己虽为凡人，也当为社稷鞠躬尽瘁。

刘瞻为人正直，为官刚正不阿。一次，他冒死进谏同昌公主医官案而被贬越南，途经广州，泊舟江边，见一个十来岁的少年冒雨前来，那雨却似避开他一般，衣服、鞋子均无湿迹。难道遇到了神仙？刘瞻忙上前询问，却见来人竟是自己的大哥刘暄。

"兄长修道有成，看来已位列仙班了？"满头白发的刘瞻站在鹤发童颜的刘暄面前，不禁感慨万分。

"是的，为兄已修道成仙，完成凤愿，今日来与二弟告别。"

刘瞻问："我现在学仙术还来得及么？"

刘暄说："老弟因致仕劳心费神，已损阳寿，哪还能再学？"

兄弟俩四十余年未见，互叙别后之情。分手后，刘暄隐身而去，此后兄弟再未相见。有人说曾在罗浮山见到过刘神仙。

乾符元年僖宗即位，因念刘瞻忠君爱民，将其召回京师。可惜刘瞻回京后不久就去世了，亲友将之送回故里郴州安葬。

一年后，刘瞻墓被大暴雨冲塌，众人发现墓中并无棺椁。传说刘瞻在世积德行善，感天动地，也被列入仙班，与其兄弟一起登仙而去了。三兄弟原本所选人生道路不同，最后何以都位列仙班呢？皆因兄弟广积善缘，济世救民，可谓殊途同归。[1]

---

① 首小翠、李国春主编：《故事苏仙》，中国文史出版社，2015年，第14页。有改动。

（二）文献记载及考释

1. 刘曜

（1）崔岩撰《九仙二佛传·唐刘仙宜歌传》

刘曜，小字宜哥，唐平章瞻之兄，安贫好道，常总角不冠，其赋性僻静，不喜与人事，颇别于瞻。适有道士经其家，问知道否，曰："儿性饶，俗业应未尽，遽可强学耶？"道士曰："能相师乎？"曜于是丫髻布衣，随入罗浮山。服神芝，实如梧桐子大，日一刀圭（芝实仙药，按徐福传，海中有神洲，祖洲有不死之药，名养神芝，一株可活一人。又按龙迷得神芝实，日食一刀圭后，二年仙去）。师因授以去三尸之法（按《酉阳杂俎》，人有三尸，上尸清姑，中尸白姑，下尸血姑。又按苏林遇涓于授以除去一尸之后，卒白日飞升。又按沈文泰、沈文渊亦以去三尸得道），逾月而道成。初曜与瞻俱读书为学，而曜性高尚，瞻慕宦达，瞻尝谓曜曰："神仙迂远难求，庙廊咫尺易致，不如求仕。"曜不耐从，谓瞻曰："鄙将逸于山野，尔将劳于尘俗，尔殆劣于鄙乎？后四十年当验矣。"言讫拂衣而去，瞻笑而不答。自是曜入仙阙，瞻登仕路，两不及晤。至咸通十一年九月，瞻以言得罪，罢相，出为司户，南行次广州、韶台，泊舟江滨，有少年丫髻布衣，冲雨而来，衣履不湿，容貌可二十许，近视之，乃曜也。瞻已皤然衰朽，时又方为逐臣，悲喜不自胜。迎曜谓曰："兄何童颜至此哉？弟衰暮之年，与时枘凿仅得脱江鱼腹中，以弟视兄，非翩翩然仙耶。"曜执瞻手笑曰："弟惟不用吾言，以至于斯也，曩之言验矣。"瞻益羡羡，欷歔者久之，因谓曜曰："弟可复学否？"曜曰："弟历荣宠，职燮阴阳，用心动静，能无损乎？仙凡霄壤，援无及矣。今来相诀，非来相救（按《仙传》，茅盈得道，弟固方执金吾，弟衰方为太守，皆弃官归来见于盈，盈曰："晤何往矣，纵得真诀，仙可成地仙耳。"遂教之修炼，因各赠丹一丸，后皆仙），遂同舟行，话平生闲阔，一夕忽去，不知所在，后有人于罗浮见之。今郡东十五里有刘仙岭，岭上有台，号曰刘仙台，为宜哥飞升处，今仙观存焉。

清《（嘉庆）郴州总志·仙释志》刘曜条目略同上文，现依该志补入袁子让评论。郡人袁子让云：

《神仙列传》载刘曜真人事与郡乘同，而独以曜为平章弟，其伪传也。韶台相诀之语记于志传，果尔则平章没后何以有墓解之事？岂其为激语耶？抑其秘有不可尽泄者耶？虽然瞻固无是心也，昔韩清夫尝学仙，昌黎叩其蕴，乃聚士以开花出诗一联。公询其故，曰："事久必验。"后公贬潮州，过雪蓝关，韩湘来谒曰："前事验矣。"韩叔侄所言与瞻兄弟彼此相似，岂瞻与湘之智长，而瞻与愈之行拙？与夫人间天上，固各有仙，彼以修炼为显庸，此以朝市为瀛岛，彼罗富贵于尘垢之中，此亦付得失于浮尘之外，未何仙凡论也。使愈必湘，瞻而必瞻，则宪、宣两朝谁为支撑哉？

2. 刘瞻

(1)《旧唐书》卷一百七十七"列传第一百二十七·刘瞻"

刘瞻，字几之，彭城人。祖升，父景。瞻，太和初①进士擢第。四年，又登博学宏词科，历佐使府。咸通初升朝，累迁太常博士。刘瑑作相，以宗人遇之，荐为翰林学士。转员外郎中正，拜中书舍人、户部侍郎承旨，出为太原尹、河东节度使。入拜京兆尹，复为户部侍郎、翰林学士。十年，以本官同平章事，加中书侍郎，兼刑部尚书、集贤殿大学士。

十一年八月，同昌公主薨，懿宗尤嗟惜之。以翰林医官韩宗召、康仲殷等用药无效，收之下狱。两家宗族，枝蔓尽捕三百余人，狴牢皆满。瞻召谏官令上疏，无敢极言。瞻自上疏曰：

臣闻修短之期，人之定分。贤愚共一，今古攸同。乔松薤花，禀气各异。至如钱铿寿考，不因有智而延龄；颜子早亡，不为不贤而促寿。此皆含灵禀气、修短自然之理也。一昨同昌公主久婴危疾，深轸圣慈。医药无征，幽明遽隔。陛下过钟宸爱，痛切追思，爰责医工，令从严宪。然韩宗召等因缘艺术，备荷宠荣，想于诊候之时，无不尽其方术。亦欲病如沃雪，药暂通神，其奈祸福难移，竟成差跌。原其情状，亦可哀矜。而差误之愆，死未塞责。自陛下雷霆一怒，朝野震惊，囚九族于狴牢，因两人之药误。老幼械系三百余人，咸云："宗召荷恩之日，寸禄不沾，进药之时，又不同议。此乃祸从天降，罪匪己为。"物议沸腾，道路嗟叹。陛下以宽仁厚德，御宇十年，四海万邦，咸歌圣政。何事遽移前志，顿易初心。以达理知命之君，涉肆暴不明之谤。且殉宫女而违道，囚平人而结冤，此皆陛下安不思危，忿不顾难者也。陛下信崇释典，留意生天，大要不过喜舍慈悲，方便布施，不生恶念，所谓福田。

---

① 明嘉靖闻人诠《旧唐书》刻本作"瞻，大中初进士擢第"。

则业累尽消，往生忉利，比居浊恶，未可同年。伏望陛下尽释系囚，易怒为喜，虔奉空王之教，以资爱主之灵。中外臣僚，同深恳激。

帝阅疏大怒，即日罢瞻相位，检校刑部尚书、同平章事、江陵尹，充荆南节度使等。再贬康州刺史，量移虢州刺史。入朝为太子宾客，分司。翰林学士户部侍郎郑畋、右谏议大夫高湘、比部郎中知制诰杨知至、礼部郎中魏纮、兵部员外张颜、刑部员外崔彦融、御史中丞孙瑝等，皆坐瞻亲善贬逐。京兆尹温璋仰药而卒。

(2)《新唐书》卷一百八十一"列传第一百六·刘瞻"

刘瞻，字几之，其先出彭城，后徙桂阳。举进士、博学宏词，皆中。徐商辟署盐铁府，累迁太常博士。刘瑑执政，荐为翰林学士，拜中书舍人，进承旨。出为河东节度使。

咸通十一年，以中书侍郎同中书门下平章事。同昌公主薨，懿宗捕太医韩绍宗等送诏狱，逮系宗族数百人。瞻谕谏官，皆依违无敢言，即自上疏固争："绍宗穷其术不能效，情有可矜。陛下殉宫女，囚平民，忿不顾难，取肆暴不明之谤。"帝大怒，即日赐罢，以检校刑部尚书、同平章事为荆南节度使。路岩、韦保衡从为恶言闻帝，俄斥廉州刺史。于是，翰林学士郑畋以责诏不深切，御史中丞孙瑝、谏议大夫高湘等坐与瞻善，分贬岭南。岩等殊未慊，按图视驩州[①]道万里，即贬驩州司户参军事，命李庚作诏极诋，将遂杀之。天下谓瞻鲠正，特为谗挤，举以为冤。幽州节度使张公素上疏申解，岩等不敢害。僖宗立，徙康、虢二州刺史，以刑部尚书召，复以中书侍郎平章事，居位三月卒。

瞻为人廉约，所得俸以余济亲旧之窭困者，家不留储。无第舍，四方献馈不及门，行己终始完洁。

弟助，字元德，性仁孝，幼时与诸兄游，至食饮，取最下者。及长，能文辞，喜黄老言。年二十卒。

(3) 康骈撰《剧谈录》卷下"刘相国宅"

通义坊刘相国宅，本文宗朝朔方节度使李进贤旧第。……厥后进贤徙居长兴，其宅互为他人所有。咸通中，刘相国罢北京亚尹，复为翰林

---

① 驩州，今越南。

学士，数岁后，自承旨入相，尚以十千税焉。及出镇荆南，朝野无不惋惜，都城士庶以少及长，闻之俱为涕泣。其后兴化萧相登庸，举为自代，表云："正人吞声而扼腕，百姓掩泪于道途。"是时升道郑相国①在内庭，夜草麻制，具述其事云："安数亩之居，仍非己有。却四方之赂，惟畏人知。"是时都下传写，为之纸贵。持权者睹其词大怒，郑公自翰林承旨左迁梧州，相国自端溪窜于日南，谪居四年，方获清雪，以秘书监召还。未久，复持钧轴。或将甲第为献，竟无所受。复于此宅寓居，庭宇不加修饰。清风俭德，充塞寰宇。

君子曰："仁义之感物也大哉！刘公知帝法钦明，欲贤人尽举，四海之内，翕然向风。虽谪居累年，再升鼎饪，奸邪之口不能掩其善，魑魅之域不能陷其身。振誉一时，流芳千载，岂不伟欤！其有冒官爵，叨货贿，怙宠专权，身存名灭者，一何谬哉！"

（4）《北梦琐言》卷三"河中饯刘相瞻"

唐相国刘公瞻，其先人讳景，本连州人。少为汉南郑司徒掌笺札，因题商山驿侧泉石，荥阳奇之，勉以进修。俾前驿换麻衣执赞之，后致解荐，擢进士第，历台省。瞻相孤贫有艺，虽登科第，不预急流。任大理评事，日馈粥不给。尝于安国寺相识僧处谒餐，留所业文数轴置在僧几。致仕刘军容游寺见此文卷，甚奇之。怜其贫窭，厚有济恤。又知其连州（一作"山"）人，朝无强援，谓僧曰："某虽闲废，能为此人致宰相。"尔后授河中少尹，幕僚有贵族浮薄者，蔑视之。一旦有命征入，蒲尹张筵而祖之。浮薄幕客呼相国为"尹公"，曰："归朝作何官职？"相国对曰："得路即作宰相。"此郎大笑之，在席亦有异其言者。自是以水部员外知制诰，相次入翰林，以至大拜也。（王屋匡一上人细话之）

（5）《北梦琐言》卷十

唐刘瞻相公有清德大名，与弟阿初皆得道，已入仙传。先婚李氏，生一子，即刘赞也。相国薨后，赞且孤幼，性甚懵钝。教其读书，终不记忆。其舅即李殷衡②侍郎也，以刘氏之门不可无后，常加楚棰，终不

---

① 即郑畋。

② 李殷衡，赵郡人，曾祖李吉甫，祖李德裕，均为唐代名相。父李烨，仕汴宋幕府，贬象州立山尉，徙郴州。南汉乾亨初，迁礼部侍郎、同平章事。卒于官。

167

长进。李夫人慈念，不忍苦之，叹其宿分也。一旦不告，他适无以访寻，圣善忆念，泪如缧縻，莫审其存亡。数年方归，子母团聚，且曰"因入嵩山，遇一白衣叟，谓曰：'与汝开心，将来必保聪明。'"自是日诵一卷，兼有文藻，擢进士第。梁时登朝充崇政院学士，预时俊之流。其渭阳李侍郎充使番禺，为越王刘氏所縻，为广相而薨。仆与刘赞犹子惢通熟，自言家世合有一人得道矣，即白衣叟其仿佛乎。

(6) 宋《太平广记》卷一百七十"知人二·郑纲"

刘瞻之先，寒士也。十许岁，在郑纲左右主笔砚。十八九，纲为御史，巡荆部商山歇马亭，俯瞰山水。时雨霁，岩峦奇秀，泉石甚佳。纲坐久起，行五六里。曰："此胜概，不能吟咏，便晚何妨？"却返于亭，欲题诗。顾见一绝，染翰尚湿。纲大讶其佳绝。时南北无行人。左右曰："但向来刘景在后行二三里。"公戏之曰："莫是尔否？"景拜曰："实见侍御吟赏起，予辄有寓题。"引咎又拜。公咨嗟久之而去。比回京阙，戒子弟涵、瀚已下曰："刘景他日有奇才，文学必超异。自此可令与汝共处于学院，寝馔一切，无异尔辈。吾亦不复指使。"至三数年，所成文章，皆辞理优壮。凡再举成名，公召辟法寺学省清级。乃生瞻，及第作相。(出《芝田录》)

(7) 尉迟偓撰《中朝故事》卷上

咸通中，中书侍郎、平章事刘瞻以清俭自守，忠正佐时。懿皇以同昌公主薨谢，怒其医官韩宗绍等。絷于霜台，并亲属二三百人散系大理。内外忧惧，瞻上疏切谏。时路岩、韦保衡特宠忌之，出瞻为荆南节度使，中外咸不平之。翰林承旨郑畋为制词，畋曰："早以文学叠中殊科，风棱甚高，恭慎无玷；而又僻于廉洁，不尚浮华。安数亩之居，仍非己有；却四方之贿，惟畏人知"，云云。韦、路大怒，贬畋为梧州刺史。取《十道图》，检见驩州去京万里，乃谪瞻为驩州司户参军。舍人李庚行诰词，驳责深焉。将欲加害，时遇懿皇厌代，僖皇初立，用元臣萧仿佐佑大政。仿举瞻自代，又幽州节度使张公素上疏理之，韦、路意乃止焉。俄而路岩出为益帅，保衡又离相位，召瞻为康州刺史，再授虢州。瞻旋至湘江，韦保衡南窜，相遇于江中，瞻家人齐登舟外诟骂之，保衡约束家人，无辞以对。至贺州驿内伏法，乃是数年前杀杨收阁于中榻上也。瞻至湖南，李庚方典是郡，出迎于江次竹牌亭置酒。瞻唱《竹枝词》送李庚，"蹋履过沟（竹枝）恨渠深（女儿）"。庚慑怒，乃上酒于瞻。瞻命庚酬唱，庚云："不晓词间音律。"瞻投杯曰："君应只解为制词也。"是夕，庚饮鸩而卒。瞻至京，俄入中书。时宰相刘邺先与韦、路相熟，深有忧色。方判盐铁，乃于院中置会召瞻，饮中置毒而薨。邺寻授淮南节度使，僖皇于麟德殿置宴，伶人有词曰："刘公出典扬州，庶事必应大治。民瘼康泰矣。"诸伶人皆倡和曰："此真最药王菩萨也。"人皆哂之。路岩即贬儋州百姓，至江陵，籍没家产，不知纪极。有蚊幮一领，轻密如碧烟，人疑其鲛鮹①也。及新州伏法。

3. 刘助

（1）崔岩著《九仙二佛传·唐刘仙元德传》

刘助，字元德，郴人，即瞻之弟，年十三四能诗，音律甚工，读书惟精，意于《道德经》。然性慕仁，孝动遵矩（双寻）。幼时与诸兄游，必雁行，不欲越步。食必取最下者，及长兄瞻仙去，莫知乡往，益垂情黄老。尝结茅舍山林间，以不妻为誓。瞻谓之曰："以子颖秀，取青紫如探囊，何苦尔尔？"曰："富贵草上露耳，不知养性，塚兆累累，虽王侯何益，孰与学仙可以长无穷乎。"竟不听（按助之言，根于章震，《仙传》载震被周幽王诏，叹曰："人生富贵，有时而尽，何如学仙，以永世哉"，乃从长亲于仙）。忽一日，有二道士访其庐，助与之谈，知其非世上人也，因师事之。二人秘传内养之术，更无膈臆，兼授以餐松服石之法。相处近月，乡人视其庐，有五色云笼之（按《一统志》，正道真居相台常有白云覆其上，远远望如百尺楼）。忽晓起，一道士出庐去言入山采药，其一密谓助曰："采药者，汝伯兄瞻也，偕吾来度汝。"助怃然曰："某初见时，意固疑之。"复叩曰："先生为何道士？"左右顾曰："君但勿泄，吾王屋真人也（按《仙鉴》王褒道成，上帝赐以飞飙之车。尽传仙术秘要，授为太素清虚真人，主仙籍，治王屋山）。"助下起，其人不见，采药者亦不迁，自此道益进，服丹饮气，绝粒食者数年。大中元年七月助卒（时念三日）。葬州北五里山，尸解去。九月十六日，瞻在京师应宏辞，西街遇一道士，骑白骡，丰姿奇伟，前揖而问曰："非进士刘几之乎？车尘市陌，何大劳如此。弟助已

---

① 鮹，鱼名，生活在深海。

为仙矣。"瞻熟视大惊，偕之至公所，则忽失所在。后郴人蒋椿往陕西，见刘助从一道士，策驴而行，助旧与椿识，相见不觉留盼，椿问助何以至此，助不答。又问从者何人，曰"王屋真人也（助始得王屋真人授法，故仙，后常从之游）"，言竟乘云腾空而去。又瞻友人于湘潭县亦与助相见。咸通元年八月十五日，务本坊光天观槐阴下过白骡道士，助随之，瞻又见焉。及瞻谪官南行九嶷苍梧之间，复与助见。所仙解之山，峛岏[①]独峙，在桂门之掖，今人亦名为刘仙岭。

文献考释：

刘瞻擢第考

关于刘瞻擢第的时间，有三种说法。最早为南唐沈汾《续仙传》记载的会昌七年（847）及第，其次为后晋刘昫《旧唐书》（嘉靖闻人诠版）"大中初（847）进士擢第"（会昌七年与大中元年为同一年），这是第一种说法；今版旧《唐书》、新《唐书》均作"太和初（827）进士擢第"，这是第二种说法；《（万历）郴州志》载宪宗元和五年（810）中举，这是第三种说法。这三种说法辨析如下：

对于第三种说法，刘瞻810年中举，874年去世，已有64年。按唐制70岁致仕（退休），则刘瞻需6岁中举，故不取此说。

对于第二种说法，刘瞻如827年及第，4年后又考取吏部主持的"博学宏词"科，至大中十二年（858）得丞相刘瑑荐为翰林学士（称"升朝"为官），"历佐使府"（幕僚）31年没有任职记载，不合常理（一般吏部主持的终极科考"博学宏词"，至少任职县簿、县尉等九品官）。

徐松《登科记考》系于大中元年（847），孟二冬的《〈登科记考〉补正》亦同。其根据是"《旧书》本传：'瞻，大中初进士擢第'"。《旧书》，指《旧唐书》，徐松所据的本子当是明嘉靖的闻人诠刻本，因为除了闻人诠本，其他版本的《旧唐书》均作"太和初进士擢第"，清人罗士琳《旧唐书校勘记》认为当作"大中"，因为"下文云'咸通升朝'，大中与咸通时代相接。本作太和，未免相隔过远"，中华书局本据此亦作"瞻，大中初进士擢第"。应从最早的《续仙传》和《旧唐书》（嘉靖闻人诠版），作大中元年（847）。理由除罗士琳"本作太和，未免相隔过远"，还有与刘瞻迎娶李烨之女存在史料契合问题。

刘李姻亲考

《北梦琐言》卷十载："（刘瞻）先婚李氏，生一子，即刘赞也……其舅即李

---

① 峛岏：山势高大险峻的样子。

殷衡", 吴仕臣《十国春秋》卷六十二"李殷衡传"略云："李殷衡世为赵郡人,唐相德裕孙也。仕梁太祖, 为右补阙。开平二年, 充岭南官告副使。……先是故唐宰相刘瞻者, 殷衡姊婿也。有子赞, 幼孤, 而性不慧。殷衡教之读书, 每督以楚棰。"两书互为映证, 可见刘瞻与唐代著名的宰相世家李吉甫、李德裕有姻亲关系。民国学者陈寅恪考释称："（刘）瞻家本桂阳。其与李氏婚姻, 或与李烨任郴县尉一事不无关系。"① 按《宰相世系表》："德裕, 字文饶, 相文、武。生椅、浑、烨。浑, 比部员外。烨, 郴尉, 生殷衡、延古。"则殷衡为李烨之长子。

李潘《唐故郴县尉赵郡李君墓志铭序》："维大中十四年岁次庚辰夏、大中咸通六月庚辰朔廿六日乙巳, 故郴县尉赵郡李君享年三十有五, 以疾终于县之官舍。"又云："今皇帝嗣位之岁, 御丹凤肆赦, 诏移郴县尉。"据《新唐书·懿宗纪》, 大中十三年（859）"十月辛卯, 大赦"。如此, 刘瞻娶李烨女应发生在大中十三年李烨移郴县尉以后（不排除李烨去世后, 李殷衡嫁妹于刘瞻）。以李烨35 岁卒判断, 其女婿刘瞻也应该年轻, 故在大中初中进士, 大中四年中博学宏辞较合理。不过, 李烨之女尚小②, 为何许配刘瞻?

宰相世家李吉甫、李德裕与郴州颇有渊源。贞元十八年（802）李吉甫任郴州刺史, 李德裕随父转徙任所, 贞元十九年父子同游永兴侍郎坦, 题刻留名有"长男绅, 次男缄", 清代瞿中溶《古泉山馆金石文编残稿》卷二"路恕李吉甫等侍郎豪题名"考析云："……此年德裕十七岁, 名缄。疑弱冠后改名德裕。"加上郴县尉李烨, 祖孙三人都在郴州居住过。度其常理, 李烨赴郴时感染疟疾, 又是被贬逐臣, 自觉时日不多, 考虑子女无所依靠, 故思嫁女。刘景、刘瞻为桂阳望族, 刘景于元和十年（815）前后③中进士, 其子于大中元年又中进士, 可谓朝廷新贵。李刘两家门当户对, 这桩姻缘一拍即合。而后, 刘瞻得到当朝宰相刘瑑力荐, 在政坛快速崛起。咸通元年（860）, 在右拾遗刘邺的劝谏下, 唐懿宗恢复李德裕太子少保、卫国公之位, 并追赠为尚书左仆射, 这是刘李两家的大喜讯。

刘瞻后裔考

《新唐书》卷七十一上"宰相世系"载刘瞻有子三人：刘陟、刘延赏、刘滉。陈斌主编的《走进逢简》④ 根据逢简《刘氏族谱》给出了更为翔实的世系：

---

① 陈寅恪：《陈寅恪先生论集》, 中央研究院历史语言研究所, 1971 年, 第 341 页。相关资料可参此文。

② 《唐故赵郡李氏女墓志》载, 李烨有女名悬黎, 李烨卒时年方 4 岁, 咸通十二年 14 岁卒于洛阳, 应非此女。除此, 李殷衡或有异母姐妹未见记载。以李烨的年龄而论, 其女不应超过 18 岁。

③ 正值刘禹锡旅居郴州养病期间, 有贺诗为证。

④ 陈斌主编：《走进逢简》, 广东人民出版社, 2012 年, 第 63 页。逢简村地处顺德杏坛镇北端。

　　刘德威（世居彭城）——刘沈礼（刘德威长子，生三子）——刘易从（刘沈礼次子，流迁桂阳，为桂阳始祖）——刘升（刘易从长子，生一子）——刘景（刘升子，生三子）——刘瞻（刘景长子，生三子）——刘滉（刘瞻长子，由桂阳迁赛上，生三子）——刘延赏（刘滉长子，生一子）——刘昭（刘延赏之子，生一子）……刘应莘（刘世杰之子。顺德逢简房族始祖）。

　　谱系中，刘瞻为刘景长子有误，前有郴州刘氏三仙传说及袁子让考证，应为次子。《新唐书》载刘瞻三子"刘陟、刘延赏、刘滉"亦有误，逢简《刘氏族谱》世系清晰，刘延赏为刘滉之子，应以族谱为准。逢简村在广东省顺德市杏坛镇。

　　《新唐书》与逢简《刘氏族谱》俱载刘瞻有子三人，应无误。但除刘滉可以确定为刘瞻长子外，其他两人待考究。吴仕臣《十国春秋》卷六十二"李殷衡传"载刘瞻有子刘赞，可以补入。《全唐文》卷八百六十九《洪州云盖山龙寿院光化大师宝录碑铭》载光化禅师刘怀溢为刘瞻次子，亦可补入。考虑古人有别名或字号，可推断为：

　　刘瞻长子刘滉，字鉴源，由桂阳迁至赛上，生子延赏，任渭南尉，右拾遗。

　　刘瞻次子刘陟，或名刘涉[①]，字怀溢，生于会昌六年（846），卒于五代吴大和六年（934），享年88岁，号光化禅师。据《洪州云盖山龙寿院光化大师宝录碑铭》记载，怀溢7岁（龆龀时）父欲携往京城（此时刘瞻已中博学宏词，应在徐商所辟盐铁府任职），固辞不去。19岁削发为僧，后拜灌溪沣源和尚为师。学成，唐僖宗赐为"福田禅师""大自在禅师"，后于洪州云盖山龙寿院传法。

　　刘瞻三子刘赞（以兄弟"氵"偏旁推测，也可能是刘瓒），郴县尉李烨之女所生，父丧后随舅舅李殷衡读书，天祐二年（905）擢进士，[②] 仕梁，充崇政殿学士。

刘瞻生年推测

　　刘瞻的卒年是清楚的，即乾符元年（874）去世。他的生年，现存史料中则找不到任何记载，只能做大致推论。

　　刘范弟《历史桂阳与唐代汝城进士》一文以刘景登进士第做如下推论："刘景当于贞元末到永贞元年（约802~805）之间登进士第，其时刘景年纪约在二十五岁；而刘瞻则于太和元年（827）登进士第，其登第之年纪，至少也当在二十岁以上。如果刘景进士登第即结婚，则刘瞻可能于永贞元年（805）或元和元年（806）出生——不可能更迟了，更迟则刘瞻进士登第之时还不满二十岁；也不可

---

　　① 赵明奇主编：《全本徐州府志》，中华书局，2001年，第655页。
　　② 《登科记考》卷二十四载。

能更早了，更早则刘景尚未进士及第，他还在郑细（752—829）家中读书，年纪也刚二十岁出头，不可能结婚。此外，唐代有规定，官员七十岁（虚岁）必须退休，刘瞻死时，应当还不到七十岁。所以，笔者认为刘瞻的生年当在公元806年左右。"

刘景登进士第的时间，徐松《登科记考》则将刘景列入"附考·进士科"中，认为无法确定具体年代。《（嘉庆）湖南通志》和《（光绪）湖南通志》的"选举志"都认为是"元和间及第"。笔者认为，当以刘禹锡《连州刺史谢上表》为据，确认《赠刘景擢第》作于元和十年（815）至十一年居郴期间。诗中"昨日鸿都新上第"之"鸿都"不一定指京城。《汉语大词典》给出四种解释为："1. 汉代藏书之所；2. 东汉灵帝在鸿都门所设学校；3. 指秘书省；4. 指仙府。"此处宜作"秘书省"，代指朝廷皇榜。而以宋《太平广记》卷一百七十"知人二"引《芝田录》"（刘景）十许岁，在郑细左右主笔砚。十八九，细为御史，巡荆部商山歇马亭……至三数年……凡再举成名……乃生瞻"为参照，刘景中第时约二十五岁，刘瞻生于刘景及第之后。郑细"巡荆部商山"，刘景受到赏识，应是郑细罢相出任岭南节度使期间。

又崔岩《九仙二佛传·唐刘仙元德传》载刘瞻之弟刘助"大中元年（847）七月卒"，《新唐书》卷一百八十一"刘瞻"又载其弟"年二十而卒"，若刘瞻长于弟两岁以上，则刘瞻当生于815~824年（元和十年至长庆四年），至卒时乾符元年（874），享年五十到五十九岁。

"刘相公三湘"图考

崔岩《九仙二佛传·唐平章刘仙传》载"公之被贬南行也，绘三湘图，示将老马，举朝士夫各为诗以送之"，并说有郎士元题诗。今考《唐文粹·图画六》记曰"题刘相公三湘图，郎士元观于舍人壁画山水"，可见此图为山水画，又郎士元天宝十五年（756）登进士第，宝应元年（762）补渭南尉，史实确凿。华中师范大学马芫硕硕士学位论文《郎士元研究》称："郎士元生于开元二十一年之前"，卒应早于"大历十三年三月"前。"三湘图"为刘晏所作，《旧唐书》云："代宗立……刘晏即拜吏部尚书，同中书门下平章事"，时郎士元在长安，与刘晏多有往来。马芫硕所论甚详，从之。郎士元与刘瞻并非同代人，故崔岩《九仙二佛传》言刘瞻绘"三湘图"一事有误。

郑畋徙郴州刺史考

崔岩《九仙二佛传》载"乾符末司空郑畋自梧州徙郴刺史，见公尸解事"，《（万历）郴州志》卷二"秩官表上"载："郑畋。僖宗时，由梧州刺史徙郴，以右散骑召还。"同书卷十九"仙释传"又载："相国司空郑公畋，尝谓人曰：'刘君积德所致，弟兄俱出仙。'"《新唐书》卷一百八十五"郑畋"载："贬梧州刺史，僖宗立，内徙郴、绛二州，以右散骑常侍召还。"可见郑畋有徙郴州刺史一事无疑。《旧唐书》无郑畋"徙郴、绛二州"记载，实属疏漏。又《全唐诗》卷七百零五黄滔有诗赠《绛州郑尚书》，同书卷六百九十八韦庄有诗《绛州过夏留献郑尚书》，可见郑畋确有绛州之任，亦当有郴州之任。

（三）刘仙景迹

1. 刘相国墓

清代诗人曹镳《过仙人墓》云："雨过滩声雄，云生峰影伏。阳崖闳灵籁，阴风疏落木。山石围如城，篙痕蜂攒簇。顶藏神仙蜕，峨峨古冠服。死者安足论，山灵名芬馥。我有不朽具，变迁笑陵谷。嗟彼名利客，草腐一何速。"[①] 仙人虚无缥缈，仙人墓却实实在在，引人入胜，发人深省，刘瞻墓便是其中之一。刘瞻既是相国，也是神仙，用一种近乎蝉蜕的方式尸解成仙。《万历郴州志·古迹》载："唐刘相国瞻墓在郡南三十里良田铺侧。唐平章事刘公瞻葬此。明年夏，暴雨，坟陷，视其尸与柩，俱解矣。"明崔岩著《九仙二佛传·唐平章刘仙传》载："归葬于郡南三十里良田市傍，茔南向坐，大鹅岭左琉璃江（今人呼口公地者即相国墓也）。"仙人墓现位于苏仙区良田镇二渡水村，墓葬建筑尽皆被毁，只留下坟丘一座。每逢雷雨初停，拜谒此墓，可见云雾缭绕，似有仙气。相传古人于此时曾见刘相乘云，呼风唤雨。此地此情此景，恭望苍穹，或可察古今仙迹同否，或可得佳咏名篇。

2. 刘相祠堂

刘相祠堂是刘瞻家族世居郴州、教民化俗的见证。郴州刘相祠堂最早为刘相书堂，旧址位于今郴州市东塔湘南起义烈士公园处。宋代桂阳守刘彭老有句云"湖光渺渺浸朝霞，十里中存旧相家"。宋大观四年（1110）六月，郴民依相宅旧址兴建祠堂，郴州州学教授谭世勋为之作《刘相公祠堂记》；绍兴二十年（1150）郴州知军刘颌有诗《刘相公祠堂》。明崔岩著《九仙二佛传》载："今郡东有东山兴化寺，下有丞相馆，即平章读书处。"可见明以前兴化寺与丞相馆并存，崔岩时尽毁，其中刘相祠堂移入州学。明《（万历）郴州志》记：刘瞻祠"在州学……载入乡贤祠，在戟门右"。清乾隆三十六年（1771）郴州知府刘世喜寻得书堂遗址，重建东山书院，清光绪三十二年（1906）郴州知府金蓉镜改郴州官立中学堂。如今古迹尽毁，其地已拓为东塔公园。刘相祠堂所在之东山，古八景称"东山一览"，自古吟咏颇多，现辑录如下：

---

① 作者曹镳，清郴州举人，贵州桐梓知县，此首载清《（嘉庆）郴县县志》。

刘相公祠堂

宋·刘颁

凛凛清风著有唐，端知不朽是忠良。寺深相国衣冠古，派远仙源山水长。
名字千年垂史册，招提原是旧书堂。编诗不愧歌张仲，愿续前贤试此章。

摘自《（嘉靖）湖广图经志书》卷十四"郴州"。

东山寺

宋·滕谦叔

山畔禅扉对水开，松篁应是手亲栽。闻君洒落郴江客，欲借峰峦几上来。

摘自《（嘉靖）湖广图经志书》卷十四"郴州"，下同。

休致寓东山诗

明·朱辂

宦海飘蓬几十霜，如今始得脱名缰。家邻汉室神仙宅，路入唐朝宰相乡。
万岁峰前秋色好，三贤祠畔菊花香。东山咫尺庭帷近，喜见云飞在北堂。

东　山

宋·丁逢

水绕山围夏木苍，旧时贤相读书堂。窗间远岫供吟遍，来倚栏杆伴月凉。

东　山

清·彭开勋

犹是东山出，苍生未必同。林泉怀夜雨，丝竹忆春风。
树色危峦上，书声小院东。旧时飞鸟尽，无复见冥鸿。

摘自《南楚诗纪》卷四"郴州"。

"刘平章故里"碑刻。清代刘献廷《广阳杂记》摘："乌石矶旁有断碑一片，题曰'唐宰相刘瞻故里'。郴土俗传有九仙二佛，刘瞻，九仙之一也。瞻为唐名臣，以直谏显，乃有'刘氏三仙'之说，不知何据。"《（嘉庆）郴州总志》卷七"古迹志"载："今河街乌石矶刻'刘平章故里'五字，今遗迹尚存。"今无此碑刻。

刘仙岭。郴州有两处。一是大仙刘瞻飞升处。崔岩《九仙二佛传》载："今郡东十五里有刘仙岭，岭上有台，号曰刘仙台，为宜哥飞升处，今仙观存焉。"刘仙庵曾有联楹："何处无神仙，神仙中难寻一个宰相；人皆有兄弟，兄弟里哪得都是真君。"[1] 二是季仙刘助仙解之山。同书又载："所仙解之山，峍屼独峙，在桂门之披，今人亦名为刘仙岭。"明《（万历）郴州志》卷六"提封志上"载：

---

① 裴国昌主编：《中国名胜楹联大辞典》，中国旅游出版社，1993年，第887页。

"刘仙岭在州北五里。其东麓为鹧鸪坪，其南麓有泉出，汇为北湖。"即今郴州市北湖公园对面山岭。清代诗人首启杏有《刘仙岭读书台》云："高山勤仰止，唐相旧居游。正气凌霄汉，文光映斗牛。当年傅宧业，此日企仙流。莫道遗基废，芳名万古留。"[①] 以此诗为据，当时或亦有唐相刘瞻在此读书的传说。

六、范仙范伯慈

（一）范仙传说

九仙中的范仙叫范伯慈，乃郴县桥口人氏。八九岁时父死母亡，便流落到了苏仙岭下，靠帮人放牛度日。

十二岁时，范伯慈在白鹿洞对面的山上放牛，见一老者挑着一担草鞋，艰难地在山路上行走。范伯慈飞快地跑上前去，叫老者放下担子，想帮他挑一段路程。老者放下担子，说自己实在没力气了，干脆他帮范伯慈放牛，让范伯慈挑着草鞋去城里卖。范伯慈想了想，说声要得，挑起担子就走。老者问："你叫什么名字？"

范伯慈说："我叫范伯慈。"老者点了点头，挥手说："你去吧，去吧！"

范伯慈挑起那担草鞋，打起飞脚往郴城赶去。可到了城里，范伯慈又不知道如何卖草鞋，更不知道卖多少钱一双。他挑着那担草鞋在城里转了几圈，也没人问他。中饭过后，碰上一个老阿婆，问他的草鞋多少钱一双？范伯慈诚实地说："不知道！"老阿婆本来想买草鞋，可范伯慈不说价钱，这桩买卖就做不成。范伯慈灵机一动："阿婆，多少钱一双你才买呢？"

老阿婆说："三个便宜两个爱。"范伯慈有些糊涂了："三个便宜是多少钱呢？"

老阿婆说："那就三文钱一双吧？"范伯慈说："太少了吧？"

老阿婆说："如果我不买，就没人要了。难道你又把草鞋挑回去？"范伯慈眨了眨眼睛说："阿婆如果把这担草鞋都买去，三文钱一双我也卖。"

生意谈成了，范伯慈收了五贯钱，高高兴兴地回去了。可回到白鹿洞对面的山上，那帮他放牛的老者却不见了。他在山上来来回回找，对着大山不停地喊，嗓子喊哑了，也不见老者的身影。范伯慈不敢把那五

---

① 作者首启杏，字晴芳，郴州廪生。此首载清《（嘉庆）郴县县志》卷三十七。

贯钱带到员外家去，就找了个山洞把钱藏起来，天黑了才赶着牛回家。

第二天，范伯慈清早就来放牛了，他跑到山洞里把钱取出来，坐到路边，等那老者来拿钱。可从早晨等到太阳落山，还是不见那老者，就这样不知不觉等了三个月。天气越来越冷，范伯慈的双脚冻红，没几天就烂了，脓血直流。他好想拿山洞里的钱买双鞋，可一想到这钱不是自己的，就打消了非分之想。快过年了，有钱人家都置办了冬衣，范伯慈冻得浑身发抖，也不敢打那五贯钱的主意。

到第二年春天，山上开满了杜鹃花，温暖的阳光照射到范伯慈身上，他靠在路边的松树下不知不觉睡着了。他醒来时，突然看见老者笑容满面地站在自己身旁。他惊喜地大叫："老爷爷，你到哪里去了？我等得你好苦啊！"老者微笑说："我一直在你身边。"

范伯慈不信，摇着头说："我不信，你在骗人。"老者说："你把钱藏到山洞里，脚都冻烂了，也不去买双鞋穿，真是有点蠢气。"

范伯慈有些不服气："我那是骨气！再说，别人的钱我怎么能用呢！"他气鼓鼓地跑到山洞里，取出五贯钱交给老者。老者说："那我分一半给你吧？"

范伯慈坚决不收："你的钱就是你的，我不能要！"老者就从身后拿出一双草鞋，笑眯眯地说："这双草鞋送给你，穿着放牛方便。"范伯慈还是不肯要，老者弯下腰，亲自帮他穿上。那双草鞋穿到范伯慈脚上，奇迹出现了：他那还在流血流脓的伤口，顿时便愈合了。

范伯慈惊讶地问："这是什么鞋？难道老爷爷你是神仙吗？"

老者说："你心地善良，又正直守信，更重要的是有骨气，来日可成大器！若遇病灾，把草鞋烧成灰，兑上开水，可救人性命。"话毕，便无影无踪了。范伯慈对着高山大声呼喊："老爷爷，你究竟是谁？"只听见天空中袅袅传来一句："吾乃太上老君是也……"

从此，范伯慈穿上草鞋爬山越岭如走平地，而且百病不侵。过了几年，郴城发生瘟疫，死了好多人，满城人心惶惶。范伯慈想起老者的话，把脚上的草鞋烧成了灰，再用灰粉兑成药汤，救活无数人。郴城百姓都说范伯慈是活神仙，为了感谢范伯慈的救命之恩，就在桥口与高码交界处修建了一个范仙庵。

范伯慈在这里收了很多徒弟，传授医道，专为百姓治病解难。范伯慈究竟在这里住了多久，谁也不知道，据说已由太上老君点化成仙了。[①]

---

① 首小翠、李国春主编：《故事苏仙》，中国文史出版社，2015年，第28页。有改动。

(二) 文献记载及考释

1. 文献记载

(1) 唐代王题河编《三洞珠囊》卷一引《真诰》①

　　范伯慈者，桂阳人也。家本事俗，而忽得狂邪劳病，卧床席经年，迎师解事，费用家资渐尽，病故不愈。闻大道清约无所用，于是意变。闻沈敬②作道士精进，治病多验，乃弃俗事之。得五十日，病都愈，后入天目山，服食胡麻，得为玄一真人也。

(2) 宋代陈葆光《三洞群仙录》卷十三引《真诰》

　　范伯慈有邪劳之疾，顿迹经年，费用家财而疾不除，于是发心入道，弃俗务，静坐修养，五十日而疾愈。于是入天目山，服食精思十九年，感真仙降授丹药，服食，白日升天，补为元一真人。

(3) 元代赵道一撰《历世真仙体道通鉴》

　　范伯慈者，桂阳人也。家本士族，而忽得狂邪，因成邪劳病，顿卧将席经年。迎师解事，费用家资渐尽，病故不愈。闻大道清约无所用，于是意变，闻沈敬作道士精进，理病多验，乃弃俗师之。得五十日，病疾都愈。后遇陆玩之，受真内道。玩之不能入山，伯慈不乐于世，遂辞去，入天目山。服食胡麻，精思十七年，大洞真仙司命君下降，受三十六篇经。得服还丹，白日升天，今为玄一真人。

(4) 崔岩著《九仙二佛传·唐范仙传》

　　唐范仙伯慈，郴郡人也，少而持素，尝翩然有奋襟离尘之想，独以有父母在焉，慈事亲甚孝，虽跬步不离左右，父母亦爱之不能离也。忽一岁染沉疴，迎医调摄，屡岁不瘥。父母色忧，慈亦自跼蹐焉。偶有道士沈敬直造范庐，坐道姓名，因自述医术所治，亡不应手瘳者。范父出慈与之观，且丐之治，沈诧叹曰："是非世所谓疡疥也，字之于家，必

──────────

① 南朝道士陶弘景所著《真诰》，为道教上清派著作。
② 沈敬，浙西人，自幼学道，后游钟山。相传煮石十载，忽一日变软，食之而后成仙。事见《疑仙传》。

无瘥日。如欲瘥，其从吾筇乌乎（筇杖鸟屦也）？三稔而子愈矣。"父母大说［悦］，即令拜沈为师。移日趣行，慈别父曰："吾师非凡人，儿苟有得，必当归报。"父笑曰："儿岂意望如于吉事哉？去恙而足矣（按《统志》于吉得病疾，遇仙人授丸药曰："服此可愈疾，且可长生"，后吉果仙去）。顾子此行非侬得已，汝毋留宿他乡也。"行一日，敬为慈患处手揩擤之，寻饵之丹一粒，慈踧受服之，视其病皆不见。乡人有道逢之者，见其神采仙仙，非复枯憔忠矣。归告其父，衍然大喜。慈随敬入天目山（山在湖州安吉县）。居一庐，不五旬，病蒂悉除，慈亦自知其将有得也。徜徉名峦之间，或炼形山中，或对弈石上，或采药云间，凡服胡麻者十七年（胡麻，仙饭也。按：刘阮采药天台，路迷，见一溪流出，中有胡麻饭焉，取共食之。又按：控鸿仙人，赐魏王子骞等十二人胡麻饭）。真人每出庐，必南向望曰："洞庭衡岳，万里遥遥，白云之下，其吾亲舍耶。"每侍师论道，语毕，必询吾亲安否。师曰："汝父母固无恙，但道成乃可归尔。"天宝十四年，师谓真人曰："子可归省矣。"真人辞师，师与之一杖，一日而至其家。其父母尚矍铄自若，执人子礼，有加于初，所奉父母，皆非时所生，非地所产。问所从至，则曰"未易言也"。有所往，则骑杖去，一日千里。忽于埜山中见地下光发，喜曰："吾可仙矣。"掘之，得石函书一册。因知辟谷之法，遂不复粒食数年。父母相继捐世，慈守丧礼，建窆惟谨，庐墓者三年。后入凤梧山岩中，采药修炼（凤梧山在郡西北三十里），吸风露，食松柏，飘然自适，号所居为"凤梧台"，后即于此台白日羽化登仙。时郡人有经天目山游者，遇二道人采药，一道人曰："汝，郴人，可识范伯慈真人否？"曰："知之。"曰："汝可令即来，仙期在某日，勿再徘徊，故土为也。"其人领诺，征徙重趼而返，及抵家，已不及期，方释屩为乡人述之，则闻范已当期登仙矣。诰封玄一真人，山中丹灶至今尚在。

2. 文献考释

范仙传说始出年代考

范仙伯慈，最早见于南北朝梁时道教学者陶弘景《真诰》卷六，而后为唐代王题河所辑《三洞珠囊》、宋代李昉《太平广记》、陈葆光《三洞群仙录》等书相继引用，内容相差不大。至元代赵道一撰《历世真仙体道通鉴》转述，桂阳人范伯慈因病得道士沈敬救治，而后拜沈敬为师修炼成仙之传说定型。以《真诰》成书年代，范仙故事应在南北朝时期已流行。但据刘祖国、范艳丽《〈真诰校注〉勘误札记》分析，《真诰》原本早已亡佚，今仅存明《正统道藏》本、俞安期校订本、《四库全书》本、学津讨源本、《道藏辑要》本等后代木刻本。明本《真诰》"范伯慈"条下有小字注云："（吴睦、朱妵、郭静、范伯慈）右四条，有人于东间抄得，云是《真》书，而不知谁迹，亦无所受者，而辞旨有用，故纪续之。"可见，明代学者对范伯慈故事是否出自《真诰》尚有疑问。而从唐、宋典籍相继转载的情况来看，范伯慈故事于唐宋时已十分流行。

范仙传说地方版最早见于明崔岩著《九仙二佛传·唐范仙传》，其故事情节与《真诰》相似，但直指范伯慈为唐代人，天宝十四年（755）道成，约三年后于兴宁县（今资兴市）凤梧山升仙。稍后的《（万历）郴州志》不载年代，成仙地点与崔书相同，但很简略。清《（嘉庆）郴州总志》所载与崔书基本相同，可见已深受其影响。《（光绪）兴宁县志》卷三"疆域志·山水"言之凿凿："凤梧山在县北三十里，昔范伯慈炼丹飞升于此，下有仙观，遗迹尚存。"或许今资兴市即是范仙故事传源地，不过包括资兴在内，民间已很难听到范仙的相关传说了。

七、唐仙道可

（一）唐仙传说

唐朝长庆年间，郴县来了一位自称"山人"的隐士叫杨隐之。他碰到一位农夫，就问这位农夫："听说郴县地界多孕仙师，他们不但道法高深，且好为百姓分忧，不知此地可有？"农夫就对他说："我地有百岁居士唐道可，色若孺子，变幻莫测，他几乎就是神仙了！"农夫接着说："有一年，田里的稻谷快收完了。突然飞来了大批的蝗虫，一飞就连天都看不见。落在哪里，哪里就'唰唰'地响，像许多把刀在割草，把那些没收获的庄稼都吃光了。我们就去庙里求菩萨保佑，正碰上唐居士。他说这有何难，只见他把拂尘向天空一指，顷刻间黑云四合，冷风骤起，大片的雪花飘落下来，三十里内全被雪封冻。两天后，天空放晴，田野上到处都是冻死的蝗虫。"

杨隐之听了这个故事，更坚定地要去寻找唐道可。按农夫的指点，他来到山下的一个村子里，向一位老人请教。老人告诉杨隐之，天已晚了，全是山路，不妨在这里安宿一晚，明天再进山去。杨隐之抬头向东南看，全是大山，就留了下来。

晚上，老者告诉杨隐之。昨天，幸亏唐居士及时赶到村子里，否则不敢想象。原来前天，村里来了一位道姑，自称是唐居士的女儿，她告诉村里人，第二天会有老虎进村。我们这里靠大山，晚上有老虎进村是常事，所以大家都有防范。但白天老虎进村的事还没有过，所以大家都不相信，照样出出进进。刚到巳时，果真一只猛虎就从山中跳了出来，扑向一头水牛。水牛一见就没命地向村里跑。在外做活的人四处逃散，恨不得找个缝钻进去。正在这时，唐居士火速来到村子里，堵住了老虎的路。他挥动拂尘要老虎回到山里去，老虎极不情愿地向唐道可大吼三声，才回到山里去。

第二天，杨隐之按照老者的指点，到下午才到达陵谷山中。唐道可热情地迎接他，两人谈得很投机，不觉天就黑了，唐道可要女儿去点灯，女儿说油已用完，唐道可便要女儿用纸剪一个下弦月。女儿剪好后交给父亲。唐道可在纸中间夹一根琴弦，然后挂在墙上并说："今夜有贵客，请赐光明。"不一会便满室如风光月霁。

杨隐之对唐道可十分佩服，特别是对这枚"月亮"羡慕得不得了，想要唐道可将此术传授给他。唐道可没有作声，从墙上取下那枚"月亮"，提在手上，带杨隐之来到丹房。炼丹房里白金、水银、丹砂、石英、钟乳……在"月亮"的光照下闪着奇异的光芒，唐道可问杨隐之："贵府地可有这些？"杨隐之摇摇头，唐道可说："既然没有，授尔又有何用？"

两人从丹房回到家中，长谈到更深夜尽。唐道可拿出一枚粉红的丹药，杨隐之纳入口中，倏地不见了唐道可父女。

唐道可直到唐乾符二年在山中羽化，在世一百四十岁。有人在山中近泉处看到丹灶遗迹，人们将此山称为"唐仙山"。[①]

（二）文献记载

1. 唐代段成式著《酉阳杂俎》[②]

长庆初，山人杨隐之在郴州，常寻访道者。有唐居士，土人谓百岁人。杨谒之，因留杨止宿。及夜，呼其女曰："可将一下弦月子来。"其女遂贴月于壁上，如片纸耳。唐即起，祝之曰："今夕有客，可赐光明。"言讫，一室朗若张烛。

① 首小翠、李国春主编：《故事苏仙》，中国文史出版社，2015年，第32页。
② 《四部丛刊初编·子部·酉阳杂俎》，商务印书馆，1922年，第24页。

2. 崔岩著《九仙二佛传·唐唐仙传》

唐道可，郴人，生唐天宝间。性极慧恕，闳博过人，然素薄金紫，不肯就举子业。隐居陵谷，中山采芝，芷水撷菰蓴。瑶琴晚吹之余，羽肩秋蟾之下，常僻倪世人以为莫及也。后遇异人授以仙术，非时难致之，物无不能致之。里中愚懖者，皆以为妖蓴。尝盛夏溽暑，谓乡人曰："汝辈欲雨雪解炎乎？"众曰："安可得？""可。"乃持尘尾向上一挥，天风飚飓，四野云生，有顷大云溙至，及三十里（按《一统志》，葛仙公玄每宴宾客，冬设生瓜、枣，夏则致冰雪。又明崇俨入见唐高宗，四月进瓜，盛夏献雪）。年至五十，丧其偶，止生一女，及笄，未适人，然亦抚之若子。凡有所往，则女为僮随之。一日谓乡人曰："明日有戳虎至，当各闭户避之。"众尚未信，已而果然。可出暑虎，虎见可而伏躃，喷命之去，虎咆哮而去。众始神而怛之（按《仙传》李长者道逢一虎，虎驯入，叱之起，虎乃敢起而去）。及年逾百岁，色若孺子。长庆初，山人杨隐之至郴，闻郴多孕仙，思得旦暮遇之，询及土人，则曰："吾乡有百岁人唐居士者，神幻叵测，其殆仙乎。"杨趋诣其家，可与之促膝论道，意气若旧相知。抵暮言未竟，因留止宿，家贫无油，呼其女曰："客座无光，可将一下弦月子来。"其女出片纸封一琴弦贴壁上，可起祝曰："今夕有客，大赐光明。"言讫，一室朗如张烛。杨心奇之（按《仙鉴》，景之常得道，或祈寒冷溪，或大暑暴日，所居夜神光满室。又按《一统志》，孙传得道，出入石间如有穴中出，草木皆为行者光，照耀可数十里）。邻有翁子，方蘮蘮起，见其光非烛，过视惊异。居士叹曰："不可对人言也。"杨遂与谈内道。慕尽馈缕，直至夜分，蠭泄秘旨，遗唐丹一丸，杨忽不见。后至郡北三十里，一峻山中修炼。唐乾符二年九月九日，在山羽化成仙（唐《仙女》、《郡志》小传，俱不载其所终，想当亦从公仙去）。在世春秋凡百有四十岁（《唐居士小传》载，仙百五十岁。按居士生于天宝，殁于乾符，天宝元年至乾符二年，当百四十岁，若作百五十则生当在开元中矣）。今山中近泉处有丹灶遗迹，势亦颇戳嶪，今人谓之唐仙山（山在郡北路大溪铺之北，一里而稍近）。

附《（嘉庆）郴州总志·仙释志·唐道可》袁子让评语：

郡人袁子让云：唐居士见访杨隐之事，载《酉阳杂俎》，人以为异。然考其行事，风可生于尘尾，则月亦可挂于室中，彼其光风霁月诚自一身运之，而非侪众所能识也。然唐之羽化不异于苏范王刘，乃跨升之地鞠为茂草，曾不得一宇之宫以与橘井诸福地相顾，岂仙亦有显晦兴是？不然，古曰人世尘垢也，碾礴标的也，仙上居间阖，下游沧溟，固遗世而独立者，彼数橡之结遗于世者也，非仙之所知也。

第二节 二 佛

二佛包括寿佛宗慧、朱佛道广。

一、寿佛宗慧

（一）寿佛传说

寿佛的故事在湖南、广西等地广泛流传，其中部分传说已收入清康熙年间谢久复纂修的《湘山志》卷一"因缘"之中。2002年李肇隆主编的《湘山寺与寿佛爷》，2009年资兴市政协主编的《寿佛释全真》又各自收录了不少本地传说。现辑入以下传说，以广见闻。

寿佛是资兴人，母亲熊氏（熊姓今为廖姓）是永兴县鲤鱼塘镇樟田村人。相传寿佛在便江西岸飞鹅寨下开元寺旁的坦洞闭关修炼，每天只是食用坦边李老汉送的豆浆充饥。有时专心练功，端起放置已久的豆浆喝时，已是一碗鲜嫩可口的豆腐脑了。寿佛询问李老汉，豆腐怎么做得如此可口，老汉也不知原因，这时滴答一声响，坦顶水珠掉入碗中，佛心顿悟。寿佛指点李老汉用坦中滴落的石浆水做出了各式各样的豆腐，经济营养，百姓十分喜爱。李老汉一个人忙不过来，就把豆腐放在飞鹅寨对面通往资兴三都、蓼市的一个石坦中，民众自主选取，钱币自觉放在箱中。老人把多余的钱财都放在坦中，任由民众急需时取用，大家用后也及时归还，坦洞因此得名银子坦。

便江三里的狮子坦，坦在山脚往上30米的绝壁上，寿佛听闻那里赌场十分热闹，也随众人从玉头坑上岸前往。看坦内赌桌，是一天然巨石开凿而成的，周围果然聚集了不少人。寿佛慧眼见那聚赌之人乃是作恶便江的黑龙和一些蛇蝎精怪，便高声说："各位施主，今天贫僧也来赌一局，如果贫僧将这石桌扔进了三里外的便江里，你们在座各位从此戒赌；如果贫僧搬不动这石桌，各位都可得到白银三两。"众人一听，欢呼雀跃，几个帮凶则讥笑寿佛拿不出银子。寿佛走近石桌，口念"阿弥陀佛"后挥手拍去，只听见一阵断响，石桌从底部轰然裂开翻倒。黑龙慌忙化作一阵黑烟逃去，寿佛两手抱起半边石桌（另一半现在狮子坦），紧随黑烟砸去，远处哗拉拉的响声震耳欲聋，江对岸一座丹霞高岩从中裂开，形成了一条长 350 多米，高 50 余米，平均宽度不足 0.4 米的夹缝，石壁间夹有一块万斤巨石，岌岌可危，这就是无处遁逃的黑龙。石缝就是现在的永兴一线天。①

周源山龙居寺方丈惠济大师是寿佛周宗惠的师傅。一天清早，吃过斋饭，惠济大师来到藏经楼，叫寿佛到郴县开元寺去。惠济大师还没说叫他去做何事，寿佛便说："师傅，弟子又没触犯清规戒律，您为何不要我了呢？"

惠济大师暗暗一惊，这个还不满十六岁的周宝（周宗惠的小名）聪明过人，早就猜透了他的心思。惠济大师说："你来龙居寺多年，一心向佛，天资聪颖，深受寺内众僧钦佩。只是我才疏学浅，眼下已无能施教，恐爱徒在此虚度光阴，故欲举荐你到郴县开元寺我的师兄惠悟大师门下继续修炼。"

寿佛来到郴县开元寺之后，因天资聪颖，倍受惠悟大师宠爱。除隔三岔五找他谈经论道外，只安排他轮着做饭，别的事一概不让他做。庙里有些和尚看在眼里，气在心里，总想找些岔子。可寿佛做的饭菜香甜可口，没有毛病可挑。

不久，又轮到寿佛做饭了，那几个和尚早就躲在一旁偷看。这天已是中午，寿佛才急忙从外面赶回。只见他围着灶台转来转去，忙个不停，做饭时汗水一滴一滴往下掉，手不停地搔头。窗外一群群蜜蜂飞进来，绕着寿佛飞来飞去，把采来的蜜全吐到了锅里。在一旁偷看的和尚将之说成寿佛把头皮屑和汗水故意洒到锅里，惠悟大师听了很不高兴，就不让周宝做饭了。这样，寿佛更加无牵无挂，放心四处云游去了。

寿佛云游有时在千里之外，但寺里的钟声一响，他就会准时赶回来吃饭。那几个和尚又想了一个办法来整治寿佛，他们把饭前敲钟，改成饭后敲钟。寿佛听到钟声急忙赶回，饭菜早已被吃得精光。他不气不恼，从伙房拿了个鼎锅来到郴江河畔，找几块石头架好鼎锅，从河里捡了十几个卵石煮熟当芋头吃。那几个捉弄寿佛的和尚，看见他吃石头，这才明白寿佛不是凡人，赶紧跪下认错，并乞求他传授佛法。寿佛将他

---

① 胡年兵：《故事传说丽山水——便江印象之四》，《郴州日报》2016 年 5 月 1 日第三版。

们一一扶起，把他们带到飞天山，指着一个巨石上的水池问道："你们看那一泓碧水，不枯不溢，形如何状？"几位和尚不知何意，无言以对。寿佛说："此水如心，丹心向天，问心无愧。"又叫他们捧着水喝，几个和尚喝了，又问寿佛是何意。寿佛说："以手捧水饮，谓之洗心，能永受福泽。"后来，这几个和尚听从寿佛教诲，勤修佛法，都成了高僧。那一泓形如心状的池水，人们便称为"洗心池"。①

（二）文献记载及考释

1. 文献记载

（1）唐代李知玄《古塔记》②（李知元③，懿、僖时人）

天下湘山祖师、圣化主人无量寿佛入寂几十霜矣，奉遗命以肉身垂化。及今，浮图成，奉佛出龛入焉。圣貌如生，毫光时现，真世希有事也。佛降神天寿之乡，垂像五华之地，珠投周室，钵出径山。法讳全真，别号宗慧。先年云游至县，选胜湘山。结茅为院，名曰"净土"。十力神圆，六通智足。慈育万有，道济百灵。不扰人天，耕畲自给。处世说法，利益无边。来者如归，视道若咫。

太和之末，沙汰僧尼。会昌五年，焚毁刹院。佛以觉照，先事深藏。风棱益高，挺然独立。衣冠殊制，名号不伦。衣曰"无量寿衣"，冠曰"真空法冠"。髭发不剃，老少不常。不念经，不礼佛，乃自号"真空法身周主人"。又尝谓修行犹落色空，见我所以超凡。透色空，过真空，乃入无量量。绝无无量，那得非无量主人。

大中初，佛教重兴，兼苦旱久，邑人乃入覆釜，迎佛还山。雨旸时若，物和岁丰。民安其生，俗蒸以变，盖居然一极乐国也。

制教十二部，部十二卷，命曰《遗教经》。又其徒汇录《湘山百问》行世。

咸通八年二月初八日辰时，忽召众，谓无色天请吾说法。既而偈毕，趺坐而逝。遂卜于山之中峰笋布台下建院，迎龛上供。逾二七夜，放白毫相光十一道，光中现十有一佛，如是者弥月。

乾符甲午夏，刘相公瞻从骦州召还，过湘源，以佛与同郡，诣院供

---

① 首小翠、李国春主编：《故事苏仙》，中国文史出版社，2015年，第18页。有改动。

② 王巩《湘山无量寿佛碑》称"爰考乾符《塔记》"，可知原题为《塔记》。

③ 本名李知玄，为避康熙玄烨讳，清版改为"李知元"。

香，见紫云回翔其上。蠲缣一笥，助修浮图。于是净土院三会长遍募诸方，就供所地庀材鸠工，经营两载乃峻。厥役，官僚信士大集，斋供以庆之。时则乾符三年岁次景（丙）申二月己酉朔十二日庚申也。知玄滥蒙众请，据事直言，刊石塔门，永播终吉。

(2) 宋代王巩[①]撰《湘山无量寿佛碑》

百千如来，以方便智，开广大慈，护念有情，甚于赤子。虽般涅槃，成就佛土，不舍众生，而出现于世。弗起于座，应遍十方，如水中月，著示无边，如鉴中形。去住无碍，灯灯相续，寿命无穷，利益一切，在昔然已。

若全州湘山祖师者，姓周，名全真，郴县人也。幼负超然之志，出家，受具足戒。年十六，参径山法钦。钦睹其骨相不凡，叩以真谛，应声响答，妙契佛乘，遂留之。顿悟顿修，不数年道成。后游罗浮，还郴，继走衡阳，来兹湘山。时湘源县治在山西南五里，山颇幽胜，筑苑剪茅，躬畬自给，未尝秋毫取于人。众有谘请，随其利钝，为谈本际。尝曰："我之法要不著诸相，谢绝万有，超度色空，真空不二，非三乘所拟，非象教可传。无量无边，犹如空海。四方来者心自化服。"大会之际，先期召众，诫曰："时不我与，各当还家。"一夕，髭发顿生，易缁为羽，冠曰"青崒法冠"，衣曰"无量寿衣"。容貌不常，时髦时稚。未几，诏汰僧尼，废刹院，毁像焚经，迄无宁岁。师藏深岩重岫间，群麋鹿鸟兽之迹，独演宗旨，开示人天。制教十有二部，凡数十万言。有众千万，周匝围绕，跪礼合掌，自通姓名曰"我金轮王，须弥山王，四海龙王，五岳四渎，西天雪山之主者，仙人神人等众也"。数座俨然，莫之敢诘。盖明炳几先，而事出天外者，若此大中竺法中兴，邑之父老子弟入山敦请，久之始还，就故院。虽处冥寂，真常为娱，而分身扬化，莫纪其数。

永州太守韦氏办斋为供，遣使走迓。师令先还。翌晨，使未反命，师已至矣。至则四门关吏互报其入，守出导迎，合为一体。其神异大概类是。

咸通八年丁亥岁二月八日，忽语其徒圆镜等："无色界天请吾说法，今其时矣。吾告大众，示以生死大事。流水迅速，各明主宰，脱离轮

---

① 王巩，字定国，自号清虚先生，莘县人。晚年徙居高邮，有画才，长于诗。著有《甲申杂记》《闻见近录》《随手杂录》。

回，谆谆告诫。"语载智允《行状》中。重宣遗偈，有曰："无量寿身无生死，出入娑婆如梦里。报体成坏性常灵，分身普应诸天地。学人不会有相诤，寻其诤者阿谁语。止这语便是法身，大道见前非别处。千经万论无量说，无量能吐广长舌。迷性永劫堕沉沦，悟者刹那即超越。当时生者谁受生，今日灭日谁受灭。但求生灭合还开，求道求佛心迥绝。不从求得主人晖，主人通达则玄机。解此玄机是真实，超凡越圣止如斯。"偈毕，跏趺，默然而化。相传法腊百有六十六岁。后八日，奉真身于中峰笋布台下。踰二七，顶出白毫相光十有一道，光中现十有一佛。士民奔趋，竞图师像，朝夕故事，殆遍湖湘。至于今弗衰。

师尝自号"无量寿主人"。以会昌之难，讳言僧佛，故有别名。识者知其弥陀之化身也。

乾符元年，师同郡刘瞻弭节湘源，望其山中有光炳耀，躬往礼谒，助缘建浮图藏焉，是为古塔。

天福中，潭帅马希范以湘源实师道场，请于朝，升县为州，徙治院之东南，即师法讳名之曰"全圣"。

宋景德初，敕院为"景德寺"。僧志松又增高古塔二丈有二尺。

所制教，历五季兵燹后，存者无几。志松撮拾其余，以天圣初诣阙进呈，诏赐束帛香茗。

元丰三年夏，久雨，大水洪发，涨至数十丈，城不没者才尺许。夜有异物头角狰狞，喷吐烟焰，鼓浪薄城。州人大恐。李守时亮率众望湘山号呼恳祷。须臾，光起峰头，师乘光来，翔及合江门，锡声一振，烈如雷轰，异物遂去，雨止水平。李守誓建七级浮图，出真身供养。寻以去郡，不果。众乃募缘，卜竖于飞来石下。一则师尝有言"异日吾当还止于兹"，一则其石古云自罗浮飞空而来，若杭西之鹫岭飞自天竺。师又尝游罗浮，飞锡止此，实有夙因，即不卜，亦知为吉也。

顾筑基甃石，久莫能就。适僧智允从潭州来，众廉其笃谨，俾主塔事。重以郡人朱浩幼有至行，尝以母疾，誓不饮酒，不食肉，不婚媾，昕夕侍汤药惟虔。已而气绝。浩泣血请于师座，苟获再生，愿佐塔事。当晚微苏，然若醉梦，无能了识者。半月复，愿剪发，执头陀行。归，母乃大愈。浩因是不惜余力以赞勷智公。及元祐七载，始告成功。为制宏丽而崇峻。二月朔有八，启故塔，时师宴坐如生，顶光射人。左右惊仆，就日迎入。今塔辄有紫云萦回，屡见师挟二侍者往来其上。全之一境，岁无天札疫疠之患，而祈雨雨应，禳火火灭，求男得男，求女得女。则自荆襄以南，迄于岭海，无地不然。元符三年，又以塔中异花灵卉生其座下，如铺锦茵。州具其事闻。奉敕，赐号"寂照大师"。一时守令大集人士，蒸香祝庆，予荷国恩，投闲其地，得逢嘉会，逐队追随。智公谓：自咸通丁亥，至今二百二十五年，始有赐号。神功之周遍，圣化之彰闻，不可无记以传。投以如椽一管，强予握之。

予惟天地之功德弗容于声诗，日月之光华无容于绘像。祖师之神功圣化，虽罄丽水之金，竭昆山之玉，庄严靡罄，予何得而名焉。惟是其地与人，而有神圣临焉，为所依庇，良非偶然，必有如是因，必有如是果。而因缘时节，则犹如寒暑不可易也。湘源之地之人，遭和平康乐之时，睿明仁圣之主，垂白耕织，不识兵频，固厚幸矣。水旱之患，尧、汤之盛莫能免者。而恃有祖师临于其上，慈育道济，断灭苦恼，岂非能植如是不可思议因，乃获如是不可思议果哉！独虞世远事淹，反以见闻熟习，玩忽滋长，而敬信或弛也，则可悲可痛，应不仅在水火天札疫疠巳矣。爰考乾符《塔记》，参订智允所述《行状》录之，稽首赞礼而说偈曰：

大慈两足尊，日度诸禅定。心同太虚空，广大无罣碍。悲悯行愿海，不舍于众生。普现刹尘身，究竟利群品。弗起师之座，应感娑婆界。逆顺化无边，盲聋之导师。惟恐一含灵，未证般涅槃。譬如垂老人，得子在襁褓。调护忘寝食，畏惧勿成就。又如注大雨，江河海蹄涔。草木邱垤尘，普同一切润。是故无量寿，示此湘山尊。常转正法轮，直旨实相印。天龙鬼神人，悉得未曾有。复以过去身，示现入生死。还作诸福田，利益无边际。罔不获安乐，庄严妙功德。我今稽首礼，为说此因缘。惟尔见闻者，勿生大我慢。世尊甚难值，值之当起敬。如优昙钵华，旷劫不出世。塔庙铃铎音，竹树草木音，禽鱼猿鹤音，众籁大小音，种种微妙音，演化七菩提。以至入圣道，广为尔等说，自证从证中，不自于他得。耳根甚清净，乃获如是闻。尘劳悉消除，应念获净土。尔等宿福庆，际会实希有。幻化如芭蕉，终不得坚实。速起无上信，成就慈悲藏。举手一皈依，以复少低头。至心生净性，种植善根本。如苗渐增长，获福亦无量。我复稽首礼，愿尽未来际。有顷达无间，解脱三涂苦。咸入不二门，志归大圆觉。如处薝卜林，更无异香色。又如甘露海，点滴皆法味。永劫坐道场，与佛常住世。

（3）宋代志磐《佛祖统纪》卷四十二

（咸通）八年正月，永州湘山全真禅师端坐示寂。师郴人，游方至湘山创梵宇日"净土"，四方禅众云集受教。会昌初忽谓其徒曰："僧当厄难，宜易衣冠"，一夕髭发俱长，披紫霞衣日"无量寿衣"，顶青空冠曰"真空法冠"，既而武宗果去浮图。宣宗复佛法，师不复去衣冠。世称"无量寿佛"化现至此。

（4）明代邝露《赤雅》卷下"无量寿佛"①

无量寿佛，姓周，名全真，号寂照大师，郴州人。作二十八观，从日月观而入。初游吴越，继游罗浮，最后得湘山笋布台，因住持焉。会昌汰大师后，一夕生肉结须发，乃衣紫霞衣，入覆釜山，结暗而居。刺史韦宙迎之，四门各见其入。自唐元和至咸通示寂，计一百三十有二岁。五代湖南马氏，始请设州，额之曰全，以师故也。其护法有灵乌天使，鸟首人身，长丈余，最可怖愕。其徒有柴侯者，讳崇越，唐末，弃官从师。宋初，州境寇至，侯显神兵麾之，贼望风溃。南渡绍兴间，孔彦周曹城之难，侯显化如初，楚粤皆祀之。今七星山寺北湘山，尤觉庄严。按竺典谥法，以慧而觉者曰炽盛光佛，以文而觉者曰无量寿佛。师由日月观门入三麽地，常作偈云："有物先天地，无形本寂寥。能为万象主，不逐四时凋。"真所谓以文而觉也。今问之讲师，皆以寿对。如以寿，则宝掌和尚、长爪比邱当擅此名久矣。末学之陋，不独在儒门也。一叹。

（5）清《（雍正）广东通志》卷十三

寂照大师姓周名全真，郴州人，自幼了悟出家，元和中游罗浮，至湘山因居焉。会昌五年，诏汰释氏，一夕顶生肉髻须发，自此遂服衣冠。居城西净土院，咸通八年二月十日谓弟子曰："无色界天请吾说法。"是夕坐化，年一百三十有二。

---

① 邝露著，蓝鸿恩考释：《赤雅考释》，广西民族出版社，1995年，第166页，鲍廷博辑：《知不足斋丛书》第1册，中华书局，1999年，534页。皆载此。

2. 文献考释

《古塔记》考释

唐代李知玄《古塔记》，作于乾符三年（876）二月，距寿佛宗慧圆寂仅9年，是关于无量寿佛最早、最原始的文献记载。因避清帝康熙玄烨讳，清代文献如董诰撰《全唐文》又将作者李知玄更名为"李知元"。

此文首句"天下湘山祖师、圣化主人无量寿佛入寂几十霜矣"即引来不少疑问，李知玄作记时仅距寿佛入寂9年，何来"几十霜"？其实这个"几"字应作"几近，将近"读解，即"将近十年"。又有人质疑，既然才十年，为何题为《古塔记》，应该是"新塔"。其实，李知玄所作原为《塔记》，无"古"字。宋元祐七年（1092），选址另造七级新塔，迁寿佛真身入内，原塔故名"古塔"。

关于李知玄所作《塔记》，宋代王巩《湘山无量寿佛碑》最早提及，并称"爰考乾符《塔记》，参订智允所述《行状》录之"。可见，宋以前有唐代乾符《塔记》是没有疑问的。

"宗慧"与"崇惠"考[①]

僧传中，云门文偃禅师（864—949）有一位弟子法号亦名宗慧，此即《五灯会元》卷十五所载"襄州洞山守初宗慧禅师"。这两人虽同名，但因传承、年代皆异，较容易区分。另有一位崇惠禅师，因为传承、时代与宗慧禅师相同，且同样颇多神异，相关载籍又没有明确说明，因此常常令人迷惑不已。

宗慧与崇惠的关系问题，较早的《古塔记》《行状》和《寿佛记》皆未涉及，但晚出的《湘山志》《全州志》和《粤西丛载》都绘声绘色地谈到了宗慧随法钦赴阙并与道士斗法的故事，今引《湘山志》卷一文如下：

> 天宝戊子冬，径山奉上召游京师，师随侍。或言元（玄）元皇帝降于清华宫之朝元阁，羽士有史华者希专宠，奏与释氏角法。华于东明观架刀为梯，登蹑而上，如履磴道。师谓："此何足奇？"亦于本寺庭树间为梯，较东明观增高百尺，锋亦铦白如霜。师跣足跃身，上下若踏平地。以至沐沸油、浴烈焰、餐铁钉为戏，了无难色。羽流骇汗，掩袂而走。

事实是否如此呢？那就让我们先看看该故事的另一个版本。

宋赞宁《宋高僧传》卷十七《唐京师章信寺崇惠传》记载了同样的故事

---

① 冯焕珍：《湘山宗慧禅师及其〈牧牛歌〉》，《中山大学学报（社会科学版）》2009年第4期，第129页。

（《神僧传》卷八有转载），唐释圆照集《代宗朝赠司空大辨正广智三藏和上表制集》卷六更载有明显属于同一人的《沙门崇惠登刀梯歌一首》《沙门崇惠登刀梯颂一首》和《沙门崇惠谢赐紫表一首》。章信寺即章敬寺，故事的主人也是法钦禅师弟子，时驻锡该寺。参照《崇惠传》，两者对故事的叙述有如下几个差异：第一是两人的姓氏、里籍不同，崇惠俗姓章，杭州人，宗慧俗姓周，郴州人；第二是修法各异，崇惠"虽勤禅观，多以三密教为恒务"，宗慧禅师所修则为禅宗顿教法门；第三是去长安的因缘互异，崇惠因受神启而赴京师摧邪显正，宗慧禅师则是随法钦赴阙斗法；第四是去长安的时间有别，崇惠禅师与道士斗法事在大历三年（768）九月，宗慧禅师与道士斗法事在天宝戊子（748）冬；第五是斗法与法钦受赐的关系悬殊，崇惠斗法的结果是代宗皇帝"遣中官巩庭玉宣慰再三，便赏赐紫方袍一副焉；诏授鸿胪卿，号曰护国三藏；敕移安国寺居之"，法钦禅师只因身为崇惠传法师而备受尊重，宗慧禅师斗法的结果是玄宗派高力士慰劳、赐紫伽黎，并因此赐法钦禅师"国一"之号。两者显然不可等量齐观。

考李吉甫《杭州径山寺大觉禅师碑铭》，《碑铭》序法钦应召受赐事颇详：

> 大历初，代宗睿武皇帝高其名而征之，授以肩舆，迎于内殿。既而幡幢设，以疑龙象图绕。万乘有顺风之请，兆民渴洒露之仁。"问我所行，终无少法。"寻制于章敬寺安置。自王公逮于士庶，其诣者日有千人。司徒杨公绾，情游道枢，行出人表，大师一见，于众二三目之，过此默然。"吾无示说。"杨公亦退而叹曰："此方外高士也，固当顺之，不宜羁致。"寻求归山。诏允其请，因赐策曰"国一大师"，仍以所居为径山寺焉。

据此我们可知，法钦应召赴京时间与《崇惠传》近而与《湘山志》远，法钦亦非因宗慧禅师斗法胜利而受赐，而是因为代宗慕名礼请禅师入内供养而受赐。因此，笔者以为《湘山志》无疑是因为两人同为法钦禅师弟子而将崇惠的事迹附会到宗慧禅师身上了。弄清这段史实，并不影响宗慧禅师作为法钦嗣法弟子的事实，因为《古塔记》《行状》和《寿佛记》都明确肯定了这一点；同时这也不影响宗慧禅师的威神力，禅师本来神变无方，固不缺少此一神变，况且禅师之名亦不赖此以传。

宗慧禅师著作考①

关于宗慧禅师的著述，蔡荣婷根据《古塔记》《寿佛记》和《湘山志》的记

---

① 冯焕珍：《湘山宗慧禅师及其〈牧牛歌〉》，《中山大学学报（社会科学版）》2009年第4期，第132页。全文有改动。

载说："宗慧的主要著述有两种：其一由弟子圆镜、圆鉴编辑而成，名为《遗教经》或《遗教》，此书共十二部，每部十二卷，计有一百四十四卷，总数达数十万言，主要内容是收录宗慧在覆釜山演经台所演说开示的歌偈。其二是《湘山百问》，此书由宗慧门徒汇录而成，主要内容是收录其平日之应接问答。此二书应是成书于唐宣宗大中四年（850）至懿宗咸通八年（867）之间，因《古塔记》已载有此二著作，所以其成书年代至迟不会晚于僖宗乾符三年（876）。此二书历经兵燹之后，今《遗教经》已散失，仅《湘山百问》残篇尚存，《湘山志》卷二有录。"这个结论尚有失察之处。

关于《湘山百问》，虽然李知玄《古塔记》在叙述了宗慧禅师的《遗教经》后明确说，"又其徒汇录《湘山百问》行世"，今本《湘山志》卷二确实也收载了名为《湘山百问》的大部分内容（87问），但我们可以明确断定此本不是宗慧禅师的著作，而是后人的伪作。何以见得？最重要的依据就是文中有许多问答辑录自宗慧禅师圆寂以后才有的著作。例如：关于"六祖《序》如来所说金刚般若波罗密与法为名"的意旨问题，其答文第一段摘录《金刚经解义》序文，第二段主要摘自心泰编《佛法金汤篇》卷十三所载陈瓛语；关于"《楞严》《金刚》二经有无异同"与《遗教经》何故诵习者少"两个问题，其答文全部录自《佛法金汤篇》卷十五所载真德修语；关于"《楞伽经》大旨"的问题，其答文主要录自苏轼《楞伽经序》。更多的答文，如"如何是无念而知""何者明生死"至"何名大乘""此宗所悟还有师否"等问题的答文，都摘录自永明延寿的《宗镜录》，此不一一列举。除非我们能够证明上述著述的作者征引了宗慧禅师的著述，否则《湘山志》所载《湘山百问》肯定是后人伪托的著作。从宗慧禅师的《遗教经》全是歌偈来看，他也不太可能撰写这种论文体著作。

当然，这并不能否定宗慧有《湘山百问》一书。也许我们可以这样推断：像宗慧禅师的《遗教经》一样，其《湘山百问》全书也早已亡佚，后人为了弘扬祖师，假托宗慧禅师师徒问答的形式纂集了这个问答集。但不管怎么说，我们都不能依据今传本《湘山百问》来研究宗慧禅师的思想。

寿佛信仰升温小考

寿佛宗慧引起朝廷大员和当朝皇帝的重视，对于民间信仰而言有着一定的作用，相关记载考析如下：

乾符元年（874），复职宰相刘瞻因与寿佛同乡，前往礼拜，并捐助浮图。除了同乡关系，刘瞻与佛教的渊源也值得考究。此年，刘瞻次子怀溢已出家为僧9年。按照《洪州云盖山龙寿院光化大师宝录碑铭》的记载，怀溢此时正在"遍历遐方，访寻知识。无道场不逢古德，有请皆遇宗师"，身为寿佛同乡，未必就不游湘山，但此时是否在湘山却难以寻找史料依据。不过，碑铭有载，怀溢最后落脚于不远处的衡岳灌溪，拜沣源和尚为师。

天福中（937—943），应潭帅马希范之请，湘源县升为全州，因湘源为寿佛道场，寿佛法讳"全真"。

宋景德初（1004），宋真宗敕院为"景德寺"，这是寿佛弘法寺庙第一次获得皇帝敕额。

元符三年（1100），宋哲宗赐号"寂照大师"，这是寿佛第一次获得皇帝赐号。

建中靖国元年（1101）、绍兴五年（1135）、绍兴十四年（1144）、庆元四年（1198）、绍定二年（1229），经宋代皇帝五次加赐为"慈佑寂照妙应普惠大师"，将寿佛信仰推向高潮。

清康熙五十一年，广西巡抚陈元龙以重修湘山寺无量寿佛道场的名义向皇帝祝寿，获赐康熙手书"寿世慈荫"，① 后摩刻于笋布台石崖上。此后，多位清朝皇帝以"无量寿佛"自比，② 将寿佛信仰推向新高潮。

寿佛宗慧与万寿念禅师考略

明代崔岩著《九仙二佛传》称寿佛宗慧又号"万寿念禅师"，经查万寿念禅师实为宋僧。

宋代正受撰《嘉泰普灯录》记载：

> 华光恭禅师法嗣，郴州万寿第一代念禅师。
>
> 岁旦上堂曰："往复无际，动静一源。含有德以还空，越无私而迥出。昔日日，今日日，照无两明。昔日风，今日风，鼓无两动。昔日雨，今日雨，泽无两润。于其中间，觅去来相而不可得。何故？自他心起，起处无踪；自我心忘，忘无灭迹。大众！若向这里会去，与天地而同根，共万物为一体。若也未明，山僧为你重重颂出：元正一，古佛家风从此出，不劳向上用工夫，历劫何曾异今日？元正二，寂寥冷淡无滋味，赵州相唤吃茶来，剔起眉毛须瞥地。元正三，上来稽首各和南，若问香山山上事，灵源一派碧如蓝。"遂喝一喝。下座。
>
> 上堂："香山一路，本无遮护。虎啸龙吟，蝉噪高树。皇相山头风起高，须弥顶上华重吐。咦！"
>
> 僧问："龙华圣会，肇启兹辰。未审弥勒世尊现居何处？"曰："猪肉案头。"云："既是弥勒世尊。为甚么却在猪肉案头？"曰："不是弄

---

① 事见清《万寿盛典初集》卷五十一"庆祝三·名山祝厘二"。

② 《万寿盛典初集》《国朝宫史》《八旬万寿盛典》《钦定千叟宴》等均见记载。

潮人，莫入洪波里。"云："毕竟事又且如何？"曰："番人不系腰。"

问："曙色未分人尽望。月圆当午意如何？"曰："龙蛇混杂，凡圣同居。"云："未审还有祖师意也无？"曰："碧潭秋夜冷，明月印沧洲。"云："学人未晓其言，请师端的。"曰："蔡伦池内，石马犹存。"以拂子击禅床曰："会么？"云："不会。"曰："毗婆尸佛早留心，直至如今不得妙。"①

《五灯全书》八十七卷载万寿念禅师为南岳下十三世，华光恭禅师法嗣。《嘉泰普灯录总目录》载衡州华光恭禅师为黄龙普觉慧南禅师法嗣，"华光"为寺名，即衡阳花药寺。文中"若问香山山上事，灵源一派碧如蓝"应指当时郴州城南香山寺后之香泉，可证万寿念禅师曾在香山寺说法；"皇相山"应是"王相山"，即今王仙岭；又见宋时郴州城内有蔡伦祠。

此资料纂入清代《（光绪）兴宁县志》《（嘉庆）郴州总志》成为寿佛语录，但无"赵州相唤吃茶来"，寿佛"又号万寿念禅师"等语，外地《湘山志》等文献则未受其影响。

又，清康熙间《广阳杂记》载："万寿念禅师之道场，在兴宁界上之万寿山"，《（嘉庆）郴州总志》卷五"山川"载："万寿山在县西六十里"，则不与"城南五里"万岁山（后改名灵寿山，下有圆泉，称"天下第十八泉"）作一处。《广阳杂记》又载："自永兴之东北十八都，走廖江市之郴州之百丈（郴州兴宁界万寿山在东十里）"，则万寿山应位于今苏仙区良田镇百丈村之东大奎上附近。念禅师因居郴州"万寿山"，故号"万寿念禅师"。

"寿佛宗风"考略

中国佛教主要有法性宗、法相宗、天台宗、贤首宗、禅宗、净土宗、律宗、密宗八宗，其中主流禅宗又分沩仰宗、临济宗、曹洞宗、云门宗、法眼宗五宗，传承关系错综复杂。寿佛宗慧于佛教《传灯录》无载，其著作《遗教经》《湘山百问》已佚，留下的偈语又被重重传说包裹。因此，考究其思想及其流派极为困难，至今尚未见到成熟论文。以下仅为笔者浅见：

从师承关系而言，寿佛宗慧师承法钦，应属牛头禅宗。牛头宗源于法性宗，始于牛头法融禅师，传至五祖智威时，已成为一个重要的地区性教团，与曹溪六祖惠能、神秀普寂一系构筑三足鼎立之势。其后，经六祖慧忠、鹤林玄素，至径山法钦大盛，与洛阳荷泽神会、江南洪州道一及石头希迁，并称禅宗重镇。但径

---

① 正受撰：《嘉泰普灯录》卷七"华光恭禅师法嗣·郴州万寿念禅师"，载蓝吉富主编《禅宗全书6》（史传部六），北京图书馆出版社，2004年，第404页。

山法钦之后，后继无人。牛头宗初祖法融的三论宗门下的理论基础建立在《般若经》及《中论》《百论》《十二门论》《广百论》之上，强调"一切皆空""本来无事"。在修行上，牛头宗重视禅坐修持，由禅定达到"丧己忘情"的境界，最终至于"无所得"。因为教法相近，它与曹溪门下的石头宗有密切关系，圭峰宗密将此二宗同判为"泯绝无寄宗"。会昌法难之后，此宗衰微，后世将它并入曹溪门下，其重要性与独立性因此被湮没。寿佛宗慧虽然师出法钦"牛头宗"，但另立宗派，后世佛教界并没有把他当成"牛头宗"传人。

唐代《古塔记》载，宗慧"衣冠殊制，名号不伦。衣曰'无量寿衣'，冠曰'真空法冠'。髭发不剃，老少不常。不念经，不礼佛，乃自号'真空法身周主人'。又尝谓修行犹落色空，见我所以超凡。透色空，过真空，乃入无量量"，可见其思想包容儒、释、道三教。宋代《湘山无量寿佛碑》引宗慧言："我之法要不著诸相，谢绝万有，超度色空，真空不二，非三乘所拟，非象教可传。无量无边，犹如空海。四方来者心自化服"，亦可见其思想已超越佛教。两文起源较早，可直接透视寿佛宗慧所立宗派。明代《赤雅》称"师由日月观门入三麼地，常作偈云：'有物先天地，无形本寂寥。能为万象主，不逐四时凋'"，后《湘山志·因缘》有附和，可以认为宗慧对梁朝名士傅翕首创、融儒释道三教为一炉的名偈有深刻阐发，这或许就是他的思想根源。

以寿佛宗慧出师后"结茅为院，名曰净土"（《古塔记》载）、"每日召徒众讲《无量寿经》，参学十二观。或善男信女信心念佛，并无他语"（《湘山志·因缘》载）等数语判断，宗慧所立禅宗类似净土宗。净土宗由东晋慧远大师创立，奉《无量寿经》《观经》《阿弥陀经》为经典，教人老实念佛，不做他想，由此起信。

以寿佛宗慧所创或驻锡寺庙而论，宋时出生于全州、剃度于湘山隐静寺的慈明楚圆禅师为中国佛教史上屈指可数的临济宗名僧，其法嗣杨岐方会、黄龙慧南开创临济宗杨岐、黄龙二派，亦为当世名僧。明末著名画僧石涛（又称苦瓜和尚）亦剃度于全州湘山寺，他在寺中浸润佛理二十余年，为绘画打下了深厚基础。这些名僧是否直接传承了寿佛思想虽无定论，而于寿佛真身所在地修禅，受影响是可以肯定的。

据湖南省社科院徐孙铭教授考证，湖南佛教有一支鲜为人知的乘云宗传自寿佛，清僧默庵著《乘云源流志原叙》记载了寿佛宗慧挂锡衡阳雁峰寺、借行僮的故事，因此以该寺为祖庭的乘云宗传承了"寿佛宗风"——"归心净土，崇拜无量寿佛""以般若为指导，禅净双修""严持戒律，修头陀行"。徐孙铭持论称：无量寿佛"在衡阳应化，虽有传说的成分，但也是佛教在中国本土化、平民化性格的体现"，"湘南一带的无量寿佛崇拜，传至道安法师的高足智谕法师，以'弥陀孤臣'著称，终生念珠不离手，佛号不离口，老实念佛，所开创的西莲净苑大力弘扬念佛净土法门，其由来有自矣"。"乘云宗以般若为宗，宗仰寿佛，融合禅净，严持戒律，形成比较鲜明的宗风，后来虽与临济、曹洞乃至净土宗相融汇，但仍保留其相对独立的传承，至今仍有较大影响"①。

民国高僧太虚法师对"寿佛宗风"给予很高评价，其《和柏公》诗云："寿佛宗风自一家，名山胜事总堪夸。月台望塔玲珑远，烟雨弥空罨画遮。春满潇湘长荒草，日生沧海吐红霞。衡峰七二饶佳趣，宛似芙蓉朵朵花。"寿佛出自郴州，太虚法师又诗云："闻道雁峰寿佛寺，异迹尤称世所稀。寿佛乃是郴州产，一登衡霍心地开……"与乘云宗关系极为密切的还有一支产生于郴州的禅宗，称曹洞宗古爽派，该派第二十二世僧人青虚法云与乘云宗法空玄成、玄应共建衡阳罗汉寺，而后出任郴州苏仙岭寺住持，又教化乘云宗弟子恒志无来、默庵等，皆成高僧大德，以至民国第二代嗣裔寄禅成为中华佛教会首任会长，第三代嗣裔太虚与寄禅同创中华佛教总会并任《佛教月刊》总编辑（据湖南省社科院万里、刘范弟所著《青虚法雨——郴州苏仙岭青虚塔研究》考证，乘云宗为剃度派，但古爽派为何与乘云宗保持密切关系以及青虚法云是否同为乘云宗弟子尚不清楚）。青虚法云"善周易，喜谈老庄"，与寿佛宗慧一样，儒释道三家兼修。古爽派是一个创派于明代中期的曹洞宗支派，创派者为明代僧人祖山奇峰禅师，重修郴州安仁凤凰禅林，因山名"古爽"，而号"古爽派"。历代佛教灯录文献都没有记载这位僧人，其学术思想及传承世系待考。据《（光绪）郴州直隶州乡土志·宗教》记载，郴州佛教只有"临济""云门""古爽"三派，前两派虽出家为僧，却"茹荤不受戒，为人建醮禳灾，亦名'应教'"，人数约一百人。唯有古爽派坚守佛教清规戒律，"出家削发受戒，不茹荤，以寂灭虚无为宗旨，向无建醮禳灾等事"，人数约七百余人，是郴州佛教主流。笔者曾参与田野考察，发现古爽派于明代天启年间进入郴州市城区，周边多数僧人墓碑显示为古爽派弟子。

据《青虚法雨——郴州苏仙岭青虚塔研究》推论，广东严光法师因倾慕"寿佛宗风"前来郴州寻访名师，由此成为青虚法云禅师的得意高徒。

寿佛宗慧于当朝之影响已见《古塔记》所载之盛况："民安其生，俗蒸以变，盖居然一极乐国也"，乃至后世千余年，仍盛行不衰。《广西通志》卷一百三"艺文"载元代揭傒斯《重修全州学记》："湘山又称'无量寿佛'入灭之所，世奉遗骸，奔走万姓，而夫子庙荒圮穿漏曾莫顾……全之四境尽为中邦，又密迩周元公②之里，父传子习皆圣人之道，民之情性岂独异乎？"与诞生于道县、成熟于郴州的周敦颐儒家理学形成鲜明对照。

---

① 徐孙铭：《南岳乘云宗——一个鲜为人知的佛教宗派》，《磨镜台》2011年第1期。
② 元公即周敦颐。

南岳下十三世宋代郴州万寿念禅师偈语"与天地而同根，共万物为一体"，"往复无际，动静一源"据说源自宗慧，或是倾慕"寿佛宗风"的体现。明代郴人袁子让评论道："'天地而同根'数语，阐明无量寿之旨，西佛似不及也。"笔者判断，寿佛宗慧这些超越佛教的思想，有可能被出生于湘南道州、在郴州任职数年的周敦颐所接纳，并改造成宋明理学。至明清两朝，理学大显于世，已非元时语境。

总之，"寿佛宗风"是个值得研讨的课题，由于史料不足，仅以本书抛砖引玉。

（三）寿佛景迹

寿佛足迹遍布湘、粤、浙、桂等省，留下了众多人文景迹，如湖南资兴周源山为寿佛出生地，有寿佛母亲熊氏墓，旧有龙居、广慧二寺。永兴县鲤鱼塘镇樟田村旧有寿佛宫，抬寿佛祈雨的民俗，持续到 1945 年。安仁县城内旧有寿佛庵，"左侧有大桂一株，高数寻，中秋花盛开，香闻数里。"广西全州湘山寺，旧称报恩光孝寺，寿佛示寂于此。自宋以来，历朝皇帝赐额加封不断，每年二月初八日朝参者不下万人。衡阳雁峰寺，旧名乘云寺，传寿佛驻锡于此，古称"活佛道场"。限于篇幅，本书重点介绍寿佛示寂之全州湘山寺和郴州市行政区划范围内的景迹。

无量佛景迹

1. 湘山览胜①

湘山寺位于广西桂林市全州县城内，西隅湘山之麓。初名"净土院"，唐元和二年（807）建，又名"景德寺""光孝寺"。乾符三年（876）建寿佛舍利塔，奉祀无量寿佛真身。宋元祐三年（1088）于飞来石下建新塔，移寿佛真身入内。宋绍兴五年（1135）赐名"妙明塔"。宋绍兴十三年（1143）赐额改称"湘山寺"。明洪武十六年（1383）于寺设僧正司。中有亭榭佳胜，前后左右大小庵院十六处，皆极清雅。明万历十四年（1586），妙明塔失火，寿佛真身被焚毁，只剩齿骨。清康熙五十年（1711），知州沈元佐重修。寺后飞来石有 40 余方摩崖石刻，其中康熙帝手书"寿世慈恩"堪为国宝。周围 31 处奇岩异洞，12 处井泉，令人流连忘返，真可谓"五华围

---

①　参考清《（嘉庆）广西通志》卷四十三"寺观·全州"等资料。

绕，三水汇流，湘山七十二峰耸立"。历代吟咏佳作辑录如下：

礼湘山佛和别驾叔韵

宋·李曾伯

自得湘南一派奇，禅春元熟不须师。几千亿化如来相，五百年将再出时。
翠壁云连秋树老，宝坊香静午斋迟。我来欲和因缘事，众衲丛中有解知。

摘自《唐宋人寓湘诗文集2》。

湘山寺飞来石（世传罗浮飞至）

明·蓝智

片石罗浮裂断崖，飞空遥镇梵王台。千年虎豹疑星陨，五夜蛟龙共雨来。
锡响空山云雾合，杯浮沧海浪波开。至今老衲翻经处，点点天花护碧苔。

摘自《明别集丛刊·第1辑》第9册。

重过全州湘山寺

明·李昌祺

野殿荒凉户半开，昔人题字已侵苔。却怜兰若成尘土，哪得阁浮免劫灰。
蜕骨龛中僧久寂，留衣海上客重来。忘情不为耽禅悦，贪看青山日落回。

摘自《明别集丛刊·第1辑》第32册。

湘山寺

明·蒋冕

孤塔涌山腰，钟声隔烟树。朝暮见云飞，不见云归处。

摘自《集义轩咏史诗钞校证》第4册。

游湘山寺

明·严震直

一带山峦耸碧霄，梵王宫殿压重鳌。我来试踏烟霞境，满耳松声响翠涛。

摘自《粤西诗载》卷二十三。

湘山寺

邓廷瓒

湘山古寺未曾游，创建应如几百秋。寄语山中无量佛，全州风景即郴州。

摘自《粤西诗载》卷二十三。

2. 周源圣迹

周源山在今资兴市程水镇，现为煤炭产区，相传为寿佛出生地。《（光绪）兴宁县志》载："在程乡木筱峇之尾，为寿佛道场。前后山建有两寺，曰龙居，曰广慧。一佛所生地，一佛母墓在焉。佛初得道还，祭母毕，以筋插地，生竹有棱，上圆下方，可做杖，郡邑长吏多取之，僧以为累。知县耿念劬申文乃罢。山间石壁一孔，大仅五铢钱，泉从中出，众僧资以饮浴，传佛以锡杖卓石，泉流至今。"如今，龙居、广慧两寺俱毁，新建寿佛寺迁至东江湾景区。佛母墓仍在，墓旁方竹早已绝迹。周源山附近寿佛传说众多，其中部分传说已形成地名。如洗肠江，旧称浣肠江。相传寿佛回家看望母亲，母亲见他消瘦，杀了一只鸡给他补身体。寿佛为了不让母亲失望，吃了一只鸡腿，出门即在江中呕出，又将肠子翻出洗净，因此得名"洗肠江"。相关诗文辑录如下：

春日游周源山

清·黄捧日

烟雨春深锁碧峰，到来初地问禅宗。池边老鹤依朝磬，涧底啼猿答晚钟。
清梵欲沉高殿月，翠涛长卷隔溪松。残僧退院稀逢客，花落廊阴藓色浓。

摘自清《（光绪）兴宁县志》。

题周源山

清·曹隆

宝刹程乡里，传灯映佛幢。高临方竹杖，清挹洗肠江。
龠井灵丹现，驱魔外道降。湘山与雁塔，胜地羡无双。

摘自清光绪《兴宁县志》卷十七。

题周源山

清·耿念劬

郁葱佳气绕山岗，旧刹争传古佛场。回雁一肩行脚去，紫霞无量劫星忙。
即看箸化方榺竹，还羡泉供石乳香。三尺也应茔寿母，须知儒墨孝名扬。

摘自清光绪《兴宁县志》卷十七。

3. 披剃开元

开元寺。旧址位于今郴州市城区西街之尾，文化路之东，1959 年开元寺被收归国有，而后拆除。明《（万历）郴州志·寺观》载："在城西。唐湘山祖师落发之所，今为祝寿道场，僧正司在焉。"《湘山志》亦载："师年十六，拜辞父母，诣郴州城西北开元寺，出家受戒。"相关诗文辑录如下：

宋知军高罗月记

自佛法流入中国，千有余岁。世无贵贱贤愚，奉之惟谨。凡天下名山胜概，而浮屠之宫，十当其七八。穷极土木之功，日增月益，务相夸尚。间有邃殿修廊，层楼杰阁，藻绘晶荧，金碧照耀，使人望之如珠宫贝阙，钧天帝所幻化而成，非人间所有。虽耗费不赀，视之若无足靳，以为不如是，则无以侈崇奉之意，而表佛之尊且神也。古今沿袭，未有祛其惑者。郴之开元寺，法堂后有屋仅数楹，为奉安无量寿佛之所。佛，生于郴，而阐教于湘源。今湘山寺宇之华，僧徒之盛，为湖外甲刹。郴乃佛所产，顾卑陋弗若，盖地瘠民窭，家无百金之产，市无千金之贾，人无捐金乐施之资。是以郴境之招提、兰若，率不逮他处。余初领郡事，因祈祷诣寺。旧殿已圮，四顾萧然，寺缺主僧，乃举得僧法升焉。法升，长沙人，尝游岳山诸寺，及见丛林老尊宿，颇谙世故，守戒行，慨然以缮修为任。先是僧清诏欲拆旧屋而新之，功未遂而卒。升乃募众缘，以迄前人未就之绪。鸠工于嘉定壬午三月，落成于癸未之十月，请识其事。余进而告之曰："佛法，虚无为教，寂灭为乐，缁衣蔬食，穷居僻处，外形骸，绝羡慕，使一色相悉归空界而无所修饰，乃名庄严。其于广厦万间，与弥勒一龛等耳。彼诚有得于中而不顾其外也。今此殿苟完矣，使能遵佛之教，求佛之心，端居宴坐，一念凝然，玄机超诣，则参乎其前，虽方丈之室有余地矣！不然，则栋宇雄丽，金碧相辉，徒为美观，于道何有？"升竦然而退，请书此言以告来者。遂为之记。①

明郡人何孟春记

　　吾郴有寺曰"开元寺"，在郡城西。旧志载，此地为唐湘山全真祖师落发出尘之所。则是寺，唐以前有之。而灯灯之系，往不复传，钟铙巾盂之兴坠，不知其几。胜国兵燹之余，寺基鞠为茂草。洪武六年，守御官缪亨始创复之。召潮泉正厚为寺住持，风幡于是有主。景泰间，四川周侯铎，来守吾郴。隘其规制，不足称金仙之灵宠。遂偕守御所高千兵远，捐赀市工，伐山陶埴，撤使新，拓使大，招延云水，焚修其间，遗址不晋厥焉。于时，今僧正普清，承周命，董治役费。今去周又若干年，丹腹黯而间架欹，清且老矣！不忍将目重睹坏相，无以佛报身。且痛周之善果或无所于归也。率诸比蒭鸣鱼吼蒲牢，延声一郡。郡中人谋为佛殚，艺为佛巧，财为佛轻，力为佛勇。缁素骈肩，惟有是出。而清座下之同处者资辉、资兴，亦各矻矻所事，三时无妨，百堵皆作。山门既辟，宝殿益尊。鸾柏回容，狮坛增气。廊庑金碧，左右交辉。地阐灵而境开胜，郴之丛林推以为冠，是寺之兴于今极焉。佛书谓梦幻泡影，露电有为之法，一切如是。今而往，寺其保无坠乎！呜呼！吾郴是寺，非他泛然梵呗之比，有全真祖师，其氏嗣佛于前，足任禅宗净土护持之愿力。其有兴坠，伊时维人要之，不复终古而长存也。寺前殿庄严，补诸佛陀，后殿则师之尊座，香火有专供所谓慈佑寂照妙应普惠无量寿佛者也。师，吾郴之兴宁人。旷劫苦修成等上觉，袪蛟禁魅，解疫禳灾，功行卓然，著闻遐迩。神通之大，灵异之夥，人天共钦，不可具述。示寂之后，所生之郡，爱即旧居而崇事之，岂不宜乎？呜呼！释氏之权，流行赡部久矣，巍巍于今，固可知也。人灭度而莫考，书重译而始达。去千载，越万里，奚啻风马

———————————

　　①　胡汉撰，陈礼恒点校：《（万历）郴州志》卷十二，中州古籍出版社，2017年，第231页。

牛。然而，土木之丽，遍于中国。世之大儒，莫能遏焉。若师，生于吾郴，而功行及人，揆古祀典，列诸庙食，孰当异词？是其祀，虽不佛可也。矧佛事之在今日，又如是乎！呜呼！是寺，吾固知其坠而能兴，演业有人常如清者，可终而长存也。清，毕寺工时，为弘治甲子六月。时，余方家居。清来请记，因出其怀中之册，曰："证是心愿。非某一人之能，前后檀越交有相焉。檀越盍使某道场中人俱不泯乎？"余授视，则为缘《疏》者，余大父金宪公也。前太守姜公元茂，今匡公景易，判官王君廷杰，孔千兵特夫辈，阴助于上，而众善士喜施于下，岂为佞佛举哉！嗟夫！西方之教，固有足以感乎人者，余不敢自诿结缘于兜率天，而重师为吾郴人。感清之勤，诚不容却也。于是乎书。①

郴州开元寺碑记

昔汉武尊崇佛教，始立白马寺于洛绎。由是踵而行之，都邑城乡，建殿宇以崇瞻观，塑佛像以示尊严者，不知凡几。厥后，郴江灵秀，仿佛西土天竺。寿佛真人产于永丰乡，披剃郴州西门；佛身真像，位置永镇泉州。古今来郴，每急难恒默救济，都人士女受惠孔多。五七世祖义枋公，字胜甫，生平酷信佛，不亚汉武精诚。于元世祖至元间，访寿佛披剃故址，不惜重资，购地宽广，大兴土木之工，建造佛阁，铜铸佛像于其中。虽佛阁鼎鼎方新，而古迹难泯，故门上额匾大书"披剃处"三字。维时正值元初，因而名曰"开元"。此际之佛地光辉，佛像炫彩，佛光之照耀我衮斯衍庆，燕翼贻谋者，悠久无疆矣。迄今明末，历年久远，栋宇倾圮，墙壁垂危。时予解组旋里，侨寓其间，触目惊心。故尔倡众重修，满堂装彩。地处城廓闹处，偏多静致。栋连云汉，地恒有仙游。佛以寿称，可知佛同山河而并永；寺以元名，足征寺与朝代以俱传。栖佛既已得所，供佛不可无资。族中善士，各施田亩，计租四十余担，入于开元寺，以永远供佛常税，聊竭鄙诚，讵希厚报，抑亦不忘先公信佛不亚汉武重佛之精诚云耳。是为记。

摘自上鲁塘《何氏宗谱》。

郴州开元寺夜雨

宋·吕本中

风雨潇潇似晚秋，鸦归门掩伴僧幽。云深不见千岩秀，水涨初开万壑流。
钟唤梦回空怅望，人传书到竟沉浮。面如田字非吾相，莫羡班超封列侯。

摘自《东莱诗集》卷十。

---

① 胡汉撰，陈礼恒点校：《（万历）郴州志》卷十二，中州古籍出版社，2017年，第231页。

游开元寺

明·沈钟

昔年入定旧丛林，幻化庄严岁月深。尘世有缘曾布福，法云无际渺难寻。
晨钟暮鼓昭灵贶，本相真衣契夙心。不独灵山诸会重，人人稽首仰慈尊。

摘自《（嘉靖）湖广图经志书》。

4. 建刹香山

香山寺。旧址在今郴州南塔处，已毁。《湘山志》载："郴人建刹于香山留师。"可见最早建于唐代，为寿佛道场。明《（万历）郴州志》载："香山在州南五里，山有香泉，味颇甘冽。"史载香山寺环境清雅，山猴成群嬉戏。宋人彭乘著《续墨客挥犀》记曰："郴州境有香山寺，寺构于山半，其景极清雅，然多群猴，至相呼沿挂檐楹之上，亦入庖厨窃食，又常污僧缁衣，寺僧患之，无计绝也。有一客僧曰：'我能令其绝迹不来。'一日，以机获得一猴，僧乃以浓墨遍涂猴身，而复纵去，群猴见之大惊，时奔走无地。墨猴被缚以得纵去，群甚急，众猴呼叫而益走，引领望之，俄顷入于深山而不见，自此猴果绝迹。庄子言：'汝太白而去黑而来，岂不怪也。'亦此类也。"诗文佳作辑录如下：

香山寺送客

宋·吴镒

十里香山寺，三年到几回。不嫌送客远，端是爱山来。
老木依僧住，闲云为我开。归鞍意未定，城鼓莫相催。

摘自明《（万历）郴州志》卷十二。

劝农香山寺

宋·丁逢

宿云留润欲侵衣，草长山腰路溅泥。映屋画图花远近，接畦湒漱水高低。
人趋南亩生涯乐，春入柬畲土脉齐。说与老农还自笑，近来辛苦惯扶犁。

摘自《（嘉靖）湖广图经志书》卷十四"郴州"。

5. 樟田佛宫

寿佛宫。故址在今永兴县鲤鱼塘镇樟田村，已毁。清《（光绪）永兴县志》载："在县东四十里十八都，嘉庆十七年合都众姓人等募建，前后四栋，中楼高七丈，柱均有碑记。"据廖耀前主编《永兴县开元寺简志》记载："清道光十三年（1833）十一月六日重建寿佛殿，规模简陋，是樟田村抬寿佛求雨、轮流值日供寿佛的地方……旧址，坐东朝西。面对程水乡（寿佛宫距程水乡八公里）……樟田村在天旱求雨时，抬寿佛排场非常气派，声势浩大，仅敲锣的就二百到三百多担，一担两个人敲，敲锣的就达四百至六百人……抬寿佛有一个很大的公会，管有稻田二百来亩……1945 年参加最后一次抬寿佛……把寿佛抬出来，再送去周源山。"[1] 相关仪程当事人记述如下：

　　首先是由首事们择吉日抬寿佛、办场事；听老辈人说，最多达二千人，这一次仅五百多人，比过去的规模小了很多。八个自然村，人山人海。

　　首先是敲铜锣的三百多人，锣声震响半边天，一公里外就能听到锣声；村里的头面人物、首事、道士背着各种幡、经幢、法物。手持竹竿者需百多人，整个抬寿佛的人群长达半公里以上，旗幡飞扬、锣声震天，好不气派，好不热闹，沿途观看的人也是人山人海。

　　到了周源山，早已有人安排好一切，统一开餐，素宴十大碗；餐后，稍事休息。最烦琐的是请寿佛上轿。轿为拱顶，中间一葫芦，四角雕四条金龙；雕龙、画凤、描金、填彩非常华丽，轿门口有对联一副（已无从记忆）。

　　请寿佛上轿，先要到寿佛母亲的坟前祭拜，求得巽卦。因寿佛是孝子，必须拜别母亲得到同意才能走。祭拜过寿佛母亲，来到寿佛大殿，两旁有五百罗汉，全部是江西景德镇烧制的，有真人大小，每一件都可称得上国宝，至今不知流落何方……

　　寿佛殿大小菩萨有几百个，横的竖的。道士找了好久，才找到寿佛。而后给寿佛打扫灰尘，拂拭金身，戴上青崆冠，穿上紫霞衣，道家装束，请下来放轿中坐好。

　　祈雨：要到"广慧寺"背后山上，有一龙头状岩石，经人工雕琢，水从龙口流出。道士就在这里进行祈雨仪式，穿法衣戴法帽，吹铜角，打筋斗，用一把一尺来长的三尖两刃刀，把上有环和铃，把刀插进去，水直线射出来，就有大雨下；刀插进去，水点点滴，雨水不多；刀插进去，一点水也没有，求也没用，只有跟轿雨。

　　通天竹：山上有竹林，用作祈雨的竹子称"通天竹"。做过仪式之后，砍一根茶杯粗、五至六米长的竹子，用一条长六尺多、宽一尺多的青布，从竹子长枝的地方捆起，将五个小杯子、一把两提壶捆扎好。这竹子很奇怪，据说有大雨下，就要三个好劳力才能从周源山背来；雨不多，一个劳力可以背来；没雨，一个少年可以背来。这些仪式完成后，就抬寿佛上路。

---

[1]　廖耀前主编：《永兴县开元寺简志》属未公开发行的内部资料，2008 年 6 月印刷。上文出自本资料"第四节 抬寿佛"，第 94-98 页。

203

持竹竿者走前，不准路上的行人戴草帽、打伞；资、永两县的人都清楚，听到这锣声就知道是永兴樟田人抬寿佛，自觉地摘下草帽、收雨伞、让路，等寿佛过去。碰到个别不懂的人，就用竹竿把他的草帽挑来丢到地下，用竹竿敲他的伞，要他收伞。敲锣的人一半在轿前，一半在后，锣声不能停，一直敲到樟田为止。

最辛苦的人是道士一成田，他穿法衣、戴法帽，背一床草席，凡是岔道口，把草席一抛，铺在地上，翻一个筋斗，不管路上有水、泥浆，一直要到樟田为止。

跟轿雨：不管怎样天旱，骄阳似火，寿佛抬到半路，天上开始起云；抬到水口山，天会变阴；抬到茅坪，就会电闪雷鸣，大风大雨跟轿而来，到了樟田雨止，十次有九次要验证。

抬到樟田，有个"寿佛殿"，又有一系列仪式：先请"雷武"，蓝脸红须，手持降魔杵，就是寿佛在周源山收服的那个吃人的恶人。所谓"放下屠刀，立地成佛"，做了寿佛的侍从"天司"白脸。雷武好吃，而且吃荤，被寿佛发现，打了他一巴掌，嘴巴打歪了。村民把雷武用衣服抱出来，躲到佛殿门外樟树下，杀一只鸡敬雷武，让他吃好了，才有力气行云布雨。

搭雨坛：用竹子布成八卦状，每方一根水竹（又叫次竹，竹节比南竹竹节长一半），从周源山背来的通天竹放中间，布成天、地、水、火、山、泽、风、雷八阵。四个碗，各盛一碗水，代表五湖四海之水。由细龙作法事，布好雨坛，抬寿佛之事告一段落，然后大摆筵席庆贺。以后就是"听日"（资兴方言音译，意思是值日），轮流值日，供奉寿佛。樟田有五百多户，一年难得轮到一次。所以非常虔诚，把它当成一件大事，和过春节一样隆重。①

二、朱佛道广

（一）朱佛传说

朱佛，在郴州近现代民间传说中往往带有贬意，如1990年出版的《中国民间故事·郴州地区分卷·上》收录的口述故事"寿佛与朱佛斗法"，将朱佛说成"猪佛"，因错投猪胎成了猪的形象，他每每与寿佛斗法，皆以失败告终。朱佛

---

① 廖耀前主编：《永兴县开元寺简志》属未公开发行的内部资料，2008年6月印刷。上文出自该资料"第四节 抬寿佛"，第94-98页。

被丑化，应缘于民国以来朱佛道场东海庵的渐渐衰败，人们对朱佛既无信仰，又不了解。为还原朱佛的真实形象，本书摘录由袁晓燕整理、较忠实于文献的传说《朱佛祈雨》[①]：

> 相传，唐朝有一道广和尚俗家姓朱，他在郴州剃度之后，只身前往衡州拜师，潜心学习佛法，学成后仍回郴州城西开元寺修禅。
>
> 有一年，郴州久旱无雨，老百姓急得头顶冒烟，如果老天再不下雨，恐怕田地里的庄稼就只能当柴火烧了。于是百姓纷纷来到开元寺烧香拜佛，希望求得一场及时雨。朱道广亲手搭建祭坛，施展佛法。说来真灵，天空很快电闪雷鸣，一场喜雨从天而降，田野上一派盎然生机。朱道广因此名声大震，被郴州百姓尊为朱佛。
>
> 同属桂阳郡管辖的韶州十年九旱，听说郴州出了活佛就想来请，韶州名士带着一帮信众先后到郴州请过两次，都没有请动。有人提议筑巢引凤，修整好寺庙再诚心礼聘朱佛挂锡做住持，这一提议得到许多信众响应，大家有钱出钱，有力出力，很快将一座破损的寺庙整修一新。看到韶州百姓一而再，再而三地来请，朱佛就不忍再推辞。
>
> 挂锡韶州不久，朱佛祈雨之法就得到了验证，几年来每遇旱情，经过朱佛开坛祈祷，全都得到化解。
>
> 唐天宝元年，五岭南麓沿线遭遇大旱。韶州土地龟裂、溪圳干涸，人畜饮水要到很远的北江去挑。朱佛夜观天象，觉得今年的旱情不同以往，无法以常理感动上天，决定亲自驾船到北江水面设坛祈雨。当地信众听说朱佛要到水流湍急的北江祈雨，都劝他不要冒险。朱佛坦然笑道："我乃区区一佛陀，本应慈悲为怀。若为百姓苍生大事计，死不足惜。"大家只好双手合十，求菩萨保佑。
>
> 朱佛独自摇着一叶小舟从北江上游漂下，行至武水和浈水合流处，湍急的河水掀起大浪，将小舟时而推上浪尖，时而卷入急转的漩涡中心。与风浪搏击几个回合之后，小舟渐趋平稳，朱佛迅速设置好祭坛，施展佛法，向苍天祈雨。不久，万里晴空飘来一朵乌云，轻风拂动，让人感觉到一丝凉意。等朱佛的小舟拢岸，大风骤然而起，闪电频频，紧接着惊天炸雷押着雨点敲打在北江水面上，顿时蛙鸣鱼跃，百姓欢腾。这场及时雨，让韶州喜庆丰收。

---

① 首小翠、李国春主编：《故事苏仙》，中国文史出版社，2015 年，第 21 页。有改动。

（二）文献记载

1. 宋康定元年（1040）余靖《武溪集》卷九"韶州光运寺重修证真照寂大师塔铭"

　　世称佛为浮图氏，盖即其塔而名之。释迦在世说法时云："有过去多宝佛塔从地踊出"，则知塔之名制尚矣，所以严事古佛之道也。佛去世后，舍利子塔遍于大千。祖师西来，全身之塔布在中土。且夫气聚而形全，神散而体坏，有生之同患也。佛以自在冥其心，故湛而常寂；以定力持其身，故没而不朽。此其所以示至虚无著之性，成金刚坚固之体者欤？何其千百年间，造化寒暑不能夺而变之耶？

　　光运寺塔者，奉安照寂大师坐亡之全身也。大师郴人，朱姓，讳道广。真性等空，大慈利物，愿力深广，存亡以之。含识蒙其润泽，故归仰亡替。唐天宝二年禅坐而终，门人瘗而异香满室，乃奉其全体覆以香泥，龛而藏之，建塔于寺。岁或大旱，民往诚请，则获嘉澍，如远磬之应声也。是寺以隋初建刹，故名"仁寿台"。及大师居之，世呼"广和尚院"。至广明中，刺史谢公恶其斥贤者之号，遂以年呼加之曰"广明院"。刘氏专制南海，谥大师曰"辅圣"，又命其塔曰"宝元"，寺曰"光运"。每岁同六祖真容，并以龙舟迎至广内。又益其谥曰"证真照寂"焉。

　　开宝中，王师既克广州，遂迁其卒于京师。不乐北迁者，相率为叛。寺塔罹郁攸之祸，而睟容独存。厥后，虽构缉遗宇，力不足而屋之。天禧初，寺僧尝欲募众兴复兹塔，始基之而不克缔构。二十余年，风隳雨蠹，栋干斯坏。

　　曲江素号山川奇秀而复熏以南宗之风，由是占形胜依邑落而树刹构舍为精庐者，差倍他境。缁衣之徒，渡江而来，不之衡庐，则之曹溪。故其挈瓶锡，勤道路，探幽深者，亦差众诸部。郡人根性好善者，复以谈空乐施为胜。其缁徒之守戒行，兴佛事，了宗乘者，各以其气相亲。今天子以宝元受册之明年，郡郭耆寿等，列名请晋康郡僧德诚、南康郡僧智润，共主营造之事。诚、润二开士游方十余岁，常以率导喜舍，所至开信。既允众诚，四方闻义，乐出财货，唯恐在后。凡为塔三级，藻井黼帐，髹柱绘梁。层檐之上，响以金铃；彩疏之外，周以庑序。越一岁而工毕。

　　其告成也，乞词书之。予观大师石刻《行状》云："持盂所得，同之一器，先饲贫病，然始自餐。均以精粗，等其丰鲜。"又曰："吾食于人，得不同病？于是感通致雨，以救岁旱。"集是二美，推之于仁义之途，则古之博施高行君子，何以尚之？岂独以佛事为侫乎！

因序而铭之，不惮烦，以示于后人：

施无贵贱，饭先贫病。慈悲普济，十地齐圣。仰食于人，即同其忧。言行相副，千古扬休。性如虚空，无住无去。晬容俨然，金刚坚固。䐃坐照日，宝铎鸣风。深诚感众，开士之功。

2. 宋淳熙三年（1176）八月孙时敏撰《韶州光运寺寂通证誓大师碑》[①]

乾道九年仲冬朔，光运住持僧正成谒孙子曰："儒佛之道相为表里，如来以心印相授，不立文字，非通儒识其关键，学者莫知所从入。曹溪老庐亲传黄梅衣钵，必得柳宗元、刘禹锡润饰之，然后其道益尊。今吾招提寂通证誓大师道场也，一方信向，欲雨欲旸，应祈如响，碑刻蔑然无述。旧有《行状》，建炎兵火煨烬弗存。流俗相传，讹鄙失真。子撷实以记颠末，吾将馋石焉。"予复之曰："此吾素心也。"春二月望，先君捐馆卜三月，五日窆期将及，雨淫不止，余窘甚，奉香哀祷于师。又明日，阴云剥散，霁色舒丽，遂克襄事。未知报师之所，秉笔纪实，其何敢辞。于戏！师之生，岁在己巳，唐高宗总章二年也。师之寂，岁在癸巳，明皇天宝二年也。距今癸巳之岁遥四百三十载，其详不得而闻矣。考诸余襄公《塔铭》及《韶州图经》，仅得其略焉。谨按：师郴人，姓朱氏，法名道广。幼而悟空，长而弃俗，礼衡州超和尚，祝发于福田寺，受具于南岳。梵行孤洁，法相严冷。振锡兴游，止于韶州仁寿台。群丐所居，与台密迩。师日持盂化食比屋，以所得蔬饭同之一器，为和罗饭。先饲贫病群丐，饫之，自餐其余，行之悠久不倦。天宝元年，韶大旱，农亩龟坼，郡守冯君（失其名）雩祀亡应，师慨然叹曰："吾食于人，旱魃肆虐，当与人同病。"径诣真武二水合流处，浮坐具水上，合爪正坐，沿流下官滩，遡洄而归，谓人曰："雨且至。"老稚欢迎于台，见庭中井雾气上腾，黑龙跃起，密云布空，大雨沛然，千里沾润，变凶为丰。明年冬十月六日，趣门人具汤，澡盥罢，坐暝而寂，异香盈室。门人筑浮图以安师像，寿七十五，腊五十五。网罗旧闻可书之事，止于此尔，余以是知师心广大慈悲，此师所以证果成佛也。今寺建于隋初仁寿，台以年名也。及师居之，世呼为"广和尚院"。唐僖宗时，郡守谢君肇恶其斥师名，改曰"广明院"，亦以年名也。伪刘专

---

① 莫昌龙、何露编著：《韶关历代寺院碑记研究》，暨南大学出版社，2014年，第278页。

制，益师曰"辅圣"，名其塔曰"宝元"，寺曰"光运"，具龙舟以迎师，与六祖同入宫，加益"证真寂照"焉。皇朝元丰五年，赐益"寂通证誓大师"。寺塔名仍其旧。建炎五年，郴寇窥境，欲劫师以归。前期，郡守管君因可梦师假馆，既寤，奉师坐亡之像于州治，寇至无所得，焚寺而去。绍兴八年副总管韩侯京起其废，规模比旧差隘，塔不复治。寺成，奉师真像以归。余既书师事，系之以偈，曰：

佛法从西来，暗与儒道合。吾儒恻隐端，即是佛慈悲。慈悲与恻隐，同实而异名。若有善男子，哀愍济众生。普视大千界，愿同沾利乐。不起自私心，反手成佛道。稽首寂通师，性根大智慧。一念百千念，不离慈悲心。常持和罗饭，先饲贫病者。不自厚其身，无有不厌足。同忧岁大旱，浮水现法力。驱龙洒甘雨，无有不沾润。师心本湛然，未尝有作为。及其有作为，哀愍众生故。师寂四百岁，慈悲如在时。雨旸或愆期，应祷如枹鼓。愿终惠此方，净洗千劫尘。岁是丰年，在成乐土。咸知大慈悲，信向永不怠。

3. 明《（万历）郴州志》卷十九"仙释"

道广大师，郴人，姓朱氏。性悟空，长即弃俗，礼衡州超和尚，而受戒于南岳。梵行孤洁，振锡游止于韶州仁寿台。郡丐所居，与台密迩。师日持盂化食，以饲贫病群丐饫足。天宝元年，韶州天旱，郡守冯君，雩祀无应。师曰："吾食于人，旱魃肆虐，当与人同病。"竟诣浈、武二水合流处，正坐江流下滩，遡洄而归。谓人曰："雨且至矣。"俄而大雨。明年冬十月二日，跪坐瞑目而寂，异香盈室。伪刘专制南海，谥曰"辅圣"，后加"证真寂照"。宋朝元丰五年，赐"寂通证誓大师"，襄公余靖为作《塔铭》。

4. 明代崔岩著《九仙二佛传·唐朱大师传》

禅师姓朱氏，名道广，郴州人。风性悟空。未廿弃俗礼佛，从师摩顶受戒，外仪轨则，内树道因。参关数载，渐得一身。住衡州参超和尚，执弟子礼。超之门，从者甚众。然朝笃夕顷昏住者多，圆悟者鲜，超于众僧之中知道广为菩提器矣。广师性极慧，闻一知二，然心亦专确，举动真诚，与众比丘别，超独重之。众僧谓同来参禅，独道广将得真谛，无不怀愤。忮者发声征色，超亦稍知。一日谈经已彻，超对众僧曳禅杖顿地三下，无有解者。是夕，超三更时大开禅门，惟广一人蹴而至叩禅床之下。超密将铁筋画灰，尽传诀旨，附衣钵。即时潜奔。次早，僧众方知（按《法宝坛经》惠能说偈之后，五祖潜至碓房，能方舂米，祖以杖击碓三下而去，能即会祖意，三鼓入室。祖尽传衣钵，能言下大悟，人尽不知，事亦相类）。广师遂游南岳诸峰，皆遍。仍归郡中，居开元寺。嘿无所言，如詑谲状。人问之，辄不答。惟厨中典作而已。一岁，州大旱，田禾尽槁，郡牧宿坛祈祷，夜梦有神，语之曰："今年上帝降虐，惟朱道广大师法可以致雨。"郡牧醒，大喜。则求道广。则师已候门外矣（俗传太守素师，师怂恿而出。僧众皆倒拽之，曰："汝其病风耶？"师曰："吾自知之，非尔所知"）。郡牧迎入，坐之上座。师谡曰："詑恶庸虑，呼雷致雨，吾法门余事尔。"乃命置新磁钉、五宝水其中，命童子五人，研墨倾缸内。请太守以下皆素服迎雨，师中坐焚符，哩咒存神。顷之，天云霆霈四起，师遍体汗出，澍下如注。官士以下，白服尽黑，嗅之皆作墨气。郡人惊愕，以师为非常人也。自是，师名益重，振锡出游（俗传师致雨之后，人争慕谒，然叩其蕴，师卒不言。里人欲为之立道场，师止之曰："吾栖止固自有在。"遂出游韶州）。止于韶州仁寿台，郡丐者所居，与台为邻。丐者出，则强索民间。师甚恶之，乃止勿出，化令取结于己。每日持盂入城化米一升归，就炊，以盂成饭，令丐者群食，取于中不尽。虽人数日增，皆得饫足（后郡中之食者皆来就食，乞儿难之。师曰："同在吾县，原无彼此"）。天宝元年，韶大旱，郡守冯君雩祀，无应。师曰："吾食于人，旱魃肆虐，当与人同病。"竟诣浈、武二水合流处正坐，水而痈洄而归，谓人曰："雨且至矣。"俄而大雨。明年冬十月二日，膝坐瞑目而寂，异香盈室。今师真身在韶州西光运寺（在府城西十里），后南海伪刘专制，游其寺，谥师曰"辅圣"。已，复加"证真寂照"禅师。宋元丰五年赐号"寂通证誓大师"。余襄公靖为作《塔铭》焉。后郴人往迎师真身，韶人难之，遂窃师首以归（按《坛经》：六祖灭后之六年，有张净满者，窃大师首，归海东供养，事与此亦相类），藏于郡南之东海庵，师尝为住持故宫焉（庵在郡南西十里，牛头山之北，师曾住持于招提中。地谶有云："住牛头，出王侯；住牛尾，出禅师"，语尚传于世），因为浮图以识之。浮图在庵之左（师首在浮图中，前人游览皆得相觊。后有妇人观之，雷雨大作，石瑾其门，自是观者多不利），至于今，天澄夜静，其中尚有击鱼宣梵之声。庵后石泉出于石罅，经岁不魁不盈，千百人同时饮之不竭，说者以为师之灵异所致。

第三节　三　神

三神包括柳侯柳毅、北湖龙王曹代飞、石虎神黄师浩。

一、柳侯柳毅

（一）柳毅传说

柳毅传说自唐以来流传广泛，故事发源地之争自古不绝于耳。如今，又掀起文化遗产争夺战，许多地方竞相将柳毅的故事申报为非物质文化遗产，其中山东潍坊已将《柳毅的传说》申报为国家级非物质文化遗产，河南卫辉已将《柳毅传说》申报为河南省非物质文化遗产，湖南岳阳已将《柳毅传书》申报为湖南省非物质文化遗产。列为郴州市非物质文化遗产的柳毅传说更张显了地域文化个性，自古以来，郴民用独特的方式讲述郴州的柳毅，故事梗概如下：

龙女牧羊

唐代仪凤年间，洞庭龙王最小的三公主从湘江游玩至郴州，陶醉于郴江美景，不觉玩心大发，忘记回家了。她看见有人落水，把那人救上来却发现那人快死了，就回龙宫偷了龙珠救人。天庭发现后，便将她贬为凡人，沦为万姓员外的家奴。不论刮风下雨、打霜落雪，小龙女白天要给万员外牧羊，晚上要织麻，备受欺凌折磨。她盼望老龙王来救自己回家，但没有人能帮她送信。

柳毅传书

一天，小龙女正在路边牧羊，遇到了前去赶考的柳毅公子。柳公子见她双眉微皱，面带愁容，便忍不住问道："你好像受了委屈，能让我分忧么？"小龙女便告以实情，并求柳毅给龙王送信。柳毅深表同情，满口答应。他持小龙女交与的玉簪划开洞庭万顷碧波，终于把信送到龙王那里。龙王悲愤之极，派独角蛟至郴州接回公主，并下令水陷万家。

寿佛救民

独角蛟来到郴州，正好碰上寿佛爷，他如实告知来意："奉令水淹一万家。"当时郴州刚好万户人家，寿佛爷为救百姓，用衣袖遮挡了一部分房屋，独角蛟数来数去怎么也数不够一万家。正疑惑不解时，寿佛爷提醒道："龙王要你水陷万姓家，你却要淹一万家，你担罪得起吗？"独角蛟恍然大悟，连忙谢过寿佛，就奔万姓员外家去了。

陷池塘

独角蛟决定午时三刻兴风作浪，把万家陷入水底。小龙女早就作好了准备，她死死抱住独角蛟的角。随着"轰"的一声巨响，急风暴雨骤然而至，只见万宅沉入水底，一口大池塘展现于眼前，这就是人们说的"陷池塘"。万宅不见踪影时，龙三公主已随独角蛟回到了洞庭龙宫。

柳侯庙

为了感谢柳毅救女，龙王留柳毅多住了些时间，由小龙女陪着在龙宫游玩。小龙女对柳毅产生了感情，便让父王帮柳毅考上状元。柳毅中状元后，路经洞庭龙宫，前去探望小龙女。龙王趁势撮合，将女儿许配给柳毅，并封柳毅为鱼绛侯。他们成亲后，柳毅携小龙女回家，走到郴州城东永丰乡（现香山坪鱼绛山一带），就在一个庙里安了家，这就是鱼绛庙。从此，当地年年风调雨顺，郴州人过洞庭湖也无风涛之险。于是，当地村民为柳毅夫妇塑造金身。

（二）文献记载

1. 清《（嘉庆）郴州总志·仙释志》载

（唐）柳毅，郴州宜阳人。唐仪凤中应省试，道经北里，逢一女子，容甚丽，妆甚愈，牧羊于山坡前，揖毅曰："妾万家妇也，受夫家苦，不能朝夕。知先生应制举，祈致书吾父，后当不忘。"毅愕然曰："卿家何在？"曰："妾家在洞庭。"因出书泣授。毅愿闻其详，（女子）曰："请先生勿异，妾龙君女也，龙宫在洞庭之阴，宫前有大桔，乡人谓之社桔。"因取笄一枝，授毅曰："君至可持此扣桔，当有应者。"再拜泣下。毅受书，且信且疑至洞庭。如其言，俄有武夫探波间出曰："贵客何为？"曰："来谒大王。"武夫引入，毅至其所，宫阙巍然，见一人中坐，如王者像。左右示之曰："此龙王也！"毅进揖王，王以宾礼侍毅曰："先生何来？"毅曰："生，郴人也，道过万家，见大王爱女采芹于野，风卷雾鬟，且为舅姑夫婿所弃，托毅致书于大王。"因取书进，君掩面泣曰："寡人有失鉴听，遗辱爱子。"言毕大泣，有顷以示，宫中皆有哭声，遂急遗龙往迎之。

是日，万舍炊前，偶出二笋。龙女喜治妆钿，人问之，曰："予将归矣。"有顷，雷雨大作，龙女跨龙而去，万家陷为池（原注：陷浦在郡北二十里，今名陷池塘）。龙女归至洞庭谢毅，龙君因以妻之。今洞

211

庭有君主祠，即毅祠也。祠在湖中龙堆，随水消涨。君山有柳毅井，巴陵江岸各有行祠，历代累封昭佑灵济顺利忠惠王。至今郡人过之，皆受风驱之便，若非偶然者。

郡东鱼绛山有柳侯祠，说者谓侯成夫妻后归栖于此。绛山之形，峰峦崒嵂，四岭剑攒，仅容一庙。山上有飞泉，下有二湫，深不可极，飞流入湫，声如雷，名飞雷泉。宋秦观游鱼绛山谓："大似华山之阴，而沃润过之。"传昔有神僧居之，毅夫妇至不胜而去。

元大德间，里人唐明道于溪内游泳，至一宫中亲见龙女晨妆，知明道至，呼入问郴风俗及旧时事，回赐之犀角、明珠。后珠经洞庭复为龙得，明道没，亦失犀角所在。万氏所陷之池，其深无底，水黯泠甚，四时无消长，中有巨鱼，长可二丈，有时出游水面。岁旱至池前，祷雨多应，不应则以水牛数头纳池中，搅之即雨，俗谓搅龙湫。毅封鱼绛侯，以庙在鱼绛山故也。

2. 述异记

洞庭君柳侯，其神立像，一手遮额，一手指湖，从神亦然。舟往来者，奉祀为谨。惟郴州人过湖，则无风涛之患。郴州士子赴省试者，至庙拜祝，焚乡眷、晚生帖，虽遇风涛，无不安然而渡。相传袁子让过洞庭阻风，乃为诗以祷。云来到湖边，叩一声："晚生投刺拜先生，明珠、犀角无劳赠，愿借东风送一程。"顷之，顺风而济。余北上过洞庭，谒侯庙，观石碑，载侯赴武昌乡试，至此，舟忽不见。明年，于波中得书，知侯已为洞庭赘婿。朝廷异之，因为立祠其所。又云，宋杨幺出洞庭，岳忠武奉张开府令，八日剿平之，侯曾显助。亦郴志所不载。

（国朝）春秋二仲，有司祀之。乾隆戊子春旱，署州事谢仲坑祷得甘霖。随后率近居民士重修厥庙。有记，见《艺文观》。

郡人袁子让云，按《一统志》，鱼绛山有柳毅祠，仙居山有陷浦，且记万氏雷雨陷宅之说。郴州春秋二仲有司祭之，载在祀典，昭然不诬。而载籍有《柳毅传》乃称事在泾阳，但考其传，女曰'君将还吴'，自泾还吴，无经洞庭之理。又曰'将还湘滨'，吴无湘江，则为郴人可知矣。谓苏州大湖有洞庭山，疑即其处。然厥地殊无山，则为楚洞庭明矣，或言泾阳别一柳毅，则湖不见于《泾阳志》也。尝考孙思逊入龙宫，自此泾阳水府，疑泾阳亦龙宫号尔。按盱眙亦有牧羊山，谓有龙女牧羊于此，遇柳毅成婚媾，然盱眙亦不合洞庭，或亦讹者。叹毅事幽沉难信，而其迹可据，则非乌有之谈也。及今灵异不爽，侯盖神而有功，民义者哉！

（三）柳侯景迹

1. 鱼绛飞雷

鱼绛山①在州东二十五里，今郴州市柿竹园境内。其山山高谷深，悬崖峭壁，山上有湍急的河水从峡谷中飞流而下，流入二漱，激起冲天巨浪，涛声如雷，誉称"鱼绛飞雷"。宋时张舜民游此有记，谓其"形胜大类华山之阴，而沃润过之"。清代知州范廷谋有联云："骇浪腾空吞怪石，惊涛喷荡洗云鬟。"②瀑布旁有柳毅庙（或称柳侯祠），传言柳毅、龙女夫妇居此，清《（嘉庆）郴州总志·祠庙》载："神之起，不知何时。俗传皆诞怪不可信云。四山挺峙，水自东来，洪涛澎湃，巨石障激，其声如雷。流入芙蓉、良家、马王等坝，灌田甚广，乃'郴阳八景'之一，曰'鱼绛飞雷'。有柳侯祠，乾隆三十三年春，署州事谢仲坑因祷雨灵验，捐俸募扩饰并创后殿……"

诗文辑录如下：

游鱼绛山记

宋·张舜民③

郴州同在山中，而从曰："游山者，则其山可知也。"自予至于郴，闻郴州山水之美，然名以官，居迹以□宅，虽欲一往之游，势不可为。元丰八年春，皇帝即位，涵濡旷世之泽，凡江湖放逐之士，咸□□而振起之，于是躄者、履蹙者视披樊幽械、高飞而远鹜者，不可胜纪，予幸而从其后。闻命之日，顾自离室家，始敢以自有，凡是志愿之所欲为者，游适居其先，故首举斯务。又得一二无营之士以同往，其乐又可知也。

是时，霜秋气高，木叶半脱，妍丑毕露，清浊无隐。筋力虽老而尚强，步趋得□而愈捷。是日，出水郭，涉郴江，循麓东南行五里过石头城下，临郴江口，石磴悬绝，不可以奇峰而杖策，可二十（里），举步复得平地，仰视烟霞开阔，微见空岭而开中书屏。又十里许，越小岭，渐见山岭，逼人如欲覆厌。又五里历平川，竹林修茂，曲折行田塍，滩留平阔，宛转出于山水之杪。西岩瀑水望之如垂练，蓠落蔽虚，叶实青赤，或在野而获，或临流而浣，或乘旸而晒，或就阴而

---

①　"绛"旧作"鱼夆"，考无"鱼夆"字，故作"绛"字。

②　裴国昌主编：《中国名胜楹联大辞典》，中国旅游出版社，1993 年，第 887 页。

③　张舜民，自号浮休居士，宋邠州（今陕西彬县）人。中进士后，为襄阳令。官至集贤殿修撰。神宗年间，谪徙郴州酒税。此文载明《（嘉靖）湖广图经志书》卷十四"郴州"。

息。鸡鹜童耋熙为一形，猿鸟飞走□为一声，云雾山川浑为一色，恍然疑其为秦人之境也。少而就高，有虚，曰大步冈，民居数十家，皆茅舍，陈肆食物若交易者。于此早饭，诸君甘酒味之醇，便欲取醉，予曰："不可。"援而起之。东出，行乱蓧间百余步，少下，复为平川，即鱼绛也。竹木尤美，山益高，水益浚，峰巅尤萃，松罗遍冒其上，左右□□亢多，稍别为大川。东北去一望千里，其形胜大类华山之阴，而沃润过之。诸君诧曰："北人望五岭之下，皆谓之黄帠苦雾，鸟兽不容之地，而乃秀美如此，凉州贤于内部，信当有之。"南行入谷，可三四里，两山渐狭，若迎若揖。上小岭，土石沮洳峻极，不可骑，杖策推挽，跬步喘汗，至岭脊，休于大杉之下，风至，岩窦中来者，吹面而水雪。南下尤峻，措足于石壁，壁滥流没渫，栗栗至平地，即鱼绛庙也。寂无人居，板屋十数楹，敝陋尤甚。神像紫衣幞，其妃侧坐，旧传为柳毅庙，有所蓄龙珠。呼祝出之，乃紫水晶，大如弹丸者，祝史平时用以诳村民而取神也，乃曰"龙珠"，诸君相顾一笑。又传旬月前有大蛇见于庙中，络像之颈云。庙下有石，极圆，高可寻，又临高，累累欲堕者，祝曰："神之始来，自高建石，誓以所止之地为祠。"下有小碣，文彩可观。亦云柳毅祠者"传书洞庭"之事，且谓柳毅仕岭南，经此以往来洞庭，此又不可得而考也，然两几合。石壁回环如削，猩鼯相闻，松葛蔽日，自非傍午不瞩物。岩下水声激射，如万雷发地，使人毛骨皆悚，是亦鬼神之所当宅也。诸君相与，解衣晞风，汲涧沦茗。再行，久之然后能兴。

复越小岭下，可三四里，别而之右，抵招贤寺，寺荒陋，懂容，闻族老僧独居，呼而后应，似有道者，亦不得而测也。晚登寺后冈，望诸山暮色，容态万状，溪涧烟火相属。比旦，欲诣瀑水，道者绐而之左，遂不克观。早食于大步冈，寻旧路，议欲之会胜寺。行，距郭可十里，别而之南路，极隘。下马，行田垄间，可一里余，有小川，历黄冈村，田庐甚美，北南弥望。二里许，涉郴江，平行乱蓧间十余里，合宜章官路，即郴潭所出岭南路也。又五里，有松径右出，行松间一里余，即会胜寺，在小山之阳。景致幽邃，寺后有清泉流出，岩下其声泠然，松阴散布于岩上，根着颖露，登陟回互，放群石之门，大类池州之齐山。夜中有如小儿呼者，群犬皆吠，诣旦询之，寺僧曰："飞猩也。"头面类猫，肉翅又似人形而有毛云。食罢之，看山。复由官道北行，可六七里，小溪左出，寺居溪源，泉石亦嘉，楼观高下，虽近，入而靓深。僧誊昌，闽人，颇通性理。

适出翌日，还城市中。且游观之事，在世俗为不急之务，然予独好之，是亦得性之偏也。尝记少小过华清宫，望元阁石瓮寺，心爱之欲游，同途者吾从为秦人，视华清诸处是犹堂隩也，何苦迟留，第行，异日可也。然今二十年，过者已十数，而皆以事夺，竟不得游，每以此为恨，况地方千万里之远，宁可苟且以其异日哉！几自是闻山水者，必游之，无贷有人。作诗云：今朝且尽一樽酒，明月

214

天涯不可期，此确论也，因以记之。

其年乙丑，其月季秋，其日越已未终癸亥，其人钟博、练亨甫、周譓，至香山，季昂、王俅始相及，以归。

游鱼绛山记①

宋·王槱

少陵有云"神仙宅、山水乡"者②，郴是已。槱蒙恩假守，顾得专有之，非幸欤？仙坛之高，橘井之清，北湖之空明，数得揽玩。乃至登高蒙泉、碧虚、骡穴，皆以公暇，游历殆遍。惟是桃花鱼绛之美，读浮休记而知之。愿一到，无由间，尝叩其道路，咸谓险绝，或又言索寞无足观。予疑之，以为文士纵藻，殆不若是夸而亡实也。然吾州屡稔，无祷祠之事，则斯行遂不果。窃慕其佳，致时往来于怀，不置若有所阙焉。癸亥九月，决策登临，期以霜晓，乃癸巳晴，始坚节驺从，举粮行。上马时，雾霏霏拂面，既而东方杲出，青豁舒缺，不知其所如。往渡溪循涯，历石头城，层岩壁立，小浮图据其上。行数里，数村逦俚穿迳，居人绝少。然风物闲美，且甚洁，不类城闉。越一岭而下，行田塍间，重山乔林，深秀可绘，盖皆遵黄相山之麓而东南。又十里许，稍憩。饭于谭氏居，谭氏族数人来迓。一老罗拜于庭，劳以缗钱，复邀谭与之语，且酌之酒。此老生八十有五年矣，而精健殊未衰也。南提李公来会。饭已，遂行。望一峰若屏植，转其阴延，睇数峰如峭，特耸拔葱茂。予意其胜处必在是也，询骑吏，果然。于是，涉清溪，皆苍林绿树，水明莹可烛毛发，无牛羊践履之污故也。又十里，山左右峙，瀑流间悬，疎烟起窑。渐入山，登半，不可骑，步而下，则已睹苍峡间怒流，神思深飒爽矣。又下至英感庙，易服燎芥，三酹而退。屋数楹，敞甚，貌象甚古。嘉佑（祐）萧汝为所作记在焉。语怖不经，故不录。吏迅扫庙旁屋为燕息地，予恶其无所睹，去之。解衣带，屏徙御，历涧而得盘石焉。望涧所出，莫知其源，石叠参错，清流乎其间。纤盘而下，飞澜激射奔注，如倾珠碎玉泻入碧玻璃中，犹不足以喻其奇丽，而荡潏春撼若百雷之出九地者，犹使人竦然叹赏不已也。拂石而坐，久之徒步磊隗，直祠之前。沙碛稍平，夷如席大，可以接镵镵漱清冷。予甚慰快，而田夫野人环观，不容遏然，予亦与之相忘而嬉焉、息焉，自若也。其对为小湫，深杳莫测。仰视空宇，翠荫束之，景已幽漫而北。心犹未厌，锐欶窥所谓大湫者，祝史谓不可。予视其涧可揭，笑而麾之，呼兵掖而渡，兵联板为桥，桥成杖竹，徐行至湫旁。有大圆石，高丈许，稍黝而润，砥柱千潭之门。水由是中分，左为大湫，右为小湫，湛碧不可穷。祝史与山中人灌谓石

___

① 此文载明《（嘉靖）湖广图经志书》卷十四"郴州"。

② 杜甫《寄彭州高三十五使君适、虢州岑二十七长史参三十韵》有句云"岂异神仙宅，俱兼山水乡"，王槱认为此句是对郴州的美誉。

滑，毋瞰。予为之凛，登而却还。至平碛，亟命坐，索饮。神出所谓龙珠者，紫水晶而中有片滓，光彩炫晃，森若头角然。又出绍熙敕书赐庙额者，且拜且请。予为之一噱，与七百青铜钱。且饮，以杯勺，问其所栖。宿乃在山外，日非旱茂祷赛者，夜辄扃户而去，祷时有大鱼出于渊壑即验，山中视猿狖虺蛇为常。吁，是果非人所居，真鬼神之所依凭也。日未西，犹欲盘薄容舆，而从者以归途阔辽，劝之。遂小篮舆出岭，乃骑路。熟骑益驶，还五里店，又饮一樽，送南堤公归，未耽也。斯游之乐，既克偿所头而喜（缺四字）。浮休言岂欺我哉？若夫中嵩、西华吾未之见，康厫则见之矣。卧龙缺渊之胜，壮伟奇特之观，以此较彼，庶几是矣？谓非郴阳第一境，不可也。宦于兹者，非祷雨不至，皆倏而往，遂而返，舆丁唏汗，热恼厉熏，见水石焉得乐？祷或幸而应，则云雷潢潦，暴舆足下必甚可畏，又安越险阻穷奥胜，忘体悦心以为适哉？今也，又幸岁则大熟，民熙熙然，然后吾得乘闲而游，游不以祷，从容探搜，则其乐也固宜。不然，自有宇宙即有此山，胡为呼浮休一记而止？是亦可以见至者绝希矣。于是稽昔人绪余，以记之。

　　呜呼，此记、此笔后百年复有继予者乎？有同予之乐者乎？是游也以骑，且归乎荒阔之境，非可要。客南堤李公，盖不约而会，云公名梦庚，常月大农丞持淮西宪节、眉山王櫶记。

鱼绛迎送神祠并序[1]
宋·王櫶

　　古者祭不越望，诸侯祭封内山川，名源渊泽，皆列祈祀，谓其出云雨能润泽，施大而恩多也。后世偶而事之，屋而贮之，渎矣！郴有鱼绛山，特为峭拔耸秀，中有神湫，凛然可畏，往昔相传祷旱辄应焉。嘉祐，萧汝为记其事，顾不穷格其理而胥为荒怪，盛称神为某人某配，倍古义以诬神，果何所稽述哉！景定癸亥，櫶以秋成，躬至其下，叹其山水雄深，知其必能徼福于吾州也。明年孟夏，浃日不雨，民莫能殖。櫶用悼惧，亟斋宿燎熏，檄汝椽陈君起东致命而祷乞神湫。既粤，翌日丁卯，櫶登苏仙山，望桃花之颠，勃有杳霭，午登三台阁遐眺，则油然瀹焉，率郡僚迓神于门外，氛气腾踊，砰霆激电与湫俱至，自是霖雨周浃，允相我农人。呜呼！山川之灵，赫乎其不可泯者如此，櫶切有感乎神之惠而思所以报之。每惟吏惰不恭，率怠忽于神，深用谨戒，既蠲既荐，复使还水于湫，妥神于山，而后足以竭其衷焉。考《郴江集》，旧有《桂邑迎神送神词》，因效《九歌》体为二章，以纪神烈。迎之者恳恻，送之者眷恋，事神事人，无

---

　　① 此文载明《（嘉靖）湖广图经志书》卷十四，据汤华泉辑撰《全宋诗辑补》第6册，第2591页校正（出自《永乐大典》卷二千九百五十一引《郴州图志》）。

二道矣。呜呼，此非巫祝之所能知也，俾侑声歌，神将知之云尔。

《迎神》：耿吾怀号忡忡，望剡灵兮山中。龙堂兮杏室，瑶圃兮珠宫。乘清气兮齐速，泽我民兮焉穷。兰芳兮椒醑，神肯来兮从女。湛一勺兮玄渊，何有秋兮在予。缤并迎兮未来，渺云车兮委蛇。使丰隆兮先驱，骖两龙兮辉辉。灵既雨兮扬波，倏而来兮余所为。謇将憺兮清都，聊容与兮愉娱。把琼枝兮精糈，翩会舞兮簨箪。跪敷衽兮陈词，皇既降兮有孚。极我心兮劳止，神哉师兮其苏。

《送神》：神之来兮既留，仍羽人兮丹丘。抚嘉橘兮实庭，吸流泉兮同流。风淅淅兮雨霏霏，驾群灵兮往从之。乘水车兮东行，翳扶桑兮咸池。雨我兮福我，神格思兮而在左。若信修兮慕予，羌愈祗兮皇妥。时不可兮淹留，荐华酌兮肴羞。洒高堂兮延仁，謇吾怀兮离忧。聊夷犹兮焱远，乘回风兮不得语。子交手兮将归，乐新知兮愁予。欲报之兮奈何，愿丰泽兮无亏。千秋兮万岁，保尔生兮子孙独宜。

重修鱼绛山柳侯庙记[①]

清·谢仲坑

古礼有功德于民则祀之，所谓功德祭法，只陈其大端，然苟粒我烝民，即无殊于农能殖谷。岁戊子，郴郡缺雨，及春而土枯泉竭，舆情皇皇，辍耕太息。或言鱼绛山庙之灵，余乘夜陟山，祷于庙神，则洞庭柳侯也。侯与龙女夫人，塑像中庭，余焚香致词，厥明出庙，烈日无云，疑或言为不验矣！俄而雷声隐隐，大雨如注，越数日又雨，越数日而滂沱优渥，阖郴民气顿为之舒，争相荷锸扶犁，不浃辰而秧针遍乎阡陌，菏苗秀发，岁幸有秋。侯之济旱滂沱，非粒我烝民之谓欤。余祷神时，见庙貌倾颓，规制弗备，因拂拭旧碑，询悉建修始末，慨然有事经营之思。迨禾稼登场，遂商近居人士，遴举司事二十人，装簿弁言，令各以神功德遍告居邻，而遐迩闻风，如栖秀乡耆，亦请输工。预簿计，余割俸合众醵金，差堪庇材召匠。爰诹吉日，先创后堂，继修前庙，栋瓦楹桷，辉映严峦。夫侯显异洞庭，传诸志，乘湖滨，岁祀旧典有常。曩余宰平江，平祀侯神庙称水府，余祷神得雨，大兴厥庙，嗣是英灵倍赫，平民禳禬，或速讼誓神，必稽首侯庙为依据，鼓钟香火接暮连朝。今侯在郴犹在平也，踞鱼绛之胜，聪明监察当更显变化于无方，呵护凭依，宁仅济旱滂沱之一事？而即此一事，粒我烝民，功德在郴。饮食必祝，庙祀重新，不与洞庭俎豆，湖岳同馨于奕祀哉。余于庙之成，拟为侯记，仰稽我朝，怀柔百神，河岳并重，常敕祭湖神，直省龙神之庙，莫不钦旨而遵建。若侯于湖于龙皆有显迹著闻，侯果洞庭龙君之贰耶？谨胪其功德考祭法，以镌于石。维时余三番居摄司事者，亦更迭分曹，阄任出纳，则生员王

---

①　摘自《（嘉庆）郴州总志》卷三十五"艺文上·记下"。

缙、黄宗濩、李泌、崔巍、邓联；采任勾稽，则生员谢明班、朱绣凌；江田日都，监生陈宏、曹诚宗始终以底于成，与踊跃酿金士绅民庶，均宜乘将来以示劝也，是为记。

鱼绛山

明·何孟春

鬼划神剜出世寰，阳开阴阖有无间。风雷夜走檐前石，虎豹晨嗥屋后山。
黄叶满床人未扫，苍苔一径客曾还。题诗底用名招隐，万事先生总不关。

摘自明《（万历）郴州志》卷六、清《（同治）湖南通志》卷二十五"山川十三"。

鱼绛飞雷

清·范廷谋

相将龙女住名山，呼吸奔流异等闲。骇浪腾空吞怪石，惊涛喷薄洗云鬟。
曾无紫电朝盘绕，岂有香车夜往还。雨雨风风听未厌，洞庭春暖不相关。

摘自清《（嘉庆）郴县县志》，下同。

鱼绛祠

清·范廷谋

一封书寄洞庭君，婉转推辞义薄云。谁识三生缘已定，伐柯终属旧羊群。

鱼绛山

清·李嗣泌

殿阁临高岫，崔嵬出上方。疏林夹古道，怪石压雕梁。
水落惊雷吼，瀑飞疑练光。钟声青霭外，幡影碧霄旁。
红点花茵薄，绿牵荔带长。亭高云卧稳，峰险鸟归忙。
虹映澄潭月，鹊横银汉霜。松杉和露冷，荇藻引泉香。
不雨山仍润，无风地亦凉。寻幽堪到此，图画应难忘。

摘自清《（康熙）郴州总志》卷十。

坐泻镜亭同梁厚田候舟未至立成四章题柳侯祠壁

清·张九钺

昔年矜过龙堆祠，鲸鱼骇浪天倒吹。金堂贝阙贵主宅，碧云一一亏蔽之。短衣南徼见神宇，逼仄溪山碍灵府。安得钱塘阵破开，百尺楼船擂大鼓。

鱼绛春雷劈山起，五岭芙蓉尽香水。长风怒吸陷池云，散下洞庭一千里。柳侯夜宴罢凝碧，同驾朱轩返旧阙。蜃楼飞落万桃花，流转阑干作红雪。

昔我来兮柳未稀，赭崖裂雪山猿啼。今我归兮柳已絮，竹鸡含雨烟萋萋。人生踪迹哪可据，中酒阻风迷去住。神仙不早富贵迟，雨鬓风鬟剧相误。

有兄有兄之海隅，岭风吹卷貂襜褕。眼中突兀见素壁，墨花双冒青珊瑚。郴江春草生宿莽，欲采寄之隔远浦。谁料苏家棠棣诗，复此茫茫写烟雨。

摘自《陶园文集》。

又有鱼绛庙在今郴州市城区苏仙桥东（遗迹不存），明嘉靖时建，所祀十五六岁女子，传为柳毅之女。清《（嘉庆）郴州总志·祠庙》载："每岁长官择日致祭，一在城东苏仙桥之东（即郴江寺），年久圮坏。康熙年知州陈苍襄修葺，亦于春秋二仲致祭，礼行二跪六叩。祝文曰：'惟神旧迹，郴阳灵显。洞庭允襄，水土之平，广济泉源之用。仰赖神庥，宜隆报享，兹届（春、秋），理宜崇祀。尚飨！"清·王锡祺撰《小方壶斋舆地丛钞》又云："（苏仙）桥之北为鱼绛神祠，神立像，但十五六岁小女子耳。嘉靖时桥圮，州守庄士春重修之，州人谓神能御水，请移祀于此，守从之，因碑其事。至今二百余年，桥完甚，其神之力。鱼舛不知何意，碑称神为洞庭君柳毅女。"

2. 龙女温泉

今龙女温泉度假村因龙女与柳毅的传说而得名，位于郴州市市郊铜坑湖村，距郴州市中心 5 公里，占地 20 多亩，四面环山，风光旖旎。其温泉水温 40℃左右，可饮可浴，是含碳酸氢钙的淡温泉。度假村内有陷池塘（旧亦名"陷浦""仙居池"），传说龙王救女"水陷万家"，柳宗元有诗云"游鳞出陷浦"，宋《方舆胜览》载"相传昔有万姓居此，一日雷雨至，全家俱陷，故以为名"，即此。旧时，塘边建有"龙女祠"，清咸丰戊午年（1858）重修。祠中有"龙三娘""柳毅侯王""王母娘娘"大型雕像。每逢龙女生日（四月初八）两湖、两广、江西、四川等地香客络绎不绝，池中鲤鱼亦露出水面，由两条红色大鲤鱼领队巡游。清咸丰戊午年《重修龙女祠叙碑》[①] 记载如下：

龙为阳之灵，故乾卦六爻皆取而譬之，谓其变化莫测也。至龙而为女，则阳而阴已，何以坤之上六亦以龙战于野状之？故知龙之为灵，有无间乎阴阳者，如吾郴之龙女祠，有足异焉！当其作女也，不知其为龙也。白雪中牧羊而柳侯传书，由是寒江浦地陷而为百亩池塘，烟波浩渺，深不可测，人遂谓斯水有与洞庭通矣，载在州志上。屋宇旧址，绩麻坪场，父老犹能一一按图索之。因其奇行卓绝，当时即为立庙以祀，迄今已数百年。凡遇雨旸之求，无不祷而辄应，盖龙虽飞去，而神灵犹恋恋于此也。祠自嘉庆间丁广义作后无有修者，前制史胡蔚堂初来奉

---

① 该碑现存于北湖区铜坑湖村 2 组，保存完好。

谒，见塘深阔无际，灵爽式凭，遂买鱼而放之，勒石池畔，更名放生塘。既而祈雨，于是立沛甘霖。酬凭之日，见祠宇日就倾圮，复捐廉为我辈倡谋，所以重修之。一时郡中绅庶俱已乐输，遂办备砖石木料，无何躁蹰叠遭，将向所办材料化为乌有，致搁此善举者。又将十年，人咸谓以神之灵，胡不令其早竣，而乃延滞如此。不知其兴而旋止者，正其留而有待，皆神冥冥为之上也。不然华光、马王、文武诸庙，皆经蔚翁倡修者，今果犹有一存乎？兹幸咸丰戊午之岁，兵戈稍息，复捐募善上，鸠材庀工，始于复告，成于冬。正殿则比旧加长，雨廊则较昔稍阔，庶奉香火之僧与祈求之辈均有栖息之所。神以欢，人以乐焉。际此，聿观厥成，为邮函以致胡郡伯应，亦为之首肯不置也。所有各姓捐资，侧得刊碑。拾兹来许，谨述原委于此。

时咸丰戊午季冬谷旦郡庠生刘清敬撰。

二、北湖龙王曹代飞

（一）龙王传说

相传，郴县城西北面那个大湖底下藏着一条乌黑的恶龙，常在夜间出来兴风作浪，吞噬人畜，百姓苦不堪言。一天，一位头戴白纶巾、身穿白锦袍、手摇白纸扇，颇有神仙风度的书生来到郴州。这位书生看到人们愁眉苦脸，立即追问缘由。百姓告知实情后，书生怒不可遏，决心为民除害。

当天夜晚，书生独自来到湖边，查看动静。天空乌云沉沉，周围一片昏暗，湖面上风平浪静，没有异象。他耐心等到深夜，突然狂风骤起，只听见一声巨响，湖中升起数丈高的水柱，黑龙露出头，张开血盆大口，扑来。书生眼快，忙化成白龙与黑龙搏斗，刹时波涛翻滚，浊浪排空。黑白二龙从水中斗到天上，直到天明，只见乌黑的鳞甲纷纷坠落，黑龙战败而死，跌入郴江。百姓欣喜若狂，奔走相告。白龙恢复书生面貌，告别众人，飘然而去。郴民不忘白龙除害之恩，就称此湖为"白湖"，还在湖边盖了一座龙王庙，常年祀奉白龙，意为"白龙守湖，郴州太平"。天长日久，"白湖"在口耳相传中变成了"北湖"。

（李万忠整理）

北湖白龙与黑龙相斗的故事，郴州本地许多老人都会讲，而自宋以来延续至清末的文献记载却是一位叫曹代飞的道士勇斗恶龙，为民除害。不知什么年代开始，民间口述传说与文献记载出现了不一致。

（二）文献记载

1. 宋代张勋撰《敕建惠泽龙王庙碑》，资兴碑记《曹氏族谱》载①

　　自古帝王受命，方舆础巩，环海镜清，非独人为之也，盖亦有神助焉。我朝自黑龙呈瑞，岳乔何翕，百神莫不怀柔。建隆四年，荆南高继冲既归命，遂克潭州，湖以南狂澜，底定于是。天子遣使祭南岳以答神，麻时臣勋方承乏衡州，实襄厥事，而郴江一地犹未朝宗也。居无何，臣勋奉命与臣丁德裕、臣潘美、臣尹从珂帅师取郴。当是时，伪汉郴州刺史陆光图与其大将暨彦斌婴城固守，而郴城外北湖浸累数十寻，泛滥数十里，长波渣陀，城在水中者日数番焉。我师以怒涛汹汹，怀郭襄郊，乍往乍来，不可响迹。壁于高陵，比乾德改元相持者已数月矣。顷之，得一土人，问以水故。对曰："北湖有神号青史王。唐时湖中有物为祟，洪水横流，房舍倾斜，城垣摆簸，官民不知所为。王有仙术，射以神矢，须臾水平，又制以铁锁、铁棍，遗迹尚在。后封青史王，立庙塑像，以镇此湖。今像剥庙颓，废灵爽失，恁故蘗虫复能为祟耳。欲除此害，叩祷于神。"越翌日，臣勋等敷陈天子之明德，望湖荣祷。是夜，星辉月皎，忽见湖面舟舟紫云，军中隐隐闻锁声，琅琅自湖中出明日，湖不复扬波。又明日，城以外水皆退，师遂进拔其城，斩光图及彦斌，郴地已定。臣勋等诣庙陈谢，得古碑于颓垣败壁间，读之则唐元和时刺史杨於陵所撰也。碑载：

"王，姓曹氏，名代飞，祖子升，开元时以真定进士为州刺史。卒于官，无私积，遗孤士魁，方稚，不能扶亲而北。州人思其遗爱，及谋葬之东山，遂使魁奉其母庐于山下。魁生王，王好道术，罢尘徒家半都罗山之阳，盖不欲与人间事也。及建中时，龙祟北湖，水沸地震，郴人大恐，募能禳者。王毅然手弧矢弹之，水遂平。犹虑有后灾，又制以铁棍、铁锁。有司功之，将请于朝官之，辞曰：'方外野人，岂堪金紫。惟所居里，地小且僻，契契九泉。如蒙蠲免杂役，只供正赋，赐多矣。'事闻，许之。及其卒也，诏封青史王，濒湖作庙祀之。"

　　盖王之有功于国，有利于民，而庙食于期不自今始矣。臣勋等幸绥

① 尹长生、尹香力：《北湖龙王大揭秘》，载《敕建惠泽龙王庙碑》《重修惠泽龙王庙碑》，《郴州民间文化》，2012 年 4 月总第 8 期。

靖郴地，使郴之苍赤咸沐浴乎湛恩。举王之所以效灵助顺者奏之，天子嘉焉，改封"惠泽龙王"，敕于湖干建庙立像，载诸祀典，举以春秋。仍沿唐时故事，蠲其故里杂役，世世勿有所与，所以报也。命既下，遂诹吉，崇其楱桷，饰其几筵，且秩其埋祀。因念王于此土，昔既弯弧以御大灾，今犹拏锁以裹大业。上辞殿陛，一时之赏下，豁乡邻百世之役，功固高德尤重矣。退而忘湖光之滟滟，窥湖景之渊渊，益叹此士之既沾既渥于王之惠泽也。后之守此土者，尚无忘修葺，无替馨香，以副我国家崇德报功之盛典哉。

荆湖南路郴州刺史兼桂阳监监军使洛阳张勋撰

乾德二年岁在甲子仲秋月上浣谷旦

2. 雷应春撰《重修惠泽龙王庙碑》，资兴碑记《曹氏族谱》载

吾楚之水之胜，在洞庭一湖；吾郴之水之胜，在一北湖。庙于洞庭湖者，郴人柳灵济侯；而庙于北湖者，郴人曹惠泽王也。灵济遇龙女谒龙王，婿于龙宫，神于龙，至今赖济焉。惠泽威龙以弧矢，系龙以锁楺，生制龙于龙窟中，没镇龙于龙窟上，郴人至今赖奠居焉。惠泽去灵济百余年，而数百年来，郴人之沐恩波者。洞庭深而远，北湖尤深而近。

惠泽名代飞，好道术，家半都罗山之阳，竹涧之溽。唐建中时，北湖有龙为祟，王弭其灾，辞其赏，惟为其里乞宽政。既卒，乃封青史王。

我朝建隆时，龙复祟于北湖，波及城下，几老我师。赖王效灵，郴江底定，改封惠泽龙王。敕新庙像，籍祀典以镇鱓鳞，仍世世免其里杂徭，如唐故事，事具张刺史碑中。而铁锁、铁楺，善泳者今尚见之，其事固信而有征也。

嘉定初，析郴县程水、资兴二乡，复置资兴。半都地界程水，当析。都人白于县，以惠泽龙王长郴地，功在郴，庙亦在郴，都人赖其力，蒙其宽政而奉祠事者数百年矣。若拆入资兴，是外惠泽于郴，使奉祠者碍于越重，非国初所以报功本旨也。县令沈公白于郡守，郡守潘公闻于朝。于是半都以惠泽故，仍隶郴。近复改资兴为兴宁，徙治管子濠，尤密迩半都，而半都隶州仍如故。顷者，都人士以庙额像蚀，鸠漷重修。既成，丐文于县，县令邹公使请诸郡，郡守周公过鸥盟亭，指龙王庙谓余居湖上也久，以记属余。余尝宦岳阳，观洞庭胜状矣，北湖虽

小，而窟以深洌、以清泗、以亭风漾之成文，月浸之而成彬，草悒之而弥青，花浣之而弥馨，鱼游之而濯鳞，乌浴之而恻翎，可适其适于骚人，亦何美乎洞庭？岂独与鸥盟于亭者？邀龙王之灵哉，自惠泽治龙越廿余年，而韩子憩此叉鱼，北湖虽光涵北斗，径龙王，郴其沼矣，谁得航北湖之空明？且王非特懋，乃功也。初敕，洞流以洁己，忽消峰水以济人，又泊宠利而泉廉，汰输差而河润，何渊衷之深也，清也，亭也。然则北湖不必与洞庭争胜，治北湖龙者不啻与人，鱼北湖者争光矣。爰识，识诸鸥盟之亭，质诸周太守及邹明府，使半都人士，祷诸龙王庙之庙之珉。

鸥盟居士雷应春敬撰并书 石工张有文镌
绍定五年岁在壬辰中秋前二日 谷旦

（三）龙王景迹

1. 北湖水月

北湖在今郴州市城区北湖公园内，昔有水面三百亩。南宋时，湖边有龙王庙、龙居寺、文公祠、叉鱼亭、湖堂、玉雪亭等建筑，南宋《郴州重修图志》载："北湖，在郴州郴县城北仙桂门外，湖面渺阔，其泉发源自龙居寺前，腾踊深碧，莲若云锦，昌黎所谓'航北湖之空明'是也。其水流七里入郴水，灌田顷余。旁有文公祠、叉鱼亭，与湖堂、玉雪亭对峙，放生池亦在其侧焉。"龙王庙祀惠泽龙王曹代飞，太史章[①]有《句》曰："定知华表立归鹤，谁见灵湫藏蛰龙。"清《（嘉庆）郴州总志》载："宋建隆间建，每岁春秋二仲致祭（礼行二跪六叩），祝文曰：'有宋之季，逆鳞肆灾，震动郴境，生民受害。神以弧矢掷灭丑类，投锁湖椒，四境永赖。维兹仲（春、秋），不腆报赛。尚飨！'"

每逢明月高照，北湖最美，人称"北湖水月"，为郴阳八景之一。吟咏佳作兹录于下：

灵　湫

宋·阮阅

老蛟力斗死池中，山下流泉暗谷通。风雨年年常十五，休将涓滴强邀功。

摘自《郴江百咏》。

---

① 太史章，北宋诗人，浙江人。元丰八年（1085）进士，天台县县令、乐清县知县。

水调歌头郴州北湖

宋·吴镒

澄澈北湖水，圆镜莹青铜。客槎星汉天上，隐隐暗潮通。六月浮云落日，十顷增冰积雪，胜绝与谁同。罗袜步新月，翠袖倚凉风。

子韩子，叫虞帝，傲祝融。御风凌雾来去，邂逅此从容。欲问骑鲸何处，试举叉鱼故事，惊起碧潭龙。乞我飞霞佩，从子广寒宫。

摘自《全宋词6》。

北湖水月

清·何达斌

涵清浑碧果相谐，皎洁湖间趣正佳。问月须知天上有，观澜却笑水中皆。明珠照彻龙王窟，团镜寒侵玉女怀。最爱空明通夜气，源头活水净尘埃。

摘自《（嘉庆）郴州总志》卷三十七"艺文下"。

三、石虎神黄师浩

（一）黄师浩传说

石虎神黄师浩为宜章浆水黄氏始祖，其后裔分布于湖南、广东、广西等省，又传郴州临武县为黄师浩出生地，黄姓最多，号称"临武一片黄"，其中大多数为黄师浩后裔。黄师浩在郴州民间极受尊宠，但口头传说极少，偶遇的一些口述也是来源于文献记载。黄师浩，字延应，生于唐穆宗长庆二年（822）农历十一月初二。唐开成四年（839）举茂才（秀才），唐会昌四年（844）登贤书（举人），次年中进士，出任智州（今属广西）刺史，因他勇冠三军，所向披靡，战功赫赫，逐渐升至都统。唐懿宗咸通元年（860），浙东贼寇作乱，黄师浩奉命征讨，历经大小八十场恶战，连战连捷，就在将要平叛成功时，不幸被敌人毒箭射中额头，以身殉国，年仅38岁。据地方志和族谱记载，黄师浩去世后，懿宗感其武功卓著，追赠"武陵侯"，并派使臣护柩回籍，立祠专享。因黄师浩归葬地为石虎山，又称"石虎神侯"。

（二）文献记载及考释

1. 文献记载

（1）桂阳刘赞撰《武陵侯碑》，清《（光绪）石虎山武陵侯志》载

> 侯讳师浩，字延应，义章人。溯其远祖，江夏安陆黄文疆（香）之裔也。高祖鼎字时举，开元戊午进士，父兴文字华国，不求仕进，惟以诗书课子自娱。侯有至性，年稚，母病，调侍汤药惟谨，乡党咸以孝

子目之。赋质聪颖，十八举茂才，筑景止书屋于石虎山。博通经史，毅然以匡时自任。尝曰："大丈夫生当侯封万里，死当庙食百世。"会昌甲子，登贤书。乙丑成进士，出守智州（今河池州）。先是上党贼刘祺作乱，被麾下郭谊斩之投降，其小帅冯翼怒谊。翼静江人，帅其党一万六千余人，由上党窜江陵，由江陵窜智州边境。秋八月，侯下车，义愤激发，统领智州之兵，又董率乡民，共得三千余人。谕曰："靖乱以安民为本，毋扰居民，如犯禁，军令无纵。"又训曰："亲上死长，大节所关。七尺之躯，奚惜焉？"侯枕戈露处，与士卒同甘苦。九月八日，侯统兵出战，麾戈而前，与翼对垒。日晡，各收军。次日再战，贼败。斩贼三百余人。翼窜柳州九曲山，依险立寨，平章李德裕书谕静江都统胡希徵曰："郭谊卖主求赏，翼不从谊，欲自图也。静江百粤保障也，固宜坚守，翼党蹂躏劫掠，宜分兵击之。"九月二十四日，希徵命静江副将李义精督兵三千，驻九曲山南路，侯驻东路。义精染疫，病危。翼恃寨险，探知义精病，复猖獗如故。未几，报义精死。希徵商于静江曹邺曰："义精已死，胜其任者谁耶？"邺曰："闻黄师浩驭兵有道，赏信罚必，抚以恩，结以义，非小试才也。两军以一人统之，必能胜任。"希徵从之，命侯总领两军。侯曰："贼据险寨，攻之彼逸而我劳，不如诱之使出。方以奇兵袭之，贼必破矣。"翼野掠，侯按兵不动，翼挑战，侯引兵退驻三十里。翼以侯胆怯，十一月八日，帅其党倾寨出战，侯先命伏兵携火具由山僻路焚其寨，侯统兵大战。翼惊骇，引其党返寨，忽见寨中火焰光天。翼知巢穴已失，欲奔乐州。伏兵截路，首尾夹攻，贼大溃。翼被斩获，降者七千余人，余孽不降者歼之。由是用兵声名益著，希徵权以侯摄理静江副将任，复以侯之功绩申报太尉李德裕。十二月，德裕奏帝升侯为静江副将。会昌六年九月，浙西观察使李景让旧与侯善，素知侯知勇绝伦，闻侯守智州著有伟绩，奏帝诏侯入都，参谋军事。大中元年，吐蕃党项寇河西，帝诏河东节度使王宰与侯共讨之。战于盐州，侯统兵破之，官都统。咸通元年春正月，浙东贼裘甫作乱。二月，浙东观察使王式与侯奉诏讨贼。六月，式与侯命趣诸军围之，甫等出城诈降，不受。式统军战，侯分兵疾趋断其后，遂擒裘甫。侯以甫党小帅刘暀、刘庆未获，复统军再战，亲御矢石。刘庆善射，发矢中侯左额，侯犹奋杀数贼，遂仆。时六月二十五日也，式亲殓之。越三日，式统军擒刘暀、刘庆，斩之。械甫入京师，以侯断后擒甫之略、捐躯报国之绩奏于朝。天子嘉悯，命使臣护送其枢回籍，封武陵侯，建立专祠。

(2) 清《（同治）临武县志》卷十七"祠庙·续忠义·黄师浩"

黄公讳师浩。本邑蛮一乡一都二里六甲民籍，先世徙居地名金三乡四都赤土村。公墓去村右上三里许，地名栗山虎形，枕西北，距东南，有"唐武陵黄公师浩墓"碣。夫人唐氏，亦系出金三乡二里九甲小湾村。墓在金三乡四都赤土之左上，地名南峰庵，右侧凤形，枕东北，距西南，有"唐诰封一品夫人黄门唐氏墓"碣。两处陵墓，赤土嫡派世守挂扫无恙。公之庐墓回属，依然而钟秀，彝器犹有存者。

公生于十一月初二日。自幼状貌魁梧，骁勇绝伦。而浩然之气，足配道义，与汉寿亭侯类。公于唐会昌甲子举乡榜，乙丑捷登进士第。初仕广西河池州守，叠坠副将，旋领西都统，灭贼奏凯，晋爵武陵侯。后因国家多难，委身殉国。公尝曰："大丈夫，生当封侯万里，死当庙食百世。"矢志之日，则为遂志之诚矣。不特结缨赴难，无沦素守。且盖棺论定，亦如前言。气节已著于沙场，英灵犹昭于奕叶。殁后神灵愈显，乡邦邻村，每有灾祲，祈祷响应；而旱魃遘虐，征应尤速。故临阳大小村落，立庙塑像，虔祀甚殷。而宜邑浆水石虎山中，愈显神通。岳降先后数月，烧拜香者，如南岳高峰焉。我邑先正曾、刘二公，典型虽著，而御灾捍患，照耀桑梓者，惟公为最。

谨将历代封赠，胪陈于后：唐封武陵侯；宋嘉定五年封广惠侯；宋宝祐四年加封广惠侯灵佑侯；宋景定五年加封广惠灵佑显应侯；元至正十三年加封广惠灵佑显应昭德侯。

(3) 清《（嘉庆）郴州总志》卷三十八"神类·黄师浩传"

黄师浩，昭德侯。郴之义章人，其先祖黄霸，居江夏，汉宣帝时为颍川守。霸之裔孙鼎，举唐永泰戊申进士，历官大中大夫，守连州，因卜居连之松柏山。连地边郴，其子孙徙家于义章之浆水（原注：浆水在县西南五十里）。侯父名兴文。侯生而英勇，志气不群。尝曰："大丈夫生当封侯万里，死当庙食百世。"后以进士为知州，历官都统，奋身威武，百战百克，竟委身以殉国难，封为武陵侯。没后，为神侯，乘云往来之。地在义章、临武间，每遇风雨则隐隐见旗马之形，闻钲鼓之声。临武人创庙石泉，宜人亦立庙浆水，立石像之。欲有所往，则石像自移动，人以轿舁之，神能自向其方而去。庙中每五夜如有士卒操演，盖侯生平报国未竟，故没犹教战不忘国家也。庙中有石虎出没不常，数著灵异，俗号侯为石虎神。宋嘉定五年，民大疫。邑令赵彦配虔祷，合境皆苏。郡守以闻，敕下封广惠侯。元①景定中，岁大旱，兵寇且作。侯忽自跳动，郡人遂迎侯雩祀，独郴雨旸时若，群盗屏迹。宝祐四年，郴桂岁旱，两邑人共祷于侯。侯跃然若首肯者，须臾雨沛，郡邑沾足。有司具奏，加封广惠灵佑侯。咸淳甲子又以祈雨立应，郡守叙其绩以上，上特颁庙额，加封广惠灵应昭德侯。明宣德己酉，赣寇起兵，民间失备，皆股栗。及寇临境，风沙倏起，盗见有神将跨虎领甲，哄闹之声，自天而下，相顾骇愕，搴旗而走。是时，民皆束手待俘，而不知寇已退也。有司具以状闻，诏新庙宇，岁具牲币，春秋二仲，邑令率属躬祭，定为秩。后郡人为立庙郴江之浒，嘉靖四十年郡守葛麟重构之，寻为大水所溃。万历十三年，郡人贸地结庙在崇德山之左。

(4) 清《（嘉庆）郴州总志·仙释志》载袁子让评论

黄武陵"大丈夫"两语，生以义骨成之，死以忠魂践之，何烈烈也。既以死勤事，而又能御大灾、捍大患，祭法三重，侯皆有焉。即使圣人作而议祀，侯亦宜与社稷长久矣。由侯而来数将千岁，而功著四朝，侯封屡锡，迄于今，泽犹未斩。孟子曰"浩然之气塞乎天地之间"，侯名师浩，盖毅然全是气而归之者也。

2. 文献考释

武陵侯碑考证②

谢宣

黄武陵侯碑有唐桂阳刘赞撰记，武陵始末详矣，到今千有余岁，碑剥落缺齾漫漶，模糊不可辨。其录于黄氏谱者，或不见脱误舛伪，而其事又不见正史，好古者盖难言之。余尝旁搜正史，知碑之元元本本，虽多阙于史，固未尝不合于史也。考《武宗纪》，会昌四年八月，昭义军将郭谊杀刘稹以降，《王宰传》："刘稹将郭谊杀稹降"，《宰传》："稹首京师、藩镇传"。刘稹大将郭谊与王协图，稹函首送王宰献京师，则碑所谓上党贼刘稹作乱，麾下郭谊斩之投降，实与史合也。《李德裕传》："郭谊持稹首降，帝问何以处谊，德裕曰：'稹竖子，安知反？职谊为之，今稹穷蹙又贩其族以邀富贵'"，则碑所谓李德裕言郭谊卖主求赏亦

---

① 原文有误，应为"宋"。
② 清《（光绪）石虎山武陵侯志》载。

与史合也。《宣宗纪》："大中元年五月吐蕃回鹘寇河西，河东节度使王宰讨之"，则碑所谓大中元年吐蕃党项寇河西，河东节度使王宰与侯共讨之。虽碑有党项无回鹘，《纪》有回鹘无党项，其文小异。而《王宰传》："宣宗初吐蕃引党项回鹘寇河西"，是碑脱回鹘、《纪》脱党项，传则并书非不合于史也。《懿宗纪》："咸通元年正月，浙东人仇甫反，安南经略使王式为浙东观察使以讨之。八月，仇甫伏诛"，则碑所谓咸通元年正月浙东贼裘甫作乱，二月浙东观察使王式与侯奉诏讨贼，其文大同于《纪》。而《王式传》："式徙安南都护宁国，剧贼仇甫乱明越，观察使郑祗德不能讨，宰相选式住代。式擒仇南斩之"，亦文异而实同。《纪》虽碑作裘甫，《纪》与《传》作仇甫，仇、裘偶以声讹，碑非不与史合也。况李德裕谕胡希徵，碑书平章，与《文宗纪》合；而奏侯为副将，碑书太尉，与《武宗纪》合；李景让官至太子少保而奏侯参军谋，碑书浙西观察使，与《景让传》合。谓撰者会见国史，何以文多小异？谓撰碑者或非实录，何以事悉大同？且以事系日、以日系月、以月系年在，在与史合也。然则侯之不见正史，岂以冯翼本积小帅，刘睢、刘庆亦甫小帅而不足录，抑侯之焚寨、斩翼、断后、擒甫掩于主将而不得书。故虽封"武陵"，谥"武惠"，而史不立传，即微刘赞片石，侯之大勋大节，奚由迭熙徽号于累朝也？读此碑者，窃叹古来忠臣烈士之湮于正史，不湮于野史者多矣！而湮于正史且湮于野史者岂少哉？按唐有三刘赞，一为刘多让孙赞，其人无所表见；一为刘子系孙赞，彭城县男并见《宰相系表》。彭城赠吏部尚书，附见《刘子系传》，皆非桂阳人也。惟刘平章瞻子延赏，《表》以为渭南尉右拾遗，《统志》以为名赞，天祐乙丑（905）进士，梁崇正院学士。《传》以为其先由彭城徙桂阳，桂阳今郴也，其撰碑之刘赞耶？余因侯之不传于史而传于碑，转惧以碑传者之不并碑传也，故波及之。

黄师浩奉祀考证[①]

邓晓泉

　　黄师浩作为石虎神因旱疫寇贼被官府乡民多次奉祀而显灵护佑，并被朝廷多次敕封的事件始于宋，历经元明清而不衰。黄师浩其神其事被州县方志收录，始于明而盛于清，《武陵侯志》最为详尽。

　　《武陵侯志》卷三"封典"引《宜章县志》对黄师浩灵迹及敕封记载最为全面。该则记载开篇叙述黄师浩被封武陵侯之委源，并附上懿宗敕命。其下为黄师浩灵迹及敕封之事，限于篇幅，现略摘并梳理如下：

①　邓晓泉：《宜章武陵侯黄师浩略考》，《浆水风物》编委会重印《石虎山武陵侯志》，2016年6月，第242页。有改动。

228

宋庆元三年，郴属大疫，邑令邹飞熊迎神虔祷，疫遂止。宋宁宗锡以"灵应庙"额；嘉定五年，天时亢旱，瘟疫大作，邑令赵彦北迎神像赴城祈祷，云与雨降，宁宗敕封广惠侯；宋宝祐四年大旱，阖邑祈祷，甘雨大沛，理宗敕封广惠灵佑侯；宋咸淳五年，旱蝗并作，侯显厥灵，度宗敕封广惠灵佑显应侯；元至元二十二年，郴属旱，州尹赵国器迎神像祷应。世祖敕封广惠灵佑显应昭德侯。

由此可知，武陵侯于宋元两朝共有四次敕封和一次敕锡庙额。但将其与《（嘉庆）郴州总志》所载《黄师浩传》对照，朝廷敕封有所差异。武陵侯、广惠侯、广惠灵佑侯的敕封时间封号都相同，但宋度宗对黄师浩敕封的时间封号均不同。《黄师浩传》为咸淳甲子（1264或1265），其封号为广惠灵应昭德侯，《宜章县志》却云在咸淳五年（1269）封广惠灵佑显应侯，而且增加了"元至元二十二年封广惠灵佑显应昭德侯"的敕封记载。

黄师浩敕封除唐朝外就属宋代重要，先后竟有三次。笔者为寻找原始记载，遍览《宋大诏命集》和《宋会要辑稿》。《宋会要辑稿》是清嘉庆年间由徐松从宋代官修《会要》辑出的，其中收录近千条庙祠敕封记录。笔者从中发现郴州有三：苏耽有二（徽宗、高宗各一），唐谏议刘贲有一（孝宗为郴州唐刘谏议祠赐"贤良"额）有一。然而，黄师浩敕封的记载却了无痕迹。

即便黄师浩敕封难于佐证，《武陵侯志》所引《宜章县志》此则记载中竟然有唐宋元皇帝对黄师浩五次敕封的敕文，其中甚至还有唐懿宗的敕文。这些敕文并没有其他文献可佐证，就是所引《宜章县志》原文也可能没有这些敕文。笔者以为这是《武陵侯志》所补录的，因黄名彦于《武陵侯志》卷三"封典"叙记："御书楼盥手启椟，奉文宗显皇帝敕命一帙、唐一帙、宋三帙、元一帙，誊毕，仍恭藏原椟。"

文宗显皇帝其实是清朝的咸丰帝。由此可知，清朝咸丰帝还有一次新的敕封。但令人费解的是，我们能在《武陵侯志》看到唐宋元的五帙敕命，却没有看到咸丰帝的敕命。即便上述敕命的真实性令人质疑，但发生在清朝咸丰年间朝廷对黄师浩敕封之事史料充分，并有正史佐证，是最令人信服的一次"敕封"。

《武陵侯志》卷三"封典"收录了清朝咸丰年间宜章县转呈的《阖邑请封禀》及附件《详请褒封迹略册》，还有咸丰八年十月宜章县府上呈的《藩宪详文》，更重要的是收录了《礼部奏上疏》。此疏为重要史料，全文实录如下：

礼部谨奏：为遵旨议奏事，咸丰九年（1859）四月初六日。礼部抄出湖南巡抚骆题请"敕封宜章县唐武陵侯"一疏，于咸丰九年三月二十六日奉旨该部议奏，钦此。钦遵到部查原奏内称：唐武陵侯黄师浩屡昭灵爽，泽被群黎，祷雨而甘霖叠沛，捍贼而伏莽全消，允宜仰邀封号用答神庥等情由。该抚将该县志书并事宜册结咨送到部。查《宜章县志》内载："黄师浩，字延应。生而雄杰，举进士，守智州。寇起，奋伟略，歼厥种类，由州守为副将。后河西吐番骚动，师浩为都统，以功与节封武陵侯。又据《事实册》内称：郴州亢旱，设侯位祈祷立应。咸丰二年，西匪杨秀清陷郴州时，将至宜章，贼见有连营二三十里，有黑面大神，贼惧不敢窥伺。三年，广东英德匪陷宜境，壮丁呼侯求救，贼备大炮连发不应。粤将黄曜吉梦侯催其进兵，杀贼立功，遂设伏剿贼数百名。四年，贼窜宜境，入侯庙，火药自焚。五年，贼至浆水村，侯空中现身，贼放花筒，回火返烧，郴属复赖安。堵（睹）其卫国佑民，洵属信而有征。臣等查定例，各直省志乘所载庙祀正神，实能御灾捍患有功德于民者，由各省督抚题请封号，交内阁撰拟等语。今湖南宜章县唐武陵侯黄师浩既据，该抚转据该官绅等金（咸）称：庙祀久垂，志乘详载，御灾捍患，与例相符。臣等公同酌核，应如该抚所请敕封号，以昭灵眖而顺舆情。如蒙俞允，臣部移咨内阁撰拟封号字样进呈。钦定后，由臣部行知该抚遵照办理。为此，谨奏请旨。"[1]

由此可知，礼部已同意县、省请封要求并上疏请咸丰帝定夺，但遗憾的是没有下文。咸丰帝是否恩准敕封？其封号是什么？我们并不能在《武陵侯志》中找到确切的答案。

即便如此，《清史稿》卷八十四"志五十九·礼三吉礼三"记："若夫直省御灾捍患有功德于民者，则锡封号，建专祠，所在有司秩祀如典。"余下又记："文宗（咸丰）朝，临清、东昌、河南正阳关并祀金龙四大王，……全州祀无量寿佛唐周全真；……宜章祀唐武陵侯黄师浩……"由此可知，清朝咸丰年间的黄师浩之祀实乃国家祭祀活动，即"正祀"。在宜章乃至全州这都是十分罕见的盛事，具有十分重要的历史文化价值。

（三）黄侯景迹

1. 武陵侯墓

武陵侯墓在今临武县水东镇赤土村，相传黄师浩出生时，宅后土变赤而得名。《（光绪）石虎山武陵侯志》载："在临武县金三乡四都赤土大栗山，黄幡宝

---

[1] 黄楚珩编修：《石虎山武陵侯志》卷二"封典志"，邓文称"卷三"有误。见《浆水风物》编委会编辑部再版重印本，2016年，第35页。

盖虎形，有墓碑，镌'唐武陵侯黄公讳师浩葬此'（相距四里许有南峰山，即今南峰寺，背后有墓镌'唐浩封一品夫人黄门唐氏葬此'，即武陵侯德配也）。"清《（同治）桂阳直隶州志》卷二十一"水道志"载："神子孙迁宜章，或云其甥改姓，故今传为宜章人。而'赤土'之称，犹在县境。"

2. 武陵侯庙

武陵侯庙在今宜章县浆水乡浆水村石虎山，村民俗称"大庙"或"行庙"。《（光绪）石虎山武陵侯志》载："县南五十里，石虎山昭德侯庙在焉。相传神极灵验，民间争讼往质之，理亏即降以灾异，祈雨辄应。祠中夜闻铁索声或见诸怪物跪伏阶下，至今人不敢入宿。栋宇肃整，乌鼠不敢巢穴，林木四周无一叶落瓦缝间。祠上有巨石，如虎高悬欲堕，有萝藤绊系，岁久愈固。"大庙后有石瓶，其瓶"广二尺六寸，高八寸"，光莹如玉，浑然天成。福惠泉由石罅涌入石瓶，瓶旁一孔滴泉入井，"仅杯流耳，人少不溢，人多不匮"，水质甘甜可口。

武陵侯祠建于宋天禧间，[1] 宋嘉定六年（1213）宜章县令赵彦北祈雨有验，宋宁宗赐额"灵应庙"。[2] 明代宜章籍户部尚书邓庠前往祈雨亦有验，作诗云：

> 石虎神通天听低，唐湾拥旆喷虹霓。雷鸣螺窦云翻墨，雨涨星桥浪拍溪。
>
> 入夜膏腴苏稼穑，救民涂炭胜刀圭。老夫分得砚田水，灵贶应须洒翰题。
>
> 惊雷声吼浙江潮，电帜飘轮动九霄。龙出洞中腾蜃阁，雨翻林杪落琼瑶。
>
> 旱蝝尽洗深投谷，晚稻回生翠展苗。一夜烧灯欢不寐，小窗清响听芭蕉。

明万历十七年（1589）宜章县令邹鲁重建大庙，占地约四十亩，栋宇恢宏，气势非凡。庙后还建有广惠庵，为当时名寺。明万历三十三年（1605），兵部员外郎郴阳袁子让献书"功高社稷"匾额。[3] 清代举人唐伊盛《谒昭德侯祠》云："正气钟南楚，英风仰古贤。侯封宜万里，庙食足千年。深夜常严阵，阴兵屡靖边。丈夫谁若此，瞻拜独皇然。"清代进士杜学礼《游石虎山谒昭德侯并叩广惠庵禅关》曰："攀跻石磴谒仙踪，碧藓苍苔一径封。怪石周游纷卧虎，诸山迥抱

---

[1]　清《（同治）桂阳直隶州志》卷二十一"水道志"载："宋天禧间立祠，郴、桂民瑶严敬祇祷，处处有祀，云'昭德侯祠'。"

[2]　清《（光绪）石虎山武陵侯志》载有赵彦北《灵应庙喜雨碑》。

[3]　《（光绪）石虎山武陵侯志》有载。

起潜龙。氤氲紫气腾千仞，缥缈青霄蹑几重。法雨慈云随处足，长斟圣泽饮醇醴。"清代庠生黄炜寅《题广惠庵晓景》云："曙色天方晓，僧门尚未开。老猿穿竹出，好鸟蹴花来。露密烟凝苑，楼高日上台。晨钟声不住，过客认蓬莱。"

黄师浩祭祀活动每年春秋二季于大庙中举行，并逐渐由民祭演变为官祭①。《（民国）宜章县志》二十五卷"祠祀志"载"明宣德三年，诏有司岁具牲币，春秋二仲致祭。清因之"，这应当是首次列入国家祀典的记载。旧时大庙中有戏台，《（光绪）石虎山武陵侯志》载："每岁十一月初二日为侯诞辰，侯裔孙迎侯至行庙庆祝，梨园歌演，置田以资祭祝之费。楚粤来行庙庆祝者，骆驿（络绎）不绝，以数千人计焉。"黄师浩祭祀活动传承有序，延续至今，已列为郴州市非物质文化遗产项目，称"昭公出巡"。

截止于清末，黄师浩信仰不仅盛行于本乡本土，也扩大至郴州、桂阳、临武、蓝山以至广东广州、坪石、连州、佛山、乳源等地。《石虎山武陵侯志·武陵侯外志庙制》载各地祠像35处，其中郴州城内有4处（今遗迹不存），详列如下：

橘井观旁建有昭德侯祠，在今郴州市一中校园内。《（光绪）石虎山武陵侯志》载："郴郡城东橘井观之庙，姚刺史因祷雨立应，置立祭田，春秋诣祭，厥有常典，此亦守土者之戴德不忘也。"

郴州城外南隅法宝寺左建有广惠侯庵，在今郴州市城区南街。侯裔孙光楚等建。

郴州演武厅后有广惠侯庵，在今郴州市检察院内（原郴州行署）。郡守范廷谋建。

郴江之浒有昭德侯祠，在今郴州苏仙桥处。明嘉靖四十年（1561），郡守葛麟重构。

除浆水大庙外，现存较有影响的庙宇还有：

临武麦市乡上乔村建有昭德侯庙，现已列入郴州市文物保护单位。上乔古村族姓郭，其始祖郭妥公，系唐代汾阳郡王郭子仪十九代孙，该庙建于清顺治十八年（1661），青砖黑瓦砖混结构，木柱梁架，雕刻有花鸟兽、人物等精美图案，成为古村的一道靓丽风景。

桂阳城南五十里荷叶镇谭溪村潮泉建有昭德侯庙。北宋真宗时建，后称潮水庙。庙分上中下三厅，飞檐画栋，涂金绘彩。庙内供奉几百尊菩萨，全是青石雕绘，神形百异。庙南泉边，明洪武年间建"听泉庵"。庙前潮泉书院，明万历年间建。庙前院后，古柏参天，一年四季，苍翠宜人。桃李兰桂，春夏秋冬香盈四

---

① 最早见载于明《（嘉靖）湖广图经志书》卷十四"郴州·二十六"："宜章……广惠侯庙，在县西南七十里，有司春秋祀之。"

野。明代临武籍探花曾朝节（后任礼部尚书）衣锦荣归时，曾忆庙下潮泉"每日三起三落"幻境，专程前来赏玩，题赠"潮水名山"金匾一块。现潮水庙重建后改祀观音，能讲述渊源者极少。

3. 浆水八景

浆水村因黄师浩闻名，其村八景亦因黄师浩吟咏颇多，现辑录其中佳作如下：

石虎吟风

石虎山在武陵侯行庙后，因形似石虎而得名。清代诗人杨丕容有诗云："山灵钟石虎，一啸起天风。变幻通神异，吹嘘散太空。循声盘大壑，此气贯长虹。革五占文炳，乘时利见同。"

更衣遗迹

更衣亭在石虎山更衣峰下，相传黄师浩在此更衣。《（光绪）石虎山武陵侯志》载："亭在更衣峰下，距崖一里许，由景止书屋，西隅一径曲纡攀缘（援）而上，见层峦叠嶂中忽一坪，如掌肉㐫此，约八尺，崒然立于半壁。空旷之间，视下令人目眩股栗。昔建亭一座，侯尝更衣于此，故名其亭曰更衣亭。石壁游人题刻岁久，无完文可辨，亭榭久圮，道光屡议重建不果，惟基址尚存。更衣遗迹为石虎山八景之一。"清廪生邝发元有诗云："山亭可游憩，侯昔此更衣。异日著戎服，横披马似飞。"清邑人杨丕容有诗云："日昔传仙迹，更衣号古亭。我从云外至，路向石头经。挥尘联谈柄，扪萝数画屏。披襟容坐啸，指数满天星。"

对局仙踪

在石虎山上，因有石似两仙翁对弈而得名。清人杨丕容诗云："扫石安棋局，踪留古洞仙。风中闻落子，月下听谈禅。黑白原分道，赢输孰占先。一枰消永昼，柯烂已千年。"清人楚珩诗云："珞珞原如石，飘飘竟欲仙。遗踪疑脱化，大局尚完全。月照盘弥古，霜侵子益坚。祇今残础在，趺坐几流连。"清人邝发元诗云："仙高出世风，侯抱匡时略。对局此岩中，仙应输一着。"

第四节　史载其他神人

郴州民间流传的神人故事众多，渊源也难以追溯，故不在本书论述范围。现仅以历史文献有载的神人为例，追根溯源，力求还原真实面目。

一、"神仙秀才"——唐代诗人罗隐

罗文秀才，因方言差异，又号罗仁秀才、罗衣秀才、罗隐秀才。他金口玉

言，说什么，什么就准，是郴民广为传诵的神仙人物。在资兴七里高坡村，罗文秀才与寿佛的故事人人会讲：

　　高坡村门前有条高坡河，常常带来洪涝灾害，村民岁岁以修河堤为苦。传说有年，罗文秀才化为乞丐，向一名农妇讨水喝。待这位农妇让他掬水饮后，他故意踢翻了一桶水。农妇却笑吟吟地说："不碍事，再去挑一担就是了。"罗文秀才有感于村中民风淳朴，决心免除该村修堤之苦，当下断道："高坡高坡，永世不崩江壁。"村妇不知是仙人偈语，随口问道："如果崩了怎么办？"罗文秀才没有恼火，继续答道："崩了长块红石壁。"此后，高坡河堤就很少崩溃了，即使偶有崩溃，也会迅速长出一块块红石壁补好。现在，还能看到高坡河沿岸的红石壁，那就是过去溃堤的地方。[①]

宜章欧阳老人讲述了一个发生在平禾的故事：

　　一日，罗文秀才来到湖南宜章一个叫平禾的地方。刚好看到当地村民赶庙会，乡绅趁机笼络民心，杀猪分肉，见者有份。于是罗文秀才问道："过路君子有没有份？"乡绅见是衣衫褴褛的过路客，愤愤回答："没有，快走开！"罗文秀才顺口说："平禾，平禾，平禾庙上杀猪婆，过路君子也没份，一年淹三次啰！"管家听到后，猜到是罗文秀才。赶快说："过路君子、神仙都有份！"还亲手挑了一份最好的猪肉给他，连连道歉："老眼昏花，有眼不识泰山！罪过！罪过！"罗文秀才见管家态度诚恳，马上改口道："平禾，平禾，平禾庙上杀猪婆，过路君子也有份，三年淹一次啰！"管家连忙问道："三年淹一次，老百姓还怎么过？"罗文秀才道："淹后赶良田！"从此，平禾一带多遭水灾，但土地肥沃。

汝城盈洞乡盛传乡名源自罗衣秀才：

　　罗衣秀才路过该乡，见秀水江上漂来一个油榨（手工榨油工具，形如钩刀鞘的松木槽），便问是何物。村民笑而告之"钩刀鞘"。罗衣秀才惊道："钩刀鞘如此之大，那里的人可大啊！"由此，这里就叫"大

---

①　陈晨：《高坡村的故事》，《郴州日报》2011 年 1 月 24 日刊。有删减。

人洞"。而后雅化为"大盈洞"，简称"盈洞"。

罗衣秀才的故事不止于口碑相传，也见载于方志，流传久远。如《（民国）汝城县志》卷三百一十五"杂志·轶闻"载曰：

> 罗衣秀才，不知何许人，或曰五代时之罗隐，出语成谶，凡事俗之近怪者都说经罗衣秀才道破。相传尝至吾邑之南乡，徘徊一村前不去，村人异之。肃至其家煮茗以进，问曰："此何地？"曰："城头城下也。"遂起身出，指门前秧田谓村人曰："此棘棘者可去也。"村人曰："奈鹅鸭何？"曰："不妨。"遂口呫云："城头城下种秧，不用篱笆。"至今该地秧田不藩，而鹅鸭不入焉，是其确证也。

该志直指罗衣（或"罗文""罗仁"）秀才为五代时罗隐。清代学者俞樾对"罗衣"是否为"罗隐"有一番考究，所著《茶香室丛钞》卷十四云："国朝黎士宏《仁恕堂笔记》云：'今豫章、两越、八闽人，凡事俗近怪者，皆曰：此曾经罗隐秀才说过。久之承讹袭误，遂曰罗衣秀才矣。'余按吴任臣《十国春秋》云：'世传隐出语成谶，闽中书简滩、玉髻峰皆留异迹。'则似非无因也。又王渔洋《五代诗话》引《纂要》云：'建德有金鸡石，罗隐题云：金鸡不向五更啼。石遂破裂，有鸡飞鸣而去。'此正其一证。"[①] 俞樾所引文献数种，可见在他之前已有不少学者认为"罗衣"就是"罗隐"。

罗隐，字昭谏，钱塘人。北宋陶岳著《五代史补》卷一"梁·罗隐东归"载："罗隐在科场，恃才傲物，尤为公卿所恶，故六举不第"，符合"秀才"身份。元代辛文房《唐才子传》卷九载："罗隐以褊急性成，动必嘲讪，率成谩作，顷刻相传……齐东野人，狠巷小子，语及讥诮，必以隐为称首……如滑稽玩世东方朔之流，又不相类也"，亦与民间盛传的罗衣秀才性格相似。罗隐曾游历郴州，与曾任郴州刺史郑畋、郴籍宰相刘瞻之子刘赞交厚。刘赞赠诗曰："人皆言子屈，独我谓君非。明主既难遏，青山何不归。年虚侵雪鬓，尘枉污麻衣。自古逃名者，至今名岂微"，劝其隐匿山林修道。罗隐亦作《郴江迁客》讥讽时事："不是逢清世，何由见皂囊。事虽危虎尾，名胜泊鹓行。毒雾郴江阔，愁云楚驿长。归时有诗赋，一为吊沉湘"——这应该是郴州罗衣秀才传说极多的原因。

然而，罗隐毕竟不是神仙，也无"仙史"可考。他逐渐演变为金口玉牙、

---

① 俞樾撰：《茶香室丛钞》卷十四，载《续修四库全书·1198册》，上海古籍出版社，据明弘治十八年萧敏刻本影印，第289页。

出语成谶的神仙人物，显然是出于郴民的厚爱。

二、"郴州曹氏子"——唐代神僧智俨

据《（民国）汝城县志》、清《（同治）桂东县志》等地方志记载，汉时神僧智俨曾袖携一重达五十余斤的古铜如来佛云游至本县开山铺住锡，后入岩坐化，真身与铜佛并存。岩前有泉，为求雨之所，若见小鱼浮出，求雨即验，颇为神奇。其实，农谚有云"鱼跳水，有雨来"，并非神灵应验。而两志皆指智俨为汉时人，常有学者据此推断佛教最早于汉代传入郴州，此说又是否属实呢？现厘清如下：

《（民国）汝城县志·仙释》载：

> 智俨，即汉清感禅师。《一统志》载：不知何许人。县东北长宁乡石峰下有石岩，在石峰寺之后，俗名开山寺。世传智俨与南华六祖大师同时云游至县，袖带一古铜如来佛，约五十余斤，先到开山铺北路西二里盖造石峰寺为住持，后入岩坐化，有真身与铜相俱存。岩门右有一泉，岁旱求之，若有小鱼浮出，则雨即应，若不得鱼，即不得雨也。

清《（同治）桂东县志·仙释》载：

> 智俨，相传汉时人，袖携一古铜如来佛，重五十余斤。云游至邑之开山铺住锡，后入岩洞中坐化，真身与铜佛俱存。庵右有泉，岁旱求之，有小鱼浮出即应而雨，否则不得雨。载《一统志》，古迹无存，开山铺在邑之沙田南二十里。智俨系未分县时人，故州志为桂阳。

《（民国）汝城县志》所载"与南华六祖大师同时云游至县"，南华六祖即唐时禅宗六祖慧能，与智俨为"汉清感禅师"抵牾。今查，明《（嘉靖）湖广图经志书》卷十四"郴州"已有"智俨"记载："郴之右姓，曹氏子，在孕不嗜荤，成童不嗜戏，生九岁为僧。抱经笥入岣嵝山，从名师执业。曹王皋镇湖南，请为人师，登坛三十八载，得度者万有余人。"而最早文献则见于刘禹锡《唐故衡岳律大师湘潭唐兴寺俨公碑》[①]："……公号智俨，曹氏子，世郴之右姓。兆形在孕，母不嗜荤；成童在侣，独不嗜戏。其夙植固厚者欤！生九年，乐为僧，父不能夺其志。抱经笥入岣嵝山，从名师执业，凡进品受具，闻经传印，皆当时大长

---

① 刘禹锡：《唐故衡岳律大师湘潭唐兴寺俨公碑》，载董诰撰《全唐文》第七部，卷六百一十载。

老。……嗣曹王皋之镇湖南，请为人师。自是登坛莅事三十有八载，由我得度者万有余人……"

据刘禹锡"俨公碑"推算，唐代郴州籍高僧智俨，生于唐开元二十五年（737），卒于元和十三年（818），事佛61年，寿82岁，归葬于湘潭唐兴寺。

三、"漫把肉身惊肉眼"——唐代冷淡佛静觉、明代贺佛贺献

许多高僧圆寂后，身体经久不腐，面貌如生——这就是肉身菩萨。这一现象自然科学难以解释，佛教则说是戒定慧熏修，所得全身舍利，如《金梵明经》载："舍利者，是戒定慧之所熏修，甚难，可得最上福田。"郴州境内的肉身菩萨，史载有二，一是号称"冷淡佛"的静觉禅师，二是"贺佛"贺献。

1. "冷淡佛"静觉

《（乾隆）湖广通志》《（光绪）兴宁县志》称"冷淡佛"静觉是六祖慧能的高徒，示寂以来真身存世五百余年，宋末不幸毁于战火，信众又收拾遗骨塑于像内。咸丰九年，不信佛教的太平天国将领石达开进入资兴境内，将静觉禅师塑像铲平，遗骨入土。传奇的是，"冷淡佛"塑像每逢盛夏会流汗，每逢灾异会流泪。文献记载如下：

《（乾隆）湖广通志》卷七十五"仙释志"载：

> 静觉六祖高弟，亦称七祖，面壁静坐。六祖谓曰："汝不结人缘，他日纵然成佛，必定冷淡。"今俗呼为冷淡佛。

《（光绪）兴宁县志》卷十八"仙佛"载：

> ……相传真身自县南丰乐里飞栖旧治梵安寺楼，每盛暑汗溢满面，宋末楼毁于兵，佛坠下。始为塝像，藏骨于中。旱祷辄应，称静觉禅师，古迹称飞来佛。咸丰九年石逆回窜入宁，先数月，佛泪痕，禅师盈睫。初不觉，及寇至，竟遭劫，乡人为瓷塔瘗之。

其实，佛像流汗乃是潮湿闷热所致，这种现象已见史例。如《唐语林》卷六"补遗"记载，唐时汴相国寺佛像流汗，节度使刘元佐假称佛祖显灵，前往布施金帛，引诱将吏商贾纷纷募捐，从而搜刮了无数钱财补充军费。

文献记载最后一位目睹藏有静觉禅师遗骨塑像的人是清康熙年间兴宁（今资兴）县令耿念劬，他留下诗作《七祖肉身偈》："我性本来无住着，更于何处觅元身？一拳打破骷髅障，要见从前自在人。"王之梅和诗曰："虚空粉碎原无有，

哪管前身与后身。漫把肉身惊肉眼，北窗自有上皇人。"①

从以上史料记载来看，七祖像至清康熙年间仍保存完好。由于文献稀缺，七祖静觉生平已无从考述。

2. "贺佛"贺献

贺献，原为木工，后削发为僧，明洪武三年（1370）圆寂，留下全身舍利。王闿运辑《（同治）桂阳直隶州志》卷二十一"水道志"尚见"肉身菩萨"，记曰："历祀五百，目光髭润，州人神之。"

清《（同治）桂阳直隶州志》卷十七"人物志·方技传"载：

> 贺献，州人。或曰明洪武时或曰宏治时为木工，至观音山，弃家为沙弥，以禅定留色，身不坏，今存山寺，州人谓之贺佛。

《（民国）嘉禾县志》卷二十一"仙释"载：

> 贺公名献，原籍江西人。匠艺至嘉，即披剃于上贵二都之观音山内为僧，苦志修行，得悟正果。羽化后形容不改，至今肉身尚存，一时人咸称为活佛云。

贺佛赞并序②
清·吴绂荣

佛贺姓，少攻木为业，明太祖三年仙去。真身不化，现享祀于嘉禾之观音山。其住持云："佛圆寂时，有漆工某素与交好，愿漆其体以报德。甫施漆，面上肉溃烂，遂止。漆工竟死。"

余瞻仰法身，趺坐龛中，面带黧黑，漆之故也。目微开，炯炯有光，承浆髭黑而润，非真灵保固而能若是乎？

厌世上仙，遐举委形。蜩甲蝉蜕，变化韬灵。孰保真体，存神杳冥？颖颖贺佛，达摩之亚。元季玩道，明初羽化。心游鸿濛，精腾鹤驾。五百余载，禅灯不夜。休佑胙蜜，福庇禾仓。名山幽岫，灵气滂洋。肃瞻佛体，云阴月光。趺坐若觉，垂睫如忘。铎声幢影，冥机莫叩。冥机莫叩，惟闻妙香。

---

① 《（光绪）兴宁县志·艺文》载。
② 据《（同治）桂阳直隶州志》卷二十一"水道志"刊误。吴绂荣，善化人。

四、"立祠郴侯山"——宋代天师曹贵传

郴侯山是郴州历史上有影响的重要山头，它因汉昭帝封楚怀王孙畅为郴侯，郴侯建宅于此而得名，至今约两千年。山中岩洞，因神仙而得名，号曹天师岩，相传约八百年。山下有一书院，称郴侯书院，为清代郴州著名书院。山中又有上寺（曹天师祠）、中寺（灵王庙）、下寺三座祠庙，不知始建于何时。郴侯山儒、释、道建筑汇集一山，可谓人文兴盛。而今这些历史建筑荡然无存，只能借助文献追忆当年盛况。清代诗人谢才斌咏道："老树寒烟古刹存，楚侯侨寄渺难论。相传宋代留仙迹，此日祷求犹布恩。"品读此诗，可见郴侯山仙迹之魅力远胜于古刹与郴侯。当年，郴侯山仙迹究竟是怎样一幅景象呢？

史载，郴侯山仙迹共有两处：一是山腰有骡迹石，相传是曹天师骑骡过此留下的足迹；二是山顶有曹天师祠，又称上寺。寺后有石穴，相传曹天师在此飞升，称曹天师岩。清乾隆二十四年，方华翰所作《郴侯山记》这样描述："渡溪而上，石磴数十级，约半岭，为下寺，竹树环列。左上，道益迂回，古木翁郁。麓有天然石径，势甚陡绝，近乃培以石砌。径上有骡迹，旁有天师岩，相传宋邑人曹贵传得异术，偕一子一婿同升仙于兹，至今民犹祷祀。岩有燕出，辄得雨云。越数十步，乃抵庵，曰上寺。折而右，层楼迭起，最高处为神像台，四山环拱，俨如城郭。千村烟火，星布棋列。台后有穴，外窄中窿。昔有人入其中，两渡其水，通数里，别有一天，今洞门石磴尚存。及陟绝顶，则水光山色，吞吐太虚，成一巨观矣。"[①] 关于曹天师岩，明《（嘉靖）湖广图经志书》卷十四"郴州"最早记曰："曹天师岩在县西郴侯山上，水声潺潺，类白鹅洞，内有石燕群集，岁旱祷之，燕自崖石出，雨即焉。"关于曹天师祠，《（光绪）湖南通志》卷三百八十六"艺文四十一·金石二八六"载，至正五年（1345）曹允亿在郴侯山顶撰《曹天师祠记》，可见此时已有祠庙。又清代谢鸿渐《郴侯书院山水记》则称："郴侯山山之体囫囵一石，其腹有石窟，其腰有石上骡迹，传为曹天师跨骡升仙处，乡人寺之。寺有五层，第一层为郴侯祠，天师殿其第四层也。殿之后石窟在焉，《明统志》谓曹天师岩也。最上一层为玉皇殿。"至于上寺的外观，清同治二年方其义有记云："其址半附岩，重楼叠架至四五层，若蜂蛎房，上戴绝顶，背通石穴，前临深壑，无非以奇售者。"又从以上记载来看，上寺同祀曹天师与郴侯，高五层，倚岩而建，巍峨壮观。登临绝顶，水光山色吞吐身外，真如太虚幻境。方其义有诗纪胜："崭然一高峰，上齐浮云白。昔封王孙侯，长留仙人迹。"

---

① 方华翰：《郴侯山记》，《（同治）郴侯书院志》卷一。今本见赵所生、薛正兴主编《中国历代书院志》第5册，江苏教育出版社，1995年。本文除已注明，下皆同此注。

曹天师究竟有何仙迹，以至于与郴侯同祀，配享如此之规模的祠庙？

清《（光绪）兴宁县志》卷十八"杂纪志·仙佛"载："曹天师名贵传，程水乡人，幼好道术，遇异人授以符箓，行之乡里，屡有应验，无疾而终。及葬，人讶其棺轻，启视，一无所有，众以为尸解。云后，土人见御一骑上郴侯山，觅之不见，止存石路蹄迹，遂相与神之，尊号天师，立祠山顶，至今祷祈不辍。"郴州九仙之一成武丁也是尸解成仙，坐骑同样是"骡"，石上"骡迹"亦似曾相识——难道曹天师与成武丁有一种"前世因果"般的微妙联系？接下来的故事更有奇趣：

资兴《大平曹氏续修族谱·镇国天师传》载："……土人见骑骡，足蹑一履。问谒往，曰：'我往郴侯山去。'其人告诸子公相，相初未之信，乃往墓前，果见往城尽启，只履遗废。盖归偕婿罗钟至郴侯山，传祖已入洞中矣。传祖知子婿来，预使仙童候洞门，引二人俱入，传祖童颜鹤发，恍然如生，以左手拍子肩，以右手拍婿肩。咸羽化洞中不出，乡人神之。以其事语于上，上奏朝廷，宋太祖乾德二年敕封'都尊、谷尊、介尊三位镇国天师'，因立道场于郴侯山，迄今石蹬骡迹具在，未可诬也……"曹贵传与子（公相）婿（罗钟）三人在郴侯山石洞中羽化成仙的故事颇似聊斋，因太过荒唐，州县方志均不见辑录，只能留在族谱中自赏。该族谱又载："大平曹氏出自宋封镇国天师贵传公，公以后周显德年间由河南卫辉府播来宁（兴宁，即资兴），落业湖头邨。越十七传，至明洪武初必华公，行福四十一郎，自湖头徙居大平，是为大平曹氏百世不迁之始祖也……"① 可见，大平曹氏始祖曹贵传衍派清晰，这又是郴州古老氏族祖先演化为神仙的鲜明例证。

神仙虽然虚无缥缈，却对读书人有着难以想象的激励作用，清人龙起云作《郴侯书院》云："历炼功深九转丹，终期奋羽到云端。欲从虎榜标科第，务向鸡窗耐苦寒"——神仙、儒士、高僧，无论成为什么人物，都必须下苦功。这就是儒、释、道在郴侯山兼容并蓄的原因。

五、"开派古爽"——明代神僧奇峰

安仁县关于神僧奇峰的民间传说颇多，现根据排山大源冲原住居民李国瑞口述整理如下：

奇峰和尚于延祐年间在衡山南岳寺修行，住持法师嘱托奇峰每天清早打扫禅堂。奇峰鸡鸣即起，先叫那些泥菩萨起身走出禅堂，扫毕，再

① 湖南图书馆网"湖南地方文献丛谈——曹姓"（http：//www. library. hn. cn/dfwxct/hnjpjd/cao. htm）引 1919 年（资兴）《大平曹氏续修族谱》"序"曰："大平曹氏出自宋封镇国天师贵传公，公以后周显德年间由河南卫辉府播来（兴）宁（即资兴），落业湖头村……"

叫回位。有一天，奇峰忘记叫菩萨归位，有些菩萨被太阳晒开了。法师见状问众僧："是谁把菩萨背出去晒太阳？"奇峰如实禀告。法师不信，让奇峰验证。奇峰冲着菩萨说："请归原位。"堂外菩萨果然一一归位。法师见了大惊。是夜，法师唤奇峰于密室，说："你道已成，可去也！"临行时，又赠袈裟一件，木锄一把，小铜罐一只，嘱咐奇峰，金鸡开口、山形如椽的地方，才是你修炼之处。

一日，奇峰行至安仁县排山乡大源冲夏泉，忽闻一金鸡立于山顶咯咯叫，又见天元山形如木椽，想起师傅临别赠言，便安顿下来建茅庵。他穿上师傅所赠袈裟，用木锄开荒，用小铜罐煮食，并收两只斑纹大虎守护。两虎常在天元山顶嬉耍，被附近猎户发现，即召四十八个猎友上山捕杀。猎人们准备开枪时，奇峰飘然而至，说："这两只虎乃贫僧守门之犬，请不要伤害。"并邀猎人进庵用餐。众猎人见奇峰只用拳头大小的铜罐做饭，好生纳闷。奇峰解释道："添饭后只须盖好，随添随满。"果然，众猎人都吃得饱饱的，这才知道奇峰是神僧，均弃枪拜师。奇峰圆寂后，后人便将奇峰与四十八个猎人像塑于龛上，奇峰居中，四季供奉。

新庵建成，一僧用伞柄负一数百斤重的大铁钟前来庆贺，奇峰把钟放在小蒲扇上轻轻接过，并热情接待外僧。临行时，外僧说："你能接钟，但无法悬挂。"奇峰不信，雇了数十名壮士，想了不少办法，均未把钟挂起。奇峰忽悟，此乃师傅驾到，立即奔出庵外，朝南岳方向跪拜。此铁钟，后来仍放在阶基上，但已锈迹斑斑。[①]

这些故事当地许多老人都会讲，且结合"实物"印证，听来津津有味。不过，四十八名猎人拜奇峰为师一事与《（同治）桂阳直隶州志·水道志》所述四十八名猎人拜静室庵大用禅师为师故事相似：

（静室庵）昔有比丘大用，诛茅卓锡，得道甚深。山旧多虎豹，乡人秋猎，围场既合，鸟兽并入谷中。猎者寻踪入谷，凡四十八辈，乃见异僧蒲团趺坐，猛兽怖鸟驯依其后。众哗而问之，此僧乃言："如此等众，皆我家畜，云何卿等欲相枉害？"即以手挥兽，虎鹿相从，弭耳入穴。尔时众发信心，并悉投杖，乞为弟子。僧留四十七人，独谓何甲当还俗间。此人悲啼云："何见舍？"僧言："因缘当尔。汝虽在俗，还共

---

① 李国瑞：《奇峰和尚传奇》，载安仁县政协文史资料委员会编《安仁文史》第二辑，第171-174页。有改动。

诸人盛衰。"自此，僧徒有能持诵者，何甲子孙辄一人入学。传云僧通"小乘"，即何氏有一状元；僧通"大乘"，何生名儒也。桂、郴诸僧，多静室传派，为州中名刹矣。①

故事如此雷同，令读者疑惑：四十八名猎人究竟是拜奇峰为师还是拜大用为师？故事发生地究竟是安仁天元山还是桂阳静室庵？奇峰和尚是否确有其人？

以目前笔者掌握的史料来看，只有奇峰可以追溯渊源。清《（同治）安仁县志》卷十三"艺文"录奇峰著《园林法要》条目："明僧祖山撰。祖山字奇峰，萧氏子，初祝发于南岳寺，正德间偕其徒至邑之天元山，寻宋时古刹遗址募创禅林，僧徒日众，分建寺宇。环山数里，遂同竺国。年八十有三而没"，从而确认天元山奇峰和尚为明代高僧，但县志并未详述生平。不过，笔者于河北邢台县《大开元寺开光纪念册》中找到了奇峰较为详细的生平，现辑录如下：

> 奇峰祖元（又名祖山）禅师，号古爽，明朝岳州临湘县泉塘人，俗姓萧，约生于明成化十一年（1475），圆寂于嘉靖三十五年（1556），世寿八十一。奇峰祖元禅师，礼梅邑天竺山龙泉寺无影继清和尚剃度出家，出家法派传曹洞宗贾菩萨（直隶顺德府开元寺万安广恩禅师）宗下第九世。约在明正德年间（1506—1521），奇峰祖元禅师来到衡州府安仁县（今郴州市安仁县）天元山，寻宋时"凤凰禅林"之遗址修复，广结善缘，开堂传法。史载其弟子宁州和天文根据古爽平日演教言语著述《林园法要》、编撰《天元山志》等。奇峰祖元禅师在安仁天元山另开演五十字，为曹洞分支，立古爽派。其字辈歌诀为："祖智悟本真，法性常兴胜。通达正义理，洞祚锦成弘。光照觉天界，登高大早升。明镜祥玄妙，宽洪海印传。宗绍绵远续，道清果周圆。"②

另据米祯祥主编的《嵩山、少林寺石刻艺术大全》载："广慧大师下第十代祖山善古通夹奇峰禅师又立曹洞一宗，派曰：'通达正义理，洞祚锦成弘。光照无穷尽，登高大蚕生。明镜祥玄妙，宽洪海印传。宗绍绵还续，道满永周圆。'"③说明奇峰禅师与嵩山少林亦有渊源，但该书所记古爽派派偈与闫士杰

---

① 王闿运总纂，刘城淮等点校：《桂阳直隶州志》第十一篇、卷二十一"水道志第十一·湖屯水"条，香港天马出版有限公司，2004年，第370页。

② 闫士杰主编：《盛世开元　大开元寺开光大典纪念》，北京红砖当代美术馆，第114页。

③ 米祯祥主编，王雪宝编著：《嵩山、少林寺石刻艺术大全》，光明日报出版社，2004年，第309页。

所记有小异。苏仙岭南禅寺禅道老和尚印发的《早晚念诵集》，内附他亲抄的古爽字辈歌诀与闫说一致，从之。

　　清《（同治）安仁县志·艺文》录明国子监祭酒邹守益《凤凰禅寺奇峰和尚塔记》诗一首："万法总归空，一塔何劳记。奇峰升天台，辛勤修何济。中有乘空者，炯然对上帝。持此报而师，权作三门偈。"① 又载明代茶陵知州徐禾、明儒翰林院修撰罗先洪与奇峰和尚酬唱诗词各一篇，足见奇峰交游广阔，得到了当朝显宦名士的认可。兹录如下：

宿奇峰禅师静室

明·徐禾

飞盖来今夕，开幢阅几年。天留此名胜，我到亦前缘。
悟道松成果，传灯月在天。寒宵聊借榻，万虑一时蠲。

摘自《（同治）安仁县志》卷十五"艺文·诗十六"。

访奇峰和尚呈无相偈②

明·罗洪先

真空不著相，著相即非空。空相两俱寂，真如在此中。

摘自（同治）安仁县志》。

　　佛教曹洞宗古爽派是唯一发源于郴州的本土禅宗派别，明清时大盛，至今该派主要分蘖于湘南、广东、福建、台湾等各大名寺，在佛教界占有重要地位，难怪被民间神化。

---

① 邹守益：《凤凰禅寺奇峰和尚塔记》，载《（同治）安仁县志》卷十五"艺文·诗一"，国家图书馆特色资源（方志丛书）合集（数字方志）。

② 摘自《（同治）安仁县志》"拾遗·游寓一"，引诗并考："洪先字念庵，江西吉水人，明嘉靖己丑科一甲一名进士，官修撰。未几，解组隐居不仕。《清泉县志》载：'嘉靖中，洪先尝微服访黄门，祝峋嵝于衡阳，留数月遂登南岳，与僧楚石为方外交，云云。'洪先之寓安仁，入天元山访僧奇峰，殆此时与？"

参考文献说明

1. ［三国·吴］张胜撰《桂阳先贤画赞》

《桂阳先贤画赞》又名《桂阳先贤传》，是桂阳郡先贤耆旧人物传记，是被正史收入的有关古郴州的第一部书。《隋书·经籍志》始载书目："《桂阳先贤画赞》一卷，东吴左中郎张胜撰"，《旧唐书·经籍志》《新唐书·艺文志》《太平御览经史图书纲目》等书亦载此书目。可见《桂阳先贤画赞》于唐宋仍存世，后佚散。

《隋书·经籍志》将记录郡国本地耆旧节士、名德先贤人物之类的书"谓之杂传"，并称其由来为"后汉光武，始诏南阳，撰作风俗，故沛、三辅有《耆旧节士之序》，鲁、庐江有《名德先贤之赞》。郡国之书，由是而作"。其"作者甚众，名目转广，而又杂以虚诞怪妄之说"。《桂阳先贤画赞》由东吴左中郎张胜撰，显然成书于三国时期，当时郴州属吴地。

《桂阳先贤画赞》所记郴州汉代二仙苏耽、成武丁被唐《艺文类聚》、宋《太平御览》等书引出，经后人传抄已出现了若干版本，各个版本文字有所出入，但同为一事，事实基本清楚，没有太大的讹误。

2. ［唐］佚名《元和郡国志》

宋代李昉撰《太平御览》卷七十五、卷四十九、卷一百九十四引《郡国志》所记"金陵西浦……即张硕捕鱼遇杜兰香处"、记郴州马岭山"耽启母曰：……今年疾疫甚，饮家中井水即无恙。又种药於园梅树下，可治百病，买此水及药，过于供养"、记"柳州武丁冈有栾亭，即太守栾巴所建也"。据查，今版《续汉书·郡国志》无录。其出处可能有二：一是《续汉书·郡国志》佚文，《郡国志》原为西晋司马彪所撰，南北朝刘昭因宋代范晔所作《后汉书》无志，就把司马彪所撰《郡国志》等八志并入《后汉书》，故又称《后汉书·郡国志》。二是唐时《元和郡国志》佚文。日本学者高桥稔《〈元和郡国志〉研究》[①]云："《太平寰宇记》中引有354条所谓'《郡国志》'逸文，由于乐史在《寰宇记》序言中曾提到'元和有《郡国志》'，清严观作《元和郡县补志》辑补今本唐李吉甫《元和郡县图志》阙文时，即将《寰宇记》引《郡国志》文认作《元和志》佚文收入其中34条，其余条目则以尽是'稗官小说，多与正史不和，未敢

---

① 高桥稔著，葛蓬天编译：《〈元和郡国志〉研究》，《中国历史地理论丛》1988年第1期，第83页。

滥入'",高桥稔经对比研究,确定《寰宇记》所引《郡国志》与今本《元和郡县图志》绝非一事,他倾向于认为《寰宇记》中的《郡国志》佚文系转引自五十四卷本《元和郡县图志》。《太平御览》引"元和郡国志"五处、"郡国志"一百五十四处。所记郴州三处,其中曹毗记"杜兰香降张硕"一事发生于建兴四年(316),晚于司马彪卒年①(306),故不应视为《后汉书·郡国志》佚文。以唐贞观八年(634)昆州更名"柳州"始有建制而论,则"柳州武丁冈有栾亭"之误记,唐及以后无疑。由此可以推断,《太平御览》所引百余处"郡国志"如是同一本书,当是《元和郡国志》。

3. [唐] 欧阳询等撰《艺文类聚》

《艺文类聚》编纂于唐武德七年(624),是中国现存最早的一部完整的官修类书,全书共一百卷,一百万余字;征引古籍一千四百三十一种,分门别类,摘录汇编。《艺文类聚》有南宋绍兴年间的浙江刊本、明正德十年无锡华氏雪堂铜活字版印本、明嘉靖七年胡缵宗刻小字本、明万历十五年秣陵王元贞刊本、清光绪五年成都宏达堂本等,上海古籍出版社1965年校订本以宋本为底本,参校诸明本,改正不少原刻错误,同时新增引书人名和书名索引。《艺文类聚》所载杜兰香、苏耽条目颇多,本书引用上海古籍出版社1965年《艺文类聚》校订本。

4. [宋] 孙光宪撰《北梦琐言》

《北梦琐言》约成书于宋太祖乾德元年(963),记唐武宗迄五代十国的史事,原帙三十卷,宋刻本无存,仅存明代商浚稗海本及卢见曾雅雨堂本刊于世,仅二十卷。中华书局1960年断句本以雅雨堂本为底本,1981年上海古籍出版社校点本以中华书局本为底本,2002年中华书局出版贾二强点校本,是目前最好的本子,本书引刘瞻相关事数处,皆据此本。

5. [宋] 李昉撰《太平御览》

《太平御览》成书于太平兴国八年(983),是宋代著名的类书,全书一千卷,总字数四百七十八万四千,引用古今图书及各种体裁文章共两千五百七十九种,但其中十之七八已经亡佚。《太平御览》现存版本有南宋蒲叔献刊本(蜀刊本)、日本仿宋聚珍本等十多种。1928年张元济到日本访书,获见南宋蜀刊本,遂借以影印。蜀本所缺,又取静嘉堂文库所藏的宋闽刊本残卷和日本活字本分别补足,这就是1935年商务印书馆出版的《四部丛刊三编》影印宋刻本,其后又有上海书店、中华书局等出版社翻印,成为常用今本。《太平御览》载杜兰香、苏耽、成武丁条目多处,本书所引为《四部丛刊三编》影印版。

---

① 《晋书·司马彪传》云:"惠帝末年卒,年六十余。"惠帝末年为公元306年。

6.〔宋〕王象之撰《舆地纪胜》

《舆地纪胜》是南宋中期的一部地理总志，成书于南宋嘉定、宝庆间，二百卷。作者王象之，庆元二年（1196）登进士第，历任长宁军文学、江西分宁、江苏江宁知县。《舆地纪胜》载苏耽、成武丁、武就、唐居士、廖师、智俨等条目，本书所引为四川大学出版社 2005 年出版的《舆地纪胜》第 4 册。

7.〔宋〕阮阅撰《郴江百咏》

阮阅字闳休，舒城人，宣和五年（1123）由朝散大夫任郴州知军，在任三年，《郴江百咏》即任上所作。《郴江百咏》阮阅自序有"百篇"，然年代久远，多有佚失，清修四库时以厉鹗家藏版本九十二首收入，百咏尚阙其八，并从鲍廷博"知不足斋"本补入《宣风道上》《题春波亭》二诗，共为九十四首。民国陈九韶以《四库全书》为蓝本撰写《郴江百咏笺校》时增加了《便县》《高亭》，使之达到九十六首。又宋《舆地纪胜》所载《苏仙山》，外加残诗《石门》；《（嘉靖）湖广图经志书》新见《四贤堂》《义帝庙》二诗，可凑足百数。本书所引阮阅诗所出《郴江百咏》，以四库全书版参照地方文献互校，不一一注明。

8.〔明〕崔岩撰《九仙二佛传》

《九仙二佛传》，郴人崔岩撰，何孟春、袁子让订，分《郴阳仙传》《郴阳佛传》两部分。《郴阳仙传》载九仙：汉苏仙传、汉成仙传、唐王仙传、唐范仙传、唐廖仙传、唐唐仙传、唐刘仙宜歌传（刘瞎）、唐平章刘仙传（刘瞻）、唐刘仙元德传（刘助）；《郴阳佛传》载二佛：唐无量寿佛传、唐朱大师传。每传前有画像与景迹图。

湖南省图书馆所辑《湖南古旧地方文献书目》（岳麓书社，2012 年）第 287 页称该馆馆藏"1940 年郴县四库印刷局石印本 1 册"，本书所引为北京图书馆馆藏同治壬申年（1872）重刊本，扉页有小字注云"板存郴州九经堂，印送者板不取钱"。

9.〔明〕郭棐撰《粤大记》

《粤大记》三十二卷，分事纪类、人物类、政事类记述广东历史，成书于万历二十六年（1598）左右。国内现存二十七卷孤本，原为清道光曾刊旧藏，现由中山大学图书馆珍藏（简称"中大本"）。本书引用《粤大记》两则，一则为"唐珍师事郴人成武丁"事，一则为"连州道士廖冲"事，采用黄国声、邓贵忠点校《粤大记》（中山大学出版社，1998 年）。该本以"中大本"作底本，参照日本内阁文库所藏本，互补有无。"唐珍师事郴人成武丁"一事，亦载于明嘉靖三十三年（1554）欧大任撰《百越先贤志》。今本见于刘汉东《百越先贤志校注》（广西人民出版社，1992 年）第 69 页，该校本以清道光伍元薇刊印《岭南遗书》第一集《百越先贤志》为据。

10. ［明］邝露撰《赤雅》

《赤雅》被誉为明代《山海经》，成书于明末，其主体是先秦至明代中原各史书所载南方各族神话、传说、故事以及与南方民族风物相关的中原古籍及名士的诗词、典故、题词、摩崖石刻辑录。主要版本：一是收入《四库全书》的浙江巡抚采进本；二是乾隆安徽歙县人鲍廷博"知不足斋"刊行本。本书所引"无量寿佛"四库全书本未载，出自鲍廷博"知不足斋"刊行本。蓝鸿恩《赤雅考释》（广西民族出版社，1995 年）第 166 页载此文，所依商务印书馆《丛书集成·知不足斋丛书》版本，该版今见中华书局 1999 年出版的《知不足斋丛书》第 1 册第 534 页。

11. ［明］吴廷举修编《（嘉靖）湖广图经志书》

《湖广图经志书》刊行于嘉靖二年（1523），是现存最早涉及今湖北、湖南两省范围的一部省志。1991 年，书目文献出版社从北京图书馆所藏日本地方志缩微胶卷中精选出国内罕见的地方志近百种，编成丛刊，影印出版，《（嘉靖）湖广图经志书》便是其一。本书所引《（嘉靖）湖广图经志书》即源于此版本。

12. ［清］董诰纂《全唐文》

《全唐文》成书于嘉庆十九年（1814），共一千卷，是唐代（包括五代）文章的总集。主要版本有：清嘉庆十九年（1814）扬州全唐文刻本，版入武英殿；光绪时广州重刻本；1983 年中华书局影印嘉庆本，并附影光绪时陆心源的《唐文拾遗》七十二卷和《唐文续拾》十六卷，全部断句；1990 年上海古籍出版社据原刊本剪贴缩印，后附陆心源《唐文拾遗》《唐文续拾》，劳格《读全唐文札记》、岑仲勉《读全唐文札记》等。本书引载《全唐文》之孙会《苏仙碑铭》、李知玄《古塔记》、"刘瞻"条目及其《请释医官韩福建省召康仲殷宗族疏》、刘禹锡《唐故衡岳律大师湘潭唐兴寺俨公碑》（智俨）等以嘉庆《钦定全唐文》武英殿本电子版为据。

13. ［清］谢久复纂修《湘山志》

广西全州湘山寺因唐代寿佛宗慧开山弘法寂化而闻名，号称楚南第一禅林。清康熙二十一年（1682），全州知州徐泌主修、郡人谢久复纂修《湘山志》五卷，即为该寺寺志。该志被收入白化文、张智主编的《中国佛寺志丛刊》（第114 册），广陵书社 2006 年影印出版。本书寿佛宗慧引用《湘山志》即出自此版本。

14. ［清］光绪三十三年（1907）《郴州直隶州乡土志》

采用 1988 年 3 月郴州地区地方志编纂委员会办公室重印油印本。

15. ［清］黄名彦修《宜章石虎山武陵侯志》

宜章浆水石虎山武陵侯祠系宋天禧年间为纪念黄师浩都统大将军而建，本志即祠志，为清道光二十一年黄楚珩首修，光绪元年黄名彦续修，现存清光绪元年（1875）刻本。邓湘宜主编《浆水风物》称"仅石虎山武陵侯祠存一孤本，该祠不轻易示人，被当成镇祠之宝"，并据此版本刊校重印。湖南图书馆编《湖南古旧地方文献书目》（岳麓书社，2012 年）第 239 页称湖南图书馆有馆藏。"中国哲学书电子化计划"（https：//ctext. org）载有哈佛大学燕京图书馆藏本，亦为光绪元年版，本书据此引用。

16. ［清］刘献廷《广阳杂记》

《广阳杂记》，共五卷，为"清代史料笔记丛刊"一种。清初刘献廷撰，此书不编类，是随手记录之作。《广阳杂记》记载了刘献廷清康熙甲戌年（1694）游郴时的所见所闻，本书摘录其中乌石矶断碑"刘瞻故里"、橘井观"苏耽故里"、苏仙岭"仙桃石""静思宫"、万寿念禅师道场、郴江祠祀柳毅、郴人信奉"王母教"等事，以汪北平、夏志和点校，中华书局 1957 年出版的《广阳杂记》为据。

17. 江苏古籍出版社等影印《中国地方志集成》

《中国地方志集成》源于江苏古籍出版社（今凤凰出版社的前身）、上海书店、巴蜀书社三家出版单位所集全国 1949 年以前各类旧志影印，成书于 20 世纪 80 年代末。本书引用 1949 年以前各类旧志，如未予特别说明，均源于《中国地方志集成》电子版，其中多引《湖南府县志辑 21—33》，书目如下：（康熙）郴州总志、（嘉庆）郴州总志、（嘉庆）安仁县志、（同治）安仁县志、（同治）嘉禾县志、（乾隆）永兴县志、（光绪）永兴县志、（光绪）兴宁县志、（嘉庆）桂东县志、（同治）桂东县志、（乾隆）桂阳县志（今汝城）、（同治）桂阳县志（今汝城）、（民国）汝城县志、（同治）临武县志、（同治）桂阳直隶州志、（康熙）耒阳县志、（光绪）耒阳县志。

后 记

郴州自古享有"天下第十八福地"之誉，又以"九仙二佛"传名天下，直到清末仍是世人心目中的"山水乡，仙佛窟"。可以说，仙佛文化曾经是延续千年的郴州文脉，是构筑郴州文化自信的主线。

为了擦亮这张"郴州名片"，九三学社郴州市委设立课题，邀请文史专家对仙佛历史文化遗产进行系统的挖掘和整理，并资助此书出版，以期寻找保护、开发仙佛历史文化遗产的有效途径，为郴州社会经济的发展作出贡献。

由于时间短促，这份研究成果还存在许多缺憾与不足。比如：限于篇幅，本书侧重于历史文献研究，并未囊括民间流传的仙佛故事，同时也未包含当代（建国以后）佛教与道教状况。历史文献当中，大多数人名、地名已无从考证，本书仅照原文辑录。本书引用的文献众多，限于篇幅，不能一一详细说明，重要文献来源可见"参考文献说明"。在本书的撰写过程中，湖南省社会科学院宗教文化研究中心主任万里，副主任陈靖华，研究员刘范弟、徐午苗等专家学者为本书提出了许多宝贵意见，特此表示衷心感谢！

总之，本书作为郴州仙佛文化研究领域的第一次尝试，仅为抛砖引玉，不当之处，还请读者批评指正。